Max Frisch
»Ich stelle mir vor«

Ein Lesebuch

Herausgegeben
und mit einem Nachwort versehen
von Rolf Niederhauser

Suhrkamp Verlag

Erste Auflage 1995

Quellenhinweise am Schluß des Bandes
Druck: Wagner GmbH, Nördlingen
Printed in Germany

»ICH STELLE MIR VOR«

Vorbemerkung

Das vorliegende »Lesebuch« versammelt Geschichten von Max Frisch, die seinen Romanen, Erzählungen und Tagebüchern entnommen sind und doch je einzeln für sich stehen können, so daß man nach Zufall und Laune darin herumlesen mag. Wer allerdings dem Pfad folgen will, auf dem das Buch, oft im Zickzack und gegen die Chronologie der Texte, durch Frischs literarisches Schaffen führt, wird finden, daß die Geschichten in ihrer Abfolge wiederum eine Geschichte erzählen. Leserinnen und Leser, die Frisch nicht kennen, sollen auf diesem Weg einen nicht alltäglichen Zugang zu dessen Werk finden, das allerdings auch für alle, die damit vertraut sind, gerade im Nebeneinander von zeitlich weit auseinanderliegenden Texten, immer wieder Überraschungen bereithält.

Mit Ausnahme von *Kabusch* stammen alle Überschriften vom Herausgeber. Zusammen mit dem Nachwort sollen sie das Gefäß zugleich darstellen und durchsichtig machen, mit dem dieses »Lesebuch« versucht, einige zentrale Momente und Motive von Frischs Literatur einzufangen. Denn daß jede solche Auslese nicht nur willkürlich ist bis zu einem gewissen Grad, sondern durch Wahl und Gestaltung auch eine bestimmte Optik anbietet, *eine* von vielen möglichen Lesearten, versteht sich von selbst. Im glücklichen Fall wird gerade dieser Umstand dazu provozieren, nach der Lektüre des Buches zum Original zu greifen, ob zum ersten oder wiederholten Mal, um die hier dargebotene Leseart bestätigt oder widerlegt zu finden.

LEBEN/LESEN

Nacht 1972/79

Es müßte möglich sein, eine Pagode zu türmen aus Knäkkebrot, nichts zu denken und keinen Donner zu hören, keinen Regen, kein Plätschern aus der Traufe, kein Gurgeln ums Haus. Vielleicht wird es nie eine Pagode, aber die Nacht vergeht.

Irgendwo klöppelt es auf Blech.

Wacklig wird es immer beim vierten Stockwerk; ein Zittern der Hand, wenn das nächste Knäckebrot angelehnt werden soll, oder ein Husten, nachdem der Giebel eigentlich schon steht, und alles ist wieder eingestürzt –

Herr Geiser hat Zeit.

Eine Notiz 1974/75

Ein französischer Edelmann auf dem Weg zur Guillotine bittet um Papier und Feder, um sich etwas zu notieren, und es wird ihm gewährt. Man könnte die Notiz ja vernichten, wenn sie sich an irgend jemand richtet. Das ist nicht der Fall. Es ist eine Notiz ganz und gar für ihn selbst: pro memoria.

Vom Glück der Sprache 1933/34

Ein frischer Tag war aufgegangen, eine frühe Sonne, die ihre Strahlen zwischen den Fensterläden hereinspreizte. Es war schon die reinste Lichtlache, als man erwachte. Und wenn man dann aufsprang und diese hellgrünen Holzlättchen verstellte, sah man zwischendurch das Meer; es lag in silbriger und makelloser Zartheit, und makellos war

auch die Riesenmuschelbläue, die es überwölbte. Jauchzen hätte man wollen. Aber es war in einem Fremdenhaus, wo die Mitmenschen für ihren Schlaf bezahlten.
Unter den Gästen gab es eine Holländerin, eine Baronin, die heute sehr frühzeitig war und einige Armlängen geschwommen hatte. Zwecks Erhaltung ihrer Körperschönheit, die man übrigens nicht leugnen konnte, obzwar sie selber davon redete. Also keinerlei Meisterschaftshoffnungen. Und somit kann ihr Name verschwiegen bleiben. Mit nassem und anklebendem Badekleid war sie dann aufs Zimmer zurückgekehrt. Und nachdem sie die Fensterläden nochmals aufs lückenloseste angeschlossen hatte, streifte sie diese Hülle von ihrem schlanken Leib. Als ein welkes Nichts, wie wenn ein roter Kinderballon platzt, lag es zwischen ihren wässerigen Füßen. Und sie genoß die frische Luft, die ihren Körper umstrich, und sieben grelle Sonnenbändchen fielen herein, knickten über den Teppich und ringelten sich um ihren braunen Rücken. Mit zurückgedrehtem Kopf blickte sie zum Spiegel: halb Mensch und halb Tier war es, braungelb gestreift wie eine Leopardin. Sehr apart.
Draußen hörte sie ein Pfeifen, das leise aufstieg aus der großen Morgenstille. Selbstverständlich war es Jürg. Ein Frühaufsteher. Und selbstverständlich sein slawisches Lied, dessen fremdländischer Reiz es ihm angetan hatte und dessen unerschöpfliche Verträumtheit er nicht sattbekommen konnte. Was man sonst von Jürg Reinhart wußte, nachdem er die dritte Woche in Ragusa geweilt hatte, war ungefähr nichts. Das heißt: daß er jung war und sich auf einer Reise befand. Aber unklar, woher er kam und wohin er wollte. Und unklar, ob er reich war oder arm. Da stöhnte der Kleiderschrank, und sie biß auf ihre Lippen; denn gerade nebenan schlief ihr Mann. Aber wegen Durchzug blieb die Verbindungstüre meistens geschlossen. Ihr Mann war sechzig. Er sagte es offen. Und sie war neun-

unddreißig, wenn man ihr den Reisepaß verlangte. Es war also ein Unterschied von einundzwanzig Jahren. Und dann sagte ihr Mann: Verhältnismäßig wird ein solcher Unterschied immer kleiner; denn als er zweiundvierzig gewesen war und sie geheiratet hatte, war er doppelt so alt als seine Frau, und wenn er vierundachtzig sein würde, so wäre sie bloß noch ein Viertel jünger als er. Schwarz auf weiß pflegte er es ihr vorzurechnen. Aber sie konnte sich unter Zahlen nichts vorstellen. Sie mußte solche Unterschiede mit leiblichem Auge sehen können. Zum Beispiel: um sich einundzwanzig Jahre klarzumachen, mußte sie Jürg anschauen.

Als nun ihr rechtes Bein hineintastete in die seidene Strandhose, wackelte es plötzlich am Fensterladen. Erschrocken blieb sie auf dem linken Fuß stehen, horchte und vernahm die friedlichen Atemzüge ihres Mannes. Aber der Gedanke, daß der Wind vielleicht diesen Fensterladen aufreißen könnte, hatte sie geradezu gelähmt. Und erst nach langer Stille, als sie das ferne Pfeifen wiederhörte, fand auch ihr zweiter Fuß ins Seidenbein. Dann schlug sie die Fensterläden zurück, so daß Mörtel herunterfiel. Aber die Barke lag im Hafen, und daß Jürg nicht in dieser Barke saß, bedeutete eine Außergewöhnlichkeit, die jedem Hausbewohner als Rätsel erscheinen mußte.

Übrigens: gestern war sie erstmals in nähere Berührung gekommen mit ihm. Sie hatte ihm eine Ohrfeige geben müssen. Es war beim Nachtessen, als sie wieder ihre drolligen Geschichtchen erzählt hatte. Wie konnte er es bloß sagen? Soviel sollte er bereits gemerkt haben, zumal sie es ihm selber gesagt hatte, daß sie erstens eine Dame und zweitens eine Dame von Welt war. Und dann antwortete er, daß er es geschmacklos fände, wenn sie einem Jüngling derartige Zoten erzählte, da sie erstens eine Dame und zweitens eine Dame von Welt wäre. Das war natürlich stark. Und er hätte diese Ohrfeige schon verdient, auch wenn er nichts gesagt hätte. Denn als ihm eine Dame etwas erzählte bei Tisch, wurde er rot wie der Wein und begriff nicht, daß dies schon eine krasse Beleidigung bedeutete. Offenbar fehlte es ihm einfach an Erziehung. Aber vielleicht war es ihm klargeworden über Nacht.

Jürg klappte sein Taschenmesser zusammen. Er hatte Zweige geschnitten und hielt einen halben Busch unterm Arm. Es war die Zeit, als der Oleander blühte, und dann erschien die ganze Halbinsel wie ein Farbenfest. Blutrote und weiße Blütenzweige waren es, die er nun ordnete. Er hatte sich von Busch zu Busch verlocken lassen, stand schließlich auf dieser kleinen Anhöhe und mitten in dem naturwilden Park. Er war wohl eine Viertelstunde vom Hause entfernt und wußte nicht, daß der Wind sein Pfeifen hinuntertragen würde. Langsam ging er dann selber hinunter. Zwischen streifenden und zurückschnellenden Büschen. Darin hing noch die Feuchte dieser Sommermeernächte. Und mit weißen Schuhen schwang er sich übers rostbraune Gestein; manchmal nahm er sieben Blöcke hintereinander, so daß er sich fast schwebend dünkte. Einmal stand er denkmalstill: so gerne hätte er eine Schlange gesehen! Aber das einzige, was aus dieser rostroten Erde emporschlängelte, waren die glatten und silbrigen Stämme von Ölbäumen. Das war kein Stehen, sondern ein fortdauerndes Emporschlängeln und Herauswinden. Dann huschte ein Wind durch diese winzigen Blättchen, die ihre helle Unterseite hinaufwendeten, und man sah seine Laufspuren überm ganzen Ölwald, huschende und lispelnde und glitzerige Flecken, die dann weiterkräuselten übers Meer.
Unwillkürlich geschah es, daß er ins laute Singen geriet. Als er dieses slawische Lied gehört hatte, war er begeistert gewesen, ohne daß er die Sprache verstanden hätte. Und so genoß er nun den Klang dieser fremden und lockenden

Worte, die ihm im Ohr geblieben waren, und kannte ihren wehmütigen Sinn nicht, als er sie sang.

»Guten Morgen, Baronin.«

Seine Verbeugungen waren immer so betont, daß die Ergebenheit schon nach Ulk aussah. Ungestört pfiff er weiter und widmete sich seinen Blüten, als ob keine Dame anwesend wäre. Einmal entfiel ihm ein Zweig, so daß er sich bücken mußte, und dann murmelte er:

»Warum schauen Sie mich so an, Baronin?«

»Ich warte.«

»Und wenn man fragen darf: worauf?«

»Daß Sie sich entschuldigen. Wegen gestern abend.«

»Komisch.«

»Wieso?«

»Ich habe nämlich auch gewartet, daß Sie sich entschuldigen. Und auch wegen gestern abend. Aber trösten wir uns, Baronin, wahrscheinlich warten wir beide vergeblich.«

Das Meer hatte eine gelassene Dünung. Er stand auf der äußersten Ufermauer, die weiß war. Und darüber gab es die tuschschwarzen Schattenzeichnungen, die ein Feigenbaum hinkleckste, und bei jedem Luftzug erzitterten sie, so daß der Boden ganz duselig wurde. Sogar aufs Wasser fielen solche Schattenfetzen, schwammen über dem glasdünnen und klaren Grün, das mit lautlosen Zungen ums Gestein leckte.

»Wissen Sie, Herr Jürg, daß ich Sie bedauere? Ich denke es mir schrecklich, wenn man keine Erziehung hat und sich überall unmöglich macht. Oder nicht? Und darum ist es vielleicht gut, daß wir uns in diesem Ragusa getroffen haben.«

»Glauben Sie wirklich, Baronin, daß es gut sein wird für Sie?«

»Für Sie, junger Herr!«

»Damit ich lerne, wie man eine Zote auftischt?«

Jetzt hätte er abermals ihre Hand verdient, wenn sie nicht so bequem im Lehnstuhl gelegen hätte; sie verbesserte ihre Fingernägel:

»Sehn Sie, ich bin auch einmal jung gewesen, Herr Jürg; das heißt: ich bin es noch, wie Sie bemerken, so jung und fast jugendlich, daß ich manche Kraßheit begreife. Ich bin die Jugend selber. Aber wenn nun ältere Leute kommen, Damen über Dreißig, denen Sie solche Unverschämtheiten ins Gesicht sagen wie gestern abend?«

Sie fand ihre Finger vollkommen, und es war eine bezaubernde Hand, die sie jetzt in ihren bunten und seidenen Schoß zurücklegte. Er antwortete dann:

»Was diese gestrige Ohrfeige anbelangt, Baronin, so bin ich Ihnen zu Dank verpflichtet. Im Ernst. Vielleicht wissen Sie, daß ich ein Zeitungsschreiberlein bin, und Ohrfeigen, die andere Leute abkriegen, hat mein Leserkreis gern. Darum habe ich den gestrigen Abend bereits verwertet und abgeschickt. Aber ich werde Ihnen dann gerne ein Belegexemplar widmen, Baronin, da die Idee eigentlich Ihrer Hand entsprungen ist. Dabei werden Sie auch einsehen, daß man gegen unsereinen letztlich niemals aufkommt. Ich meine: wenn Sie mir eine Ohrfeige geben, so daß ich noch stundenlang Ihre Ringabdrücke im Gesicht trage, so macht man einfach eine Plauderei daraus und lebt davon. Oder wenn Sie mir etwas Gescheiteres erweisen würden, so macht man vielleicht eine Novelle daraus und lebt davon. Und wenn Sie mich nicht aushalten und ins Wasser schmeißen, damit ich ertrinke, so wird ein Roman daraus gemacht, und ein Berufskamerad lebt davon. Und darauf wollte ich Sie also höflich aufmerksam gemacht haben: so oder so, Baronin, Sie werden einfach verwertet.«

Gebändigt war sein Blütenbusch, vasenfähig, eine Handvoll Südsommer, was er jetzt mit zurückgelehntem Kopf überblickte, eine Farbenflamme, die ihm eine Erinnerung entzündete:

»Oh, wo ist Glut, die so ins Brennen kam,
und wo ist Liebe, da man so einander
erhöhte und die Braut dem Bräutigam
so flammenselig in den Armen lag,
wie deine Hochzeit, Oleander,
mit diesem lichterlohen Sommertag.«

Und eine bittersüße Schärfe drang in ihre Nase, als er ihr den Strauß ins Gesicht preßte, so daß sie kichern mußte: »Wie nett von Ihnen, Herr Jürg, nun bin ich Ihnen aber wieder gut.«
Starr blieb ihr Arm im Leeren. Er hatte den dargebotenen Strauß zurückgenommen, verbesserte nochmals ein störriges Zweiglein und schlenderte zur Seite, um sachlich festzustellen:
»So werde ich es ihr dann überreichen.«
Selbstverständlich fragte die Gekränkte nicht: wem? Aber Jürg war so ungezogen, daß er ihre uneingestandene Neugierde dennoch beantwortete:
»Heute mittag kommt nämlich eine neue Haustochter. Frau von Woerlach sagte es mir. Aus Norddeutschland und aus jenem Landstrich, wo sie damals ihr Gut hatten, bevor sie verarmten und dieses Fremdenhaus übernehmen mußten.«
Er pfiff vergnügt.

Was Jürg nicht wissen konnte, als er den Strauß gemacht hatte und das dazugehörige Mädchen noch nicht kannte: Hilde war ihr Name. Und Hilde befand sich in dieser Stunde tatsächlich auf dem Schiff, das sich Ragusa näherte. Es war ihre erste Seereise. Und sie hatte besonderes Glück.
Man glitt die dalmatinische Küste entlang, und Hilde war allmählich müde geworden. Da gab es einen Schiffsherrn, der in Weiß gekleidet war und einen rabenschwarzen

Schnurrbart hatte. Er plauderte mit dem Mädchen. Und dann fragte sie ihn, ob es noch lange ginge bis Ragusa. Fabelhaft höflich war er, als wäre Hilde schon erwachsen, und führte sie in seine Kabine, wo es eine Karte gab. Er sagte: Noch vier Stunden. Übrigens war es eine schmucke und vornehme Kabine. Aber als Hilde hinauswollte, entdeckte sie, daß es geschlossen war. Sollte das ein Spaß sein? Sie sagte: Aufmachen! Und dann kam er ihr so nahe, daß sie ihm die Offiziersmütze herunterwarf. Ganz unabsichtlich. Sie mußte so lachen, wie seine weiße Mütze am Boden lag und sie ihren Fuß daraufsetzte und erklärte: Sobald Sie aufschließen, kriegen Sie Ihre Mütze. Eigentlich war er ganz nett. Sie lachten beide. Und dann sagte er, als hätte er ihre Müdigkeit ablesen können, daß sie nicht dumm sein sollte und sich auf sein Bett setzen möchte. Hilde bedankte sich, aber sobald er sich näherte, sagte sie wieder, daß sie seine Offiziersmütze zerreißen würde. Beinahe leid tat er ihr, weil er so in ihre Falle gegangen war. Dabei war er wirklich ein liebenswürdiger Mensch und fragte sie beispielsweise, ob sie etwas trinken möchte. Gratis. Und weil sie ihn nicht beleidigen wollte, da er schließlich nicht ein Mitschüler und vielmehr ein richtiger Herr war, sagte Hilde, daß er etwas Trinkbares herschaffen dürfte. Sie mußte ihm bloß versprechen, daß sie auf dem Bett sitzen bliebe, bis er zurückkäme. Selbstverständlich versprach sie es ihm. Sogar mit Handschlag. Sie hatte sich seit Venedig keinen Liegestuhl gemietet, spürte das ewige Geländerlehnen nachgerade im Kreuz. So schienen beide glücklich. Und sie blieb also in seiner Kabine und legte sich langhin aufs Bett, nachdem sie abgeriegelt hatte, und genoß es, daß sie endlich mal liegen durfte. Wenn er zurückkäme, wollte sie ihm dann sagen, daß er das Getränk hereinreichen könnte durchs Rundfensterchen. Aber als er an der verschlossenen Tür klinkte, war sie schon eingeschlummert. So hatte ihr Freund also recht behalten, als er ihr anfangs geflüstert hatte, daß sie in seiner weißen Kabine glücklich sein könnte. Trotzdem wußte Hilde noch im Halbschlaf, daß sie es nicht ihrem Vater schreiben würde. Denn ihr Vater war Lehrer und komisch. Er meinte beispielsweise, daß man niemanden übervorteilen sollte und so. Aber daß sie diesem Herrn die Kabine wegstibitzt hatte für drei Stunden, das war wirklich noch kein Verbrechen. Sie fand: Glück muß man haben. Und guten Gewissens sank sie in einen tiefen Schlaf, der bis Ragusa reichte.

Man wird es der holländischen Baronin kaum verargen, daß sie während des Frühstückens auf Rache gesonnen hatte. Als sie Jürg wieder begegnete, lächelte sie ihren vorbereiteten Spott:

»Ach, zimmern Sie wieder Gedichtchen für Haustöchter?«

Jetzt wurde er ernst. Es ging um sein Heiliges, und in seiner Jugendlichkeit pflegte er dafür einzutreten, ob sein Ernst dann passend war oder nicht:

»Fanden Sie das Gedicht denn nicht schön, das ich Ihnen sagte?«

»Weil es von Ihnen ist?«

»Baronin, ich kann Gedichte bloß lieben, bloß nehmen und nicht geben. Und gefunden habe ich es übrigens in diesem Heft, wo sich die Hausgäste eintragen, die näheren Bekannten, bevor sie wegfahren. Es war eine österreichische Dichterin. Oder spüren Sie wirklich nichts vom Glück der Sprache? Und daß uns die Sprache retten kann, wenn ringsum alles vergeht, und daß sie eine solche Herrlichkeit bewahrt, wenn dieser Strauß längst verfault ist? Es ist zum Verzweifeln, Baronin, wenn man nicht malen kann und diese Farben nicht mitnehmen darf. Oder nicht? Und daß wir dann die Freude immerzu verlieren, weil sie uns zwischen den Fingern zerrinnt, diese ganze Welt, weil wir einfach nicht das Wort finden, wo wir sie hineingießen könnten. Und dann dieses Glück, Baronin, wenn wenig-

stens ein anderer kommt und dieses Wort bringt, wenn wir es ins Gedächtnis schließen können und es das einzige ist, wovon wir nicht Abschied nehmen müssen.«
Sie begann über etwas anderes nachzudenken, während er weiterredete:
»Und Worte muß man aussprechen, Baronin, damit sie erweckt werden und aufleben in ihrem eigenen Klang; und dann ist es eine gebannte Schönheit, die nicht mehr quälend ist wie die Wirklichkeit. Sondern herausgerückt aus der Zeit. Ich meine: aus diesem unaufhaltsamen Verströmen aller Dinge ringsum. Oder nicht? Man hat sie.«
Als sie ihn plötzlich anblickte, verbarg er sich hinter einer linkischen Gleichgültigkeit. War er zu weit gegangen? Er kratzte einen Kreis in den Boden.
Und sie dachte an vorgestern. Es war elf Uhr gewesen. Ihr Mann hatte sich derart aufgeregt, daß er in ihr Zimmer herübertrat und fragte, ob sie auch nicht schlafen könnte. Man hatte irgendwen schwatzen hören. Seit einer Stunde. Und ihr Mann hatte sich ins Treppenhaus getastet und dann gemeldet, daß es im Zimmer von Jürg wäre. Aber als er seinen Stock herausgeholt hatte aus dem Koffer und zum Klopfen bereit gestanden, war es still geworden. Sie hatte ihn ins Bett geschickt. Dann vernahm man neuerdings diese Stimme. Indessen hatte sie seinen Stock eingeschlossen. Und als er die Zimmerdecke durch Klettern hatte erreichen wollen, gab es eine nächste Kunstpause, so daß er in verzweifelter Lage warten mußte, bis er erschöpft ins Bett zurücksank. Daran also dachte sie, da sie nun lächelte:
»Nun verstehe ich endlich, Herr Jürg, warum Sie bisweilen laut reden in Ihrem Zimmer? Aber mein Mann ist so boshaft: schon hat er mir gesagt, daß Sie sich etwas Holdes heraufgeholt hätten, wenn man Sie nachts plaudern hört in Ihrem Einbettzimmer.«
Jürg erhob seinen Blick.

»Solange man die Sprache hat, Baronin, wozu brauche ich Menschen, die mir Liebes tun?«
Sie betrachtete ihn vom Scheitel bis zur Sohle und wiederum von der Sohle bis zum Scheitel, stirnrunzelnd, als begriffe sie irgend etwas:
»Aber Sie sind doch ein hübscher Junge?«
»Vielen Dank. Ich besitze einen Spiegel, der ehrlicher ist und mir keine solchen Plumpheiten schmeichelt, damit ich ihm diesen Strauß dafür geben soll. Oder damit ich ihm den Liegestuhl hinauftrage in die Palmenwiese. Und warum stellen Sie es nicht ehrlicher an, Baronin, warum nicht einfacher: Holen Sie mir die Zigaretten auf der Loggia, mein Herr?«
»Ich lüge nicht.«
»Nicht?«
»Sie sind ein entzückender Junge!«
»Dann haben Sie also nicht einmal Geschmack.«
»Warum diese Minderwertigkeiten? Sie können mir glauben, mein Herr, daß ich schon manche Männer gesehen habe. Ich ziehe die Männer nun einmal an. Nichts zu machen. Ich muß wahrhaftig nicht schmeicheln, und darum brauchen Sie sich auch nichts einzubilden, wenn ich Ihnen sage, daß Ihre Augen mich reizend dünken.«
Jürg vergaß das Atmen, da sie hinzufügte:
»Ich weiß, Herr Jürg: Lähmung der Augenlider. Aber es gibt Ihnen was Ungewöhnliches. Schauen Sie mich an! Ich möchte sagen: etwas Spöttisches und Überlegenes.«
Jürg warf sein Gesicht zur Seite, und in ihre Gelassenheit schrie er mit einer Stimme, die zwischen Wut und Weinen schwankte:
»Man spottet nicht über körperliche Mängel!«
Und lächelnd erhob sie sich; etwas ganz Unerhörtes hätte er ihr ins Gesicht schleudern wollen! Aber es fiel ihm nichts ein; seine Frechheiten hatte er bereits verbraucht. Und dann fühlte er sich gelähmt wie ein Kaninchen vor der

Schlange, als sie seinen Kopf faßte und ihre bekannten Hände auf seine Schläfen legte. Seine Augen bekamen Glanz:

»Wie gemein Sie sind, Baronin, wie gemein.«

»Hat Ihnen denn noch kein Mädchen gesagt, daß Ihre Augen süß sind? Oder wie? Und hat Sie noch kein Mädchen darauf geküßt? Und dann vielleicht geflüstert: Komm? Und nochmals geküßt, ehe Sie einschliefen, und nochmals geküßt, ehe Sie erwachten und Ihre Lider bloß halb aufschlugen, als wollten Sie noch etwas zurückbehalten vom Glück jener Nacht?«

Sie strich sein Haar. Offenbar schämte er sich. Aber sie wußte es, daß unsere jungen Männer eher mit Abenteuern prahlen, die nie gewesen sind, als daß sie sich einer gewesenen Nacht schämen würden; man sieht keinen Grund dazu und verachtet die Hemmungen. Und sie begriff, daß er sich höchstens schämte, weil er noch nichts wußte vom Leben. In diesem Augenblick hatte sich Jürg losgerissen.

Lappalien 1932

Es ist einfach läppisch, daß ich immer dieses Herzpochen habe, wenn ich vor einer Türe stehe. Was kann mir der schon tun dadrinnen? Höchstens helfen könnte er mir. Aber hör jetzt bloß auf mit dieser Herzpocherei; wahrscheinlich tut er dir überhaupt nichts.

Viertel nach zehn. Ob das wohl so wichtig ist, was dadrinnen gesprochen wird? Auf zehn Uhr haben Sie mich bestellt, mein Lieber. Auch wenn man brotlos ist und arbeitslos, weiß man Schöneres zu tun, als hier zu hocken und dem Schattenspiel auf dem Milchglas Ihrer Türe nachzugaffen. Zum Glück ist noch eine Weltkarte da mit roteingezeichneten Telegraphenkabeln. Jaja, so eine

Redaktion. Sollte man eigentlich jedesmal aufstehen, wenn diese Herren da durch den Korridor flitzen? Aber meistens sind sie ja schon weg, bevor ich mich entschlossen habe zum Weitersitzenbleiben.

Vorhin habe ich gemurmelt: arbeitslos. Richtig; ich bin ja ein Arbeitsloser. Dieses Wort hat man schon bis zum Stumpfwerden gehört und gelesen. Aber wie das jetzt auf einmal tönt! Ich bin ein Arbeitsloser. Einmal werde ich in den Wald hinauf gehen und das laut vor mich hin sagen –

»Wie bitte? Mein Name ist Frisch. Max Frisch, stud. phil. 1. Ich bin bestellt auf zehn Uhr.«

»Nehmen Sie nur Platz!«

Das ist ja bloß so ein Kuli. Und wie er durch den Korridor läuft auf seinen schiefen Sohlen! Hast wohl dein fünfzehnjähriges Dienstjubiläum schon hinter dir? Und wenn man all deine Läufe durch diesen öden Korridor zusammennähme, so hättest du damit vielleicht die Erde umwandern können. Unsere ganze Erde. Warum hast du es nicht getan? Beruf heißt nicht Strafanstalt. Warum hast du es nicht getan? Überall, wo diese roten Kabel gezeichnet sind, hättest du hingehen dürfen. Durch blendende Städte. Und durch seltsame Dörfer, durch Länder mit unauslöschlichen Farben. Beruf heißt Berufung. Und wenn du all das gesehen hättest, Kuli, wärst du vielleicht ein Maler gewesen oder ein Forscher –

Pumps! Zu ist sie, diese Türe. Das war ein Kamerad von mir; der kann seine Hosen auch als Rasierspiegel verwenden.

Zwanzig nach zehn. Wenn der dadrinnen bloß nicht etwa meine Manier hat, den Leuten gleich auf die Schuhe zu gucken. Ich weiß, man trägt keine Lackschuhe im Leid. Das sind ja Tanzschuhe gewesen. Und nicht einmal kondoliert hat mir das Mädelchen. Vielleicht kommt das noch. Es sind ja erst zwei Wochen, seit wir auf dieser Skitour waren, gelt? Jetzt wollte ich die vier Franken. Und könnte einer denn eigentlich leben mit hundertfünfzig im Monat? Schau her, meine Visage schält sich immer noch – immer noch – da –

»Verzeihung – – mein Name –«

Blöd; ich hätte doch nach ihm über die Schwelle gehen sollen. Verdammt blöd so etwas.

»Mein Name ist Frisch. Max Frisch. Guten Morgen, Herr Doktor. Stud. phil. 1.«

Verbeugen tut sich ein Schweizer nicht, dafür sagt er Pardon, wenn man ihm einen Stuhl anbietet. Im übrigen ist es gar kein Stuhl, sondern ein feudaler Fauteuil, aus dem einer ohne athletisches Training nie wieder hinaus käme.

»Also –«

Warum habe ich jetzt eben gesagt, daß ich Nichtraucher sei, wenn es doch absolut nicht wahr ist? Ich bin wirklich ein Idiot.

»Sie hätten studiert, haben Sie mir da geschrieben.«

Und während ich mit meinen Tanzschuhen dem Linoleum nachzeichne, leiere ich, was ich bereits vor neun Schreibtischen geleiert habe. Das geht schon ohne jedes Gefühl.

»Vergangene Woche ist mir der Vater gestorben. Ich habe Literatur und Journalistik studiert. Mein Studium muß ich unverzüglich abbrechen, um mich aus eigener Kraft durchzuschlagen, so gut das eben geht. Ich bin einundzwanzig. Illusionen mache ich mir ja keine; aber ich vertraue auf meine journalistische Befähigung und habe auch Anerkennungen und Empfehlungen –«

Telephon. Natürlich. Hol's der Teufel.

»Redaktion.«

Solche Szenchen haben wir ja auch schon gesehen. Im Theater. Mit happy end und ohne. Überhaupt verblüfft es mich schon diese ganze Woche: wieviel Ähnlichkeit hat das Leben hier draußen mit der Literatur, die ich gelesen habe und geliebt!

Was? Schaufenster? Ein originelles Schaufenster sei zu

sehen. Und wegen solcher Lappalien telephonieren sie auf die Redaktion? Kann ich euch verraten; wenn ich Redaktor bin –

»Sie möchten also in den Journalismus, junger Mann? Da muß ich Ihnen leider gleich sagen –«

»Man versucht alles. Auf ein kaufmännisches Büro kann ich nicht mit meiner Literatur und Philosophie und Psychologie; da ist mir doch jeder Handelsschüler turmhoch überlegen –«

Auch wenn sie mich so irgendwo brauchen könnten, ginge es nicht; greulich, diese Büros. Fische bilden sich nicht ein, edlere Geschöpfe zu sein als Kaninchen; aber wenn man einen Fisch in den Kaninchenstall setzt, geht er eben kaputt. Greulich, diese Büros.

»– und daher muß ich dorthin, wo das nicht ganz verloren ist, was ich mir erworben habe. Ich muß Brot verdienen; aber ich will mich nicht lebendig begraben. Da kenne ich Leute, die leben nur, um Geld zu verdienen; und das Geld verdienen sie, um leben zu können; und leben tun sie wiederum, um Geld zu verdienen. Ein Witz. Ich will aus meinem Dasein nicht einen Witz machen. Beruf soll nicht Zwangsjacke sein, scheint mir, sondern Lebensinhalt. Und wenn man von Beruf in diesem vollen Sinne des Wortes spricht, können wir ihn ja gar nicht wählen; wir haben ihn schon aufgedrückt, wie ein Brief Adresse und Stempel aufgedrückt hat. Ich bin Journalist.«

»Praxis?«

»Nein.«

Ach, diese Kaffeemühle kenne ich auch schon. Ich habe keine Praxis. Und wenn ich mich in die Praxis werfen will, heißt es: Haben Sie denn schon Praxis? So steht man vor einer glatten, grifflosen Wand.

»Moment. – Fräulein Frank?«

Immer diese Unterbrechungen. Hat er schon wieder Sehnsucht nach seiner Sekretärin. Frühling...

»Fräulein Frank, wenn Herr Doktor Herter hier ist, sagen Sie, um halb werde ich ihn sprechen.«
Halb elf? In sechs Minuten bist du fertig mit mir, mein Lieber?
»Sehr wohl, Herr Doktor.«
Kleines Quecksilberchen, diese Frank. So ein kleines helles Geschöpf. Und durch die schmale Spalte schmiegt sie ihr fesches Figürchen hinaus. Klapps! Und Haar hat sie gehabt wie die Seide. Übrigens: heiraten werde ich jetzt ja nie. Eine Wohnung kostet Geld. Und Kinderchen kosten Geld. Und eine Frau, die man lieb hat und die immer schön gekleidet sein soll, kostet Geld. Und die Idee, daß ich plötzlich zu Geld komme, das ist ja Kino. Kino? Und wenn ich es beim Film versuchte? Wenn ich – Roman! Und wenn ich Romane schreiben würde? Oder Novellen? Oder Komödien? Und wenn ich hineingreifen würde in diesen Strom von Ideen und Empfindungen, wenn ich diese schillernden Farben ans Ufer reißen würde und, statt sie alle verströmen zu lassen, sie in feste Worte gießen würde, wenn ich denen da sagen würde, wie es aussieht in mir ...
»Schreiben Sie mal über dieses Schaufenster unten beim Bahnhofplatz, Herr Frisch. Zirka fünfzehn Druckzeilen.«
»Sehr gerne, Herr Doktor. Ich habe zwei Jahre studiert. Literatur. Auch etwas Malerei. Und dann, wie gesagt, Journalistik. Auch gewisse Gebiete aus dem Recht. Und in letzter Zeit Philosophie und Psychologie, besonders Gerichtspsychologie. Meine Arbeiten in den Seminarien –«
Vor einer Woche war ich ja noch Student. Und heute? Was bin ich denn heute? Ich empfehle mich schriftlich, telephonisch, mündlich. Und das lege ich alles mit einer Selbstsicherheit hin wie irgendein Schauspieler, der zum neuntenmal in derselben Rolle auftritt. Aber jedes Wort, mit dem ich diese Herren hinter den Schreibtischen von meiner Befähigung zu überzeugen suche, springt auf mich selber zurück mit einem Fragezeichen. Diese eigene Un-

sicherheit reibt einen innerlich wund. Bis in die Träume hinein verfolgt einen das. Was bist du eigentlich, Max? Wozu taugst du denn, Max? Kann man dich überhaupt brauchen auf dieser Welt, Max?
Ich sehe ein, daß mir die Fähigkeiten fehlen, die sie verlangen. Und die Praxis. Aber meine Konkurrenten haben sie. Die kennen den Kampfplatz und sind trainiert. Dazu bin ich ohnehin ein paar Jahre im Hintertreffen. Wie werde ich das je aufholen?
Aber du hast doch auch etwas geleistet in dieser Zeit. Man hat gearbeitet an sich selber. Mit großem Aufwand an Zeit und Seele. Auch all die Irrungen können nicht verloren sein; selbst wenn sie an sich albern sind, so bedeuten sie doch eine Strecke auf unserm Wege zu einem reifen Menschtum. Du bist noch unmöglich ein Mensch. Aber lebt nicht schon ein schöner Reichtum in dir? Und das sei nichts, weil man es nicht verkaufen kann?
Unterdessen, scheint mir, hat der andere über die Krise gesprochen. Die Krise hat natürlich umfassende Folgen. So hat sie zum Beispiel das schlechte Wetter als Gesprächsstoff schon stark verdrängt.
»Fünfzehn Druckzeilen. Sehr wohl, Herr Doktor. Ich danke Ihnen herzlich, Herr Doktor. Auf Wiederschauen, Herr Doktor.«
Klapps!
Das einemal spreche ich in einem Ton, als wäre ich vom Himmel in ihre Redaktion hinabgestiegen. Und im selben Besuch kommt mir ein Ton, als hätten sie mich letzte Woche aus dem Zuchthaus entlassen. Denn Größenwahn und Minderwertigkeitsängste sind uns immer noch interessanter als die Erkenntnis: ich bin einer vom Millionendurchschnitt.

Jetzt stehe ich im Treppenhaus und reibe mir die Handschuhe über die Finger. Irgendwo hämmert eine Schreib-

maschine. Als ich zum ersten Male diese schwarzen Finger anzog, glaubte ich ehrlich, ich würde sie nie anziehen, ohne an Vater zu denken. Und jetzt denke ich immer und unablässig nur an mich: was bin ich?
Draußen regnet es.
Aber irgendwohin muß ich schon gehen. Ich kann doch nicht alt werden in diesem Treppenhaus.
Fünfzehn Druckzeilen.
Warum gehe ich auf einmal durch diese Straßen, als wäre ich in der Fremde, als verstände ich eure Landessprache noch nicht? Und ich schaue euch alle an, die ihr da Brot verdient durch eure eigene Arbeit.
Fünfzehn Druckzeilen.
Über dieses Schaufenster soll ich jetzt etwas schreiben. Ich stehe. Und im Glas steht mein Spiegelbild. Und Regen adert uns über Schirm und Schuh. Und wir lächeln einander durch die Scheibe.
Max. Fangen wir an, Max.
Teufel, könnte ich diese Scheibe einboxen und dich packen, Max, und dich erschlagen, Max! So lächle doch nicht immer ...

Der Auftrag 1942/57

Ammann, der Auftrag, verlangte sein Konterfei natürlich auf eine unmögliche Zeit. Als Sohn reicher Leute kam er sowieso mit dem Gefühl, der Künstler müßte ja dankbar sein, das vor allem, und alles weitere ergäbe sich daraus. Es ergab sich auch wirklich; Reinhart konnte ihn anfänglich nicht ausstehen.
»Mitte September?«
Er mochte im übrigen seine wirklichen Gründe haben, warum er den Helgen auf einen bestimmten Tag haben

mußte, sei es ein Geburtstag oder eine Verlobung. Er machte ein grenzenloses Geheimnis daraus. Auch das reizte den Maler.

»Schade«, sagte er. »Im September bin ich am Meer – aber im Oktober komme ich wieder.«

Dabei malte er mit einer Gelassenheit, die herausfordernder nicht sein konnte. Ammann war jünger, und daß er sich als Leutnant malen ließ, wäre für jedermann nebensächlich und selbstverständlich gewesen, hätte er nicht mit sieben Gründen darzulegen versucht, warum und wieso und weswegen, und keiner davon war ein wirklicher Grund.

»Warum nicht?« sagte Reinhart. »Sie wollen ein möglichst gutes Bild. Wahrscheinlich steht Ihnen das Feldgrau am besten. Warum also nicht?«

Vielleicht, auch das –.

Kerl! dachte Reinhart. Es kochte in ihm. Etwas ärgerte ihn maßlos. All das Verlegene und Unfreie, das ihn umstellte, all das, was er den Vorurteilen des anderen zuschrieb, vielleicht war es das. Der Maler bildete sich Ansichten ein, die der andere gleichsam auf der Stirne trüge, Ansichten einer Erziehung, die seine Kunst als spielerische Verzierung nahm, nichts weiter, als einen Schnörkel am sogenannt wirklichen Leben, nichts weiter! Man kann es sich leisten, man läßt sich malen, wie früher die Leute vom Hof, man geht in Konzerte. Kenntnisse der Künste als Ausweis über etlichen Wohlstand! Man kennt seine Verpflichtung gegenüber der Kultur. Unsereiner! Zu Hause steht die Kultur als alte Pendule auf einem gotischen Schrank. Und der Künstler: wenn er tot ist und im Lexikon, durchaus annehmbar, als Lebender von üblem Geruch, von verdächtigem Lebenswandel, von einem vollendeten Mangel an Erziehung und Form, von gottlosen Anschauungen. Höchster Rang eines Künstlers: wir loben ihn. Wir! Man drückt ein Auge zu, spricht mit ihm, ehrt ihn mit einem Empfang; man ist der König, der die Ehren vergibt, und der Künstler als rührender armer Kerl, der sich irrsinnig wichtig nimmt, eitel, ehrgeizig, stets von seinem Talent überzeugt und verwahrlost, im Umgang schwierig, da er mit Vorliebe liederlich ist, kaum ein Wort hält und keine Ahnung hat von Haltung. Unser Verhältnis zu ihm: Achtung für das Talent, so es wirklich vorhanden ist, Distanz von seiner Person auf jeden Fall, ein bißchen Neid um seine zigeunerhaften Freiheiten, ein bißchen Verachtung, ein bißchen Gönnertum und Herablassung, ein bißchen Unbehagen ringsum, man duldet ihn durchaus als eine Schrulle der Natur, ein großes Kind, eine Art Hofnarr für den bürgerlichen Feierabend ...

All das, der Teufel soll's holen, es stand einfach auf dieser Stirne, die Reinhart ständig anzusehen hatte, – und eine solche Stirne sollte man malen können!

(Warum regte es ihn auf?)

Yvonne ... Mitten in der Arbeit dachte er oft an Yvonne. Er hatte sie nie wieder gefragt, was es denn wäre, das sie ihm mitzuteilen hatte. Ab und zu kam Yvonne auch hierher, auf einen Sprung nur. Meistens war es wie eine kleine Feierstunde. Sie hatte ein paar Blumen gebracht, als hätte sie immer noch Geld, und stellte sie ein. Sie stand vor den Bildern, ihre Hände unter dem offenen Mantel an die Hüften gestützt; die Sache mit der neuen Stelle wäre ins Wasser gefallen, sagte sie nebenbei, die Bilder betrachtend, und was sie dann über die Bilder sagte, – es war ihm ordentlich ungeheuer, wie er einmal gestand.

»Wieso?«

»Wie kann man malen, was man nicht gesehen hat? Du erzählst mir immer, was ich gesehen habe. Ich staune! ... im Ernst, nachher kann ich eigentlich nie mehr arbeiten.«

Yvonne war bestürzt.

Um fünf Uhr kam übrigens Ammann wieder, der Auftrag,

und Yvonne leerte die Tasse, sie wollte dem jungen Herrn nicht begegnen, sagte sie entschieden, ohne einen Grund anzugeben. Er verstand es nicht, so harmlos wie unritterlich. Verstand er es wirklich nicht? Oft schien es ihr unglaublich, wie wenig er sich mit all seiner Phantasie in ihre Lage versetzen konnte... Er mußte es verstehen, ohne daß sie es ihm sagte; nur so konnte er vor ihrem Herzen bestehen. Einflüstern gilt nicht... Rasch, leicht, immer wie in Eile ging sie durch das Gärtlein, dann die Straße hinunter. Warum hetzte sie sich immer so? Das Meer würde ihr guttun, dachte er, vier oder fünf Wochen; er würde arbeiten, sie könnte baden, lungern, lesen, im Sand liegen, nichts als Ruhe und Weite und keine Menschen, die meinen, daß sie uns kennen!...

Ammann war in der Tat ein außerordentlich unfreier, in lauter gutem Benehmen verkrampfter Mensch, ein großer Mutterbub vielleicht, jedenfalls aufreizend wie am ersten Tag. Aber er war ein Auftrag. Ein guter Auftrag sogar, langweilig wie Beton. Indessen war es weder Anstand noch Recht, wenn Reinhart, während jener mit verschränkten Beinen dasaß und das rostfarbene Buch hielt, wie es von seiner Familie gewünscht worden war, einfach stehen blieb und zum großen Fenster hinausschaute. Anfangs, wie als Vorwand, mischte er wenigstens eine Farbe auf der Palette, dann hörte auch das auf... er stand und dachte ausführlich ans Meer –

Einmal beschwerte sich Ammann.

»Entschuldigung!« sagte Reinhart ohne Spott. »Sie haben recht, Sie müssen es nur sagen – übrigens: sehen Sie jetzt, wie natürlich Sie in die Welt blicken können?«

Schon war es wieder vorbei.

Herrgott, dachte Reinhart mit Ansätzen gelinder Verzweiflung, wenn er wenigstens reden würde! Ein Gesicht, das spricht und sich bewegt, kann sich minder verstecken. Und was die Leute für eine Angst haben, ihr Gesicht bekäme einen Ausdruck! Ein Bauernkind, das er neulich gesehen hatte, oder der Gärtnermeister mit der versoffenen Nase, das waren freilich keine Aufträge; die kamen nicht, dachte er, die hätten ein Gesicht. Aber kein Bedürfnis, daß es an der Wand hängt.

Manchmal schüttelt Reinhart den Kopf.

So also, dachte er, will ein Mensch aussehen, wenn er an seine Braut, an seine künftige Frau denkt? Sie heiratet ja nicht dein Bild, Freund, auf die Dauer nicht. Warum willst du dir selber nicht zugeben, daß alles nicht einfach ist, unberechenbar, gewitterhaft, sozusagen unanständig in einem gigantischen Sinne? Wir alle kennen die Angst vor der Welt, je größer unser Mut zum Schauen ist. Einen Menschen heiraten, vor dem man Angst hat, vor dem man sich so verstecken möchte, – faule Sache, mein Freund, faule Sache, auch wenn es eine gute und gefällige Partie ist, und wer zweifelt daran! Man spricht auch nicht vom Geld und möchte tun, als wäre alles so selbstverständlich. Eben drum könnte man davon reden, wenn man nicht auch davor die Angst hätte, denn man möchte ja nur, es wäre selbstverständlich! Angst, überall Angst, die übermalt werden soll... Wer nun darin den Zweck der Kunst sieht, kann man es ihm versagen, daß er für den Künstler, noch wenn er ihn lobt, weil er es gediegen übermalt hat, stets ein leises Gefühl von Verachtung hat? Kann man es verargen? Vielleicht sind wir ein verächtlicher Schlag, dachte Reinhart, aber das sind nun wieder Dinge, wofür eure Verachtung, mit Verlaub gesagt, nicht ausreicht –

Es kam der Tag, wo es einfach nicht mehr ging. Es war die dritte oder vierte Sitzung, als Reinhart wirklich die Pinsel weglegte:

»Sagen Sie einmal, lesen Sie denn wirklich in diesem Buch, das Sie da halten?«

»Ich lese –«

Reinhart war wie erschöpft.

»Wenn Sie wirklich lesen würden und sich vorstellen, was Ihnen der Mann da erzählt, sehen Sie, es ist einfach nicht möglich, Sie halten das Buch, aber Sie lesen nicht, Sie blättern darin und denken daran, wie Sie aussehen. Sie wollen immer Haltung haben!... Man kann das nicht malen, Gott stehe mir bei! Ich bin darauf angewiesen. Wenn Sie wirklich eine Haltung haben, Haltung, innere Haltung, lebendige Haltung – es gibt nichts Schöneres als das! es ist unser aller Ziel, wissen Sie – Aber dann kommt die Haltung doch von selber, oder glauben Sie nicht? Was Sie da machen, – alles, was man macht, ist Pose – und zum Kotzen, gelinde gesagt, zum Kotzen!«

War das gelinde?

»Verstehen Sie mich?«

»Ich habe aber gelesen.«

»Das glaube ich eben nicht«, sagte Reinhart und lachte, indem er aus Verlegenheit eine Zigarette ansteckte. Es tat ihm leid, wenn er grob war. Dann legte er die Zigarette weg, er wollte ja eigentlich die Hände waschen. Nichts gibt es, was die Flegelei verherrlicht, nur keine Ausrede mit Leidenschaft! Höchstens und bestenfalls ist es das Hilflose in der Leidenschaft, was dazu führt... und zu nichts führt, zu gar nichts! Es tat ihm aufrichtig leid.

»Sie verstehen doch, was ich möchte?« sagte er aus der Waschecke, die Ärmel krempelnd. »Ich meine, Sie sollten mehr Vertrauen haben, nur das, Vertrauen zu sich, zum lieben Gott, was weiß ich! Vertrauen zu seinem Geschöpf, zu dem, was man so Mensch nennt –«

Ammann blätterte in seinem Buch, während man das helle Gurgeln des Wassers, das Quietschen der seifenden Hände hörte.

»Wir wollen doch einen Menschen malen, das vor allem, das ist doch das Lustige, oder das Schöne.«

»Ja«, sagte Ammann. »Ich bin auch sonst nicht anders – nie...«

Traurig, denkt Jürg, aber nicht einmal überraschend – und schüttelt sich die Hände ab. Als sie am Tuch getrocknet sind, geht er, stellt ein Pfännchen mit Wasser auf den kleinen Kocher. Mit Malen scheint es zu Ende, denkt Ammann. Ob er eilig sei? fragt ihn der Maler; er mache nur rasch einen Tee, sagt er und stellt zwei Tassen hin, sogar sehr schöne Tassen.
»Eilig bin ich nicht.«
Draußen über den Dächern blaute der späte Nachmittag. Wieder glühte das Ziegelrot wie von innen heraus, und in den Bäumen rieselte ein Wind ... Schwimmen, das müßte jetzt köstlich sein, ringsum die glitzernden Zacken der Wellen! oder auch gehen, nichts als gehen, Wind im Haar, auf einem Hügel stehen, Fülle des Sommers zu Füßen ... Dann siedet das Wasser.
»Wenn Sie Zeit haben«, sagt Reinhart, den Zucker suchend, »Sie trinken doch auch einen Tee? Es ist zwar nur noch Knäckebrot da ... Und dann, Herr Ammann, fangen wir noch einmal an, nicht wahr? Wir wissen von nichts! Übrigens sollen Sie keine Sorge haben, es kostet nicht mehr.«
Reinhart lachte:
»Das da malen wir nicht zu Ende!«

Der Puppenspieler 1946

Gestern, unterwegs ins Büro, begegne ich einem Andrang von Leuten, die bereits über den Randstein hinaus stehen, alle mit gestreckten Hälsen; manchmal ein Lachen aus der unsichtbaren Mitte –
Bis ein Gendarm kommt.
Er fragt, was geschehen sei, und da wir es nicht wissen, keilt er sich in den Haufen hinein, nicht barsch, aber von Amtes wegen entschieden. Das gehe nicht, sagt er mehr-

mals, das gehe nicht! Wahrscheinlich wegen des Verkehrs –
Und dann:
Ein junger Mensch steht da, groß, bleich, eher ärmlich, was die Kleidung betrifft, aber kein Bettler, wie es scheint, heiter, unbefangen wie ein Kind; ein offener Koffer liegt neben ihm, und dieser Koffer, wie man nun sieht, ist voller Marionetten. Eine hat er herausgenommen und hält sie eben an den Fäden, so, daß das hölzerne Männlein gerade auf dem Pflaster spazieren kann; unbekümmert um den Gendarm, der einen Augenblick ratlos scheint:
»Was soll das?«
Der junge Mensch, keineswegs verduzt, zeigt weiter, wie man die einzelnen Gliedmaßen bewegen kann, und einen Atemzug lang, lächelnd und den Daumen im Gürtel, schaut auch der Gendarm zu, der das liebe Gesicht eines Bienenzüchters hat.
»Was soll das?«
Der Mensch, indem er auf die Puppe schaut, lächelnd, da jedermann die Antwort sehen kann:
»Jesus Christus.«
Der Gendarm:
»Das geht nicht... Hier nicht... das geht nicht –«

Marion und die Marionetten

Andorra ist ein kleines Land, sogar ein sehr kleines Land, und schon darum ist das Volk, das darin lebt, ein sonderbares Volk, ebenso mißtrauisch wie ehrgeizig, mißtrauisch gegen alles, was aus den eignen Tälern kommt. Ein Andorraner, der Geist hat und daher weiß, wie sehr klein sein Land ist, hat immer die Angst, daß er die Maßstäbe verliere. Eine begreifliche Angst, eine lebenslängliche Angst, eine löbliche Angst, eine tapfere Angst. Zuzeiten ist es sogar die einzige Art und Weise, wie ein Andorraner zeigen

kann, daß er Geist hat. Daher das andorranische Wappen: Eine heraldische Burg, drinnen ein gefangenes Schlänglein, das mit giftendem Rachen nach seinem eignen Schwanze schnappt. Ein schmuckes Wappen, ein ehrliches Wappen; deutet auf das Verhältnis zwischen Andorraner und Andorraner, welches ein leidiges ist wie meistens in kleinen Ländern.
Das Mißtrauen –.
Die andorranische Angst, Provinz zu sein, wenn man einen Andorraner ernst nähme; nichts ist provinzieller als diese Angst.

Marion hatte die Puppen geschnitzt, während er krank war. Weil er krank war; die viele Zeit. Er schnitzte sie aus Lindenholz, weil das Lindenholz am wenigsten splittert; es ist nicht hart, nicht eigensinnig, es hat keine Äste, wo das Messer stockt. Das ist die Gefahr, das Stocken bei den Ästen, und dann, plötzlich, springt das Messer davon, und alles ist wieder verdorben, die Nase weg. Lindenholz ist ein williges Holz, ein treues Holz, seine Helle, der Gleichmut seiner Jahrringe; man kann es wirklich loben.
Als er den dritten Nagel in die Wand schlug, um seine Puppe daran aufzuhängen, die dritte, da fragte ihn die Krankenschwester, was er mit diesen Dingern spielen wollte, was für ein Stück...
Das war die Frage.
Sie nahm die Puppe in die Hand:
»Der sieht wie Jesus Christus aus.«
Ja, dachte Marion, aber alle die andern?
Pontius Pilatus –
Judas –

Zuerst spielt Marion für die Armen des Dorfes. Wobei er keineswegs die Frage stellt, warum es Arme gibt und andere; ob darin ein Unrecht liegt oder nicht. Er tut es

nicht aus Mitleid. Es genügt ihm, daß er Freude macht; was auch ihm wieder Freude macht. Er tut es ohne Anspruch, ohne Ehrgeiz, ohne Bewußtsein …
Eines Tages entdeckt ihn ein Kurgast.
Ein Herr mit Monokel –
Cesario, das Urteil von Andorra.
Zu erzählen wäre die rührende und auch wieder tröstliche Szene, wie Marion seiner alten Mutter erklären will, was das bedeutet, ein Brief von Cesario. Er liest ihn vor. Eine Einladung von Cesario. Er liest sie noch einmal vor. Und die Mutter zittert, wie sie eben immerfort zittert, die Arme, den lieben langen Tag:
»Wie heißt der Herr?«
O Grenze des Ruhmes! …
Aber es bleibt dabei, auch wenn die Mutter es nicht begreift: Marion fährt in die Stadt, Marion, der alles für bare Münze nimmt, was man ihm sagt. Er steht am offenen Wagenfenster und winkt, lange noch, es flattern seine Haare, es senkt sich der Rauch über die heimatlichen Felder, Wolken von Bernstein, denn es ist ein sonniger Morgen, und Marion fährt in die Stadt: mit Jesus Christus im Koffer.

Im Kaffeehaus, wo Cesario natürlich auf sich warten läßt, zeigt er seine Puppen einer Kellnerin. Andere treten hinzu; es macht ihnen Spaß, und Marion muß zeigen, wie so eine Puppe auf dem Boden geht –
Bis jener Gendarm kommt:
»Das geht nicht.«
Warum nicht?
Cesario ist es peinlich; er nimmt sein Monokel aus dem Auge, reibt es und tut, als könnte er nicht sprechen, wenn er das Monokel nicht hat, und Marion bleibt ohne Antwort auf seine Frage.
Sein Staunen darüber, wie jedermann sich ein wenig

anders verhält, wenn andere am Tische sitzen. Man wird nicht klug aus den Leuten, und es ist wie ein Schachtraum, was Marion in den folgenden Wochen erlebt: jedesmal, da er eine Figur ergreifen will, hat sie soeben die Farbe gewechselt –

Marion schreibt in einem Brief:

»Oft möchte ich meinen, sie halten mich alle zum Narren, nichts weiter. Sie schnöden über einen Maler, den ich nicht kenne, sie nennen ihn einen Scharlatan und so weiter, und in der gleichen Woche, wenn ich ins Kaffeehaus gehe, treffe ich sie wieder: sie trinken und rauchen und unterhalten sich mit Geist, mit Ernst und vortrefflich. Was soll unsereiner da reden, damit er nicht immerfort schweigt? Ich schnöde auch über den Maler, den ich nur aus ihren eignen Worten kenne, und frage den Fremden, ob er den Scharlatan auch kenne, und der Fremde ist es selbst, und der Scharlatan bin ich.«

Sein wachsender Drang, nicht länger mitzumachen; er will den Menschen sagen, was er denkt, so offen als möglich, gleichviel, wer am Tische sitzt. Sein Irrtum besteht darin, zu meinen, daß er damit die anderen zwinge, ein gleiches zu tun...

Von einer sehr reichen Andorranerin, als sie starb, sagte die Welt: Sie hatte ein sehr gutes Herz. Nämlich sie hatte, sonst ohne Arbeit und Aufgabe, sehr viel Wohles getan, Geschenke und so weiter...

Marion hat die Dame gekannt.

»Sicher ist«, so denkt er: »sie hatte Anfälle von schlechtem Gewissen. Das aber, wer weiß, schon das wäre ein großes Lob für die Verstorbene; ich habe wenige Reiche getroffen, die es so weit brachten.«

Hat er es gesagt?

Und wem?

Und gleichviel, wer am Tische saß?

Und einmal, als sie bereits die Sessel wieder aufeinander bockten und Marion noch immer zwischen seinen Ellbogen saß, verloren in einer Sintflut des Herzens, erbarmte sich seiner eine Kellnerin.
Schön war es nicht –
Am andern Morgen sieht er sie hangen: Moses, die drei Könige, Christus aus Lindenholz.
Und nur der Judas fehlt noch immer.
Als kenne er ihn nicht.

Gesellschaft bei Cesario.
Jemand spielte eine Sonate, hinreißend, er mußte wiederholen, und als er sich zum letzten Male verbeugt hatte, lächelnd, gab es ein längeres Schweigen; die Damen saßen in langen Kleidern, die Herren in Schwarz. Man war ergriffen. Dann öffnete sich eine Türe, eine Schiebetüre, und man begab sich in ein anderes Zimmer, wo es belegte Brötchen gab, Wein oder Bier, auch Tee für die Damen –
Marion hatte Hunger.
»Ah!« sagte die Trebor und stellte ihre Tasse zurück: »Sie sind also ein Poet?«
Marion wurde rot.
»Sie sind also ein Poet – und im gleichen Augenblick nennen Sie sich einen armen Teufel, das verstehe ich nicht!«
»Nicht alle leben in einem solchen Landhaus –.«
»Sie meinen, weil sie nichts haben? Ich beneide Sie, Marion, wenn das wahr ist. Sie können, was wir nicht können: die Wahrheit denken, sogar die Wahrheit sagen.«
Marion zuckte die Achseln:
»Wer auf solchen Teppichen wohnt«, versetzte er: »kann sich die Armut sehr geistreich vorstellen, kein Zweifel.«
Sie blinzelte durch den Rauch ihrer Zigarette.
»Sehen Sie«, sagte die Trebor: »so viele behaupten, sie hätten nichts, und brüsten sich damit wie Sie, und am Ende haben sie doch immer das eine: Angst um all das, was sie

haben möchten, Angst wie der reiche Mann, nur ohne Geld. Und ob das arme Teufel sind! Aber dann ist man auch kein Poet, Marion. Ein Poet, dachte ich immer, darf überhaupt nichts haben – auch keine Angst.«
Sie lächelte, schaute ihn an:
»Wozu brauchen wir ihn sonst?«
Eine Fee mit bestrichenen Brötchen...

Und dann, als es soweit war, lag Marion bereits im Bett, er hatte auch das Licht schon gelöscht: als der Entschluß ihn erreichte, keinerlei Angst mehr zu haben. Er mußte noch einmal aufstehen; er zog seinen Mantel an, es war Mitternacht vorbei, und er schrieb an die Trebor, alles, was er gehört hatte, wenn sie nicht zugegen war –.
Der nächste Abend fand nicht mehr statt.
Alles hat Folgen; Freundschaften gibt es, die jahrelang darauf bestanden haben, daß man sich von dem andern bewundert wähnte, eine Art von Versicherung, die man wiederum mit Bewunderung zahlte: ein offenes Wort, und weg ist sie. Und Marion ist an allem schuld; denn alles, was man in Wahrheit sagt, hat Folgen.
Auch gute vielleicht –
Eine Ehe geht in die Luft, zum Beispiel, mitsamt einem Haus und sieben Zimmern, Küche mit Kühlschrank: dafür eine Liebe, eine andere, die lange schon wartete wie ein Keim unter dem Stein, ein Mögliches, das plötzlich an die Sonne kommt, ein Lebendiges...

Marion hat einen Hund, das ist wichtig, das ist ein Geschöpf, das nicht anders tut, als es ist. Ein kleiner Hund, der im Zickzack über die Straße schnuppert; plötzlich wirbelt er ab, die Gosse entlang... und Marion wartet... Eines Tages wird auch dieser Hund ihn enttäuschen. Noch würde Marion es nicht glauben, wenn man es ihm sagte. Es ist ein Hundchen ohne Rasse, ohne Zucht, ohne

Anstand und Adel, vor allem aber ohne jeden Anspruch auf all das, und eben darum hat Marion ihn genommen; ein Köter ohne Stammbaum, ein bräunlicher Knäuel, der immer wieder fast überfahren wird. Wie soll ein solcher Hund ihn enttäuschen können? Aber es liegt nicht am Hund, wenn es dazu kommt; es liegt an Marion, und es wird dazu kommen.

Anfang Februar zeigen sich die ersten Spuren von Irrsinn: die Menschen, die Marion sah, bewegten sich nicht mehr von innen heraus, wie ihn dünkte, sondern ihre Gebärden hingen an Fäden, ihr ganzes Verhalten, und alle bewegten sich nach dem Zufall, wer an diese Fäden rührte; Marion sah eine Welt von Fäden. Er träumte von Fäden...

Das war anfangs Februar.

Es drängte ihn dazu, daß er mit den Fäden spielte. Nämlich er wollte sich überzeugen, daß es doch nicht so war, das mit den Fäden. Er gab einen ganzen Tag dafür, noch einmal suchte er alle auf, die er kannte, Cesario zum Beispiel, der immer, gebildet wie er ist, an Hand von Kenntnissen redet: er redet von mittelalterlichen Puppenspielen –

Marion hört zu.

»Übrigens finden Sie eine verwandte Erscheinung, wenn Sie an die antike Maske denken; schon bei den alten Griechen –.«

Marion nickt. Und Cesario ist voller Wohlwollen wie am ersten Tag, als er den Puppenspieler entdeckte, ja, auch für den Puppenspieler bestellt er noch einmal einen Drink...

Was hat Marion getan?

Er hat genickt: gläubig und immerzu –

Weiter nichts.

»Ein kluger Bursche, ein heller Bursche! Habe ich es nicht auf den ersten Blick gemerkt? Ein begabter Bursche, und so bescheiden dabei, so bescheiden!...«

Und Marion seinerseits denkt:
»Wenn Cesario an mich glaubt, und wie habe ich diesem Manne doch Unrecht getan, indem ich ihn neulich einen eitlen Schwätzer nannte, nein wirklich, wenn Cesario an meine Puppen glaubt, Cesario, der Unbestechliche, er, dessen Urteil, wie jedermann weiß, so streng ist, aber gerecht, aber gerecht –«
Marion war wie benommen.
Er hatte spielen wollen; er hatte sich überzeugen wollen, daß es doch nicht so war, das mit den Fäden –
Aber es war so.
Auch bei ihm selber war es so.
Jetzt, in jedem Spiegel, sah er den Judas –
Am selben Abend erwürgte er den Hund. Man fand ihn später in der Garderobe, den Hund, und sich selber hatte er im Abort erhängt, nebenan, während die Leute auf dem blauen Polster saßen und über den kleinen Moses klatschten, über die drei Könige, über den Christus aus Lindenholz, über Pontius Pilatus.

Cesario, als er im Kaffeehaus davon hörte, zeigte sich betroffen und bereit, an der Bestattung teilzunehmen und allenfalls, wenn es verlangt würde, einige Worte zu sprechen, obschon er es nicht überzeugend fand, daß Marion sich erhängt hatte; es war bedauerlich, gewiß, es war traurig, aber nicht ein auswegloses Muß, also nicht eine Tragödie im antiken Sinne, sondern nur die Geschichte eines vermeidbaren Irrtums, der darin bestand, daß Marion offenbar meinte, die Wahrheit irgendeines Mannes liege auf seinen Lippen oder in seiner Feder; er hielt es für Lüge, wenn die Menschen bald so, bald anders redeten; eines von beiden, meinte er, müsse eine Lüge sein.
Das verwirrte ihn.
Er erhängte sich aus Verwirrung –.
(...)

Nachtrag

Marion und der Engel, der eines Abends neben ihm steht und ihn fragt, was eigentlich er möchte, und Marion, der sich an den Nacken greift:
»Was ich möchte?«
Es ist wirklich ein Engel! –
Marion:
»Wenn ich am abendlichen Ufer sitze, einmal möchte ich wandeln können über das Wasser, über die Tiefe voll perlmutterner Wolken, oder ich möchte, wenn ich auf dem Hügel stehe und meine Pfeife rauche, die Hände in den Hosentaschen, ich möchte die Arme von mir strecken, so wie man im Traume es kann, und niedergleiten über die Hänge, über die abendlichen Wipfel der Tannen, über Gehöfte und Dächer, über Kamine, über die Felder mit den Obstbäumen darin, mit Pflügen und dampfenden Rossen darin, über die Drähte voll tödlichen Stromes, über den Kirchhof hinweg, den geschlossenen – nicht einmal fliegen wie ein Vogel, der aufwärts steigt und sich erhebt, oh, ich bin es zufrieden, wenn du mich gleiten ließest, Engel, nur eine Weile lang: zurück in die Gefangenschaft unsrer Schwere!... Das alles aber, Engel, es soll nicht ein Traum sein. Ganz wirklich soll es sein, das Unglaubliche. Und niemals braucht es wiederzukehren. Und niemand, den ich im Ehrgeiz bedenke, niemand muß es erfahren und glauben. Es sei mir genug, wenn ich allein es weiß: Einmal bin ich über das Wasser gegangen, ganz wirklich. Und niemals brauchte es wiederzukehren!«

In der Straßenbahn treffe ich Kellermüller, zum erstenmal seit Jahren; nachher stehen wir noch fast eine Stunde zusammen, drüben beim Kiosk, und es fällt mir auf, wie oft er betont, daß er älter werde, immer wieder, als hätte man das Gegenteil vermutet. Aber er sei nicht traurig darüber, versichert er, mitnichten; er ist überzeugt, daß er die Dinge, die er bisher bedacht und beschrieben hat, vollkommen anders sehe, und nicht nur das! Er ist überzeugt, daß er sie zum erstenmal wirklich sieht. Darum ist er glücklich oder mindestens gelassen, obschon er alles, was er bisher geschrieben hat, als Mist betrachtet...
»Jedenfalls war es verfrüht.«
»Glauben Sie das im Ernst?«
»Ich meine nicht das handwerkliche Können, nicht das allein; sondern die Art, wie man den Menschen sieht –.«
Einmal wage ich es und sage:
»Gerade Ihre frühen Novellen mag ich besonders.«
Er schneuzt sich nur, und ich habe mehr und mehr das Gefühl, daß er sich Unrecht tut, wenn er die spätere Einsicht, nur weil sie auf alle früheren zurückschauen kann, für die bessere hält, die gerechtere –

Es ist nicht das Alter, was an Kellermüller auffällt, sondern die Anmaßung aller Gegenwart; sie zeigt sich schon darin, daß wir stets, wenn wir eine Sache oder ein Gesicht plötzlich anders erblicken, ohne Zögern sagen:
Ich habe mich getäuscht!
Ich habe...
Vielleicht täusche ich mich jetzt erst, oder sagen wir: heute noch mehr als damals.

Vom Sinn eines Tagebuches:
Wir leben auf einem laufenden Band, und es gibt keine

Hoffnung, daß wir uns selber nachholen und einen Augenblick unseres Lebens verbessern können. Wir sind das Damals, auch wenn wir es verwerfen, nicht minder als das Heute –
Die Zeit verwandelt uns nicht.
Sie entfaltet uns nur.
Indem man es nicht verschweigt, sondern aufschreibt, bekennt man sich zu seinem Denken, das bestenfalls für den Augenblick und für den Standort stimmt, da es sich erzeugt. Man rechnet nicht mit der Hoffnung, daß man übermorgen, wenn man das Gegenteil denkt, klüger sei. Man ist, was man ist. Man hält die Feder hin, wie eine Nadel in der Erdbebenwarte, und eigentlich sind nicht wir es, die schreiben; sondern wir werden geschrieben. Schreiben heißt: sich selber lesen. Was selten ein reines Vergnügen ist; man erschrickt auf Schritt und Tritt, man hält sich für einen fröhlichen Gesellen, und wenn man sich zufällig in einer Fensterscheibe sieht, erkennt man, daß man ein Griesgram ist. Und ein Moralist, wenn man sich liest. Es läßt sich nichts machen dagegen. Wir können nur, indem wir den Zickzack unsrer jeweiligen Gedanken bezeugen und sichtbar machen, unser Wesen kennenlernen, seine Wirrnis oder seine heimliche Einheit, sein Unentrinnbares, seine Wahrheit, die wir unmittelbar nicht aussagen können, nicht von einem einzelnen Augenblick aus –.

Die Zeit?
Sie wäre damit nur ein Zaubermittel, das unser Wesen auseinanderzieht und sichtbar macht, indem sie das Leben, das eine Allgegenwart alles Möglichen ist, in ein Nacheinander zerlegt; allein dadurch erscheint es als Verwandlung, und darum drängt es uns immer wieder zur Vermutung, daß die Zeit, das Nacheinander, nicht wesentlich ist, sondern scheinbar, ein Hilfsmittel unsrer Vorstel-

lung, eine Abwicklung, die uns nacheinander zeigt, was eigentlich ein Ineinander ist, ein Zugleich, das wir allerdings als solches nicht wahrnehmen können, so wenig wie die Farben des Lichtes, wenn sein Strahl nicht gebrochen und zerlegt ist.

Unser Bewußtsein als das brechende Prisma, das unser Leben in ein Nacheinander zerlegt, und der Traum als die andere Linse, die es wieder in sein Urganzes sammelt; der Traum und die Dichtung, die ihm in diesem Sinne nachzukommen sucht –

Später, wie ich die Zeitung lesen möchte, erinnert mich ein Inserat daran, daß auch der Hellseher, wie mir scheint, in diesem Zusammenhang bemerkenswert wäre –

In Zürich lebte vor Jahren ein bekannter Professor, dessen Vorlesung ich noch besucht habe, ein ehemaliger Untersuchungsrichter, ein nüchterner und beherrschter Mann. Eines Tages war er verschollen. Ein Unglück, ein Verbrechen? Der Scharfsinn der Polizei, die einigermaßen zu seinen Werkzeugen gehörte, versagte vollkommen; sogar der Spürsinn ihrer Hunde. Tage vergingen, Wochen ohne Ergebnis. In einem Kabarett spielte unterdessen ein Hellseher, Abend für Abend, den wir wie jeden, der auftritt, für einen harmlosen Schwindler hielten. Man holte den Mann, führte ihn in das Arbeitszimmer unseres Professors, den er nicht kannte, und fragte ihn, was er über den Bewohner dieses Zimmers aussagen könnte. Der Mann mit der Mähne, so heißt es, setzte sich in Trance, nicht anders als im Kabarett. Als die Polizei ihn wieder fragte, gestand er, daß er nichts Genaues sagen könnte. Ich sehe die Mundwinkel der Polizei! Nur eines sehe er: Wasser, ja, und der Herr, der Bewohner dieses Zimmers, liege nicht allzu tief, kaum einen Meter unter Wasser, und zwar zwischen Schilf. Aber wo? Das konnte er nicht sagen, und damit war unser Seher wieder entlassen, er durfte wieder ins Kabarett. Man suchte die Ufer ab, wo es noch Schilf gibt. Am Obersee fanden sie nichts. Damit nichts unterlassen blieb, suchten sie auch am Greifensee: der Professor, der sich erschossen hatte, lag kaum einen Meter unter Wasser, und zwar zwischen Schilf –.

Und ein andrer Fall:

Auch Strindberg, wie es heißt, hatte die Gabe des Hellsehens. Seine Frau erzählt, wie er ihr einmal in wilder Eifersucht begegnete, Vorwürfe machte, die ihr haltlos schienen; er schilderte ihr genau, wie sie sich von einem fremden Mann hätte begleiten lassen, gestern, er wußte einzelne Straßen, die sie gegangen wären, Hausecken, wo sie stehen blieben, alles konnte er nennen. Nur stimmte alles nicht. Er war von seiner Eifersucht nicht abzubringen; für ihn stimmte es. Es waren wenige Monate vergangen, als die Frau mit Verwunderung feststellte, daß sie wirklich, als ein Herr sie begleitete, eben jenen Weg gegangen waren, den Strindberg schon damals hatte wissen wollen; es stimmte auf die Straßen genau, sogar die Hausecke, wo sie stehen blieben –.

Beide Fälle haben eines gemeinsam:

Der Hellseher sieht ein Bild, aber nicht den Ort oder nicht die Zeit, und wenn er sich darüber äußert, dann irrt er sich leicht, wie Strindberg, der für geschehen hält, was nur als Mögliches ist. Er sieht nicht das Nacheinander, und das scheint mir vor allem bemerkenswert: er sieht nicht Geschichte, sondern Sein, die Allgegenwart des Möglichen, die wir mit unserem Bewußtsein nicht wahrnehmen können, und offenbar müssen auch jene, damit sie aus dem Urganzen heraus sehen können, das Bewußtsein ausschalten, das unser Sein immer in Ort und Zeit zerlegt; sie brauchen die Trance.

Daß in früheren Zeiten, wie man immer wieder behauptet, das Seherhafte in höherem Grade vorkam, vor allem auch öfter, würde insofern nicht überraschen; es waren Zeiten minderen Bewußtseins.

Schön auch der Ausdruck: In dunkler Vorzeit. So beginnen die Sagen, die nicht Geschichte sind, sondern Bilder unseres Seins. Und daß es Vorzeit heißt: es ist überhaupt noch keine Zeit, es ist ein Davor, es gibt noch nicht das helle Bewußtsein, das zerlegt, und darum nennen wir die Vorzeit dunkel. Im Gegensatz zu unsrer eignen Zeit, die wir finster nennen. Wir sind wie die Leute, die ins Helle blicken; für alles, was neben dieser Helle unsres Bewußtseins ist, sind wir blind. So straucheln wir immerfort. Es fehlt uns die Hellsicht. Zur Not, oder eher zum Spaß, finden wir sie noch im Kabarett, wo sie allabendlich die Menschen erregt, obschon keiner daran glauben will, keine Packerin, kein Rechtsanwalt; sie sitzen ihrer eignen Seele wie einem Hokuspokus gegenüber, und wenn sie hinauskommen, kaufen sie das Morgenblatt, lesen das Ergebnis und wundern sich, woher es kommt –.

Nur jetzt keine Redensarten! 1939

Wir kamen, ein Gärtnerbursche und ich, gerade aus dem morgendlichen Wald, wo wir junge Eschen gefällt hatten. Als zierliche Stelzen unter ein Taubenhaus, das für den Stadtpark bestimmt war. Es war die erste bürgerliche Stelle, eben angetreten, der erste Entwurf, der verwirklicht werden sollte. Nicht immer nur bloßes Papier, nur Striche, nur Worte, nur Bilder. Ganz wirklich, ganz greifbar waren diese schlanken Stämmchen, ein halber Wagen voll, und wir wollten eben in die Schreinerei fahren –
Da läuteten die Glocken.

Schon heute, am Vorabend des eigentlichen Kriegsaufgebotes, sind alle Bahnhöfe und Brücken von blanken Bajonetten bewacht. Überall wimmelt es von Feldgruben, als

wären sie aus der Erde geschossen. Einer, der neben mir im Wagengang hockt, so, daß wir an jeder Station wieder aufstehen müssen und unseren Aff wegnehmen, meint mit einem halben Lächeln, er habe gar nicht gewußt, daß es so viele Schweizer gebe.
Wir fahren durch die Nacht; die Fenster sind nun schwarz, als führe man in einen endlosen Tunnel. Auch hier scheint eigentlich niemand überrascht, nur ein gewisser Ernst, eine gewisse Bitternis ist da, daß es wirklich gekommen ist, wie man dachte. Etliche tun, als schliefen sie. Damit sie die Augen schließen können. Es ist ein rascher Abschied gewesen. Andere sitzen einfach da, die Ellbogen auf den Knien, und blicken auf ihre Schuhe. Gesungen wird nicht, zum Glück, und man hört auch keine großen Redensarten.
Was gäbe es schon zu sagen?
Einzig eine junge Frau, die da mitfährt und deren Kind ein alter Soldat auf die Knie genommen hat, verliert die Nerven, schwatzt von ihrem Mann, der zum Hilfsdienst kommt, und erwartet, daß wir Soldaten in Mitleid zergehen.
Endlich, fast gegen Mitternacht, war es so weit. Wir gingen auf einer mondhellen Landstraße. Von den Fenstern winkten die Leute; ein kleiner Knirps im Nachthemd war auch noch wach:
»Evviva la Svizzera!« ruft er.
Man weiß nicht, wo man eigentlich ist. In einem malerischen Höflein. Wie in einer Oper sieht es aus, so ein lächerlich großer Mond, der gerade über dem schwarzen Dach und einem bizarren Kamin hängt, und dann fehlt es auch nicht an zierlichen Balkönchen, an runden Bogen und seltsamen Gestalten, die aus dem Halbdunkel der verlotterten Arkaden gaffen. Draußen in den Sümpfen oder in den Feldern, wo der mannshohe Mais steht, singen und lärmen die Vögel. Oder vielleicht sind es auch nur Grillen, ich weiß nicht. Auch hier, wie an den Bahnhöfen, geht schon eine

Wache hin und her. Nur daß es diesmal ein Kamerad ist. In Reih und Glied stehen wir unter den rabenschwarzen Kastanien, während unsere Namen verlesen werden.
Man wurde erwartet – das ist ein gutes Gefühl, man weiß, wohin man gehört.
Arbeit gebe es keine mehr, dafür Suppe und Brot. Unsere Geschütze stehen schon seit Stunden in der Fliegerdekkung, so daß wir unsere Säcke, unsere Gewehre, unsere Helme wieder aufnehmen, alles in den nahen Schopf tragen, wo auch das Stroh schon verzettelt ist, dann schütteln wir das Mottenpulver aus den Wolldecken.
Es ist ein langer Tag gewesen: morgens noch am Zeichentisch, und dann die Fahrt nach Hause, wo alles schon bereit lag, ein rascher Kaffee, und wieder am Bahnhof, eine Viertelstunde, ein Gewimmel von Soldaten und Helmen, ein einziges Gesicht, das alles aufwiegt – und jetzt hockt man da, nicht nur am andern Zipfel unseres Landes, in einer andern Welt überhaupt: es ist, als habe die Zeit einen Sprung bekommen, und man weiß nicht mehr, wie die beiden Teile jemals zusammengehörten.
Die andern, der eigentliche Hauptharst, werden erst in der Morgenfrühe erwartet; jeder hofft noch auf vertraute Gesichter. All diese vergangenen Jahre, wer sehnte sich immer nach Wandlung des Lebens? Vielleicht kommt sie stets von anderer Seite. Weil es stets den Schrecken braucht, damit es uns weiterbringt. Es kommt nur darauf an, ob man ihm ausweicht, ob man ihn innerlich annimmt. Wozu also die großen Verwünschungen? Im Grunde kann es doch nur das eigene Herz sein, das letztlich entscheidet, ob es eine brache oder fruchtbare Zeit ist.
Und dann:
Was war uns der Friede, solange wir ihn hatten? Ohne die Finsternisse der Nacht, wie knieten wir vor der Sonne? Ohne das Grauen vor dem Tode, wie begriffen wir jemals das Dasein? Alles Leben wächst aus der Gefährdung.

Das Ausrüsten geht weiter. Jeder bekommt seinen Verbandstoff, seinen Notvorrat, seine Gasmaske. Unversehens stehen wir in diesen feldgrauen Rüsseln da. Wie Fabelschweine oder eine Art von gespenstischen Wespen. Und was fällt den Leuten ein, als sie sich in diesem Aufzug sehen? – Sie singen:

»Wo Berge sich erheben
am hehren Himmelszelt,
da ist ein freies Leben –«

Durch die Kläppchen, die zum Auslassen der verbrauchten Luft vorhanden sind, kommen ihre stumpfen und näselnden Stimmen:

»Da ist ein freies Leben,
da ist die Alpenwelt.«

Ein Leutnant befiehlt Ruhe.

Wo man hinhört, man ist nicht der einzige, der sich in diesen Tagen wie ein armseliger Käfer vorkommt, von einer großen und scheinbar mutwilligen Hand zurückgeworfen, wo man sich eben, nach jahrelangem Mühen, endlich einem Ausweg nahte. Es sind nur wenige, die wieder nach Hause können. Einer, der bis Weihnachten entlassen ist, spendet vor Freude noch eine Runde...
Bis Weihnachten?
Wir blicken ihm nur nach, und wie kurzsichtig macht uns der Neid. Mindestens im Augenblick. Jeder ginge mit ihm, wenn er in diesem Augenblick die freie Wahl hätte. Kein Zweifel. Und es ist gut, daß wir die Wahl nicht haben. Im Grunde, wer wollte sich in dieser Stunde ausschließen? Wer könnte fortan noch mit Ruhe und Freude an seiner Arbeit bleiben, während die andern in den Bergen stehen und sich die blauen Hände reiben? Und wer könnte noch seinen Wünschen nachgehen, jetzt, wo nur noch Weiber

und Greise und Kinder auf den Feldern stehen und die reifen Garben binden, jetzt, wo sich die Mädchen in den Krankenhäusern melden –
Es gibt doch keinen Urlaub von der Zeit!
Auch zu Hause nicht.
Wir andern alle, bereits mit scharfen Ladern versehen, stellen uns noch an diesem Morgen zum Fahneneid, ein feldgraues Viereck um einen freien Raum, wo aus den Bäumen das scherbelige Herbstlaub fällt. Leider ist keine Fahne da. Auch kein Vertreter des Staates. Ein Hauptmann und eine Batterie, Soldaten unter sich, und unweit von uns die stummen Geschütze – – –
Nur jetzt keine Redensarten!
Wir werden geboren und haben nicht um unser Leben gebeten, nicht unser Vaterland erwählt. Einmal am Leben aber, ja, wie hangen wir daran, und wie lieben wir auch das Land, das unser Vaterland ist, selbst wenn es nicht in aller Mund wäre, selbst wenn es uns schmerzt. Wir haben Menschen gesehen, denen man das Vaterland aus der Seele gerissen hatte, so, daß sie langsam daran verbluten. Aber auch wir, die wir eine Fahne haben, einen Flecken auf der Erde, wo uns nur das Gewissen gebietet, müssen eine letzte Heimat erst suchen, und wer weiß, ob sie auf dieser Erde ist? Wir wollen das Grenzenlose, ob man es Herrgott nennt oder anders, nicht preisgeben und aus dem Boden, den es uns lieh, niemals einen Götzen machen, der den Menschen in uns erwürgt; wir werden unser Vaterland lieben und es verteidigen, niemals es anbeten.
»Ich schwöre oder gelobe es ...«
Wir haben die Helme in der linken Hand. Wer schwört, wer gelobt, das hört man nicht. Es gehen die hellen Hände empor, und jeder steht in diesem Augenblick für sich, ganz und gar. Man schwört nicht für seinen Nachbarn, und er nicht für dich. Eigentlich ist es nur eine Abrechnung: all die Jahre hat man empfangen, als Eidgenosse ohne Eid,

und nun kommt die Stunde, wo wir vielleicht zahlen müssen. Der Preis ist allerdings groß. Unser ganzes, einmaliges und unwiederholbares Dasein... An einem solchen Morgen, wenn das welkende Laub in den herbstlichen Himmel leuchtet, in diese unsagbar heitere Bläue, wer weiß denn, was das heißt?
Wir ziehen die Helme wieder an.
Zwei Leute haben den Eid nicht geleistet. Der Hauptmann ruft sie vor, fragt unter vier Augen. Die Sache ist in Ordnung. Sie treten ein, und niemand fragt weiter. Auch über den Eid wird den ganzen Tag nicht ein einziges Wort gesprochen.

Wie Heinzelmännchen helfen uns die kleinen Tessinerli beim Ausräumen ihrer Schule, die noch voll Kinderbänke ist. Auch eine Leinwand ist da, ein Apparat für lehrreiche Lichtbilder, eine Karte von Europa, wie es neulich noch war, und ein ganzer Tisch voll duftender Lindenblüten, zum Trocknen ausgebreitet... Plötzlich haben sie einen Heidenspaß:
»Eh la Madonna!« rufen sie: »La Madonna!«
Mit äußerster Sorgfalt nehmen wir alles herunter, was uns zerbrechlich dünkt; es ist keine Zeit für Glas, und an kahlen Wänden wird aller Glaube sich fortan bewähren müssen...
Inzwischen sind auch die Wagen eingetroffen. Von allen möglichen Firmen. Wir verteilen uns an die Seile, und die Geschütze werden verladen, so daß wir noch an diesem Abend, wenigstens im großen ganzen, marschbereit sind. Ob es losgeht und wohin, wer kann es wissen?

Es ist wieder eine klare Nacht, nur ein milchblasser Dunst über dem Talboden, und da, wo der rauschende Fluß einen Bogen macht, schimmern die mondweißen Kiesbänke.

England und Frankreich, heißt es, haben den Krieg erklärt, oder sie würden ihn erklären.
Wir laden weiter, Körbchen um Körbchen, jedesmal vier Granaten, und einer redet noch immer von Ausgang, fragt jeden zweiten, wie spät es sei. Bis ihm einer sagt, er sei ein Tschumpel. Wie in einem Klosterhof sieht es aus, so still und verschwiegen. An den Wagen, die wir laden und laden, bis sie fast auf den Federn aufstehen, zittern die Scheinwerfer, tasten mit ihren Lichtfühlern in das finstere Gebüsch. Was nicht allen willkommen ist. Zwei Leute fluchen sich an, daß es eine Art hat: schon bei dieser Arbeit entpuppen sich die ersten Drückeberger, die es im Dunkeln verstehen, jedesmal einen Gang auszulassen, während die andern, die weiter laden, längst nicht mehr wissen, welche Schulter sie unter das nächste Körbchen halten sollen.

Unsere Tornister lagen auf der Erde, in Reih und Glied, als wären wir's selber, und wir sollten sie öffnen oder aufnehmen, wußten indessen genau, daß sich unter der Hose, die nach Vorschrift gefaltet ist, eine kleine, fast zierliche Leiche befände – ich erwachte an dem Entsetzen, es könnte die eigene sein, die man sich auf den Rücken lädt.
Kurz darauf bläst es zur Tagwache.
Wir turnen nun jeden Morgen, bevor noch die Sonne über den bläulichen Bergen aufgeht: dann, schon ordentlich erwärmt, frühstücken wir aus den Gamellen, wie aus feldgrauen Trögen, die jeder im Stehen vor sich hinhält; nur einzelne sind schon so reif, daß sie sich platterdings auf jeden Boden setzen und munter-wortlos ihre warmen Brocken fletschen.
In einem Brief heißt es:
»Dann denke ich wieder, wie es sein müßte, wenn das Schlimmste an uns vorüberginge und daß dann vieles neu und ganz anders werden müßte mit mir. Aber zugleich

weiß ich, wie bald das alles vergessen ist, wenn man einmal wieder aufatmet. Das ist das Entsetzlichste. Und ich schäme mich, daß ich für uns eine Erleichterung erhoffen wollte, und ich will es nicht mehr.«

Und weiter unten:

»Es ist eine Zeit, wo man an allem Unfertigen nun doppelt so schwer trägt.«

(...)

Sobald wir die Arbeit an den Geschützen wieder beherrschen, werden wir nun auch, Mann für Mann, am leichten Maschinengewehr geschult. Es hilft nichts; es gibt einfach eine Freude an der Waffe, die auch den lauten Kriegsverächter überkommt. Das ist schon fabelhaft! sagen sie, indem sie wieder von der Erde aufstehen. Sofern man das von einer Waffe sagen kann! fügen sie nachträglich hinzu. Auch in die kleine Kanone, die unsere Armee zur Tankabwehr hat, sind wir förmlich verliebt. Wie eine rasende Feuerwehr fahren sie gelegentlich durch unser Dorf. Es ist das Kind im Manne, ich weiß nicht, oder der Krieger im Mann. Oder auch nur der Handwerker, der sich über eine Schwingachse begeistern kann. Oder alles zusammen. Und auch hier am leichten Maschinengewehr, als wir den Laufwechsel üben und schauen, wie lange jeder braucht, spürt man unversehens einen Eifer und Ehrgeiz, als wären wir die kampfgierigsten Kerle, die zur Zeit unter den Waffen stehen!

Wir üben noch in die Pause hinein.

– – – –

Nachher übrigens, beim Taktschritt, rief mich der Hauptmann, der den meisten von uns noch fremd ist, der uns aber, als er uns neulich versammelte und mit ein paar männlich-kameradschaftlichen Worten begrüßte, einen vorzüglichen Eindruck machte.

Leider scheint es also nicht gegenseitig!... Man sei der

mißlichste Soldat auf dem ganzen Platz, heißt es nun. Nicht das Können, sondern das Wollen, sondern die Auffassung. Und so weiter. Auch ihn drückten die schweren Schuhe, aber es gehe jetzt um andere Dinge, um ernstere Dinge –

Ich fragte, ob ich antworten dürfte.

Nein.

Für Leute meiner Sorte, fügte er nur noch hinzu, gäbe es im Ernstfall ganz besondere Posten!

Dann gab er Ruhen.

Am Abend dann, beim Abtreten, wird man nochmals gerufen, und jetzt, unter vier Augen, könne man antworten. Aber was eigentlich?

Man könnte ja zugeben – in Achtungstellung –, daß man sich in der Tat eines Fehlers bewußt ist. Warum hätten dich diese Worte sonst getroffen? Es ist keine Zeit mehr zum Träumen, und es ist ein Fehler, der uns das Leben kosten kann. Ich weiß. Und noch mehr als das Leben. Ich weiß. Ich hatte gerade wieder daran gedacht. Und wie es dann zum Beispiel kommen kann, daß man mit fünfundzwanzig Jahren nochmals in die Schulbank zurückkehrt, um den Vater nachzuholen. Endlich beginnt man mit einem wirklichen, einem weltgerechten Beruf und bringt es just so weit, daß man eines schönen Morgens, draußen im Walde, die ersten schlanken Stützen holt (...)

Geboren 1911 in Zürich 1948

(Ich sitze im Park von Versailles, hier, wo Fürsten ihre sommerlichen Serenaden hatten. Springbrunnenstille. Die Lust, Paris zu skizzieren, erstirbt doch immer wieder im Bewußtsein, wer alles es schon getan hat und dazu meisterlich. Kaum in Briefen wagt man es, jeder kennt es, jeder liebt es, die Luft

ist voll vom Gespräch erlauchter Geister, die keinen Partner brauchen. Am Vormittag war ich an der Seine, Bücher blätternd, wie es Millionen vor mir getan haben. Es gibt nichts in dieser Stadt, was nicht Millionen schon getan haben, gesehen, gemalt, geschrieben, gelebt. So auf mich selbst verwiesen, schreibe ich heute über mich selbst.)

Geboren bin ich 1911 in Zürich. Unser Name ist nicht schweizerischen Ursprungs. Ein Großvater, der als junger Sattler einwanderte, brachte ihn aus der österreichischen Nachbarschaft; in Zürich, wo es ihm anscheinend gefiel, heiratete er eine Hiesige, Naegeli mit Namen, Tochter einfacher Leute. Auch der mütterliche Stamm ist vermischt; dort war es ein Urgroßvater, der von Württemberg kam, namens Wildermuth, und schon mit seinem Sohn, meinem Großvater also, fing es an: er nannte sich Maler, trug eine erhebliche Krawatte, weit kühner als seine Zeichnungen und Gemälde; der heiratete dann eine Baslerin namens Schulthess, die nie ganz hat vergessen können, daß ihre Familie einmal eine eigene Droschke besessen hat, und leitete die Kunstgewerbeschule unsrer Stadt. Viel mehr über meine Herkunft weiß ich nicht. Meine Mutter, um einmal ins Weite zu kommen, arbeitete als Kinderfräulein im zaristischen Rußland, wovon sie uns öfter erzählt hat, und mein Vater war Architekt. Da er sich als Sattlersohn keine Fachschule hatte leisten können, war es natürlich sein Ehrgeiz, seine Söhne als Akademiker zu sehen. Im übrigen konnten wir wählen. Mein Bruder, älter als ich, wählte die Chemie, die schon seine ganze Jugend und unsere Küche mit stinkenden Zaubereien erfüllt hatte. Ein Buch auf dem Fenstersims, Retorten mit gelben Dämpfen, Bunsenbrenner, Röhren wie gläserne Gedärme, hin und wieder ein Knall, gewollt oder ungewollt, das waren so die Sonntagnachmittage, die regnerischen, wenn man unmöglich Fußball spielen konnte.

Ich weiß nicht, warum ich von allen Kameraden der einzige war, der nie einen Karl May las, eigentlich auch keine anderen Bücher; außer Don Quixote und Onkel Toms Hütte, die mir unsäglich gefielen, aber genügten. Was mich unersättlicher begeisterte, war Fußball und später Theater. Eine Aufführung der Räuber, eine vermutlich sehr schwache Aufführung, wirkte so, daß ich nicht begriff, wieso Menschen, Erwachsene, die genug Taschengeld haben und keine Schulaufgaben, nicht jeden Abend im Theater verbringen. Das war es doch, das Leben. Eine ziemliche Verwirrung verursachte das erste Stück, wo ich Leute in unseren alltäglichen Kleidern auf der Bühne sah; das hieß ja nicht mehr und nicht weniger, als daß man auch heutzutage Stücke schreiben könnte.
Zwei Monate später erhielt Max Reinhardt, Deutsches Theater Berlin, die schriftliche Ankündigung meines ersten Werkes, das den Titel trug: Stahl. Es spielte, nur so viel weiß ich noch, auf dem nächtlichen Dach eines Hochhauses, am Ende rauchte es aus allen Fenstern der Großstadt, ein gelblicher Rauch wie aus Retorten, und der Held, nobel wie er war, hatte keinen andern Ausweg als den Sprung in die Tiefe. Die Karte mit fremder Marke, wo höflich und knapp um Einsendung des genannten Werkes ersucht wurde, war das erste Schriftstück, das mich als Herr anredete. Ich war sechzehn. Leider hatte mein Vater, der das Ganze wie einen Lausbubenstreich behandelte, die Karte aus dem Briefkasten genommen, sie beim Mittagessen auf den Tisch gelegt, worauf ich das Zimmer verließ; vielleicht, das wußte ich noch nicht, für immer. Nach sieben langen Wochen, denen es nicht an verwegenen Hoffnungen fehlte, Friedrich Schiller war bei der Niederschrift seiner Räuber immerhin schon ein Achtzehnjähriger, kam das schöne Heft zurück, das ich auf einer gemieteten Maschine droben im Estrich getippt hatte; ein ausführlicher Bericht war dabei, den ich nicht begriff. Eine Einla-

dung, spätere Arbeiten einzusenden, blieb das einzige, was ich der schonungsvoll lächelnden Familie entgegenzuhalten hatte. In einem Warenhaus entdeckte ich gelegentlich die Gesammelten Werke von Henrik Ibsen, lauter Stücke, die den Preis schon wert waren, und bis zur Matur, die ich natürlich als überflüssig, förmlich, lächerlich und spießig erachtete und nur dem Vater zuliebe machen mußte, entstanden noch drei oder vier weitere Schauspiele, darunter eine Komödie der Ehe (ich hatte noch nie ein Mädchen geküßt), ferner eine Farce über die Eroberung des Mondes. Das einzige, was die Welt von alledem anerkannte, war die Matur. Der Gang an die Universität war unvermeidlich ... Ich erinnere mich an zwei sonderbare Jahre, die ich in den Hörsälen, fast ebenso angeregt in den Gängen verbrachte, immer erwartungsvoll, einsam, voreilig im Urteil, unsicher, meistens in eine heimliche Liebe verstrickt, wovon die Geliebte nichts wußte. Gedichte gelangen nie. Die reine Philosophie, mit wirklicher Inbrunst befragt, offenbarte mir nur den eignen Mangel an Denkkraft. Mein Hauptfach war Germanistik. Wirklicher, näher am lebendigen Geheimnis schienen mir andere Vorlesungen; Professor Cleric, der sich später das Leben genommen, zeigte uns die menschliche Existenz sozusagen im Brennspiegel ihrer verbrecherischen Verzerrung. Ebenso herrlich wie fremd, jenseits unsrer Wirrnis, stand der alte Wölfflin, eine Lanze aus Bambus in der Hand, seine Grundbegriffe entwikkelnd; alles wie in Marmor gesprochen. Ich hörte auch unseren namhaften Theologen, irrte dahin und dorthin; sicher verdankt man auch der unbefriedigenden Zeit viel mehr, als der Unbefriedigte meint. Das zunehmende Gefühl aber, daß alles Gehörte ohne gemeinsame Mitte ist, das warenhaushafte Nebeneinander, das sich Universität nennt, all dies mochte ein durchaus wirkliches Gefühl sein, vielleicht sogar Erkenntnis; zugleich diente es aber auch als willkommene Ausrede für das eigne wissenschaftliche

Unvermögen. Als ich zweiundzwanzig war, starb unser Vater. Ich mußte nun sehen, wovon ich mein Leben fristete. Als Journalist beschrieb ich, was man mir zuwies: Umzüge, Vorträge über Buddha, Feuerwerke, Kabarett siebenten Ranges, Feuersbrünste, Wettschwimmen, Frühling im Zoo; nur Krematorien habe ich abgelehnt. All das war auch keine unnütze Schule. In Prag fanden Weltmeisterschaften im Eishockey statt, ich meldete mich als Reporter, startete, nachdem ich meinen ersten Koffer erstanden, mit einer Barschaft von hundert Franken. Die Reise, die erste ins Ausland, führte weiter mit jedem Artikel, der zu Hause oder in Deutschland gedruckt wurde, über Ungarn und kreuz und quer durch Serbien, Bosnien, Dalmatien, wo ich, bald mit deutschen Auswanderern befreundet, einen ganzen Sommer verbrachte, tagelang an der Küste umhersegelte, ledig jeder Pflicht, frei, bereit für jede Gegenwart; das ist denn auch meine eigentliche Erinnerung an Jugend. Später ging es ans Schwarze Meer, wovon meine Mutter so oft erzählt hatte, nach Konstantinopel, wo ich die Moscheen und den Hunger kennenlernte, endlich auf die Akropolis und als Fußwandrer durch das mittlere Griechenland, wo ich auf dem Feld übernachtete, einmal auch in einem Tempelchen. Das war, obschon verdüstert durch den jähen Tod einer jungen Frau, eine volle und glückliche Zeit. Das Ergebnis war ein erster, allzu jugendlicher Roman. Zu Hause brauchte ich noch zwei Jahre, um einzusehen, was es mit dem literarischen Journalismus auf sich hat, wohin es führt, wenn man auch zu Zeiten, wo man nichts zu sagen hat, ins Öffentliche schreibt, um leben zu können. Mit fünfundzwanzig Jahren mußte ich nochmals auf die Schulbank zurück. Eine Freundin, als wir heiraten wollten, war der Meinung, daß ich vorerst etwas werden müßte. Sie sagte nur, was ich selber dachte; immerhin war es ein Schock, zum erstenmal die ernsthafte Vorstellung, daß das Leben mißlingen kann.

In jener Zeit las ich den Grünen Heinrich; das Buch, das mich seitenweise bestürzte wie eine Hellseherei, war natürlich der beste Vater, den man nur haben kann, und zum Entschluß, der allein wenig vermocht hätte, gesellte sich das Glück, ein Freund, der für den Lebensunterhalt von vier Jahren aufzukommen sich erbot, so daß ich noch einmal studieren konnte. Diesmal an der Eidgenössischen Technischen Hochschule. Im Anfang äußerst entzückt, daß man sich an einem Werktagmorgen hinsetzen konnte, unbekümmert um das monatliche Einkommen für Mutter und Sohn, und statt dessen höhere Mathematik treiben durfte, hatte ich später doch manche stille Not, ein Gefühl, meine Jugend verbummelt zu haben, Angst, daß ich niemals an ein Ziel gelangen werde. In kurzer Folge scheiterten auch alle menschlichen Verbindungen. Ob der Beruf eines Architekten, sofern ich dazu taugte, diese Beziehung zur Welt herzustellen vermochte, ließ sich nicht entscheiden, solange alles nur Papier blieb; was mich insbesondere zu diesem Beruf bewogen hatte, war ja das andere, das Unpapierne, Greifbare, Handwerkliche, die stoffliche Gestalt, und erst das wirkliche Bauen, vor allem die Verwirklichung eigner Entwürfe konnte zeigen, ob nicht auch dieser zweite Anlauf verfehlt war. Einmal wurde alles Geschriebene zusammengeschnürt, inbegriffen die Tagebücher, und alles dem Feuer übergeben. Ich mußte zweimal in den Wald hinaufgehen, so viele Bündel gab es, und es war, ich erinnere mich, ein regnerischer Tag, wo das Feuer immer wieder in der Nässe erstickte, ich brauchte eine ganze Schachtel voll Streichhölzer, bis ich mit dem Gefühl der Erleichterung, auch der Leere weitergehen konnte. Das heimliche Gelübde, nicht mehr zu schreiben, wurde zwei Jahre lang nicht ernstlich verletzt; erst am Tag der Mobilmachung, da ich als Kanonier einrückte, überzeugt, daß uns der Krieg nicht erspart bliebe und daß wir kaum zurückkehren würden, wurde nochmals ein Tagebuch begonnen. Die Erinnerung an einen Hauptmann, der mich nicht ausstehen konnte, was sein gutes Recht ist, und der mir am dritten September ins Gesicht sagte, er werde mich schon auf einen geeigneten Posten schicken, wenn es losginge, möchte ich nicht unter den vaterländischen Tisch fallen lassen; erst nach Jahren habe ich begriffen, daß ich diesem Offizier ein entscheidendes Erlebnis verdankte. Die Gelegenheit, über Leben und Tod zu verfügen, bekam er allerdings nicht; die Grenze blieb ruhig. Das begonnene, durch Urlaub abgebrochene Tagebuch ist später erschienen: »Blätter aus dem Brotsack«, 1940. Nachdem Frankreich gefallen war, was uns fortan in die Lage von Gefangenen versetzte, erhielt ich einen persönlichen Urlaub, um das Diplom als Architekt zu machen, so daß ich fortan, sofern wir keinen Dienst hatten, als Angestellter meinen Unterhalt verdienen konnte. Im ganzen leistete ich in jenen Jahren etwas über fünfhundert Diensttage, meistens im Tessin, später im Engadin. Eine junge Architektin, die mir am Reißbrett half und das Mittagessen richtete, wurde meine Frau; wir heirateten, nachdem wir zusammen ein erstes Haus erbaut hatten. Das nächste war ein Roman: »J'adore ce qui me brûle oder Die Schwierigen«, 1943. Unter den wenigen Zuschriften, die das Echo darstellten, fanden sich ein paar Zeilen vom Dramaturgen des Zürcher Schauspielhauses, Kurt Hirschfeld, der mich ermunterte, es einmal mit einem Theaterstück zu versuchen. Überhaupt begann eine Zeit langsamer Zuversicht. Auch wenn es nicht sicher war, daß wir verschont blieben, war der Krieg im ganzen doch entschieden; der gründlich vorbereitete Überfall auf die Schweiz, der uns all diese Jahre hindurch über dem Kopf hing, war noch einmal, wie die Akten inzwischen bestätigt haben, eine beschlossene Sache, April 1943, also nach Stalingrad, wo ein Sieglein wenigstens den deutschen Zeitungsleser etwas zerstreut hätte. Zehn Tage vor dem Stichtag, der durch Spionage bekannt war, wurde die Sache abgeblasen. Damit waren wir über den Berg. Kurz darauf kam unser erstes Kind. Glück in einem architektonischen Wettbewerb, der einen großen, ungewöhnlich reizvollen Auftrag der Stadt Zürich einbrachte, ermöglichte nun auch das eigene Büro, damit eine freiere Einteilung der Arbeitszeit. Nach einer Träumerei in Prosa: »Bin oder Die Reise nach Peking«, 1944, entstand als erstes Bühnenstück: »Santa Cruz«, eine Romanze, die zwei herbstliche Monate hindurch viel Freude machte. Ein halbes Jahr später, ebenfalls in wenigen Wochen verfaßt, folgte der Versuch eines Requiems: »Nun singen sie wieder«, das als erstes Stück auf die Bühne gelangte, Ostern 1945, als der Krieg zu Ende ging und der Friede hätte beginnen sollen (...)

Die Bilder von Bikini — 1946

In allen Zeitungen findet man die Bilder von Bikini. Etliche Stunden, nachdem die Atombombe losgegangen ist, steht der Rauch wie ein schwarzer Blumenkohl. Mit einer gewissen Enttäuschung vernimmt man, daß die Kreuzer und Zerstörer, die in dem Atoll verankert lagen, noch ziemlich vorhanden sind, also nicht so, daß man sie aufs Brot streichen kann. Die Ziegen, die für diesmal die Menschen vertraten, leben sogar und käuen ihr Futter, als wäre nichts geschehen; die Affen vertragen es schon weniger. Das alles ändert nichts an der grundsätzlichen Freude, die dieses Ereignis auslöst. Bei Hiroshima, als Hunderttausende daran starben, war solche Freude nicht möglich. Diesmal ist es nur eine Hauptprobe. Auch die Palmen stehen noch. Aber das alles, kein Zweifel, wird sich verbessern lassen, und der Fortschritt, der nach Bikini führte, wird auch den letzten Schritt noch machen: die Sintflut wird herstellbar. Das ist das Großartige. Wir können, was wir wollen, und es fragt sich nur noch, was wir wollen; am Ende unseres Fortschrittes stehen wir da, wo Adam und Eva gestanden haben; es bleibt uns nur noch die sittliche Frage. Vielleicht dürfte man nicht von Freude reden; es tönt nach Zuversicht oder Hohn, und eigentlich ist es keines von beidem, was man beim Anblick dieser Bilder erlebt; es ist das erfrischende Wachsein eines Wanderers, der sich plötzlich an einer klaren und deutlichen Wegkreuzung sieht, das Bewußtsein, daß wir uns entscheiden müssen, das Gefühl, daß wir noch einmal die Wahl haben und vielleicht zum letztenmal; ein Gefühl von Würde; es liegt an uns, ob es eine Menschheit gibt oder nicht.

Aufbruch, öderländisch 1946

Aus der Zeitung

Ein Mann, der als braver und getreuer Kassier schon zwei Drittel seines Daseins erledigt hat, erwacht in der Nacht, weil ein Bedürfnis ihn weckt; auf dem Rückweg erblickt er eine Axt, die aus einer Ecke blinkt, und erschlägt seine gesamte Familie, inbegriffen Großeltern und Enkel; einen Grund für seine ungeheuerliche Tat, heißt es, könne der Täter nicht angeben; eine Unterschlagung liege nicht vor –.

»Vielleicht war er ein Trinker.«

»Vielleicht ...«

»Oder ist es doch eine Unterschlagung, der man erst später einmal auf die Spur kommt.«

»Hoffen wir es ...«

Unser Bedürfnis nach dem Grund: als Versicherung, daß eine solche Verwirrung, die das Unversicherte menschli-

chen Wesens offenbart, unsereinen niemals heimsuchen kann –
Warum reden wir so viel über Deutschland?

Am See

Oft am Morgen, wenn ich an die Arbeit fahre, steige ich vom Rad, erlaube mir eine Zigarette; das Rad schließe ich nicht ab, damit ich nicht zu lange verweile, hier wo das Wasser um die Ufersteine spielt. Eigentlich ist es ein Lagerplatz, nicht eine Anlage; zuweilen stapeln sie Kuchen von schwarzem Teer, Berge von Kies, den sie mit Lastwagen bringen und holen, und dann wieder ist alles leer; nur die hölzernen Schuppen bleiben, die großen Bruchsteine, die Eidechsen, das verrostete Blech, natürlich auch die Gruppe der Birken, das verwilderte Gras, der See und die Verbotstafel, die mich jahrelang abschreckte; die offene Weite dahinter. Jetzt ist der Platz, wo man auch baden kann, zur täglichen Zuflucht geworden, und ob ich auf dem Heimweg bin, verbraucht von einem grämlichen Tag, oder ob es wieder an die Arbeit geht, die ebenso grämlich sein wird wie gestern und vorgestern, immer fühle ich mich voll Zuversicht und Erwartung, solange ich gegen das Wasser fahre. Einmal wird auch hier ein Gendarm kommen, der nach einem Ausweis fragt; Ordnung muß sein! Es ist das letzte natürliche Ufer in unsrer Gegend; manchmal stinkt es. Ein paar verfaulte Schuhe liegen im Wasser, Scherben von Tassen und Flaschen, anderswo schimmert die weiße Rundung von einem zerbrochenen Klosett, und unter dem Sandstein, den ich mir zurecht rücke, wimmelt es von Asseln. Es ist noch Sommer, aber die Morgen sind herbstlich. Mit versponnener Sonne, mit verblauenden Ufern. Birken und Buchen hangen über den See; violett und märchenhaft verzweigen sich ihre Schatten auf dem lichten

Kieselgrund, überschillert von grünlicher Kühle. Man könnte stundenlang hinschauen. Das Wasser, ob es eine Quelle ist, ein stürzender Bergbach oder ein Fluß, ein zahmer und friedlicher See, immer hat es das Gefälle zum Meer, zur Größe, und es ruht nicht, bevor es teilhat an der Größe, an der wässernen Wölbung unseres Gestirnes. Vielleicht ist es das, was zum Wasser lockt; unter anderem. Und dann das grüne Licht unter einer Barke, die an der Boje liegt; Schattenwasser, aber durchleuchtet von der Sonne, die jenseits der Barke in die Tiefe sinkt; hin und wieder sieht man ein Rudel von kleinen Fischen darin, schattengrau, plötzlich entblößt von der tarnenden Spiegelung. Wieder kommen die beiden Schwäne, lautlos, aufrecht, hastlos und herrlich, und über der wässernen Spiegelung zittert der Lärm der nahen Stadt; das Rollen einer Straßenbahn, das Dröhnen der Brücke, das Rasseln eines Krans, das unbestimmbar Geschäftige. Schon lange hat es acht Uhr geschlagen; man denkt an die Hunderttausend, die jetzt an ihren Pültchen sitzen, und das schlechte Gewissen, ich weiß, es wird mich erfassen, sobald ich das Rad wieder besteige. Am Wasser aber fühle ich mich frei, und alles, was auf dem Land sich tut, liegt hinter mir und nicht auf meinem Weg; ich weiß genau um meine Versäumnisse, die sich mehren mit jedem Glockenschlag; aber die Schwäne sind wirklicher, das plötzliche Gerausch der Wellen und das blinkende Gekringel auf dem Kieselgrund, das Kreischen der Möwen, die auf den Bojen sitzen. Oft, während ich hier sitze, immer öfter wundert es mich, warum wir nicht einfach aufbrechen –

Wohin?

Es genügte, wenn man den Mut hätte, jene Art von Hoffnung abzuwerfen, die nur Aufschub bedeutet, Ausrede gegenüber jeder Gegenwart, die verfängliche Hoffnung auf den Feierabend und das Wochenende, die lebenslängliche Hoffnung auf das nächste Mal, auf das Jenseits – es genügte, den Hunderttausend versklavter Seelen, die jetzt an ihren Pültchen hocken, diese Art von Hoffnung auszublasen: groß wäre das Entsetzen, groß und wirklich die Verwandlung.

Geld: das Gespenstische, daß sich alle damit abfinden, obschon es ein Spuk ist, unwirklicher als alles, was wir dafür opfern. Dabei spürt fast jeder, daß das Ganze, was wir aus unseren Tagen machen, eine ungeheuerliche Schildbürgerei ist; zwei Drittel aller Arbeiten, die wir während eines menschlichen Daseins verrichten, sind überflüssig und also lächerlich, insofern sie auch noch mit ernster Miene vollbracht werden. Es ist Arbeit, die sich um sich selber dreht. Man kann das auch Verwaltung nennen, wenn man es sachlich nimmt, oder Arbeit als Tugend, wenn man es moralisch nimmt. Tugend als Ersatz für die Freude. Der andere Ersatz, da die Tugend selten ausreicht, ist das Vergnügen, das ebenfalls eine Industrie ist, ebenfalls in den Kreislauf gehört. Das Ganze mit dem Zweck, der Lebensangst beizukommen durch pausenlose Beschäftigung, und das einzig Natürliche an diesem babylonischen Unterfangen, das wir Zivilisation nennen: daß es sich immer wieder rächt.

Der Graf von Öderland

Hütte eines Holzfällers; am Herd steht ein Kind, ein junges Mädchen, und eine Mutter stellt die Teller auf den Tisch.
»Die Suppe ist fertig. Wenn Vater nicht kommt, nachher ist alles wieder kalt, und dann schimpft er wieder.«
»Immer das gleiche ...«
»Vater?«
»Er hat es schon lange gehört. Schöpf nur!«

Das Kind schöpft, und nach einer Weile hört man den Vater, wie er die Schuhe an der Schwelle abschlägt. Dann steht er in der offenen Türe, schlägt sich den letzten Schnee von den Schultern, und nachdem er die Türe geschlossen hat, stellt er die Axt an die Wand. Er ist der Mann, der die Bäume fällt und das Holz macht, das die andern in Papier verwandeln werden, und natürlich ist er sehr arm. Die Mutter betet:

»Komm, Jesus Christ, sei unser Gast und segne, was Du uns bescheret hast.«

Der Vater löffelt.

»Amen.«

Sie essen wortlos.

»Was ist das für ein Kerl«, sagt endlich der Vater: »der draußen herumstreicht?«

»Wo?«

»Was das für ein Kerl ist, frage ich.«

»Immer schaust du mich an!« sagt das Kind. »Wie soll ich es wissen?«

»Mir streicht er nicht nach.«

»Ich weiß nicht, wen du meinst, ich habe seit Wochen keinen Menschen gesehen.«

»Salz ist auch nicht da –.«

Die Mutter holt es.

»Gestern schon, als ich die Knüppel machte, Stunden lang steht er droben im Wald, die Hände in den Manteltaschen, schaut mir zu, stundenlang, während es schneit.«

»Und was will er denn?« fragt die Mutter.

»Das möchte ich auch wissen. Einmal wird er mich schon fragen, dachte ich. Ich habe Zeit –«

»Wie sieht er denn aus?«

»Mit einer Ledermappe –.«

»Ein Herr?«

»Jetzt steht er draußen bei der Säge.«

Die Mutter tritt ans Fenster, aber es dämmert schon, und

offenbar sieht sie nichts. Es schneit. Man hört den Vater, der die Suppe schmatzt. Das Mädchen löffelt nicht weiter, sondern schaut über den Teller hinweg und spricht ins Leere:

»So ist unser Leben.
Abend für Abend.
Es tickt unsre Uhr,
und ich weiß nicht,
wer spricht
hier aus der Runde,
mir aus dem Munde;
ich höre es nur ...«

Der Vater:

»Was glotzest du wieder?«

Das Kind:

»Sie hören mich nicht,
es schreit meine Seele umsonst;
sie glauben es nicht,
bis es geschieht,
bis jedermann sieht ...«

Der Vater ißt weiter:

»Sie denkt wieder an ihren Grafen, tagein und tagaus.«

Das Kind:

»So ist unser Leben.
Eines Morgens aber,
wenn ich die Knüppel bringe
wie immer und immer,
wenn alles von vorne beginnt:
da steht er im Zimmer,
plötzlich,
der Graf von Öderland!
Da steht er und hat eine Axt in der Hand,

und wenn mein Vater mich schimpft
wie immer und immer,
dann spaltet er ihn wie ein Scheit.
Wir gehen hinaus in die Welt.
Und jedermann fällt,
der uns die Wege verstellt;
Graf Öderland kommt mit der Axt in der Hand.«

In der Türe, die sich unterdessen langsam öffnete, ist ein fremder Mensch erschienen, ein Herr in Mantel und Hut, auch hat er wirklich eine Ledermappe. Er steht lange, bis man ihn in dem Dämmerlicht bemerkt. Und auch da, als man sich gegenseitig anschaut, geht es noch eine Weile, bis der Vater sagt:
»Wollen Sie zu uns?«
»Wenn ich störe, sagen Sie es –«
»Wen suchen Sie?«
»Wir sind grad beim Essen«, sagt die Mutter: »Wenn Sie einen Teller Suppe haben wollen –«
»Gerne, ja, sehr gerne.«
»Bring einen Teller!«
Das Kind geht hinaus, und man weist dem Fremden eine kleine Bank, wo er sich setzen kann. Er tut es. Seinen Hut legt er weg, aber die lederne Mappe behält er auf den Knien, als wären wichtige Akten darin, die man um nichts in der Welt verlieren darf, und der Vater schöpft sich selber noch einmal Suppe; wieder löffelt er eine ganze Weile, bevor er sagt:
»Sie sind schon lang in der Gegend?«
»Ich habe Sie gesehen, ja, droben im Holz, wo sie die Föhren fällen –.«
Schweigen.
»Eine einsame Gegend ist das.«
»Ja«, sagt die Mutter: »da hat sich schon mancher verirrt! Besonders im Winter!«
»Ich glaubs.«

»Da können Sie noch ordentlich gehen, wenn Sie ins Dorf wollen. Aber jetzt, wo es gepfadet ist – ich meine, Sie verstehen mich recht, wir schicken Sie nicht fort! Ich weiß ja nicht, ob Sie wirklich ins Dorf wollen, aber zu uns selber, wissen Sie, zu uns ist noch keiner gekommen –.«
»Nein?«
»Was soll er hier?«
Der Vater nickt:
»Da gibt es nichts zu holen! meint meine Frau. Eine Säge, ein altes Haus, das zwei Monate im Winter überhaupt keine Sonne hat, Kaninchen und Hühner, ja, das schon – eine Küche, zwei Kammern im Estrich, das ist alles.«
»Es ist keine Schande«, sagt die Mutter: »wenn man arm ist.«
»Einmal ist einer gekommen –«
Das ist eine alte Geschichte, und die Mutter will nicht, daß der Vater davon erzählt; überhaupt ärgert sie die Art, wie sich der Vater gegenüber dem Fremden benimmt, und sie macht sich selber um so höflicher:
»Es tut mir leid, daß es so lange geht mit dem Teller –.«
»Ich bin froh, daß ich an der Wärme bin.«
»Der andere Teller, müssen Sie wissen, wir brauchen nie einen vierten Teller, und drum haben wir ihn manchmal bei den Hühnern, da muß das Kind ihn erst waschen, aber er wird gleich kommen! Ich stelle die Suppe nochmals auf den Herd –«
Sie tut es.
»Einmal ist einer gekommen«, sagt der Vater: »Das war vor neunzehn Jahren, als ich im Krieg war. Der hat meinen Vater erschlagen und meine Mutter dazu, ein Wahnsinniger; keinen Groschen hat er genommen! Mit einer Axt, wissen Sie. Mein Vater war Holzfäller, die Säge kam erst später hinzu.«
»Warum erzählst du das wieder!?«
»Es geschieht hier nicht viel – sonst.«

Der Fremde:
»Fürchten Sie nicht, daß ich ein Mörder sei.«
»Ich fürchte mich nie.«
»Ich wollte, ich dürfte das gleiche sagen...«
In diesem Augenblick kommt endlich das Kind, das den gewaschenen Teller bringt; die Mutter nimmt ihn, wischt ihn nochmals mit dem Ärmel und füllt ihn mit Suppe, fragt ihn, ob er auch Dickes wolle, es wären zwar nur Kartoffeln.
»Es ist mir nicht recht«, sagt der Fremde: »daß ich einfach komme, aber ich habe wirklich Hunger.«
»Dann essen Sie!«
»Ja«, sagt er mit dem Teller in der Hand: »es ist nicht meine Art – sonst...«
Eine Weile ist es, als besinne er sich darauf, was eigentlich seine Art gewesen sei, sonst – er löffelt die Suppe, bevor er sich auf das Gesuchte erinnert, und das Kind schneidet ihm Brot, das er mit Dank entgegennimmt; als er weiterlöffelt, sagt das Kind:
»Ich bin froh, daß Sie endlich gekommen sind.«
Er schaut sie an –
»Erschrecken Sie nicht!« sagt das Kind, »man hört uns nicht. Sie sind der einzige in dieser Küche, der hören kann, was ich denke. Sagen Sie kein Wort zu mir! Ich bin froh, daß Sie endlich gekommen sind, bevor ich alt bin. Sagen Sie kein Wort zu mir! Aber morgen, wenn alles wieder von vorne beginnt, nehmen Sie mich fort von hier.«

Zweite Szene

In einem Kerker, und es ist am selben Tag, steht der Mörder, der auf die letzte Verhandlung des Gerichtes wartet; auf seiner Pritsche sitzt der Anwalt, Doktor Hahn, während er selber durch das kleine Gitterfenster schaut, die Hände auf dem Rücken.

»Lebenslänglich?«
»Wenn Sie keine Antwort geben auf meine Frage, wie soll ich Ihnen helfen? Ich frage nicht als Oberrichter, vergessen Sie das nicht: ich bin Ihr Anwalt. Ich tue, was ich kann.«
»Also lebenslänglich –.«
Der Mörder geht dreimal an der grauen Mauer hin und her, bis er wieder vor dem Gitterfenster stehen bleibt; er raucht eine Zigarette, die der Anwalt ihm gab, bläst den Rauch von sich.
»Was haben Sie gedacht oder empfunden, als Sie damals, ich spreche vom vierten Februar des vergangenen Jahres, auf dem Abort saßen?«
»Schnee...«
»Wie meinen Sie das?«
»Schnee! sage ich. Nichts als Schnee, meine ich, von Morgen bis Abend...«
»Wir müssen bei der Sache bleiben. In einer Stunde beginnt unsere letzte Sitzung, unsere Zeit ist kostbar.«
»Das ist sie, lieber Doktor!«
Doktor Hahn schaut ihn an, sieht aber nur seinen Hinterkopf, der so ist wie die meisten Hinterköpfe, so, daß man kein Gesicht dazu erraten kann. Auch das Gesicht unseres Oberrichters, denkt Doktor Hahn, könnte zu diesem Hinterkopf gehören. Zugleich erinnert er sich, daß sie bei der Sache bleiben müssen, und schaut auf seine Akten, beherrscht wie immer.
»Warum haben Sie an jenem Abend, als Sie von dem besagten Ort kamen, die Axt in die Hand genommen?«
»Das fragen Sie seit sieben Wochen –.«
»Erinnern Sie sich!«
»Das ist leicht befohlen, lieber Doktor –«
»Was dachten Sie? Was empfanden Sie? Sie gingen auf den Abort, heißt es –«
»Wie manchmal noch?«

»Ich stütze mich auf die Akten.«
»Mit der Zeit, fürchte ich, ist auch das nicht mehr wahr –«
»Wieso?«
»Wenn es wahr ist, was in Ihren sauberen Akten steht, man könnte meinen, ich verbrachte mein ganzes Leben auf dem besagten Ort.«
»Was in den Akten steht, sind Ihre eignen Aussagen, nichts mehr und nichts weniger.«
»Ich weiß.«
»Also?«
»Mag sein«, sagt der Mörder nach einigem Besinnen, »daß es wahr ist, gewissermaßen –«
»Was?«
»Daß ich mein Leben so verbrachte, gewissermaßen ... Ich erinnere mich, manchmal hatte ich durchaus dieses Gefühl. Auf der Bank, wo ich arbeitete –«
»Daß Sie stets die Arbeitszeit dafür verwendet haben, das sagten Sie schon. Das ist ein Witz, worüber die Geschworenen lachten, und es ist gut, wenn man die Geschworenen zum Lachen bringt; aber wesentlich ist das nicht. Das machen fast alle Angestellten.«
»Dieses Gefühl hatte ich auch, lieber Doktor, daß es nicht wesentlich ist ... auch wenn ich vor dem Spiegel stand und mich schabte, zu Hause, wenn ich die Schuhe nestelte, jeden Morgen, wenn ich an meinen Schalter trat, jeden Morgen, und so –«
»Was wollen Sie sagen?«
»Im Frühjahr wäre ich Prokurist geworden.«
»Das wissen wir ...«
»Auch das, Sie haben recht, hätte nichts verändert. Es fällt mir so ein; die Prokuristen haben einen eigenen Abort – und überhaupt, wenn ich an die Bank denke, die ganze Organisation war musterhaft ... der Hauswart hatte einen Kalender, wo er eintrug, wann er die Flügeltüren zum letztenmal ölte. Ich habe diesen Kalender mit eignen Augen

gesehen. Da gab es keine girrende Türe und nichts. Das muß man sagen.«
Doktor Hahn beißt seine Lippe, wie er es öfter tut, wenn er zeigt, daß er sich beherrscht; er verliert nie seinen Ton: »Um auf unsere Frage zurückzukommen: –«
»Ja!« sagt der Mörder: »Was ist wesentlich?«
»An dem betreffenden Tag gingen Sie in eine Bar, die Sie nach einer halben Stunde wieder verließen. Sie gingen zu Fuß nach Hause, nüchtern, um neun Uhr gingen Sie schlafen –«
»Manchmal war man sehr müde.«
»Nach einigen Träumen, deren Sie sich nicht mehr erinnern können, erwachten Sie und kleideten sich abermals an, Sie gingen abermals in die Stadt, abermals zu Fuß, und meldeten sich auf der Bank. Als der Hauswart öffnete, erklärten Sie ihm, Sie müßten auf den Abort –«
»Ja, darum kommen wir nicht herum.«
»Weiter . . .!«
»Vielleicht wäre alles anders gekommen, wenn ich mehr vom Geld verstanden hätte.«
»Wie meinen Sie das?«
»Ich verstehe nichts vom Geld«, sagt der Mörder: »Millionen gingen durch meine Hände, hinein und hinaus, und es hat immer gestimmt, aber im Grunde, wissen Sie, verstand ich überhaupt nichts davon.«
Doktor Hahn versteht.
»Sie meinen«, sagt er langsamer: »wenn Sie gerissener gewesen wären, wenn Sie es selber weiter gebracht und mehr verdient hätten und so, dann wäre es nicht dazu gekommen?«
Der Mörder schweigt.
»Das ist ein heikles Argument! Wir dürfen nie vergessen: es ging Ihnen, und darauf fußt ja unsere ganze Verteidigung, nicht um das Geld –«
»Nein.«

»Daran müssen wir festhalten. Das sagte ich vom ersten Tage an. Sie hätten eine Million unterschlagen können, ohne daß Sie einen alten Abwart mit der Axt umbringen mußten. Es ist ein Mord, aber kein Raubmord, und das setze ich durch!«
Pause.
»Ich meine es auch nicht so, lieber Doktor...«
»Sondern?«
»Wenn ich das Geld verstanden hätte, meine ich, vielleicht hätte ich mich nicht so gelangweilt. Verstehen Sie, wenn man jeden Morgen hinter einem solchen Schalter steht –«
Doktor Hahn bleibt stehen:
»Wollen Sie dem Gericht vielleicht sagen, daß Sie den alten Hauswart aus purer Langweile erschlagen haben?«
»Sie verstehen mich nicht ganz.«
»Nein!«
»Natürlich nicht«, lächelt der Mörder: »sonst hätten Sie schon lange ein gleiches gemacht –.«
Er zertritt seine Zigarette.
»Wenn Sie in einer Stunde so sprechen vor den Geschworenen, so wird es heißen, daß Sie jede Reue vermissen lassen, aber auch jede, und ich sage Ihnen immer wieder, was die Reue für eine Rolle spielt, und zwar gerade bei den Geschworenen!«
Der Mörder zieht die Brauen:
»Reue...«
Sein Fuß, der die Zigarette zertreten hat, dreht noch immer auf dem Stummelchen herum, und beide, der Anwalt und der Mörder, blicken auf diesen Fuß, während der letztere sagt:
»Ich verstehe nicht, warum sich plötzlich die ganze Menschheit um diesen Hauswart kümmert, alle, die ihn mit keinem Blick bemerkten, wenn er ihnen die lautlose Flügeltüre hielt –.«
»Mensch ist Mensch.«

»Ja –.«
»Es ist nicht zum Lachen!«
»Nein – gehen Sie hinaus und sagen Sie das der Welt: Mensch ist Mensch. Nichts weiter! Aber tragen Sie sich Sorge, daß Sie nicht verzweifeln, lieber Doktor, und daß Sie in der Verzweiflung nicht zur ersten besten Axt greifen ...«
Es klopft.
»Herein!«
Es ist ein Gendarm, der das liebe Gesicht eines Bienenzüchters hat, zwei alte und zugleich kindliche Augen, die immer ein bißchen wässern, als hätte er Schnupfen, und eine bläuliche Nase dazwischen, die wie eine weiche Feige anzufühlen wäre; er hat einen rauhen, aber gedämpften Baß:
»Herr Doktor Hahn.«
»Unsere Zeit ist noch nicht um.«
»Ein Brief –.«
»Für mich?«
»Es eilt. Wenigstens steht es drauf.«
»Danke.«
Der Gendarm geht und Doktor Hahn reißt sofort den Umschlag auf, nachdem er die Schrift offenbar erkannt hat; er liest, während der Mörder wieder an das Gitterfenster getreten ist und hinausschaut, wie es schneit.
»Das Gericht ist vertagt –.«
Es schneit ohne Unerlaß.
»Haben Sie gehört?«
Das Weitere, was die Überraschung mit einer anderen Überraschung erklärt, sagt er mit jener Art von plötzlicher Anbiederung, wie sie sich gerne bei erregenden Ereignissen einstellt:
»Der Oberrichter seit vorgestern verschwunden und verschollen, ohne jede Spur, ohne jede Vermutung –«
Er schaut auf den Hinterkopf:
»Verschwunden und verschollen!«

Während er den Brief noch einmal liest, sagt der Mörder am Gitterfenster, als ginge ihn diese Nachricht überhaupt nichts an:
»Sie haben keine Ahnung, lieber Doktor, wie vertraut mir der Anblick ist, wenn ich durch dieses Gitter schaue – Schnee ... und immer diese fünf Stäbe davor! Warum soll ich den Geschworenen meine Reue zeigen? So war es auch auf der Bank, jeden Morgen –.«
Doktor Hahn packt seine Akten zusammen. Die Gattin des Verschollenen, die ihm den Brief geschrieben hat, erwartet ihn dringend.
»Wir sprechen uns wieder am Montag.«

Dritte Szene

Am andern Morgen, als der Fremde erwacht, sieht er sich in der Hütte des Holzfällers, erinnert sich wenigstens, daß er schon am Abend in dieser Küche gesessen hat. Auch die lederne Mappe ist noch da, und das beruhigt ihn, obschon er nicht weiß, was eigentlich darin ist. Am Herd steht das Mädchen, das eben die Knüppel gebracht hat, und vielleicht ist er daran erwacht. Lange schaut er sie an, ihre starken und hohen Backenknochen, die irgendwie mongolisch wirken, ihr helles Haar, wie es Lettinnen haben, ihre wassergrauen Augen und die beiden Schneidezähne, die bei jedem noch so verhaltenen Lächeln auffallen, weil sie einen ziemlich großen Zwischenspalt offenlassen ... Auch das Mädchen sieht ihn an, lange und wartend; dann sagt es:
»Nehmen Sie mich fort von hier.«
»Warum ...«
»Sehen Sie es nicht?«
»Ja – schon ...«
»Es ist traurig hier. Wenn Sie zehn Jahre in dieser Küche

sitzen, es ist nicht anders. Es kommt nichts dazu. In einer halben Stunde wissen Sie alles.«

»Ich kenne das ...«

Er fährt sich über die Stirne, als möchte er weiter erwachen, und plötzlich von der Angst befallen, daß man ihn fragen könnte, stellt er selber die Frage:

»Wie heißen Sie eigentlich?«

»Inge.«

»Ein schöner Name ...«

»Warum blicken Sie mich so an?«

Er wollte das nicht; er löst seinen Blick von ihrem jungen Gesicht und schaut anderswohin, vielleicht auf den Herd, wo das Feuer brennt, oder auf das kleine Fenster oder draußen auf den Schnee, der immer noch fällt; fast unwillkürlich sagt er nach einer Weile:

»Wenn ich nur eines wüßte: –«

»Was denn?«

»Wie ich selber heiße ...«

Er lächelt sofort:

»Manchmal schon, früher, hatte ich dieses Gefühl, es ist eigentlich das einzige, woran ich mich erinnere, so ein blödes Gefühl, daß man irgendwo erwartet werde, anderswo, und daß man irgend etwas ganz Bestimmtes machen müßte!«

»Was denn?«

»Keine Ahnung ...«

Inge lacht.

»Früher wußte ich es aber«, sagt er, ohne daß er das verlorene Wissen wirklich zurückwünscht: »Oder ich meinte wenigstens, daß ich es wüßte, nur stimmte es nie, verstehen Sie, ich konnte machen, was ich wollte, was immer meine Pflicht war, das blöde Gefühl wurde ich nicht los ... eigentlich nie –.«

Das Kind bläst ins Feuer.

»Erzählen Sie weiter.«

Sie hockt vor dem Herd, bis es wieder lodert, dann wirft sie neue Knüppel hinein, und ihr Haar hat einen Rand von roter Glut.

»Ich hatte so Angst«, sagt der Fremde: »als ich gestern den Holzfäller erblickte. Nicht wegen der Axt, wissen Sie. Eigentlich vor jedem Menschen, der mir begegnen würde – am wenigsten vor Ihnen.«

»Mein Vater ist nicht so bös, wie er redet.«

»Sie sind ein Mensch, der nicht fragt, das ist so wunderbar! Denken Sie nicht, ich sei verliebt in Sie, weil Sie sehr jung sind, Inge, und sehr schön ...«

»Das bin ich nicht.«

»Und wie Sie es sind!« sagt er: »Ich habe eigentlich nicht schlafen wollen, damit ich Sie nicht vergesse, wissen Sie, es ist gräßlich, wenn man alles vergißt: ich habe einen Beruf, aber plötzlich stehe ich am Waldrand, meine Ledermappe in der Hand, und es ist eine Gegend, die ich noch nie erblickt habe, nicht einmal auf Bildern, und man zittert vor jedem Menschen, weil ich nicht weiß, wie ich heiße. Verstehen Sie das? Da, hinter mir, plötzlich ist es weg – ein Wald voll Schnee, nichts weiter, Stämme und nichts als Stämme, dazu die hallenden Schläge einer Axt ...«

Am Fenster:

»Und zu denken, daß es ein weiteres Erwachen nicht gibt, nie wieder, nie wieder!«

Sie blickt auf seinen Hinterkopf:

»Ich weiß nicht, was Ihnen fehlt.«

Später, indem er eine Zigarette in den Mund steckt, unwillkürlich wie man das macht, wendet er sich mit einem plötzlichen Lächeln:

»Der Teller aus dem Hühnerhof?«

»Wie meinen Sie das?«

»Sehen Sie!« sagt er zufrieden, fast vergnüglich, und zündet seine Zigarette an: »Ich bin froh um alles, was mir wieder einfällt ...«

Dann raucht er, und Inge blickt wie ein Kind, das selber noch nie geraucht hat, blickt mit glücklicher Verwunderung auf seine Gebärden, die einen Herrn verraten, einen Herrn von Welt; die weiße Zigarette, scheint es, gibt ihm eine gewisse Zuversicht zurück, eine selbstverständlich überlegene Art; er lächelt über ihre strahlende Verwunderung, womit sie an ihm hinaufblickt, jung und ernst.
»Inge heißest du?«
»Ja –«
»Woher kennen wir uns eigentlich?«
»Alle Menschen kennen einander...«
»Meinst du?«
»Wenn sie sich selber kennen.«
»Vielleicht, ja –.«
Dann schlägt er die erste Asche ab, wozu er, als gäbe es einen Teppich auf dem Boden, ein wenig gegen den Herd geht, so daß das Mädchen für einen kurzen Augenblick allein steht und ihm nachschaut.
»Im Ernst«, sagt er schon wieder mit einem Schatten von Kümmernis: »oft kommt es einem wirklich vor – wie soll ich sagen... im Grunde sind es drei oder fünf Menschen, denen wir ein Leben lang begegnen, immer die gleichen, und wenn man um die Erde liefe, da ist immer ein Mädchen, ein Gesicht wie das deine, jung, ernst, schüchtern und verwegen zugleich, wartend, gläubig, fordernd, und da ist immer ein Gendarm, der wissen muß, wie man heißt, wohin man geht, und immer, wenn man gehen will und nichts als gehen, gibt es Stäbe...«
»Was gibt es?«
»Stäbe und Schranken, Zöllner, Gitter, Stäbe; wie die Stämme im Wald, die man fällen möchte, wenn man eine Axt hätte –«
Er lacht plötzlich; wirft die Zigarette, bevor sie zu Ende geraucht ist, auf den Boden der Küche, dreht seinen Fuß auf dem Stummelchen herum, nachdem es lange schon

erloschen ist, und abermals wechselt sein Ton, so daß Inge nicht weiß, ob er sie zum besten hält wie ein Onkel, der mit einem Kind plaudert, oder ob er selber glaubt, was er erzählt.

»Einmal war ich Kapitän auf einem Schiff, es hatte drei Maste, der Bug hatte einen Schnabel, den ich heute noch zeichnen könnte, und wir fuhren nach allen Küsten dieser Erde, kreuz und quer, wir lebten von Fischen und Früchten, die wir an den Küsten holten, wir lebten von der Jagd, und wenn wir das Nötige hatten, segelten wir weiter ... ja – und dann!«

»Und dann?«

»Dann, plötzlich, war es ein Spielzeug: so groß –«

Er zeigt es.

»Man konnte es in die Hand nehmen, mein Schiff, wo ich Kapitän darauf war; man konnte es auf einen Tisch oder eine Truhe stellen.«

»Gräßlich!«

»Ja«, lächelt er hämisch: »aber so ging es mir immer ...«

Dann kommt der Vater herein; er sagt nicht guten Morgen, sondern schaut nur auf das Kind mit stummer Frage, ob die Suppe bereit sei, halb schon mit Vorwurf, und erst wie er den Fremden bemerkt, sagt er:

»Da wäre die Axt, wenn der Herr noch Lust haben – bei diesem Wetter ... Holz hat es genug, wie ich gestern schon sagte –.«

»Danke.«

»Ich heiße Jens.«

»Freut mich.«

»Und Sie ...?«

Der Fremde steht mit der Axt, die er eben in die Hand bekommen hat, betroffen von der Frage, ebenso betroffen von dem Mädchen, das für ihn antwortet und sagt:

»Graf von Öderland.«

»Graf –«

»Warum starren Sie mich so an?« sagt der Fremde, »Sie sagten doch gestern, Sie fürchten sich nie –.«
»Graf von Öderland??«
Der Vater weicht langsam von dem Fremden zurück, der da steht mit der Axt in der Hand, so, daß gewissermaßen ein Raum entsteht um diese Axt, die auch ihrem Träger, der sie kaum anzusehen wagt, mit jedem Atemzug gegenwärtiger wird –
Inge spricht über den Herd:

»Eines Morgens aber,
wenn ich die Knüppel bringe,
wenn ich die Hühner füttern soll,
wie immer und immer,
wenn alles von vorne beginnt:
da steht er im Zimmer,
plötzlich,
der Graf von Öderland!
Da steht er und hat eine Axt in der Hand,
und wenn mein Vater mich schimpft
wie immer und immer,
dann spaltet er ihn wie ein Scheit:
wir gehen hinaus in die Welt,
und jedermann fällt,
der uns die Wege verstellt,
Graf Öderland kommt mit der Axt in der Hand.«

Vielleicht singt sie es sogar; der Vater aber, der auf die Knie bricht, schreit plötzlich wie ein Tier, beide Fäuste vor dem Gesicht –.

Vierte Szene

Wir sehen das Arbeitszimmer des verschollenen Oberrichters. Zwei Wände davon sind voller Ordner, alle schwarz und alle mit weißer Etikette. Außer dem Schreibtisch, der schräg im Raume steht, gibt es eine behagliche Ecke mit Ständerlampe und gediegenen Polstersesseln; auch an einem schönen Teppich fehlt es nicht ... Es stehen drei Leute in diesem Raum: die Gattin des Verschollenen, schlank, eine nervöse Eleganz, und Doktor Hahn, der sich abseits hält und eine Zigarette raucht, als lausche er nicht über seine Schulter zurück auf jedes Wort, das gesprochen wird; der dritte nämlich, der mitten im Raume steht, ist eine sonderbare Gestalt, ein kleiner und häßlicher Mann mit einer theatralischen Mähne, die man nicht berühren möchte, und seine Hände, da die Rockärmel zu kurz sind, wirken wie Flossen, wenn er sie in die Hüften stemmt, oder manchmal nimmt er sie auch ans Kinn, als prüfe er, ob er ordentlich geschabt ist; mit einem Lächeln, das ebenso zerstreut wirkt wie seine Gebärden, sagt er mehrmals:

»Aha ... aha ... aha ...«

Wenn er dann ein paar Schritte geht, weicht die Gattin jedesmal zurück, damit die Entfernung bleibt; sein Gang hat etwas Tänzelndes, wenigstens in seinen kurzen Beinen, wogegen der Rücken senkrecht bleibt; er steht nun endlich vor einer Wand, die er betrachtet, als schaue er da durch ein Fenster, und man sieht ihn von hinten, wieder mit seinen Flossen über den Hüften.

»Das also war sein Arbeitszimmer?«

»Ja.«

»Aha ...«

»Wie gesagt.«

»Und das sind lauter Ordner?«

»Ja.«

»Fälle?«

»Wie meinen Sie?«

»Fälle meine ich, Mord, Überfall, Notzucht, Erpressung, Unterschlagung, Ehebruch –«

»Jaja«, sagt die Dame: »jaja.«

Er schaut auf die Etiketten:
»Sehr ordentlich, sehr ordentlich.«
Dann wendet er sich weiter...
»Daß mein Mann sehr ordentlich war«, sagt die Dame mit dem scharfen Lächeln einer Gekränkten: »das ist nichts Neues; das ist in der ganzen Stadt bekannt.«
»Und was ist das?«
»Was?«
»Hier auf dem Schrank?«
»Ach«, sagt die Dame mit der nervösen Eleganz: »nichts Besonderes...«
»Ein Schiff?«
»Eine Spielerei, ein Familienstück, ein Nippzeug...«
»Aha.«
»Das findet man oft.«
»Eine Art von Wikingerschiff?«
»Vielleicht...«
»Mit Segeln aus Pergament.«
Dann wendet er sich:
»Und was für Räume sonst?«
Die Dame geht quer durch das Zimmer; ihr Gang ist immer rasch, immer leicht, und man sieht die gehenden Oberschenkel unter dem anliegenden Kleid; auch ihre Oberarme, scheint es, bleiben stets an den schmalen Körper geschmiegt, und nur vom Ellbogen an heben sich ihre geschlossenen Ärmel, wenn sie beispielsweise raucht; zierlich spielt ihr goldenes Armband; ihr Mund, auch wenn sie nicht mehr raucht, bleibt meistens mit jenen offenen Lippen, wie sie den Rauch aushaucht, rund und laß und so, daß man ihren feuchten warmen Glanz sieht... Sie öffnet die Türe, die ebenfalls von Ordnern umrahmt ist:
»Bitte«, sagt sie: »Hier war sein Schlafzimmer –.«
»Aha.«
»Man hat nichts verändert.«
»Wenn es gestattet ist...«

»Bitte.«
Der Sonderbare, als die Dame ihm die Türe hält, macht eine kleine Verbeugung, als spüre er, wie schwer ihr seine plötzliche Nähe fällt, die durch die enge Türe verursacht wird.
»Aber vielleicht wollen Sie hier lieber allein sein –«
»Wenn das möglich ist?«
»Aber bitte!«
Die Türe zu.
Doktor Hahn und die Gattin blicken sich an wie zwei Leute, deren heimliches Einverständnis endlich wieder einen unbewachten Augenblick hat. Noch sagen sie nichts; noch spüren sie die Türe hinter dem Rücken. Sie geht zu einem Polstersessel, setzt sich, zieht ihre Augenbrauen und nimmt eine neue Zigarette, worauf Doktor Hahn, der sich näherte, in die Tasche greift und ein Feuerchen aufschnappen läßt.
»Du glaubst im Ernst, das alles hat einen Sinn?«
»Es ist unsere Pflicht, Elsa, daß wir alles versuchen, und wenn es ein Hellseher ist –«
»Ein Hellseher aus dem Kabarett!«
»Wo findet man sie sonst?«
»Gräßlich, gräßlich . . .«
»Unsere eignen Nachforschungen, du weißt es, sind ohne jedes Ergebnis. Bisher. Die Spürhunde bleiben hilflos wie unser Verstand.«
»Jetzt sind es bereits drei Tage, seit er verschwunden ist –«
»Wenn der Schnee nicht wäre –«
»Ich weiß, ich weiß.«
»Keine Fußspur, nichts, keine Witterung, kein Mensch, der ihn gesehen hat –«
Es klopft. Man schaut sich an. Dann:
»Herein?«
Es ist das Dienstmädchen, das eine weiße Schürze trägt, ein Kind mit starken und auffallend hohen Backenkno-

chen, die fast mongolisch wirken, dazu sehr helles Haar und wassergraue Augen, die weit gegen die Schläfen sitzen; der Blick hat stets etwas Lächelndes, etwas Lauerndes, und da er nicht verrät, was das Hirn dahinter denkt, neigt man schließlich, damit man seine Ruhe hat, zu der Annahme, daß es überhaupt nichts denkt, daß die Person einfach dumm ist. Die Dame sagt:
»Was gibt es denn?«
»Die Post, gnädige Frau –.«
Wenn sie spricht, sieht man die beiden Schneidezähne, die durch einen ziemlich großen Zwischenspalt auffallen; ihre ganze Art, wie sie immer noch dasteht, ist halb schüchtern, halb frech; ihre Neugier nach den letzten Nachrichten, betreffend das Unglück mit dem Hausherrn, mag natürlich sein, aber sie trägt diese Neugier wie ein heiliges Anrecht und geht nicht hinaus, bis die Dame, ohne sie anzusehen, mit Betonung sagt:
»Danke.«
Sie knickst. Und geht ...
Die Dame öffnet Briefe:
»Ich kann die Person nicht ausstehen –«
»Warum?«
»Hast du sie nicht angesehen ...«
»Schon.«
Sie öffnet immer weitere Briefe.
»Die Dienstmädchenfrage«, sagt Doktor Hahn, »das ist auch so eine Sache, die in der Luft liegt ...«
Er schneidet sich eine Zigarre.
»Nichts?«
»Nichts«, sagt Elsa: »nichts von ihm, nichts über ihn, Rechnungen, Einladungen, Drucksachen, Erlasse und Vorschriften, Empfehlungen, Aufrufe gegen die Trunksucht, Einladungen –«
Er zündet seine Zigarre an:
»Am vorigen Freitag habe ich ihn zum letztenmal gespro-

chen, wie gesagt, gerade nach der Verhandlung, aber es war nichts Besonderes, er nahm mich in den Wagen, und wir sprachen noch über die Rechtsbelehrung für die Geschworenen –«
Er raucht.
»Und dir ist auch nichts aufgefallen –.«
»Natürlich hörte ich genau, wie er sich ankleidete«, sagt sie. »Er war immer sehr rücksichtsvoll, machte überhaupt kein Licht, so genau wußte er, wo seine Sachen sind, seine Schuhe, seine Krawatte –«
»Um welche Zeit war das?«
»Zwei Uhr vielleicht, drei Uhr –«
»Und du hast ihn nicht gefragt, ich meine, warum er sich ankleidete, wohin er ginge?«
»Wohin schon? Ins Arbeitszimmer, dachte ich; er machte das ja oft –«
»Mitten in der Nacht?«
»Wenn er viel Arbeit hat – vor allem vor den Verhandlungen – daran ist nichts Besonderes, er macht sich einen schwarzen Kaffee, geht in sein Arbeitszimmer, liest seine Akten oder so, und am Morgen, wenn ich zum Frühstück komme, dann ist er natürlich schon weg ...«
»Ja.«
»Und dann, ach Gott, es war in der letzten Zeit so viel ... auch sonst –«
»Wie meinst du das?«
»Schließlich schämt man sich auch, nachzuforschen, wo der Mann seine Nächte verbringt –«
Als Doktor Hahn, um sein tiefes Verständnis darzustellen, die Hand auf ihr Haar legt, genügt es, damit sie plötzlich weint, tonlos, aber man sieht es ihren schmalen Schultern an, daß sie schluchzt; Doktor Hahn streicht ihr immer noch das Haar:
»Nicht doch ... nicht doch ...«
Er legt die Zigarre weg.

»Elsa...!«
Sie nimmt sein Taschentuch.
»Glaubst du«, sagt sie unter langsam nachlassendem Schluchzen: »daß er es gewußt hat – wegen uns beiden...?«
Es klopft.
Nach einer ratlosen Weile, als beide darauf warten, daß es nicht stimmt, was sie hörten, und daß das Klopfen nicht wiederkommt, klopft es abermals und Elsa schiebt das Taschentuch in den Ärmel, es ist Wut, was sie aufrichtet; entschlossen geht sie zur Türe:
»Jetzt ist es aber wirklich genug –«
Sie öffnet die Türe, wo vorher das Dienstmädchen erschienen ist, die Person, die sie nicht ausstehen kann, und scharf und böse kommen ihre Worte:
»Diese schamlose Schnüffelei, glauben Sie eigentlich, ich lasse mir das noch lange gefallen – Inge?... Inge? Inge?«
Doktor Hahn sagt:
»Vielleicht war es an der andern Türe –«
Es klopft zum drittenmal.
»Herein?«
Der Hellseher, als er aus dem Schlafzimmer kommt, macht die gleiche Verbeugung wie zuvor, ebenso überflüssig und ebenso theatralisch, indem er seine Flossen reibt:
»Entschuldigen Sie –«
»Nichts zu entschuldigen!«
»Ich sehe eben, daß es sieben ist. Wenn es stimmt? Um acht Uhr habe ich Vorstellung –«
»Sie müssen gehen?«
»Es tut mir leid«, sagt er und schaut nach seinem Mantel: »aber wir haben eigentlich gesehen, was man sehen kann –«
Schweigen voll mißtrauischer Erwartung.
»Sehr ordentlich, sehr ordentlich –.«
Dann zieht er seinen Mantel an, der über einem Sessel gehangen hat, und die beiden andern sind so voll Frage,

daß sie ihm nicht mit einer einzigen Gebärde helfen, obschon er sich lange genug mit dem zweiten Ärmel herumwürgt.
»Am meisten«, sagt er: »Am meisten sehe ich ihn hier – hinter diesen Wänden...«
»Lebend?«
»Ja, das schon...«
Elsa setzt sich:
»Lebend.«
»Ja, sogar sehr...«
»Aber?«
»Ich sehe nicht wo.«
Doktor Hahn beißt sich die Lippe, wie er es öfter tut, wenn er sich in einem lächerlichen Verhör beherrschen muß:
»Schade«, sagt er höflich: »sehr schade.«
Dann ist der Mantel angezogen.
»Ich sehe nur, wenn Sie gestatten, daß ich das sage – ich sehe den Herrn Oberrichter... aber Sie müssen nicht erschrecken, wenn ich das sage; ich habe den Herrn Oberrichter sonst noch nie gesehen –.«
»Nun?«
»Wie soll ich sagen...?«
Er tastet sein Kinn:
»Jedenfalls sehe ich ihn mit einer Axt in der rechten Hand –.«
Elsa blickt nach ihrem Freund:
»Mit einer Axt?«
»Ja, das sehr deutlich...«
»Mit einer Axt? Das ist ja lächerlich! Karel mit einer Axt in der Hand? In unserem ganzen Hause gibt es keine Axt...!«
»Vielleicht gerade drum, Frau Oberrichter.«
Elsa scheint erleichtert:
»Was macht er denn mit der Axt?« lächelt sie: »Bäume fällen?«

Der Hellseher nimmt den Hut:
»Hoffen wir es –.«
Das also ist alles, Kabarett, wie man erwarten konnte, und obschon es geschmacklos ist, obschon man überhaupt kein Ergebnis in der Hand hat, empfindet es Elsa als eine eigentliche Erleichterung, daß man nicht wirklich durch die Wände sehen kann; ihre Lustigkeit, die sie nicht zeigen darf, verwandelt sie, indem sie den Hellseher hinausbegleitet, in eine Höflichkeit von bezaubernder Eleganz; eine ganze Weile noch hört man sie draußen im Flur, ohne daß man ihre Worte versteht ... Doktor Hahn, als er sich allein im Zimmer seines verschollenen Freundes befindet, öffnet ein kleines Schränklein, nimmt zwei Gläser heraus und einen Cognac, dem man glauben wird, daß es ein alter ist. Bevor er aber eingießt, dreht er noch das Radio an, das eine leise verschwommene Musik gibt, und als auch die Ständerlampe leuchtet, haben wir eine Ecke, wie man sie gemütlicher und gediegener nicht wünschen kann.
Das Radio spricht:
»Beim dritten Ton ist es genau neunzehn Uhr – zehn Minuten – dreißig Sekunden ... Sie hören die Nachrichten aus dem Inland: –«
Elsa, die mit einem wortlos lächelnden Einverständnis zurückkommt, fast lustig und beschwingt, so daß man wieder die gehenden Oberschenkel unter ihrem anliegenden Kleide sieht, findet ihn gerade, wie er die beiden Gläschen füllt; sie sagt nichts, nimmt eine Zigarette in ihre runden und lassen Lippen, wirft ihr Haar aus der Stirne, und überhaupt gibt ihr die Erleichterung einen fast jugendlichen Zauber, einen Reiz, der die Eleganz schon nicht mehr brauchte, und man beneidet den Mann, der sich mit dieser Frau unter die Ständerlampe setzen wird ... Das Radio spricht:
»Ferner wird das Folgende gemeldet:«
Hahn gibt ihr den Cognac.

»Ein schweres Verbrechen ereignete sich gestern an unserer Grenze. Drei Zöllner, die ihren gewohnten Dienst versahen, wurden mit der Axt erschlagen. Vom Täter fehlt bisher jede Spur. Es ist anzunehmen, daß der Täter auf einem Pferde reitet, das einem Bauern gestohlen worden ist...«

Fünfte Szene

Inge, da sie ihr Haar nun gelöst hat, ist kaum wiederzuerkennen; es fliegt im Wind; ihre wassergrauen Augen, die über den starken Backenknochen und weit außen an den Schläfen sitzen, funkeln wie nie zuvor, und niemand, wären nicht die beiden Schneidezähne, würde ihr ein solches Gelächter zutrauen, wenn sie die Arme emporwirft und ruft:
»Herrlich sind wir und frei!«
Alle sind betrunken, und ihre Schnapsflaschen sind leer, es sind die Köhler, welche das schwarze Holz machen, es sind die Taglöhner, die den Lehm stechen, es sind die Heizer, die beim Ofen schwitzen, es sind die Arbeiter, welche die Röhren brennen, es sind die Weiber, welche die Kinder haben, immer neue Köhler und Taglöhner und Heizer und Arbeiter, die um der Röhren willen leben, und ein alter Handlanger, der nicht mehr stehen kann, hebt sein leeres Glas und ruft aus einem Mund, der fast ohne Zähne ist:
»Lang lebe der Graf!«
»Er lebe«, rufen sie: »Er lebe!«
»Lange lebe die Gräfin!«
»Sie lebe«, rufen sie: »Sie lebe!«
Der Graf auf dem Pferd:
»Und es lebe ein jeder, der es versteht; lang ist die Nacht, kurz ist das Leben; verflucht ist die Hoffnung auf den Feierabend, heilig ist der Tag, und es lebe ein jeder, solang die Sonne scheint; herrlich ist er und frei...«

Jubel ohne Ende.
Der Graf lächelt vom Pferd:
»Es ist das letztemal, Brüder, daß wir zusammen getrunken haben –«
»Nicht doch!«
»Das soll er nicht sagen, Herr Graf, er hat uns versprochen, daß es immer so geht!«
»Warum das letztemal?«
»Ich habe versprochen: Es fließt euch die Milch, solang ihr nicht fragt, woher sie kommt, und es fließt euch der Honig, solang ihr nicht fragt. Nehmt alles zusammen, so habe ich gesagt, und bringt es hieher, wir wollen es essen, trinkt euren Branntwein zur Feier des Tages, und wenn ihr den letzten Tropfen bringt, den letzten Tropfen im Dorf, und keiner fragt, was nachher wird –«
»Der letzte Tropfen im Dorf!« lacht einer von den Köhlern: »Da hat er ihn, Herr Graf, der letzte –.«
Und er wirft sein leeres Glas.
»Ich habe versprochen, ich werde euch die Freude bringen, solang ihr nicht fragt, und war es nicht da, was ich versprochen habe?«
»Aus unseren Kellern, ja –.«
»Ich frage: War die Freude nicht da?«
Sein Pferd schüttelt die Mähne; er muß die Zügel reißen, damit es auf der Stelle bleibt, damit es nicht plötzlich durch die murrende Menge springt, und nochmals ist es der alte Handlanger, der aufzustehen versucht:
»Der Graf hat recht«, lallt er; »es war eine Woche, wie sie hierzulande noch keiner erlebt hat ... sagt, was ihr wollt – Es lebe der Graf!«
Schweigen.
»Ich hielt mein Versprechen, solang ihr das eure gehalten; ich habe nach unseren Gütern geschickt, damit wir euch speisen, solange ihr lebt; ich habe nach Kleidern geschickt, wie ihr sie noch niemals erschaut habt, meine

Brüder, nach seidenen Tüchern für eure Weiber und Mädchen –«
»So war es ausgemacht, das ist wahr.«
»Ich habe nichts von seidenen Tüchern gesehen«, ruft einer, »und wenn ich noch so viel Branntwein hätte –«
»Auch das ist wahr, Herr Graf, wie unsre leeren Keller und Kasten!«
Der Graf auf dem Pferd:
»Warum hat man gefragt, wer ich bin? Warum ist man in das Nachbardorf gegangen, um nachzuforschen, ob ich dort mein Wort gehalten habe? Warum verstreut ihr Gerüchte, daß ich das Nachbardorf in Brand gesteckt? Warum glaubt ihr mir nicht? Warum hocken Leute unter euch, die ein Netz nach mir werfen?«
Sie schweigen.
»Es wird ihnen nicht gelingen.«
Der Handlanger:
»Ich verstehe kein Wort...«
Das Pferd, das als erstes den Rauch riecht, läßt sich nicht mehr halten, und der Graf, als es sich aufbäumt mit rutschenden Hufen, kann nur noch die Worte rufen:
»Löscht eure Häuser!«
Nach einer Stunde noch, wenn sie zurückschauen, sehen sie die glühenden Wolken über dem Dorf, das betrunken ist; wie rote Fahnen weht es auf den Dächern; mit Augen, die vom Rauch entzündet sind, stehen die wehrlosen Köhler und Taglöhner und Arbeiter und Handlanger.
»Verschwunden ist er.«
»Wir sind verraten und verlumpt.«
Inge lacht:
»Warum schaust du zurück?«
»Es ist der Himmel, der die Heide rötet.«
»Es ist die Heide, die den Himmel rötet.«
»Was habe ich getan?«
»Weiter, Freund, weiter...«

»Ich weiß nicht, was geschehen ist. –«
»Der Weg ist offen, Graf von Öderland, herrlich bist du und frei!«
»Herrlich bin ich und frei; aber wo, meine Seele, wo führst du mich hin?«

Sechste Szene

Der Mörder in der Zelle:
»Ich liege auf der Pritsche, die der Staat mir gibt, und weiß nicht, ob es Montag ist oder Freitag. Warum soll ich Reue zeigen, wenn ich sie nicht fühlen kann? Vielleicht ist heute gerade Montag, und wenn ich hinauskäme, weil ich Reue zeige, was wäre verändert? Wenn ich diese Mauern sehe, manchmal meine ich, man müßte sich nur erheben, und die Mauern fielen uns wie Staub von den Schultern. Aber wohin soll ich gehen? Was hätte ich gewonnen? Das Schönste, was ich erlebte, war der Freitag. Wenn man wußte: morgen ist Samstag. Am Samstag arbeitete man und wußte: morgen ist Sonntag. Am Sonntag war jedesmal ein Fußballspiel, aber schon in der Pause war es gräßlich, das wußte ich, schon in der Pause war die Angst auf den Montag, und wenn man nach Hause ging, sah man die Menschen, wie sie Gebäck und Kuchen kauften. Das Schönste, glaube ich wirklich, war der Freitag, wenn es gegen Abend ging. Einmal wurde ich geliebt. Es war ein sehr junges Mädchen, das eben aus der Schule entlassen war, und auch damals wußte ich nicht, ob es Montag ist oder Freitag, genau wie jetzt. Jeden Abend wartete sie vor dem Ausgang unserer Bank. Das ging fast ein Jahr. Dann hatte sie genug von mir, denn sie war sehr viel jünger und hatte einen andern, so daß ich eifersüchtig wurde und häßlich, und das ist eigentlich das einzige, was ich bereue. Ihren Namen werde ich niemals sagen. Sonst bringt man sie vor das

Gericht, wo sie mich ansehen muß, und wenn ich dann in Reue zusammensacke, mißverstehen sie es. Auch ein Hauswart ist ein Mensch; wer zweifelte daran? Aber wieviel wert ist der Mensch? Zeitweise im Gericht, wenn ich die vielen Leute sehe, vor allem die dreizehn Geschworenen, die ihren Laden und ihre Werkstatt verlassen haben, damit Recht geschieht, empfinde ich es wie einen Trost: daß ihnen der Mensch so viel wert ist, wenn er erschlagen ist. Es war nicht zu erwarten, solange er die Türe bediente. Es war nicht zu sehen...«

Er horcht, dann springt er auf, und zwar so, daß der eine Fuß auf dem Boden steht, der andere auf der Pritsche; hinter ihm die graue Wand und das vergitterte Fenster, das gerade Morgensonne hat. So steht er und horcht, man sieht die Kette von Handgelenk zu Handgelenk:

»Wer da? Wer da...?«

Es vergeht eine ziemliche Weile mit Schlüssellärm, mit Stimmen, die vor der Türe gedämpft werden. Endlich öffnet sich die Türe; es erscheint ein Herr im Mantel, und der Mörder fragt:

»Wer sind Sie?«

Der Herr im Mantel, der von dem Mörder keinerlei Notiz nimmt, wendet sich in die Türe zurück und sagt seinerseits:

»Darf ich die Herren bitten?«

Sie treten ein, nicht ohne Umstände, indem einer dem andern den Vortritt überlassen will; einzelne tragen eine schwarze Melone, und auch ein General ist dabei; nach und nach sind es zwölf oder dreizehn Personen, so daß die Zelle allerdings voll ist, und der Herr, der als erster eingetreten ist, sagt:

»Meine Herren, Sie haben den Tatort gesehen, Sie haben die Axt gesehen, Sie befinden sich nun in der Zelle des Mörders. Auch hieher haben wir Sie bemüht, damit Sie sich persönlich überzeugen können, ob die Angaben, die Sie aus der letzten Note unserer Regierung kennen, zutref-

fen oder nicht. Der Mörder bewohnt diese Zelle seit acht Monaten. Außer den Stunden, da man ihn zu den Verhandlungen führte, hat er die Zelle nicht verlassen. Gesprochen haben mit ihm: sein Anwalt, der Oberrichter, ferner die Wächter, die wir Ihnen ebenfalls noch vorstellen werden. Das einzige Fenster, das Sie sehen, blickt nach dem Himmel; Zeichen auf die Straße hinaus sind nicht möglich, abgesehen davon, daß noch die Mauer dazwischen wäre; auch davon können sich die Herren überzeugen.«
Einzelne blicken sich um.
»Was ich noch beifügen darf: der Mörder weiß bisher nichts von den Vorfällen an der Grenze, ebensowenig von den Ereignissen der letzten Woche, welche die hohe Regierung unseres Nachbarlandes zu dem schweren Verdacht veranlaßt haben. Außer dem Umstand, daß sämtliche dieser Verbrechen mit einer Axt vollbracht worden sind, sehen wir keinerlei Zusammenhänge, die auf eine verschwörerische Einmischung in die inneren Angelegenheiten unseres Nachbarlandes schließen lassen; der Vorwurf, der die freundliche Beziehung zwischen unseren Völkern gefährdet, wird von unserer Regierung auf das entschiedenste zurückgewiesen. Unsere Regierung ist glücklich, daß sie Ihre zahlreiche Delegation hat empfangen dürfen, insbesondere auch die Herren aus dem Ministerium des Innern, aus dem Ministerium für Volkswirtschaft, aus dem Ministerium für Landesverteidigung. – Ich bitte nun die Herren, Ihre allfälligen Fragen an den Häftling persönlich vorzubringen.«
Der Mörder steht wie zuvor, reglos, das linke Bein auf dem Boden, das andere auf der Pritsche, so wie er aufgesprungen ist; die Kette von Handgelenk zu Handgelenk. Man wartet auf die Fragen. Es sind durchaus keine komischen Figuren, im Gegenteil; komisch ist höchstens, wo sie das Übel suchen.

Siebente Szene

Es könnte in der Bretagne sein, vielleicht auch im Süden: durch eine Türe, die offensteht, sieht man das Meer, und das Schiff, das vor Anker liegt, ist das bekannte Wikingerschiff. Im übrigen ist es eine Hotelhalle, wie sie eben sind; vor einem Brett, wo die Schlüssel hangen, und vor einem Gestell, wo die Briefe warten, steht ein Concierge, der ein schwarzes Buch aufgeschlagen hat, und vor dem Buch steht ein Gendarm, der die Nase rümpft:

»Graf von Öderland?«

»Mit Gräfin – ja.«

»Seit drei Wochen? Und keine Meldung, keine Papiere, nichts?«

»Natürlich hat er Papiere ...«

»Wo?«

»Wir sind ein Grand Hotel, sage ich noch einmal, nicht eine Kneipe für Landstreicher!«

»Sie wissen, daß Sie strafbar sind?«

»Strafbar ist man immer ... Herrgott nochmal, soll ich die Herrschaften denn überfallen? Oder wie? Schon am ersten Abend sagte ich, der Herr Graf möge uns gelegentlich die Pässe geben –«

»Gelegentlich.«

»Kaum sind die Leute da, kaum haben sie verschnauft –«

»In drei Wochen: kaum verschnauft, das muß eine anstrengende Reise gewesen sein, gewissermaßen ein Galopp ...«

Der Gendarm, als der andere nicht lacht über seinen entgegenkommenden Spaß, nicht einmal lächelt, kann nicht anders, als daß er sich ganz auf den amtlichen Ton zurückzieht, und zwar endgültig:

»Wenn die Papiere bis morgen nicht in unserer Hand sind, spätestens bis morgen um diese Zeit –«

»Aber natürlich!« sagt der Strafbare: »Ich werde die Herr-

schaften bitten, sobald sie vom Golf zurückkommen, das ist ja klar, aber ich kann doch nicht mit dem Buch auf die Golfwiese gehen, ganz abgesehen davon –«
Der Gendarm ohne Mütze:
»Ein vorbildliches Hotel!« lacht er und trocknet den Schweiß aus seiner Mütze: »Das möchte ich auch einmal erleben, wahrhaftig – da kann einer kommen und sagen, ich heiße Graf von Sowieso, und alles ist gut, drei Wochen sitzt er in den besten Zimmern, die man hat, man bringt ihm das Frühstück ans Bett – kein Papier und nichts, keine Unterschrift... und jedermann glaubt ihm, daß er kein Landstreicher ist –«
»Landstreicher spielen nicht Golf.«
»Das möchte ich auch einmal erleben!«
»Offen gestanden«, tröstet ihn der Concierge, vertraulicher, da er plötzlich einen Menschen ohne Mütze sieht: »eine Zeitlang haben wir uns selber Sorge gemacht, so in der zweiten Woche, muß ich sagen –«
»Wegen der Papiere?«
»Wegen der Rechnung –«
Der Gendarm setzt die Mütze wieder auf:
»Die hat er auch nicht bezahlt?«
»Wenn einer sich eine Yacht kaufen kann, wissen Sie – man hört so allerlei, wenn man den ganzen Tag in dieser Halle stehen muß – und überhaupt, seit er Golf spielt, sind wir beruhigt; sie sagen sogar, er spiele vortrefflich, und ob einer ein wirklicher Graf ist oder nur so tut, ob einer verheiratet ist oder nur so tut, uns kümmerts, daß er zahlen kann!«
»Uns kümmern die Papiere, nichts weiter, ob er zahlt oder nicht.«
»Papiere...!«
Der Gendarm grüßt mit der Hand an der Mütze, zum Gehen entschlossen, bevor die Plauderei seine amtliche Haltung zersetzt.

»Herrgott nochmal«, wehrt sich der Concierge gegen die neue Bedrohung: »wie soll einer hieherkommen, wenn er keine Papiere hätte? Heutzutage! Wie soll er über alle die Grenzen und Zonen kommen, wie sollte ein Mensch, der keine Papiere hat, bis zu dieser Schwelle gelangen? Heutzutage! Es ist ja lächerlich!«
»Das stimmt auch wieder – ja ...«
»Ich meine!«
»Daß es lächerlich ist, das muß mir keiner sagen! Ich kenne das: ich habe es bis da ... Haben Sie die Geschichte gelesen neulich in der Zeitung? Daß einer die Zöllner erschlagen hat, weil er keine Papiere hatte –.«
»Erschlagen?«
»Mit der Axt.«
»Schauderhaft! Schauderhaft!«
»Ich verstehe das –«
Man hört ein weibliches Gelächter, und sie treten zurück, wie über einem verbotenen Gespräch ertappt: es kommen Inge und der Graf, der stets seine Ledermappe bei sich hat, beide sind in sommerliches Weiß gekleidet, und Inge hat die Hand in seinen Arm gelegt ... Der Concierge verbeugt sich:
»Guten Morgen den Herrschaften!«
»Post?«
»Bedaure, Herr Graf, bedaure!«
»Noch immer nichts ...«
»Die Herrschaften wegen der Yacht lassen sagen, sie erwarten die Herrschaften nebenan in der Bar.«
Der Graf wirkt zerstreut:
»Immer noch nichts«, murmelt er: »man könnte wirklich meinen, alle Welt habe uns vergessen ...«
»Die Herrschaften wegen der Yacht lassen sagen, sie erwarten die Herrschaften nebenan in der Bar.«
»Danke, danke ...«
Der Concierge begibt sich gegen die Bartüre, beflissen, dann aber zögernd, da der Graf noch stehenbleibt.

»Was ich noch fragen wollte«, beginnt er langsam und in der gelassenen Art eines Menschen, der gewohnt ist, daß jedermann auf seine Worte wartet: »was ich noch fragen wollte – Sie sind doch Gendarm?«
»Allerdings.«
»Mein Mann meint immer, er kenne Sie!«
»Mich?«
»Im Ernst«, lächelt der Graf: »aber ich erinnere mich nicht –«
»Ich auch nicht.«
»Waren Sie einmal bei uns in Öderland?«
»Öderland?«
»Siehst du!« sagt Inge: »Er kennt es nicht einmal dem Namen nach.«
»Sie haben eine sehr große Ähnlichkeit mit einem sehr ähnlichen Menschen, der einmal lange Zeit bei mir gedient hat –«
»Auf unserem Gut, verstehen Sie!«
»Als Bienenzüchter, glaube ich.«
»Ich?«
»Oder als Reitmeister vielleicht?«
»Reitmeister?« sagt der Gendarm und scheint von dem bloßen Wort schon benommen: »Das käme mir nicht ungelegen, muß ich sagen, Reitmeister oder so . . .!«
Er lacht unsicher.
»Sie sind nicht gerne Gendarm?«
»Offen gestanden, Herr Graf, offen gestanden –«
»Ich verstehe das.«
Unterdessen hat der Concierge, damit die Herrschaft sich nicht länger mit dem Gendarmen aufhalten muß, die Schiebetüre geöffnet, die zur Bar führt; man hört Musik, die aus einem Radio kommt, eine leise verschwommene Musik, und die Herrschaften wegen der Yacht, die in der Bar warten, sitzen in gediegenen Polstersesseln; sie rauchen eine Zigarette; sie trinken einen Cognac; es sind Elsa

und Doktor Hahn ... Aber der Graf, der von einer unaufdringlichen und gewinnenden Leutseligkeit ist, redet noch immer mit dem Gendarm, der ihn an einen Bienenzüchter erinnert.
»Und warum sind Sie denn Gendarm?«
»Ja, Herr Graf, wenn unsereiner tun und lassen könnte, was er möchte!«
»Warum nicht?«
»Ja – warum nicht ...«
»Kurz ist das Leben«, sagt der Graf mit einem halben Lächeln und so, wie man ein sehr bekanntes Zitat sagt: »groß ist die Nacht, verflucht ist die Hoffnung auf den Feierabend, heilig ist der Tag, solang die Sonne scheint, und es lebe ein jeder, solang die Sonne scheint, herrlich ist er und frei.«
Der Gendarm schweigt ihn an.
»Im Ernst gesprochen –«
»Herr Graf haben ganz recht!« nickt der Gendarm: »Auch unsereiner möchte lieber auf einer Yacht herumfahren –.«
Der Graf blickt auf Inge:
»Dann soll er doch mit uns kommen, meine ich, als Matrose oder Koch oder so?«
Inge nickt.
»Das heißt, wenn Sie dazu Lust haben?«
»Lust?«
»Wir fahren morgen oder übermorgen.«
»Meinen Herr Graf das im Ernst?«
»Warum nicht.«
Der Gendarm, nicht gefaßt auf die Gelegenheit, die er ein Leben lang erwartet hat, erschrocken vor dem bloßen Gedanken, daß es sich erfüllen könnte, blickt bald auf den Grafen, bald auf die Gräfin; er möchte lachen, als machten sie nur einen Scherz, aber das Lachen verstummt ihm im offenen Mund, und es läßt sich nicht aufhalten, daß er selber daran glauben muß; befremdet von seinem eigenen

Glauben, fast entsetzt, daß es möglich ist, sucht er nach Hindernissen:
»Ja, wenn man bloß Urlaub hätte –.«
»Nichts leichter als das.«
»Und die Erlaubnis zur Ausreise –.«
»Nichts leichter als das.«
»Meinen Sie?«
»Im Ernst, nehmen Sie eine Axt.«
»Wie der in der Zeitung, ja...«
Inge unterbricht:
»Man sollte mit diesen Dingen nicht scherzen –«
Der Gendarm hält zum Mann:
»Herr Graf haben aber ganz recht! Manchmal kommt man wirklich auf solche Gedanken, auch wenn es nicht in der Zeitung stünde, aber zum Glück hat man nicht immer eine Axt in der Hand –.«
»Ich habe immer eine.«
»Aber Karel!«
»Hier in der Mappe.«
Der Gendarm lacht.
»Ich könnte nie einen Menschen töten«, sagt der Graf: »aber einen Zöllner ohne weiteres, einen Gendarm ohne weiteres...«
Der Gendarm lacht noch mehr.
»Überlegen Sie es sich bis morgen, das wegen der Yacht. Ob Sie ein Mensch sein wollen oder ein Gendarm, ob Sie leben wollen oder nicht. Spätestens bis morgen um diese Zeit.«
Sie gehen in die Bar.
Die Musik wird lauter, doch bleibt sie verschwommen, ein Lullen, das die Worte mit einer sinnlichen Stimmung umschwemmt, wie man das kennt: man kann lauter banale Worte reden, hat aber das Gefühl, man rede ganz aus der Tiefe eines vollen Herzens; auch das Gespräch geht wie auf einem weichen Teppich...

Der Gendarm draußen:
»Humor hat der Mensch!«
»Und die Papiere?« fragt der Strafbare: »Warum haben Sie ihm nicht die Papiere verlangt?«
»Bienenzüchter! Reitmeister!«
»Ich frage nach den Papieren –«
»Wenn man so denkt, was man anfangen könnte mit seinem Leben, Matrose auf einer Yacht, die rings um die Erde segelt, und was man in Wirklichkeit ist – hier ...«
»Ein Gendarm –«
»Ein Arschloch mit Mütze, ja.«
»Pscht!«
»Aber Humor hat der Mensch ...«
Unterdessen haben sich die Herrschaften begrüßt, wie sich fremde Leute begrüßen, die gleicherweise in einem Grand Hotel wohnen; eine gewisse Übereinkunft ist von vornherein da, und käme sie auch nur daher, daß man die gleiche Kost genießt. Gestern gab es Hummer beispielsweise, und wäre er schlecht gewesen, so hätte er die Herrschaften, woher sie auch immer kommen mögen, gemeinsam vergiftet. Irgendwie gehört man zusammen. Übrigens war der Hummer nicht schlecht. Viel Elend ist in der Welt, gewiß, aber es gibt Oasen, und ein Anflug von schlechtem Gewissen, worüber man nicht spricht, wirkt ebenfalls verbindend. Man weiß: das Schicksal, wie es auch verlaufen mag, wird uns ähnlich behandeln. Irgendwie gehört man einfach zusammen, was sich schon in den gleichen Manieren verrät, und ein gewisses Gefühl, daß man sich irgendwie schon kenne, kann also nicht verwundern ...
Sie setzen sich.
Das Gespräch geht um die Yacht, die man draußen vor Anker liegen sieht, und um den Vertrag, den der Graf unterzeichnen soll, damit die Yacht fortan sein Eigentum wird; er hat bereits seine Füllfeder aus der Tasche genommen, der Graf, öffnet sie und hält sie in der Hand, indem er

von der Südsee erzählt, als wäre er mehrmals dort gewesen:
»Sie kennen die Südsee nicht?«
»Nein –«
»Ich finde sie das Schönste, was ich auf Erden gesehen habe...«
Dann, bevor er unterschreibt, wirft er noch einmal einen kurzen Blick auf den Vertrag, übrigens zum erstenmal, und es bleibt fraglich, ob er wirklich den Text liest; seine Gebärde kommt nicht aus eigentlichem Interesse, sondern mehr aus Höflichkeit.
»Eine gewisse Schwierigkeit«, sagt er: »besteht vielleicht darin, daß wir die Summe, die ich weiter nicht bereden möchte, leider nur in unserer Währung bezahlen können – in öderländischen Kronen... Wegen der Ausweise, welche die Hafenbehörde verlangt, müssen Sie sich keine Sorgen machen; ich werde die Ausreise schon bekommen –.«
»Sind Sie sicher?«
»Sobald ich die Yacht habe, o ja.«
»Man ist heutzutage sehr streng.«
»Nichts leichter als das!« lächelt der Graf: »Wenn Sie keine Papiere haben, nehmen Sie eine Axt – haben Sie nicht die Zeitungen gelesen?«
Sie schauen ihn an.
»Ich habe immer eine bei mir...«
»Aber Karel!«
»Im Ernst«, sagt der Graf: »wo käme man hin ohne Axt? Heutzutage! In dieser Welt der Papiere, in dieser Welt der Grenzen und Marken, der Gesetze und Schranken und Steuern –«
Das alles sagt er ganz beiläufig, wie man einen alten Witz erzählt, plaudernd, während er den Vertrag unterzeichnet, er tut es in der Art eines Mannes, der sehr viel unterzeichnet hat; er schraubt seine Füllfeder zu, schaut, ob die Schrift schon trocken sei – das Schiff, das er mit dieser

Unterschrift erworben hat, befindet sich nicht mehr im Hafen, wo man es vor Anker liegen sah, sondern es steht auf dem Tisch, wohin der andere es unterdessen gestellt hat, und als der Graf aufblickt, indem er gerade die Füllfeder einsteckt, sieht er das bekannte Wikingerschiff mit den pergamentenen Segeln ... er schweigt, reglos blickt er auf das Ding; man sieht nur, wie er atmet.

Das Radio spricht:

»Beim dritten Ton ist es genau zwölf Uhr – zehn Minuten – zwanzig Sekunden ... Sie hören die Nachrichten aus dem Ausland: –«

Langsam hebt er seinen Blick; er betrachtet die beiden, die ihm gegenüber sitzen, und endlich sagt er:

»Doktor Hahn?«

»Ja –.«

»Also doch«, wendet er sich zu Inge: »Ich hatte oft den Verdacht, daß die beiden ein Verhältnis haben –«

Elsa kann sich nicht halten:

»Du mußt etwas sagen, gerade du, der mit dem Dienstmädchen herumreist!«

Hahn faßt ihren Arm:

»Darum geht es jetzt nicht.«

»Sondern?«

Der Graf erklärt es ihr:

»Man will mich verhaften –«

Dabei nimmt er seine Ledermappe:

»Aber es wird nicht gelingen.«

Ohne besondere Hast nimmt er die Axt heraus, so wie man Akten herausnimmt, gelassen und schon gelangweilt von der Gewöhnung; zwei oder drei Atemzüge lang schauen sie ihm zu, als glaubten sie es nicht; dann springen sie auf, wie von ihrem eigenen Schrei emporgerissen –

Inge sagt:

»Warum zögerst du wieder?«

Das Radio sagt:

»Aus Haifa wird gemeldet, daß ein weiteres Schiff mit jüdischen Einwandrern, die nach Palästina wollen, an der Einfahrt verhindert werden mußte. Das Schiff liegt mit leichter Schlagseite auf offener See. Infolge dieser Nachricht sind neue Unruhen ausgebrochen; jüdischen Terroristen ist es gelungen, einige Öltanks mit Bomben anzugreifen; das Feuer, das bisher nicht einzudämmen war, nimmt immer größeren Umfang an.«
Doktor Hahn ruft nach dem Gendarm –
Das Radio sagt:
»In mehreren deutschen Städten sind die Grubenarbeiter neuerdings in den Hungerstreik getreten; die Zufuhr von Kartoffeln soll beschleunigt werden, soweit die Verkehrswege es gestatten; falls es zu weiteren Ausschreitungen kommen sollte, sähen sich die Behörden gezwungen, das Standrecht anzudrohen.«
Doktor Hahn ruft nach dem Gendarm –
Das Radio sagt:
»Aus den Vereinigten Staaten kommt die Nachricht, daß die Neger weiterhin zu Versammlungen aufrufen, die an die Hunderttausende gehen; in einzelnen Gegenden soll die drohende Haltung, welche die Neger einnehmen, bereits zu blutigen Zusammenstößen geführt haben.«
Doktor Hahn ruft den Gendarm –
Inge:
»Graf Öderland geht um die Welt,
Graf Öderland geht mit der Axt in der Hand,
Graf Öderland geht um die Welt!« Usw.
(...)

Portofino Mare, Oktober 1946

Alles in allem ist es wie ein Spuk, man fährt sich über die Stirne, und wenn man aufschaut: das Meer – es brandet und tost, aber es ist zehn Jahre später, und man sieht es der Brandung nicht an, dem Wind nicht in den silbernen Oliven –

Das Kirchlein ist zerstört.

Wir sitzen lange auf einem deutschen Bunker, Ginster blüht um die rostenden Geschütze, eine Eidechse guckt aus der finsteren Mündung, und ohne Unterlaß rauscht es um die steilen Felsen. Es ist unser erster Abend, und draußen beim Leuchtturm, wo wir sitzen, sehen wir nichts als einen Horizont voll Wasser. Einmal kommt ein kleiner Kutter mit Fischern, die heimkehren; er rattert und pufft, und mit pendelndem Mast torkelt er unten an den Felsen vorbei. Das Meer erscheint wie dunkle Tinte, je tiefer die Sonne sinkt; mit gleißenden Schäumen rollen die Wellen über ihre eigenen Schatten –.

Ostersamstag 1946

München muß herrlich gewesen sein. Man spürt es noch; die grünen Inseln überall, Alleen und Parke, man denkt an goldene Herbste darin, heiter und leicht, an Dämmerungen nach einem sommerlichen Gewitter, wenn es nach Erde riecht und nassen Blättern. Ein großer Zug ist überall in dieser Stadt, eine Lebensfreude, die aus dem Süden heraufklingt; eine fast italienische Helle muß ihre Architektur umspielt haben –

Sonderbar anzusehen:

Ein Eroberer zu Pferd, der immer noch in die Leere eines vergangenen Raumes reitet, stolz und aufrecht auf einem Sockel von Elend, umgeben von Stätten des Brandes, Fassaden, deren Fenster leer sind und schwarz wie die Augenlöcher eines Totenkopfes; auch er begreift noch nicht. Aus einem Tor, das unter grünenden Bäumen steht, kommt eine erstarrte Kaskade von Schutt; es ist ein Tor von bezauberndem Barock, anzusehen wie ein offener Mund, der erbricht, der mitten aus dem blauen Himmel heraus erbricht, das Innere eines Palastes erbricht – und die bröckelnden Schwingen eines Engels darüber, einsam wie alles Schöne, fratzenhaft; das Schweigen ringsum, das Erstorbene, wenn es von der hellichten Sonne beschienen wird, das Endgültige. »Death is so permanent.«

Neger mit einem Mädchen, sie liegen an der Isar; der Neger döst gelassen vor sich hin, pflanzenhaft, während die kleine Blonde sich über ihn beugt, trunken, als wären vier Wände um sie –

Auch die Liebfrauenkirche ist ein offener Raum mit schwirrenden Vögeln darin. Wie ein Gast steht ein einzelner Pfeiler in der Mitte, wie ein Heimkehrer, der sich umschaut; irgendwo sieht man Ansätze eines Gewölbes, Fetzen einer Malerei, die an die Sonne kommt. Das Dach ist ein schwarzes Gerippe. Und auch hier sieht man wieder auf der andern Seite hinaus: Kamine sind stehengeblieben, eine Badwanne ganz in der Höhe, eine Wand mit verblaßten Tapeten, dazu die schwarzen Ornamente von Brand, die Zungen von Ruß, die Fenster voll Ferne und ziehendem Gewölk, voll Frühling. Oft blickt man von einer Straße in die andere hinüber, wenn auch durch ein Netz von rotem Rost; Reste einer niederhängenden Decke. Es ist eine Durchsicht, der kaum ein Haus widersteht; nur wenn man eine Straße hinunterschaut, gibt es nochmals den Anschein, wie es war, und man meint, nun habe man eine erhaltene Straße gefunden. Aber auch hier, wenn ich weitergehe, klafft es wieder nach beiden Seiten, und fast überall bleibt es das gleiche Bild, eine Stadt, aber geräumig und schütter wie ein Herbstwald. Wäre es ein Erdbeben gewesen, ein Werk der blinden Natur, man könnte es ebenso wenig begreifen; aber man könnte es hinnehmen ohne Begreifen –

Odeonsplatz:

Ein Krüppel bietet die ersten Spielsachen feil, Affen aus Stoff, die man über die menschliche Hand stülpen kann ... Morgen ist Ostern.

Unsereiner 1946

In Andorra lebte ein junger Mann, den man für einen Juden hielt. Zu erzählen wäre die vermeintliche Geschichte seiner Herkunft, sein täglicher Umgang mit den Andorranern, die in ihm den Juden sehen: das fertige Bildnis, das ihn überall erwartet. Beispielsweise ihr Mißtrauen gegenüber seinem Gemüt, das ein Jude, wie auch die Andorraner wissen, nicht haben kann. Er wird auf die Schärfe seines Intellektes verwiesen, der sich eben dadurch schärft, notgedrungen. Oder sein Verhältnis zum Geld, das in Andorra auch eine große Rolle spielt: er wußte, er spürte, was alle wortlos dachten; er prüfte sich, ob es wirklich so war, daß er stets an das Geld denke, er prüfte sich, bis er entdeckte, daß es stimmte, es war so, in der Tat, er dachte stets an das Geld. Er gestand es; er stand dazu, und die Andorraner blickten sich an, wortlos, fast ohne ein Zucken der Mundwinkel. Auch in Dingen des Vaterlandes wußte er genau, was sie dachten; sooft er das Wort in den Mund genommen, ließen sie es liegen wie eine Münze, die in den Schmutz gefallen ist. Denn der Jude, auch das wußten die Andorraner, hat Vaterländer, die er wählt, die er kauft, aber nicht ein Vaterland wie wir, nicht ein zugeborenes, und wiewohl er es meinte, wenn es um andorranische Belange ging, er redete in ein Schweigen hinein, wie in Watte. Später begriff er, daß es ihm offenbar an Takt fehlte, ja, man sagte es ihm einmal rundheraus, als er, verzagt über ihr Verhalten, geradezu leidenschaftlich wurde. Das Vaterland gehörte den andern, ein für allemal, und daß er es lieben könnte, wurde von ihm nicht erwartet, im Gegenteil, seine beharrlichen Versuche und Werbungen öffneten nur eine Kluft des Verdachtes; er buhlte um eine Gunst, um einen Vorteil, um eine Anbiederung, die man als Mittel zum Zweck empfand auch dann, wenn man selber keinen möglichen Zweck erkannte. So wiederum ging es, bis er eines Tages entdeckte, mit seinem rastlosen und alles zergliedernden Scharfsinn entdeckte, daß er das Vaterland wirklich nicht liebte, schon das bloße Wort nicht, das jedesmal, wenn er es brauchte, ins Peinliche führte. Offenbar hatten sie recht. Offenbar konnte er überhaupt nicht lieben, nicht im andorranischen Sinn; er hatte die Hitze der Leidenschaft, gewiß, dazu die Kälte seines Verstandes, und diesen empfand man als eine immer bereite Geheimwaffe seiner Rachsucht; es fehlte ihm das Gemüt, das Verbindende; es fehlte ihm, und das war unverkennbar, die Wärme des Vertrauens. Der Umgang mit ihm war anregend, ja, aber nicht angenehm, nicht gemütlich. Es gelang ihm nicht, zu sein wie alle andern, und nachdem er es umsonst versucht hatte, nicht aufzufallen, trug er sein Anderssein sogar mit einer Art von Trotz, von Stolz und lauernder Feindschaft dahinter, die er, da sie ihm selber nicht gemütlich war, hinwiederum mit einer geschäftigen Höflichkeit überzuckerte; noch wenn er sich verbeugte, war es eine Art von Vorwurf, als wäre die Umwelt daran schuld, daß er ein Jude ist –

Die meisten Andorraner taten ihm nichts.

Also auch nichts Gutes.

Auf der andern Seite gab es auch Andorraner eines freieren und fortschrittlichen Geistes, wie sie es nannten, eines Geistes, der sich der Menschlichkeit verpflichtet fühlte: sie achteten den Juden, wie sie betonten, gerade um seiner

jüdischen Eigenschaften willen, Schärfe des Verstandes und so weiter. Sie standen zu ihm bis zu seinem Tode, der grausam gewesen ist, so grausam und ekelhaft, daß sich auch jene Andorraner entsetzten, die es nicht berührt hatte, daß schon das ganze Leben grausam war. Das heißt, sie beklagten ihn eigentlich nicht, oder ganz offen gesprochen: sie vermißten ihn nicht – sie empörten sich nur über jene, die ihn getötet hatten, und über die Art, wie das geschehen war, vor allem die Art.
Man redete lange davon.
Bis es sich eines Tages zeigt, was er selber nicht hat wissen können, der Verstorbene: daß er ein Findelkind gewesen, dessen Eltern man später entdeckt hat, ein Andorraner wie unsereiner –
Man redete nicht mehr davon.
Die Andorraner aber, sooft sie in den Spiegel blickten, sahen mit Entsetzen, daß sie selber die Züge des Judas tragen, jeder von ihnen.

Du sollst dir kein Bildnis machen, heißt es, von Gott. Es dürfte auch in diesem Sinne gelten: Gott als das Lebendige in jedem Menschen, das, was nicht erfaßbar ist. Es ist eine Versündigung, die wir, so wie sie an uns begangen wird, fast ohne Unterlaß wieder begehen –
Ausgenommen wenn wir lieben.

Frankfurt, Mai 1946

Wenn man in Frankfurt steht, zumal in der alten Innenstadt, und wenn man an München zurückdenkt: München kann man sich vorstellen, Frankfurt nicht mehr. Eine Tafel zeigt, wo das Goethehaus stand. Daß man nicht mehr auf dem alten Straßenboden geht, entscheidet den Eindruck:

die Ruinen stehen nicht, sondern versinken in ihrem eigenen Schutt, und oft erinnert es mich an die heimatlichen Berge, schmale Ziegenwege führen über die Hügel von Geröll, und was noch steht, sind die bizarren Türme eines verwitterten Grates; einmal eine Abortröhre, die in den blauen Himmel ragt, drei Anschlüsse zeigen, wo die Stockwerke waren. So stapft man umher, die Hände in den Hosentaschen, weiß eigentlich nicht, wohin man schauen soll. Es ist alles, wie man es von Bildern kennt; aber es ist, und manchmal ist man erstaunt, daß es ein weiteres Erwachen nicht gibt; es bleibt dabei: das Gras, das in den Häusern wächst, der Löwenzahn in den Kirchen, und plötzlich kann man sich vorstellen, wie es weiterwächst, wie sich ein Urwald über unsere Städte zieht, langsam, unaufhaltsam, ein menschenloses Gedeihen, ein Schweigen aus Disteln und Moos, eine geschichtslose Erde, dazu das Zwitschern der Vögel, Frühling, Sommer und Herbst, Atem der Jahre, die niemand mehr zählt –

In einer Anlage, als ich erwache und die Augen aufmache: die spielenden Kinder, die mich geweckt haben, ihre Kleidchen, ihre sehr dünnen Gesichter und der Gedanke daran, daß sie noch nie eine ganze Stadt erblickt haben, dann der Gedanke, daß sie nichts dafür können: weniger als irgendeiner von uns. Zuzeiten ist es das einzige, was außer Zweifel steht; Zuversicht und Auftrag. Über die dringende Hilfe hinaus, die sie vor dem Hunger retten muß so wie alle andern Kinder, geht es vor allem darum, daß sie keine Verdammten sind, keine Verfemten, gleichviel, wer ihre Väter und ihre Mütter sein mögen; wir schulden ihnen mehr als Erbarmen: wir dürfen sie nicht einen Augenblick lang anzweifeln oder es wird unsere Schuld, wenn sich alles wiederholt.

Eines Morgens kommt ein Mann, ein Unbekannter, und du kannst nicht umhin, du gibst ihm eine Suppe und ein Brot dazu. Denn das Unrecht, das er seiner Erzählung nach erfahren hat, ist unleugbar, und du möchtest nicht, daß es an dir gerächt werde. Und daß es eines Tages gerächt wird, daran gebe es keinen Zweifel, sagt der Mann. Jedenfalls kannst du ihn nicht wegschicken, du gibst ihm Suppe und Brot dazu, wie gesagt, und sogar mehr als das: du gibst ihm recht. Zuerst nur durch dein Schweigen, später mit Nikken, schließlich mit Worten. Du bist einverstanden mit ihm, denn wärest du es nicht, müßtest du sozusagen zugeben, daß du selber Unrecht tust, und dann würdest du ihn vielleicht fürchten. Du willst dich aber nicht fürchten. Du willst auch nicht dein Unrecht ändern, denn das hätte zu viele Folgen. Du willst Ruhe und Frieden, und damit basta! Du willst das Gefühl, ein guter und anständiger Mensch zu sein, und also kommst du nicht umhin, ihm auch ein Bett anzubieten, da er das seine, wie du eben vernommen, durch Unrecht verloren hat. Er will aber kein Bett, sagt er, kein Zimmer, nur ein Dach über dem Kopf; er würde sich, sagt er, auch mit deinem Estrich begnügen. Du lachst. Er liebe die Estriche, sagt er. Ein wenig, noch während du lachst, kommt es dir unheimlich vor, mindestens sonderbar, beunruhigend, man hat in letzter Zeit gar viel von Brandstiftung gelesen; aber du willst Ruhe, wie gesagt, und also bleibt dir nichts anderes übrig, als keinen Verdacht aufkommen zu lassen in deiner Brust. Warum soll er, wenn er will, nicht auf dem Estrich schlafen? Du zeigst ihm den Weg, den Riegel, die Vorrichtung mit der Leiter und auch den Schalter, wo man Licht machen kann. Allein in deiner schönen Wohnung, eine Zigarette rauchend, denkst du mehrere Male genau das gleiche, und es hilft dir nichts, die Zeitung zu lesen, zwischen den Zeilen liest du immer das gleiche: Man muß Vertrauen haben, man soll nicht immer gleich das Schlimmste annehmen, wenn man einen Menschen nicht kennt, und warum soll der gerade ein Brandstifter sein? Immerhin nimmst du dir vor, ihn morgen wieder auf den Weg zu schicken, freundlich, ohne daß ein Verdacht ihn kränken soll. Du nimmst dir nicht vor, kein Unrecht zu tun; das hätte, wie gesagt, zu viele Folgen. Du nimmst dir nur vor, freundlich zu sein und ihn auf freundliche Weise wegzuschicken. Du schläfst nicht immer in dieser Nacht; es ist schwül, und die Geschichten von wirklichen Brandstiftern, die dir so beharrlich einfallen, sind zu läppisch, ein Schlafpulver gibt dir die verdiente Ruhe ... Und am andern Morgen, siehe da, steht das Haus noch immer! – Deine Zuversicht, dein Glaube an den Menschen, selbst wenn er im Estrich wohnt, hat sich bewährt. Es drängt dich nicht wenig, edel zu sein, hilfreich und gut; beispielsweise mit einem Frühstück. Von Angesicht zu Angesicht, so während ihr einen gemeinsamen Kaffee trinkt und jeder sein Ei löffelt, schämst du dich deines Verdachtes, kommst dir schäbig vor, und jedenfalls ist es unmöglich, ihn wegzuschicken. Wozu solltest du! Nach einer Woche, wie er noch immer in deinem Estrich wohnt, hast du vollends das Gefühl, jede Angst überwunden zu haben, und auch als er eines Tages einen Freund bringt, der ebenfalls in deinem Estrich schlafen möchte, kannst du zwar zögern, aber nicht widersprechen. Zögern; denn es ist einer, der schon einmal, Gott weiß warum, im Gefängnis gesessen hat und eben erst entlassen worden ist. Ihn allein hättest du nie in deinen Estrich gelassen, das ist selbstverständlich. Er ist auch viel frecher als der erste, das macht vielleicht das Gefängnis, und ganz geheuer ist es dir nicht, zumal er, wie er ganz offen gesteht, wegen Brandstiftung gesessen hat. Aber gerade diese Offenheit, diese unverblümte, gibt dir das Vertrauen, das du gerne haben möchtest, um Ruhe und Frieden zu haben; am

Abend, da du trotz ehrlichem Gähnen nicht schlafen kannst, liest du wieder einmal das Apostelspiel von Max Mell, jene Legende, die uns die Kraft des rechten Glaubens zeigt, ein Stück schöner Poesie; mit einer Befriedigung, die das Schlafpulver fast überflüssig macht, schläfst du ein... Und am andern Morgen, siehe da, steht das Haus noch immer! – Deine Bekannten greifen sich an den Kopf, können dich nicht verstehen, fragen jedesmal, was die beiden Gesellen denn in deinem Estrich machen, und liegen dir auf den Nerven, so daß du immer seltener an den Stammtisch gehst; sie wollen dich einfach beunruhigen. Und ein wenig, unter uns gesagt, ist es ihnen auch gelungen; jedenfalls hast du den beiden Gesellen etwas aufgelauert und nicht ohne Erfolg; allein die Tatsache, daß sie kleine Fäßlein auf deinen Estrich tragen, kann deinen Menschenglauben nicht erschüttern, zumal sie es in aller Offenheit machen und auf deine eher scherzhafte Frage, was sie denn mit diesen Fäßlein wollten, sagen sie ganz natürlich, sie hätten Durst. In der Tat, es ist Sommer, und im Estrich, sagst du dir, muß es sehr heiß sein. Einmal, als du ihnen im Wege gestanden, ist ihnen ein Fäßlein von der Leiter gefallen, und es stank plötzlich nach Benzin. Einen Atemzug lang, gib es zu, warst du erschrocken. Ob das Benzin sei? hast du gefragt. Die beiden, ohne ihre Arbeit einzustellen, leugneten es auch in keiner Weise, und auf deine eher scherzhafte Frage, ob sie Benzin trinken, antworteten sie mit einer so unglaublichen Geschichte, daß du, um nicht als Esel dazustehen, wirklich nur lachen konntest. Später jedoch, allein in deiner Wohnung, lauschend auf das Rollen der munteren Fäßlein, die nach Benzin stinken, weißt du allen Ernstes nicht mehr, was du denken sollst. Ob sie deine edle Zuversicht wirklich mißbrauchen? Eine Weile, dein Feuerzeug in der Hand, die feuerlose Zigarette zwischen den trockenen Lippen, bist du entschlossen, die beiden Gesellen hinauszuwerfen, einfach hinauszuwerfen.

Und zwar noch heute! Oder spätestens morgen. Wenn sie nicht von selber gehen. Ganz einfach ist es nämlich nicht, im Gegenteil; wenn sie keine Brandstifter sind, tust du ihnen sehr unrecht, und das Unrecht macht sie zu bösen Menschen. Böse gegen dich. Das willst du nicht. Das auf keinen Fall. Alles, nur kein schlechtes Gewissen. Und dann ist es immer so schwierig, die Zukunft vorauszusehen; wer keine Tatsachen sehen kann, ohne Schlüsse zu ziehen, und wer sich alles bewußt macht, was er im Grunde weiß, mag sein, daß er manches voraussieht, aber er wird keinen Augenblick der Ruhe haben; ganz zu schweigen von den Ahnungen. Die Tatsache, daß sie Benzin in deinen Estrich tragen, was heißt das schon? Der eine, der Freund, hat nur gelacht und gesagt, sie wollen die ganze Stadt anzünden. Das kann ein Scherz sein oder eine Aufschneiderei. Wenn sie es ernst meinten, würden sie es niemals sagen. Dieser Gedanke, je öfter du ihn wiederholst, überzeugt dich vollkommen; das heißt: er beruhigt dich. Und der andere sagte sogar: Wir warten nur auf den günstigen Wind! Es ist läppisch, sich von solchen Reden einschüchtern zu lassen; zu unwürdig. Einen Augenblick denkst du an Polizei. Aber wie du, um dich nicht durch falschen Alarm lächerlich zu machen, dein Ohr an die Zimmerdecke legst, was keine ganz einfache Veranstaltung gekostet hat, ist es vollkommen still. Du hörst sogar, wie einer schnarcht. Und überhaupt kommt die Polizei nicht in Frage; schon weil du selber strafbar wärest, daß du solche Leute in deinem Hause hast, wochenlang, ohne sie anzumelden. Aber vor allem sind es natürlich die menschlichen Gründe, die dich von solchen Schritten abhalten. Warum sagst du den beiden Gesellen nicht einfach und offen, du möchtest kein Benzin in deinem Estrich haben? Offenheit ist immer das beste. Und dann, plötzlich, mußt du selber lachen, daß dir dieser Einfall jetzt erst kommt: sie werden doch dein Haus nicht anzünden, wenn sie selber im Estrich sind! Immerhin kletterst du, schon im Pyjama, noch einmal auf den Sessel, auf die Kommode und den Schrank. Er schnarcht wirklich. Eine halbe Stunde später ruhest auch du ... Und am andern Morgen, siehe da, steht dein Haus noch immer! – Die Sonne scheint, der Wind hat gedreht, die Wolken ziehen über die Dächer der Stadt, und gesetzt den Fall, es wären wirklich böse Gesellen, gerade dann ist es nicht einfach, sie einfach hinauszuwerfen; nicht ratsam; denn solange du ihr Freund bist, werden sie wenigstens dich verschonen. Freundschaft ist immer das beste! Und wenn du an diesem Morgen hinaufgehst und sie zum Frühstück bitten willst, so ist das nicht Tücke, nicht Berechnung, sondern eines jener herzlichen Bedürfnisse, die man plötzlich hat und die man, wie du mit Recht sagst, nicht immer unterdrücken soll. Die Leiter zum Estrich ist bereits gezogen, die Türe offen, du mußt nicht einmal klopfen. Der Estrich, den du aus Rücksicht schon lange nicht mehr besucht hast, ist voll von den kleinen Fäßlein, und der eine, der Freund, der aus dem Gefängnis, steht eben an der Dachluke, hält den nassen Finger hinaus, um die Windrichtung festzustellen; der andere ist leider schon ausgegangen, komme aber wieder. Mit deinem Frühstück ist es also nichts. Er komme aber bestimmt im Laufe des Tages, sobald er, wie der Freund in seiner immer etwas scherzhaften Art sagt, die erforderliche Holzwolle beisammen habe. Holzwolle? Es fehlte nur noch, daß er von einer Zündschnur redete. Einen Augenblick bist du wieder etwas verwirrt, etwas betreten, was du allerdings nicht zeigen willst. Im Grunde, das weißt du, kann kein Mensch so frech sein, wie dieser sich den Anschein gibt, nur weil er meint, du fürchtest ihn. Ein für allemal entschlossen, dich nicht zu fürchten, entschlossen, deine Ruhe und deinen Frieden zu erhalten, tust du, als hättest du nichts gehört, und im übrigen, was das Frühstück betrifft, kann das ja auch ein andermal sein. Deine freundschaftliche Geste ist schon als solche nicht wertlos. Vielleicht zum Abendbrot? Mit Vergnügen, sagt der Kauz, sofern sie Zeit hätten und nicht arbeiten müßten; das hänge vom Wind ab. Er ist wirklich ein Kauz. Und natürlich bist du nun nicht wenig neugierig, ob sie tatsächlich zum Abendessen kommen, ob sie deine Freundschaft überhaupt wollen. Vielleicht hättest du deine Freundschaft schon früher bekunden sollen. Aber lieber jetzt, sagst du, als zu spät! Mit Recht vermeidest du ein allzu besonderes, ein auffälliges Abendessen; immerhin holst du einen Wein aus dem Keller, um ihn für alle Fälle kühlzustellen. Leider kann man am Abend, als sie gegen neun Uhr endlich kommen, nicht mehr auf der Terrasse sitzen; es ist zu windig. Ob er Holzwolle gefunden habe? fragst du, um dem Gespräch bald eine persönliche Note zu geben. Holzwolle? sagt er und schaut den Freund an, wie man einen Verräter anschaut. Dann, Gott weiß warum, mußt du selber lachen, und schließlich lachen sie auch. Holzwolle, nein, Holzwolle habe er nicht gefunden, aber etwas anderes, Putzfäden aus einer Garage. Gefunden; daß das nichts anderes heißt als gestohlen, daran kannst du nicht zweifeln. Überhaupt haben sie sehr eigene Ansichten betreffend Recht und Unrecht. Nach der ersten Flasche, du hast den Wein nicht umsonst gekühlt, erzählst du, daß auch du schon Unrecht begangen hast. Da sie schweigen, erzählst du mehr und mehr, indem du, ihre Freundschaft ist es dir wert, die zweite Flasche entkorkst. Offensichtlich fühlen sie sich wie zu Hause; der Freund, der Frechere, dreht deinen Rundfunk an, um den Wetterbericht zu hören. Dann wünschen sie nur noch eines: Streichhölzer. Nichts wäre verfehlter, als wenn du jetzt wieder zusammenzucktest: auf Verdacht ist keine Freundschaft aufzubauen. Wozu Streichhölzer? Es gelingt dir, jedes beleidigende Zittern zu vermeiden und Zigaretten anzubieten, als ginge dir nichts durch den Kopf, und dann, das ist kein schlechter Einfall, bietest du Feuer mit deinem eignen Feuerzeug, das du nachher wieder in die Tasche steckst. Das Gespräch geht weiter, das heißt, sie hören zu sehen dich an und trinken Wein. Dein ehrliches Geständnis, wieviel Unrecht du begangen hast, rührt sie nicht mehr, als es die Höflichkeit verlangt; überhaupt wirken sie sehr geistesabwesend. Eine dritte Flasche, die du schon zwischen den Knien hast, lehnen sie ab. Da du sie trotzdem öffnest, wirst du sie allein trinken müssen. Nur beim Abschied, als du gewisse Hoffnungen ausdrückst, daß die Menschen einander näherkommen und einander helfen, bitten sie dich nochmals um Streichhölzer. Ohne Zigaretten. Du sagst dir mit Recht, daß ein Brandstifter, ein wirklicher, besser ausgerüstet wäre, und gibst auch das, ein Heftlein mit gelben Streichhölzern, und am andern Morgen, siehe da, bist du verkohlt und kannst dich nicht einmal über deine Geschichte verwundern...

ROLLE/RISS

Fallobst 1945

Am Ende eines kunterbunten Traumes, der im ganzen nicht unschön war, standen wir vor einem Schulhaus im Tessin, ein malerischer Abend, fremde Truppen im Quartier, sie putzten ihre Zähne, ihre Schuhe und so weiter, einer steht in voller Packung vor dem Feldweibel, allein, aufrecht, er soll erschossen werden. Seine Angst ist nicht zum Anschauen, dabei fast wieder lächerlich, denn er meint, er werde von vorne erschossen; während wir sehen, wie einer hinter ihm steht und gelassen den Revolver entsichert. Als er in voller Packung auf dem Boden liegt, bleibt einer stehen, der eben ins Schulhaus zurückgehen wollte, die Zahnbürste in der Hand, er blinzelt uns zu und lächelt. Fallobst! sagt er und geht weiter. Das Ganze hatte kaum das Gewicht eines Witzes, der den Ablauf des Alltags hätte unterbrechen können.

Hafner 1942/57

Eines Tages, als er eine Straße herabkam, hörte er eine kreischende Sau, zwang sich, nicht weiterzugehen, seinen Ekel auszuhalten. Es tönte wie ein Wagen, der mit angezogenen Bremsen einen Berg hinabfährt. Es kostete ihn viel, zu bleiben; in dem kleinen Raum, wo geschlachtet wurde, stank es nach Blut, nach Kot, und warmem Wasser, er kam gerade hinzu, wie sie dem kreischenden Tier, das an den Hufen gefesselt war, einen eisernen Stift auf die Stirne setzten und schlugen, schlugen, schlugen; unter Strömen purpurnen Blutes, das ihm aus dem Maul schoß, schrie es grauenhafter als zuvor. Die hinterlistige Art, wie es gefesselt war, bewährte sich, es riß umsonst mit seinen Hinterbeinen, schlipfte nur aus, ohne den Schlägen ausweichen zu können, zwei Burschen hielten zu beiden Seiten das Seil, das ihm um die Schnauze gebunden war. Endlich auf die vorderen Kniee gebrochen, röchelte es nur noch unter den Schlägen, die der Metzger, selber schon außer Atem, mit seinem Holzhammer zugab, um den zuckenden Klumpen zur Ruhe zu bringen. Es war aber noch nicht zu Ende. Sie hatten schon zur nächsten Verrichtung übergehen wollen, den Hammer bereits mit einem schmalen Messer vertauscht, als die Sau, vom eigenen Blut verschmiert, sich abermals aufbäumte, noch immer voll Leben und kreischender Verzweiflung. Einer der Burschen, der in seinen Holzschuhen keinen allzu guten Stand hatte, war ausgerutscht und fiel in den Dreck; voll Wut über den Burschen griff der Meister noch einmal nach dem Hammer und schlug, schlug auf das tierische Kreischen, als rammte er es wie einen Pfahl in den Boden. Nachher ging alles ganz flink, ein lautloser und weicher Schnitt rund um den Hals, das heißt, vorher noch hatten sie das tote Schwein in warmes Wasser geworfen und mit einem flachen Eisen seine Borsten heruntergekratzt. Jetzt erst, als der Metzger den abgeschnittenen, in Fäden blutenden Schweinskopf an einen Haken genommen hatte, erblickte er den Zuschauer auf der Schwelle. Was er eigentlich suchte? Reinhart konnte nichts sagen. Ich bin dein Sohn, hätte er antworten können. Sie ließen die Türe immerhin offen, dampfig wie es war; Kühle wölkte mit sinkenden Schwaden herein. Über einer Schimpferei mit dem Gehilfen, der seinerseits maulte, hatte Hafner ihn ganz vergessen. Das andere, noch lebende Schwein hatten sie unterdessen ebenfalls gefesselt; wartend lag es in seinem Kot und beschnupperte das Blut seines Vorläufers, Hafner griff bis zum Ellenbogen in das warme Eingeweide, blindlings, während er darüber hinaus zugleich seine weiteren Anordnungen gab. Reinhart blieb, bis auch das andere Schwein geschlachtet war und an seinem eisernen Haken hing; mit

Kübeln schwemmten sie zuletzt das Schmutzwasser über den Zementboden, daß es gegen den Zuschauer spritzte, mit einem Schrubber trieben sie alles gegen den Ablauf, Wasser und Blut, vom Kot verfärbt, voll Borsten schwamm es um ihre Holzschuhe, ein Tümpel von Gestank und Dampf –.

Das war damals alles gewesen.

Auch in der Wirtschaft, wo Hafner allabendlich jaßte, kam er seinem Vater nicht näher, er setzte sich willentlich an keinen andern Tisch als die Fuhrleute, versuchte sich einzureden, daß er ihresgleichen sei, wollte sich den Dünkel jeglicher Unterscheidung versagen. Außer einem betrunkenen Dienstmann, der über Gott und Vaterland maulte und dankbar war, ein Wesen zu finden, das nicht jaßte, redete niemand mit Reinhart. Der Wirt, ein Krüppel, tat es aus Beruf.

Wer Reinhart war, wußte niemand.

Und mehr noch: es fragte auch niemand danach ...

Es war ein Spinner, der Abend für Abend in seiner Ecke saß, offenbar selber nicht wußte, was er wollte. Er hatte sein Bier, seine Salzstengel. Über ihm hing das große Bild einer Brauerei. Er sah die grünen Wieslein ihrer Jaßteppiche; über ihren Köpfen wölkte eine Bläue von Rauch. Und Reinhart tätschelte den alten Wirtshund. Irgendwo gab es das einsame Geräusch eines Propellers, der den Rauch in die Nacht hinaustrieb; dann wieder das Zischen, wenn sie Bier herausließen, und Marie, die mit einem Hölzlein jedesmal den Schaum abstrich. All dies war ihm durch Wochen vertraut, aber umsonst; auch hier nicht als zugehörig empfunden, blieb er so etwas wie ein vergessener Schirm im Gestell. Man hatte, das begriff er, durchaus nicht auf ihn und seine Herablassung gewartet.

Schlimmer noch waren die Tage, denn sie waren ja ohne Halt an einer Arbeit; an Malen war nicht zu denken, das war wie eine versunkene Insel, und das andere, was Reinhart auch einmal versucht hatte, die Arbeit in einem Geschäft, die Arbeit um eines Lohnes willen: er hatte es nie wieder vermocht, er hatte es versucht und man hatte ihn zum Teufel geschickt, es fehlte ihm der Wille; es fehlte jeder Sinn, worin ein Wille hätte wurzeln können. Er saß in Alleen, während jedermann arbeitete, und sah den Spatzen zu. Oder er stand draußen im Regen, im Nebel, weit draußen vor der Stadt, deren Werktag er floh; er schoß auf Krähen, die wie schwarze Lumpen über den leeren Acker flatterten. Er hatte die Waffe nicht länger ertragen, ohne zu schießen. Die Krähe hatte lange auf einer Stromleitung gesessen, groß und nahe; von einem Knall erschreckt, nicht tot, nicht richtig getroffen, flatterte der Vogel mit zerzausten Federn über den Boden; Reinhart mußte ihm nach, und Schuß auf Schuß widerhallte in den Wäldern ringsum, es blieb nichts anderes mehr übrig. Als er den schwarzen Vogel endlich hatte, wußte er nicht, was er eigentlich anfangen sollte mit ihm. Es regnete, November über den Feldern, zwischen den Furchen lagen Reste von erstem Schnee; er stand in den Wäldern, hörte das hohle Getropf auf dem nassen Lauf der Wege, die nach allen Seiten in den Nebel führten. Er wußte nicht, was in aller Welt er beginnen sollte. Im Grunde, heißt das, wußte er es genau:

»Ich muß meinen Vater aufsuchen. Je schwerer es mir fällt, um so dringender, daß ich es auf mich nehme. Ich werde nichts anderes beginnen können, bevor ich meinen Vater aufgesucht habe.«

Dennoch wurde es Frühling. – Es war ein Vormittag mit Sonne und zwitschernden Vögeln, als er den Mut aufbrachte, zu klingeln, zu warten und zu sehen, was bei alledem herauskam; es war eine Türe mit vergriffenem Schleiflack und Milchglas; wie es sie in abertausend Mietshäusern gibt, und Reinhart stand wie vor einer Pforte, seiner Erlösung oder Verdammnis gewärtig. Viel Zeit, um

nachzudenken, hatte er nicht mehr, zum Glück vielleicht. Da Reinhart nur als Zimmerherr kam, war die Aufnahme durchaus herzlich, zumal er mit Frau Hafner allein verhandelte. Sie suchte den Schlüssel; dann ging man die Treppe hinauf. Frau Hafner, die ihm das Zimmer zeigte, tat es ohne Arg und Verdacht. Allerdings, sagte er gleich, wäre er ziemlich auf dem Hund, arbeitslos und so weiter; er blieb schüchtern, unnatürlich schüchtern. Innerlich zitterte er ja für sein planloses Unterfangen. Frau Hafner war eine einfache und mollige Person, nicht dumm, aber mit Vorliebe gütig. Man war sich also einig, bevor es Reinhart noch ganz begriff; er stand in dem Zimmer, die Hände in den Manteltaschen, allein, ein wenig über den alltäglichen Verlauf enttäuscht und erleichtert, ein wenig benommen, zum erstenmal in seinem vorgerückten Leben daheim zu sein ... Auch in der Folge mochte er die fremde Frau nicht ungern. Sie faßte ihn stets am Oberarm, wenn sie mit ihm redete, oder tupfte mit ihrem Finger an seine Schulter, so daß Reinhart oft Mühe hatte, auf ihre Worte zu achten; seinerseits stand er mit einem gerollten Teppich unter dem Arm, eigentlich hatte er nochmals über die Miete reden wollen, ganz sachlich. Ich weiß, sagte Frau Hafner, es müssen heute alle rechnen! Sie wollte nichts hören, sie machte ein Gerede, das man im ganzen Treppenhaus hörte. Und dafür klopfen Sie mir ja auch die Teppiche, sagte sie, oder nicht? Das tat er, ja.
Also! ...
Er klopfte jeden Freitag; er klopfte, daß es in den Höfen hallte, und es erinnerte ihn, er wußte im Augenblick nicht: woran? und oft klopfte er länger, als es den morschen Teppichen bekömmlich sein mochte. Auch hier kam Reinhart ins Grübeln, verlor sich in Schwermut, was all das eigentlich für einen Sinn haben sollte. Er tat es übrigens nicht ungern, das nicht. Er war durchaus froh, daß er etwas zu tun hatte; es reihte ihn ein, und eines gab sich aus dem

andern, er tat es vorweg, als müßte alles so sein. Nur manchmal erinnerte es ihn an seinen Gärtnerschopf, wo sie ringsum auch immer die Teppiche droschen; damals waren es eben Leute, Herrgott, sie hatten ihn nicht gekümmert, ihr Leben ging ihn ja nichts an, hatte er gemeint, er war Künstler und hauste in dem grünen Eiland seines überwucherten Schopfes, selig in Wonnen und Qualen seiner Arbeit, sich selbst genug, als wäre er vom Himmel gefallen, frei, schrankenlos frei, herrgöttlich, ohne jede Geschwisterschaft zu den Menschen, den Spießern, die ringsum ihre Teppiche klopften –.
Jetzt klopfte er selber.
In jener Zeit fing Reinhart an, sich zu schämen. Er schämte sich bis zur Verzweiflung. Er schämte sich seines Übermutes von früher. Das Dasein der allermeisten, er hatte das nicht gewußt, es war durchaus nicht entsetzlich, nur unfruchtbar. Es erbarmte ihn. Es war nicht Leid, nicht Not, wie er früher befürchtet hatte; es war nur die Leere, und das war schlimmer, es war ein Dasein von Teppichklopfern. Sie wissen nicht einmal, was Leben sein könnte; sie sehnen sich nicht einmal nach einem andern. Das erbarmte ihn. Er hatte gedacht: Und irgendwo gibt es die Provinz der Armut, die Insel der Hablosen, die Würde der Sehnsucht, die Größe der reinen Empörung ... Es war nicht Armut, nur Leere, was Reinhart aus diesen Höfen entgegenhallte; er hatte das Gehör dafür aus der Leere seines eigenen Daseins, aus Trauer eines Erfolglosen – erfolglos auf all seiner Suche nach gestaltetem Leben, nach einem Menschtum, das sich lohnt ... Als bankrotter Künstler, dem eines Tages der Boden unter den Füßen versank, hatte er es einmal im Bürgertum gesucht; der Bürger glaubt ja, er glaubt an seine höhere Art, seine Führerschaft, solange sie ihm dient, seine behaglichen Vorrechte zu schützen; glaubt er auch da, wo er um seiner höheren Art nicht auf einem ledernen Polster, sondern auf

glühenden Nägeln sitzen müßte? Und alle die andern, die sogenannt Unteren, die sich mit ihrer Armut brüsten und den Bürger hassen, weil sie ihn beneiden und es nicht anders haben möchten als er! Das war es, was Reinhart enttäuschte: es war eine Armut ohne Würde, nur Mangel, nicht Sehnsucht, die sich hinaushob über das satte Leben des Bürgers ... Manchmal saß Reinhart in seinem Zimmer, die Hände in den Hosentaschen wie einer, der überhaupt nirgends mehr daheim ist; es war ihm dann, als schlügen wir alle die Flügel auf den Boden wie die angeschossene Krähe. Es fehlt die Luft, die uns trägt; es fehlt ein Unsichtbares, ein Außermenschliches, das größer als unser Ich ist, so groß, daß wir unser Ich vergessen. Man kommt sich selber sehr nahe, indem man sich selber sieht; am Ende ist es nur noch ein Glas, das uns vom Ziele trennt, das heißt, von unserer eigenen Verwirklichung in dieser Welt, und man ahnt den ungeheuren Umweg, der hinführt; man wagt ihn nicht. Eine Biene, zwischen Fensterscheiben gefangen, erschöpft sich nicht irriger! ...

»Sie grübeln zuviel«, meinte Frau Hafner.

Es schien der guten Frau nicht mehr geheuer, Abende lang saß er allein auf seiner Bude. Reinhart hatte schon alle erdenklichen Ausflüchte verbraucht, und einmal, als sie ihn wieder zum Nachtessen an ihren Tisch einlud, konnte er es nicht abschlagen, schon aus Hunger nicht; er nahm seinen Rock, er ging wie zu einer Hinrichtung –. Der Vater war aber nicht da.

Im Augenblick erleichterte es Reinhart.

Der Vater, erriet er, kam überhaupt nie zum Nachtessen, nie, er war in der Wirtschaft daheim, und nachdem sie umsonst zehn Jahre lang auch seinen Teller jedesmal auf das Wachstuch gestellt hatte, konnte es ihr niemand vergargen, daß sie die Hoffnung auf ein Familienleben nach und nach aufgab. Warum er nicht kam? Er war kein Trinker, nur ein Jasser; ein wenig war er auch feige, hatte

Angst vor dem eigenen Sohn, den er hätte zurechtweisen müssen, und er liebte die Auftritte nicht... Reinhart saß am Küchentisch, die Ellbogen aufgestützt, und die Frau, die er nicht ungern mochte, schmorte Kartoffeln. Und nicht einmal ihr konnte er es sagen. Feig wie der Vater? Er blätterte in einer Zeitung, die gerade auf dem Tisch lag; wenn er so las, so hörte er sein eigenes Schweigen nicht. Ein unehelicher Sohn, es hätte ihre Meinung von den Männern nur bezeugt und ihr insofern beinahe Freude gemacht! Er konnte es nicht. Frau Hafner schlurfte in der Küche umher und schöpfte ihm aus der Pfanne; das übrige käme auch bald. Trotz ihrer leiblichen Fülle – sie ruderte wie in ihrem eigenen Gewoge umher – schuftete die Frau noch immer wie früher als Dienstmädchen; sie putzte die Metzgerei, sie kochte, sie wusch, sie machte sogar die Buchhaltung für den Laden. Dem Zimmerherrn flickte sie die Hemden, kostenlos. Arbeit war ihre Betäubung, eine rührende Art von Rausch, den andere natürlich ausnutzten. Ihr eigener Sohn, Coiffeur in einem Damensalon, hatte jedesmal kein Geld, wenn er sich Wäsche kaufen sollte; die Mutter mußte es für ihn tun, indem sie es am Kochen einsparte, oder sie verdiente es durch zusätzliches Treppenputzen, und unterdessen mietete der Sohn einen Wagen, reiste mit seinem Girl nach Ascona, wo die Künstler hausen, tanzte, lag am Strand, braun wie ein Roß und immer wieder einmal geschlechtskrank auf Kosten einer staatlichen Krankenkasse. Man wußte genau darum; Hafner aber, wenn er vom Jassen zurückkam, schimpfte nur mit seiner Frau, den Sohn betreffend; er saß auf dem Bettrand, ächzte, eine Wolke von Biergeruch, und schimpfte, als wäre es ihre Schuld. Kam der Sohn einmal nach Hause, sagte Hafner kein Wort, hielt sich lautlos und brummig wie ein Hund, der den Schwanz einzieht, und alles blieb beim alten. Der müde Sohn lag auf dem Kanapee, rauchte und stellte Tanzmusik ein, die Mutter schlurfte umher,

Hafner verzog sich in die Wirtschaft. Und Reinhart, der Zimmerherr und Halbbruder, stand drüben mit den Händen in den Hosentaschen, hörte und litt, litt, als zerfiele nebenan sein eigener Leib ... Einmal war auch von seiner Schwester die Rede gewesen, allerdings nur kurz: Du wirst noch wie deine Schwester, das Luder! Mehr über sie war nicht zu hören. Reinhart hatte also auch noch eine Schwester. Das war neu. Man hatte sie allerdings, wie er später am Küchentisch aus einer unwilligen Auskunft der Mutter entnahm, lange schon aus dem Hause gejagt, Hafner vor allem, der schon aus geschäftlichen Rücksichten auf eine gewisse Hausehre angewiesen war. Sie schien wie ein Unkraut aus ihren Gesprächen ausgerottet. »Essen Sie doch«, sagte die Hafnerin, »Sie essen ja gar nichts, und ich habe eine ganze Schüssel voll gemacht!« Eine Schwester zu haben, das war eine Vorstellung, die Reinhart wunderlich ergriff, fast zärtlich. Wie der Dampf aus der Schüssel, die auszuschöpfen war, stieg ihm das Erinnern aus Knabenjahren; im Anblick der Mädchen, die damals wie Pflanzen eines andern Gestirnes auf der linken Klassenseite saßen, empfand er es oft als einen heillosen Mangel, keine Schwester zu haben, denn es fehlte ihm stets der Schlüssel, die Übersetzung, wie man selber als Mädchen lauten würde, und auch später noch als junger Mann saß er manchmal in einer Allee, wo die abendlichen Frauen an seiner Bank vorbeigingen, verspielte sich im Gedanken, wer von all diesen bunten Frauen etwa seine Schwester sein könnte. In ihre Fraulichkeit einzugehen, nicht als Mann, sondern als Bruder, er dachte es sich als eine lichte Vertraulichkeit, eine Landschaft ohne Blitze der Leidenschaft, ein Leben ohne Gier, eine kindhafte Heimatlichkeit zwischen reifen Geschlechtern. Eine Schwester zu haben, es ergriff ihn mit Bangnis einer letzten holden Hoffnung, und länger als je saß Reinhart vor dem mürben Wachstuch des Küchentisches. Ein Luder! nannten sie seine Schwester, nichts weiter... Was grübelte er denn wieder? dachte die Hafnerin, der Mensch schnappt noch über, und seine Gegenwart war ihr nicht mehr ganz geheuer, ärgerlich in seiner Art, zu warten, Gott weiß worauf. Ja! sagte er endlich, erhob sich wie aus einem Traum, brachte seinen Teller zum Abwaschen und ging wieder einfach in die Nacht hinaus. Da man sie also des Hauses verwiesen hatte, die jüngere Schwester, hielt es natürlich schwer, sie kennenzulernen. Ihr Name, wie gesagt, war begraben. Warum wohl? Der Sohn mit den spitzen Lackschuhen, mit dem geschniegelten Haar und seinem Schnäuzchen über den Lippen war Lump genug, seine Schwester preiszugeben; es geschah an einem Sonntag, als er gegen ein Uhr mittags aufgestanden war, mit seinen breiten schwarzen Hosen und seinem unvermeidlichen Haarnetz auf dem Kopf in die Küche kam, um sich am Schüttstein zu rasieren, während die Eltern sonntagshalber in der Stube drinnen aßen. Reinhart benutzte den Augenblick; er stand am Herd und braute sich einen Tee. Die Eltern hatten ihn offenbar gerüffelt, den Sohn; das genügte für sein Gemüt, daß er eben diesen Eltern zuleide von der Schwester erzählte, die, wie er während eines zweiten Einseifens sagte, ein Luder war. Er wetzte das Messer. Dann, indem er vor die Scherbe eines Spiegels trat und sein Affenkinn schabte, erzählte er auch das weitere... Im Anfang war es eine wirkliche Liebe, wie meistens, offenbar liebte sie ihn mit allem Ernst ihrer Jugend; er war ein Kunstgewerbler, und als er nebenher mit einer verheirateten Frau ging, sah das enttäuschte Mädchen kein anderes Mittel, ihn zurückzurufen, als daß sie ihn eifersüchtig machte; sie erschien eines Abends als Modell, sie, die noch kein Mann, kein Geliebter so gesehen hatte, achtzehnjährig stand sie unter dem Scheinwerfer. Und der Erfolg? Daß der Freund, als er seinerseits mit Mappe und Stift in den Saal trat, überhaupt nichts mehr von ihr wissen wollte. Sie verdiente nun auf diese Weise ein gewisses Taschengeld.

Der Vater, hätte er es erfahren, würde sie verhauen haben, kein Zweifel; anderseits war es ihm bequem, daß sie sich selber ihre Kleider kaufte, er fragte gar nicht, woher das Geld kam; er jedenfalls gab ihr keines mehr, und später, als er erfuhr, daß sie zu Künstlern ging und sich bis auf die Haut auszog, schlug er sie ins Gesicht, weinte vor Zorn, warf sie zum Hause hinaus und fragte nie wieder nach ihr...

Das war die Schwester. Reinhart konnte ihr auch jetzt, als er davon wußte, seinen Vorschuß an zärtlichen Gefühlen nicht entziehen, ja, eine Wallung von vertracktem Gewissen zwang ihn sogar, sie kennenzulernen, sich noch einmal als Maler auszugeben, wenn auch klopfenden Herzens, sozusagen als Kunde, und der Bruder, der am Schüttstein gerade sein Haar näßte und sich ausführlich kämmte, war so unmenschlich nicht, der Schwester nicht beizustehen, wenn sie verdienen konnte. Warum auch nicht! Am selben Sonntag noch gingen sie zusammen in die Stadt, in die regnerische Leere eines Nachmittages mit laublosen Alleen, mit Kaffeekonzerten. Ohne Hut und Handschuhe paßte Reinhart wenig zu seinem Begleiter, der, eine Melone auf dem Kopf, wie ein Baron aus dem Film daherkam. Lassen Sie das! sagte der brüderliche Schwengel in der Straßenbahn und zahlte auch für Reinhart, den Maler ohne Hut. Mit seinem unnötigen Griff nach Geld war Reinhart auf die Waffe in der Manteltasche gestoßen; er empfand sie wie einen Halt, den er brauchte, durchaus nicht mehr ahnungslos, wohin es gehen könnte. Im Kaffeehaus, als man sich offenbar am Ziel befand, zog Reinhart seinen Mantel nicht aus, setzte sich wider alles Benehmen, achtete es nicht einmal, als der Schwengel ihm eine Zigarette anbot; er saß wie entgeistert. Es war nicht Jenny, die sie bediente, zum Glück. Man bestellte; sein Begleiter tat es für beide. Jenny ging mit einem Brett voll Zigaretten, an einem Riemen über die Schulter gehängt; das Joch machte

sie noch zierlicher, Jenny mit dem lustigen Haarzottel. Zu sehen, wie jeder Lümmel und jeder Schmerbauch sie heranwinken konnte, der seinen Franken in den Fingern drehte, und wie Jenny sich dann bückte, damit sie in dem bunten Beet ihrer Schächtelchen auswählen konnte, traf Reinhart wie eine persönliche Erniedrigung. Er fühlte sich einem Dammbruch von Tränen nahe. Und tatsächlich winkte auch sein Begleiter nach dem Zigarettenfräulein. Alles weitere sah Reinhart wie einen Film, den er schon kannte. Der jüngere Bruder, um ihr Verbleiben an dem Tischlein zu ermöglichen, kaufte ihr ebenfalls eine Schachtel ab. Ah so! sagte er mit einem dreckigen Verdacht im Gesicht: Ihr kennt euch schon? Jenny war kurz: Wenn du gestattest, ja! sagte sie und zählte ihm das Geld zurück, ohne Reinhart auch nur einmal anzublicken.
Abends saß Reinhart in der Wirtschaft, wo Hafner jaßte, und schoß auf seinen Vater. Er schoß: es war wie im Traum schon so oft, wenn man losdrückt und es knallt nicht, es fällt niemand um. Im Gegenteil, alle sprangen auf. Er saß in seinem Mantel, alle standen um ihn; er sah das Bier auf dem Tisch, die Salzstengel, die Waffe in den Händen des Wirtes, der ein Krüppel war. Das Lächerlichste blieb ihm nicht erspart; offenbar hatte er sich an der Krähe bereits verschossen und wußte nicht, daß er mit leerer Waffe umherging. Als die Polizei kam, erklärte Reinhart, wie es war: er hätte schießen wollen. Sie untersuchten die Waffe, sie fragten ihn aus und glaubten ihm nichts. Alles hatte auf einmal einen feindlichen und ausweglosen Ernst, der sich wirklicher nahm als den unwirklichen Schuß. Sie wußten alle besser; man forschte nach, ob Hafner wirklich sein Vater wäre. Was Hafner bestritt. Und Hafner hatte nicht geschossen; was Hafner sagte, stand außer Zweifel. Erklären konnte Reinhart überhaupt nichts. Er sah sich in einem so lächerlichen Dickicht von Irrtum, einer schändet den andern, jeder sich selbst, er sah nichts als ein endloses

Gewurstel, das sich fortpflanzt, einen Knäuel von sinnlosem Leben, ein Untier, das mit Menschenköpfen wuchert! Und einer davon war er selbst. Einmal in jüngeren Jahren hatte er drunten in Ungarn auf einer Brücke gestanden und die schwarzen Schlepper verfolgt, die unten in dem lehmbraunen Wasser vorüberdampften; er sah die russische Ferne, das Gefälle zum Meer, zum grenzenlosen Weiten, Gefälle zur Mutter, er wußte nicht, daß es die Mutter war; so wenig er damals wußte, wer Jenny war, die er gemalt hatte, Jenny mit dem lustigen Haarzottel; er hatte seine wirkliche Mutter nie gesehen und wußte nur, sie hatte sich das Leben genommen. Offenbar hatten sie Angst, er täte ein Gleiches. Sie taten ihn in eine Anstalt, Irrenhaus oder Nervenanstalt, wie man will – dort hatte er dann auch die Gärtnerei erlernt –, sie hielten es für Reue, seine unsägliche Erleichterung darüber, daß Hafner nicht erschossen war.

Ein Rumpelstilz 1947

Nie werde ich über den Pfannenstiel wandern, ohne daß ich länger oder kürzer an den Dichter denke, den ich von allen zeitgenössischen Landsleuten am meisten liebe, nämlich an Albin Zollinger, der diese Landschaft ein für allemal dargestellt hat. Es war Herbst und vor sechs Jahren, ich hatte eben sein jüngstes Buch gelesen, und Constanze mußte viel darüber hören, als wir diesen Weg hinuntergingen, zum ersten Male zusammen. Ich führte Constanze in die kleine Wirtschaft, die ich schon von mancher Wanderung kannte; es gibt dort einen kleinen Tisch aus Nußbaum, der in einer Fensterecke steht, wo man zusammensitzen und plaudern kann und wunderbar über das Land sieht; ich freute mich, daß ich dieses Tischlein wußte, und da es auch Werktag war, zweifelte ich nicht, daß es uns gehören würde. Groß war die Enttäuschung, als wir die Stube betraten; das Tischlein war bereits von einem Paar besetzt, und natürlich war ich überzeugt, daß sie das Tischlein weniger verdienten als wir. Es schien schon ein reiferes Paar; sie tranken Wein und aßen Schinken, und mein Unmut drängte mich, die Leute zu mustern. Der Mann, der sehr unscheinbar wirkte, aber einen bemerkenswerten Kopf über seinem schlanken Körper trug, konnte niemand anders als Zollinger sein. Wir bestellten ebenfalls Schinken. Da ich ihn immer wieder anzusehen versuchte, kamen wir selber zu keinem Gespräch, sein Gesicht war hart und entschieden, männlich, zart und schüchtern zugleich. Er redete sehr leise. Ich spürte, wie mein Herz klopfte über dem Gedanken, ob ich ihn ansprechen sollte oder nicht. Ihre Teller waren leer, und jeden Augenblick konnte es sein, daß sie aufbrachen. Er trug einen Pullover unter der Jacke; seine ganze Kleidung erinnerte an einen Dorflehrer. Wenn er mit der Wirtstochter abrechnete, hatte er den vertraulichen Ton eines kleinen Mannes, der aus der Nachbarschaft kommt, der es nicht gewohnt ist, daß man ihn bedienen muß; irgendwie ist es ihm nicht recht. Er bat um ein Papier, damit er den restlichen Schinken einpacken konnte; es war in den Kriegsjahren. Unterdessen überlegte ich mir immerzu, was ich ihm, wenn ich ihn anspräche, überhaupt zu sagen hätte. Anderseits hatte ich eine Stunde lang über eben diesen Menschen gesprochen, dessen Werk mich begeisterte; warum sollte ich es ihm verschweigen? Er fragte bereits, wie lange man zum Bahnhof gehe; alles sehr unauffällig. Einmal hatte ich ihn in einer Vorlesung gesehen; irgendwie schien er mir kleiner, da ich ihn aus der Nähe sah, auch jünglingshafter und wie einer, der hinter seiner Verschüchterung jubelt und tanzt, ohne daß die Welt es sehen soll; er kam mir vor wie ein Rumpelstilz, der durch die Wälder geht und meint, nie-

mand kenne seinen Namen, niemand kenne seine Visionen. Als er dann den letzten Schluck aus seinem Gläschen kippte, hörte ich plötzlich mich selber sagen:
»Verzeihen Sie –«
Befremdet wendet er sich um.
»Sie sind doch Albin Zollinger –«
»Ja«, sagte er: »Warum?«
Jubel und Tanz schienen aus seinen Augen verschwunden; das Verschüchterte, das er mindestens seit unserem Eintreten hatte, steigerte sich fast zur Abwehr, mindestens zur Miene eines lauernden Mißtrauens. Ich sagte, daß ich eben sein letztes Buch gelesen hätte. Seine Miene wartete ohne viel Zuversicht. Es sah nicht ermunternd aus. Aber irgendwie mußte ich ja fortfahren, und da ich schon einmal über ihn geschrieben hatte, sagte ich ihm, wie ich heiße. Das Peinliche, daß ich als der Jüngere, der seinerseits nichts vorzuweisen hatte, den reifen Mann auszeichnete, wurde mir durchaus bewußt, und irgendwie begriff ich seinen Irrtum, daß er mich beharrlich als Herr Doktor anredete. Was den Augenblick rettete, war seine rührende Freude; er blickte wie ein Jüngling, der zum erstenmal ein ganzes Lob vernimmt, oder mindestens schien er glücklich, daß ihm nicht eine grobe Mißdeutung begegnete. Er redete dann über Thomas Mann, den er als Meister der Akkuratesse bezeichnet, über die Grenzen sprachlichen Ausdrucks, über die erschreckende Erfahrung, daß jeder Versuch, sich mitzuteilen, nur mit dem Wohlwollen der andern gelingen kann. Er klagte nicht über das mangelnde Wohlwollen; er glühte nur vor Verlangen, daß er einmal in seinem Leben, wie er sagte, eine Seite schreiben könnte, die niemand mißdeuten kann. Leider unterbrach er das Gespräch, als er bemerkte, daß nur wir Männer es führten; er wolle mich der jungen Dame nicht wegnehmen, sagte er und bat um meine Adresse, daß wir uns in der Stadt treffen können. Auch war es ja Zeit, wenn sie den Zug noch errei-

chen wollten. Als er sich verabschiedete, bedankte er sich. Da ich darauf nichts sagen konnte, fragte er nochmals, ob es mir recht wäre, daß wir uns in den nächsten Tagen einmal treffen. Plötzlich kam er sich zudringlich vor. Seine sonderbare und fast zierliche Höflichkeit, die uns um so linkischer machte, war wie eine Schranke, die er vor seinem strömenden Herzen aufrichten mußte; eine andere Art seiner Verschüchterung. Allein in der Wirtsstube, die er verlassen hatte, fühlte ich mich glücklich wie ein Verlobter, der einem sicheren Glück entgegenlebt. Durch das Sprossenfenster sahen wir gerade noch, wie sie den kleinen Rebberg hinuntergingen. Es dämmerte bereits. Ich war froh, daß ich ihn angesprochen hatte; unser Heimweg war voll Übermut –

Das Nächste, was ich von ihm hörte, war die Nachricht seines Todes. Er starb an einem Herzschlag, im Alter von siebenundvierzig Jahren und mitten aus einem stürmischen Schaffen heraus, das jedesmal, wenn man seine Sprache wiederhört, jene Art von Begeisterung auslöst, die Mut gibt in die Verzweigungen unseres eigenen Lebens hinein, Zuversicht und Freude an allem, was dem menschlichen Herzen begegnen kann.

Der Engel 1947

Marion und der Engel, der immer wieder fragt, was eigentlich er möchte, und Marion, der an die Brüstung lehnt oder an ein Geländer, während vielleicht die Glocken läuten, und hinunterschaut in das nächtliche Wasser:

»Was ich möchte?«

Es ist schon das dritte Mal, daß er es dem Engel erklärt, das Unglaubliche, und immer ist es der gleiche Engel, der das gleiche fragt:

»Warum kommst du nicht?«
»Über das Wasser?«
Marion weiß nicht, was er denken soll, wenn er den Engel sieht, und ob es wirklich ein Engel ist, der so zu ihm redet:
»Warum kommst du nicht?«
Marion fragt:
»Wo, wenn du ein Engel bist, führst du mich hin?«
»Zu dir –.«
Und zum letzten Mal:
»Warum kommst du nicht?«

Unterwegs nach Peking 1944

Ich will nun versuchen zu erzählen, wie es war, als wir zu den ersten Häusern von Peking kamen.
Natürlich war es auch Herbst –
Ich hatte noch einmal zurückgehen müssen. Mit Schrekken war mir eingefallen, das Wetter könnte umschlagen, und die Rolle, die ich hinter einem moosigen Stein versteckt hatte, würde naß. Es war immerhin eine sehr wichtige Rolle, wenn man weiß, was für eine Arbeit dahinter steckt!...
Auf jeden Fall mußte ich die Rolle wiederhaben. Am Ende, fiel mir ein, kämen noch die Ziegen dazu. – Bin wartete. Leute kamen des Weges, Gesichter, als wüßten sie nicht, wie nahe am Glück sie wohnen, wie offen die Tore uns stehen. Man hätte stutzen können, wie sie des Weges kamen, Krämer, die eben auf dem Markte waren, Kulis, die ihre Lasten trugen, die auf den Boden blickten, damit sie nicht stolperten und das Genick nicht brachen unter ihren Lasten, Herren auch, die sich in einer Sänfte tragen ließen, lächelnd, fächelnd. Man hätte stutzen können. Sie gafften mich an, die Träger, die Herren – man hätte sie

packen mögen, den ersten besten, einen Wasserträger zum Beispiel:
»Mensch, Freund, wissen Sie es denn nicht?«
»Was?«
»Wie selig, wie herrlich, wie wunderlich das Leben sein kann, sehen Sie es denn nicht? Ein solcher Morgen...«
Er glotzte mich an. Sie wohnen in Peking, dachte ich, und wissen es nicht!
»Nur einen Augenblick!« sagte ich zu Bin, »ich werde fragen, ob ich meine Rolle nicht einstellen darf–«
In diesem Sinne trat ich vor das nächste beste Haus; bereits hatte ich an den schönen chinesischen Gong geschlagen und wartete, wartete... Das Wesen, das mich mit höflichen Gebärden zum Eintreten gewissermaßen gezwungen hatte, war verschwunden; ich stand mit der Rolle in der Hand, wie man eben in einer fremden Halle steht, scheinbar gelassen, im Grunde ein wenig bekümmert um die Zeit, die nun wieder verlorenging. Vor allem das Gefühl, daß Bin draußen wartete, war mir peinlich, erfüllte mich mit einer gelinden Unrast, mit einem gewissen Aberwillen, der mir verbot, mich weiter in dem fremden Hause umzusehen, wie es einer von unserer Gilde sonst tut. Ich hatte gehofft, man würde mir die Rolle einfach abnehmen, begreifen und nicken, drei Worte und weiter. Nach und nach, da niemand kam, fing ich doch an, mich umzusehen. Es war eine schöne, sogar sehr schöne Halle, wenn man so sagen darf, denn sie war von der Art, wie ich sie schon oft hätte bauen mögen, und wie sie, das war der Witz, in meiner leidigen Rolle ganz ähnlich entworfen war. Ein wenig zwar, bemerkte ich, war alles doch anders. Das Fenster zum Beispiel, jener lockere Durchblick in den Garten und in die Ferne, den ich mir immer als einen Schleier von Sprossen, ein zierliches Gitter vor der Erwartung gedacht, hier war er groß und leer, geheimnislos, zu offen, zu wenig sparsam, geistlos. Ach nein, so war das nicht

gemeint! Und auch die Pflanze, die mit ihren grünen Arabesken vor einer stillen Wand steht, vor der Helle eines rauhen Putzes: wie aus der Skizze geschnitten, nur viel zu klein, lächerlich, peinlich. Überhaupt befiel mich ein heimliches Entsetzen, obschon jedes einzelne Ding getreulich stimmte, so, als hätte es ein Fremder ganz schamlos aus deinen Plänen genommen, nur nicht aus deinem Sinn. Es fehlt der Maßstab, das Verhältnis, nichts anderes als dies, worauf es ankommt. Man trocknet sich Stirne und Nakken. Auch das, schien mir, hatte ich schon einmal erlebt, diesen Hohn der Verwirklichung, dieser feindselige und bösartige Eigensinn alles Fertigen. Die Treppe in meinem Rücken, sie wollte überhaupt nicht mehr aufhören und kletterte und kletterte, so gut gefiel sie sich selber, kletterte in immer weiteren und höheren Spiralen, lange schon sinnlos, eitel auf ihr Geländer –

Endlich kam jemand zurück.

»Verzeihen Sie!« sprach ich, »vor Ihnen steht und verbeugt sich ein Fremdling, der nicht weiß, was hierzulande Sitte ist. Allein ich hoffe sehr, daß meine Frage, die vorzubringen eine ebenso wunderliche wie glückliche Lage mich drängt, in Ihrem Lande nicht ein Frevel sei –«

Noch einmal hielt ich die ganze, ziemlich lange Rede, Wort für Wort, wie ich sie schon einmal dem weiblichen Dienstboten gehalten hatte. Zum Schluß sagte ich etwa:

»In diesem Sinne, Herr, verbeuge ich mich zum drittenmal, so gut ich es vermag. Drüben verbeugen wir uns nie. Drum haben wir auch Angst, ach, vor so vielem. Noch vor dem eigenen Traum, den wir nicht verstehen. Hier, weiß ich, bin ich im alten Lande des Traums; man lacht mich nicht aus, wenn ich sage, daß ich nur durch die Mittel des Traumes an diesem ersehnten Ort bin. O Herr, wo wären wir wirklicher! Zu lange haben wir den Traum aus uns verstoßen; er lebt ohne uns, wir ohne ihn. So sind wir niemals ganz. Ich weiß nur, unter wirklichen Menschen, unter schöpferischen Völkern ist alles das anders ...«

Nachdem ich diese Worte gesprochen, erhob ich mich aus der Verbeugung, die mir wohlgetan hatte. Es war ein Diener, diesmal. Er blickte mich an, dann führte er mich die entsetzliche Treppe hinan.

»Es ist«, sagte ich in einem anderen Tone zu ihm, »wirklich eine sehr wichtige Rolle –«

Was kümmert das den Chinesen!

Als nächstes wusch ich nun die Hände. Herrgott! denke ich, dieweil ich so die Hände seife, am Quietschen des Schaumes mich freue und dann, da es soweit ist, die Gelenke unter einem schmalen Strahl von Wasser drehe: Herrgott! denke ich und trockne die Hände an einem langen Tuch, das mir die wortlose Dienerschaft reicht: Herrgott – wozu das alles?

Und wieder das nächste:

Wir sitzen in einem Zimmer.

»Eigentlich«, sagte ich, nachdem wir eine ganze Weile gesessen hatten, »eigentlich wollte ich nur meine Rolle hier einstellen, im Vorübergehen ... Auch habe ich, wenn ich so sagen darf, sehr wenig Zeit.«

Die Tochter des Hauses, die so viel Güte oder Sitte hatte, mit dem Fremdling zu warten, langweilte sich deutlich, spielte mit ihrem Fächer, während wir warteten; aber sie hatte die königliche Ruhe ihrer Jugend, deren Reich noch so groß, so unabsehbar ist: sie bangt nicht, geizt nicht mit jeder Provinz ihrer Zeit ... Draußen war es ein betörender Abend. In den herbstlichen Gärten lag eine Wärme, die nur das Auge noch wahrnimmt und kostet. Die Blumen der Nähe, die letzten im Garten, Astern, welche die sinkende Sonne durchglomm, sie standen wie Sterne aus Blut. Das alles war schön. Es dämpfte mein Warten. Die Luft solcher Abende, sie ist wie ein blinkendes Gespinst, ein Glitzern von goldenen Fäden; geisterhaft rinnt es. Nichts ist zu halten, Wärme und Licht, o alles ist da, irgendwo rinnt es wie durch ein Sieb dieser Zeit. Es sickert in Schwärze der offenen Erde; es sammelt sich nirgends zur Hitze. Umsonst auch ist die Schale unsrer kleinen Hand; immerzu rinnt es... Ich rauchte; ich verschränkte meine Beine, bis ich jedesmal wieder gewahrte, wie schmutzig meine Schuhe waren; dann aber, jedesmal, schob ich die Füße zurück unter den Sessel, klopfte Asche ab, versuchte ein Gespräch:

»Die Zeit ist ein sonderbar Ding«, sagte ich einmal, »es gibt sie, und gibt sie auch wieder nicht –«

»Wie meinen Sie das?«

Ich mußte nachdenken. Sie nimmt mich zu ernst, dachte ich, und ein wenig ärgerte es mich. Ich mußte wirklich nachdenken.

»Es gibt sie: ja – und es gibt sie auch nicht: ja – und doch sind wir alle, das ist der Wahnsinn, Sklaven der Zeit!«

Später fragte ich:

»Haben Sie auch schon Erinnerungen?«

Die kleine Chinesin errötete.

»Oh«, sagte ich, »so war das nicht gemeint... Jemand sagte mir, daß Dinge, die wir für Erinnerung halten, Gegenwart sind. Es überzeugt. Dann wieder verwirrt es. Denn es nimmt den Dingen, die uns begegnen, schlechterdings die Zeit, und oft weiß ich nicht mehr, wo in meinem Leben ich mich eigentlich befinde. Das ist sehr abenteuerlich. Ich treffe Leute, die gar nicht mehr sind, und rede mit ihnen, liebe sie zum erstenmal. Es ist wie das Licht, das immer noch wandernde Licht von Sternen, die vor Jahrtausenden erloschen sind. Immer wieder begegne ich dem Mädchen, so, wie wir uns damals verloren haben; ein Mädchen wie Sie; aber damals, sage ich mir, waren Sie noch kaum auf der Welt. Das alles ist verwirrend. Dabei bin ich, soweit es jedem verliehen ist, bei lichterlohem Verstande; zum Beispiel denke ich oft und sage es mir auch: Offenbar

sind es Erinnerungen, was du erlebst, nichts weiter, ein neckischer Anfall von Erinnerung, wir reisen durchaus nicht in einem Gefilde mit Seerosen und schwarzen Büffeln, mit Kurtisanen und Goldfischen und Hirten, mit Engeln und Matrosen, und was uns sonst schon alles begegnet ist, sogar Heilige, sogar Tote, sondern ich erinnere mich nur, während ich nebenher ein ganz alltägliches Leben führe, und lange ist's her, und dennoch, indem wir uns eines Hirten erinnern, ist er im Augenblick da. Wer leugnet es? Ich bin glücklich, ich habe keinerlei Anlaß und kann nicht umhin wahrzunehmen, daß ich auf einmal sehr glücklich bin. Zum Beispiel. Oder auch melancholisch, je nachdem. Man weiß nur nicht, wo in seinem Leben man sich befindet.«
Das Mädchen zog die Brauen:
»Auch in diesem Augenblick nicht?«
»Nun«, sagte ich, »in diesem Augenblick –« Ich mußte mich erheben, die Mutter war eingetreten, eine Dame von warmer Würde. Man sah, sie hatte sich gekämmt und uns wohl darum lange warten lassen.
»Nehmen Sie Platz«, lächelte sie, »mein Mann wird jeden Augenblick kommen. Er ist auf die Jagd geritten.«
»Eigentlich«, sagte ich –
Sie lächelte noch einmal:
»Nehmen Sie Platz.«
Ich gehorchte.
Man setze sich, ein Diener ging hin und her. Ich dachte an Bin, der draußen wartete, während wir nun, als wäre ich dazu gekommen, einen Tee tranken ... übrigens blieb es nicht der einzige Tee, natürlich war es ein sehr guter Tee, und jedesmal bestaunte ich wieder die feinen Tassen, durchsichtig wie ein Abendhimmel schimmerten sie in deiner scheuen Hand, chinesisches Porzellan, echtes, daran war nicht zu zweifeln. Auch der Tee war echt, eine Wolke von goldener Helle und Duft, blumig, heiter und herb, im

Hintergrund herb. Ich war nun offenbar ihr Gast, konnte haben, was mich lockte, und alles war sehr schön, so schön, daß man zu denken gar keinen ehrlichen Anlaß hatte, zu fragen, woher und wieso und wohin. Ich genoß es. Auch waren es, wie man von Chinesen erwartet, sehr höfliche Leute, die immerfort taten, als hätten sie schnurgerade auf deinen Besuch gewartet; ich wagte schon kaum mehr zu sagen, daß ich nur die Rolle unter ihrem Dach hatte einstellen wollen und so weiter, denn der Herr, der in ganz auffallender Weise ein Herr war, blieb meinetwegen von jeder weiteren Jagerei fern, und da ich also niemand kränken oder auch nur mit einer Enttäuschung beschatten wollte, erwähnte ich mit keinem Wörtlein mehr das nahe Peking, das wirkliche Ziel. Im Herzen vergaß ich es ja nicht –

Eines Tages sagte der Herr:

»Verehrter und edler Freund, der sie uns ebenso ehren wie beglücken, indem Sie unser Gast sind, von unserer Tafel speisen und unsere Muße mit uns teilen, den Duft unsrer bescheidenen Blumen atmen, den Schmetterling loben, der sich auf Ihrem Fuße niederläßt, und nicht minder den Fisch in unseren bescheidenen Gewässern und Teichen, – ich habe mit Schrecken vernommen, was unsere Seele, der Ihre Muße teuer ist, nicht glauben mag! Meine Tochter, das erschrockene Kind, hat mir unter Tränen erzählt, Sie wären ein Sklave. Sie hätten es selber gesagt.«

»Wir sind es alle.«

Wir saßen bei einem Frühstück, das die herbstliche Sonne beglänzte, so lieblich und appetitlich, daß einem das Herz jubelte über soviel leckeren Dingen, die es in diesem Lande oder wenigstens in diesem Hause noch gab. Hatte uns das Märchen schon einmal entführt, so ließ es sich nicht lumpen; es schickte den Diener mit Fischen und Früchten, mit feinen Likören, aber auch mit einfachen Dingen, mit Butter und weichen Eiern, mit Schinken und Lachs, mit

Zwieback und englischer Marmelade, mit Zucker, mit Kaffee. Ich glaube, ich futterte ohne Stil und Sitte durcheinander, und der Herr, mein Gönner, tat mir nun leid, denn er blickte mit Entsetzen auf seinen Gast und teuren Freund, der sich, wie ich mich wohl erinnerte, selber einen Sklaven genannt hatte. Bald war ich der einzige, der trank, schnitt und strich und unverdrossen aß und wieder trank...

»Wir sind es alle, fast alle«, sagte ich milder, als ich ein nächstes Mal nichts im Munde hatte, »wir leben wie die Ameisen, drüben im Abendland. Und wir könnten Menschen sein, so herrlich wie ihr... Einst, denken Sie, waren wir schon Kinder! Wir sahen Schmetterlinge auch bei uns, wir standen unter einem silbernen Wasserfall, nicht anders als die beiden Weisen auf eurem edlen Bilde. Wir hatten Zeit wie sie, Muße, wir tauchten den Arm in den munteren Strahl, genau so. Heute ist es ein Bild an der Wand, bestenfalls. Wir sahen den huschenden Glanz im Innern der Muschel. Wir sahen alles. Wir hielten die Muschel ans Ohr; wir hörten das Meer. Wir hatten Zeit! Ich weiß nicht, wer sie uns genommen hat. Ich weiß nicht, wessen Sklaven wir sind. Wir leben wie die Ameisen, drüben im Abendland.«

Ich erzählte von drüben.

»Wir nennen es die Wochentage. Das heißt, jeder Tag hat seine Nummer und seinen Namen, und am siebenten Tage, plötzlich, läuten die Glocken; dann muß man spazieren und ausruhen, damit man wieder von vorne beginnen kann, denn immer wieder ist es Montag –«

»Wie entsetzlich!« meinte die Dame.

»Ja«, nickte ich, »so darf man es nennen.«

»Wer zwingt sie denn dazu?«

»Wer...?«

»Wird es den Menschen nicht schwindlig dabei?«

»Schwindlig?« sagte ich, »Gewöhnung ist alles. Wir können uns ein Dasein ohne Wochentage gar nicht vorstellen.

Sie werden nun denken: Das ist ja ein Dasein, das sich nicht lohnt... und doch weinen sie, wenn einer stirbt. Überhaupt ist alles voll Widerspruch und Widersinn, ganz komisch. Unsere Seele gleicht einem Schneeschaufler, sie schiebt einen immer wachsenden, immer größeren und mühsameren Haufen von ungestilltem Leben vor sich her, macht sich müde und alt, das Ergebnis besteht darin, daß man dagewesen ist, und dennoch setzen wir alles daran, daß wir möglichst lange nicht sterben. Wir erfinden Mittel um Mittel, denn bei alledem sind wir klug, fleißig, wir arbeiten wie die Ameisen –«

Hierzulande, sah ich, lächelte sogar der Diener über ein solches Dasein; er räumte ab, stopfte uns die Pfeife.

Oder wir ritten –

Oft, wenn wir so morgendlich ritten, hielt ich Umschau mit heimlichen Blicken, denn ich spähte nach Bin, und ich tat es halb mit dem Wunsch, ihm sagen zu können, wie es mir mit meiner leidigen Rolle, die ich hatte einstellen wollen, ergangen war. Und daß ich nun, sowie es die chinesische Höflichkeit zuließe, bald wiederkäme. Halb war es mir lieber, wenn Bin mir nicht begegnete. Im Gedanken an Bin, der sich durch Gestrüppe futterte, schämte ich mich plötzlich der seidenen Gewänder, und jedesmal, wenn einer uns grüßte – sie beugten sich so tief, daß man ihr Gesicht nicht mehr sah, beugten sich vor den reitenden Herren, vor unseren seidenen Gewändern – jedesmal hatte ich den traurigen Schrecken, das könnte Bin gewesen sein!

Eines herbstlichen Morgens, als wir wie immer auf einer milden Anhöhe hielten, die noch zum Gut meines vermöglichen Gönners gehörte, lag wieder der Nebel vor uns, der die Weite verhängte, wie immer, ein Dunst wie über den heimatlichen Seen, ein Puder von kupfernem Herbst. Ich hoffte stets, daß es endlich einmal aufreißen möchte, und das Meer, das wirkliche, läge vor uns, das grenzenlose, das die schwebende Kugel unserer Erde umspült ... Im stillen hoffte ich es stets, sooft wir auf dieser freundlichen Anhöhe weilten, die lassen Zügel in den Händen hielten und schwiegen, oder wir tätschelten das brave Pferd. Vor uns stieg sein edler Hals, der Scheitel seiner Mähne, und man saß wie auf einem schnaufenden Berg. Manchmal girrte der Sattel, das Lederzeug. Aber wir schwiegen. Denn ich mochte nicht unhöflich sein und ihm, meinem Gastgeber, von meiner Sehnsucht reden, das Meer betreffend, das wirkliche, das schrankenlose, das in den Buchten brandet, das um die letzten Inseln gischtet, das draußen in den Himmel mündet. Auf einmal sagte der Herr:

»Der Fürst wird dieser Tage kommen. Ich hatte ihn auf unsrer Jagd getroffen –«

Der Fürst? Da wir am Vorabend von Peking wohnten, konnte es nur der Fürst von Peking sein, sagte ich mir. Eigentlich war ich in dieses Haus getreten, um meine Rolle einzustellen.

Wir ritten zurück.

»Keine Sorge!« lächelte ich unverbindlich, als ich die Bedenken meines freundlichen Gönners erriet, »wohl bin ich ein Demokrat – wir sind es allzumal in der schmerzlichen Einsicht, daß es bei uns drüben keinen wirklichen Fürsten gibt! So muß das Volk zum Guten sehen. Ob es das Beste ist, wer weiß es! Bei euch ist alles anders: ein wirklicher Fürst, ein wirkliches Volk ... Wir drüben, wir haben nur das Volk und seine Reichen; das macht das Volk gemein.«

»Wieso?«

Nichts mehr davon ... Am Vorabend von Peking laßt uns an anderes denken. Wir dürfen es! In Peking, denke ich, können all solche Dinge nicht vorkommen, die jeder von uns kennt, so, daß sie ihm in der Galle liegen. Hier ist alles anders. Wolkenlos, wie ein Abend in südlicher Fremde, leuchtet unsere Freude über den Gärten, die schön sind, denn sie gehören den Rechten; unsere Gewissen sind ferne und still wie die Sterne, unsere Herzen aber plätschern und plaudern wie das Spiel einer zierlichen Wasserkunst. Wir kommen an Teichen vorbei, Arm in Arm, wir schauen die rötlichen Fische, die schlafen, Wipfel im Spiegel der wässernen Tiefe. Das alles ist schön. Abend in windlosen Lachen...

Ich nenne sie Maja, die junge Chinesin, die in meinen Träumen so weit geht, zu küssen. Allein im Garten, als unversehens die Dämmerung sank, kamen wir einmal zu einem schmalen Steglein von geflochtenem Bambus; ich bot ihr die Hand, führte ihre siebzehn Jahre herüber, und sie war zierlich wie auf einem Holzdruck von Hiroshige. Überhaupt gefiel uns der Augenblick sehr, so, daß unsere Hände sich lange noch hielten. Ich glaube, ich liebe sie auch im Wachen, und es wäre ebenso verlockend wie dumm, ihre jugendlichen Reize zu schildern. Wir standen nun vor dem mondenen Weizen, sie spaltete das Korn zwischen dem Elfenbein ihrer Zähne. Ihr schwarzes Haar um den Nakken, und der Mondschein dazu – ein Glanz von Mondschein lag wie eine schmale, kühle Spange darauf – da zweifelte ich nicht mehr, daß sie es war, heute wie je, daß wir uns kannten.

Maja sagte:

»Sie haben wohl schon viel erlebt?«

»Warum?«

»Sie sind mir gut«, sagte sie –

»Oh!« antwortete ich.

»So sagen Sie mir eines: –«

Es wäre nicht schön, nicht edel, wenn an die Worte, die das Mädchen mir schenkte, wenn man die Frage, die sie mir stellte, noch einmal verschenkte. Genug, wir standen vor dem mondenen Weizen, da sie es wissen wollte. Und wir knackten das unreife Korn zwischen den Zähnen, beide. Es waren Fragen, wie nur die Jugend sie stellt; ihr Mut ist ein wenig beschämend. Man lächelt. Sie weiß nicht einmal das, die Jugend, daß ihre Fragen ja das schönste sind, tiefer als alles, was sich jemals für eine Antwort hält, lebendiger, wahrer ... Maja stellte mich plötzlich in ihre großen Augen, ausweglos, als müßte man, nur weil man älter war, die Antwort wissen.

»Sagen Sie es offen«, bat sie, »gibt es ein Land, wo all dies möglich ist? Sie sind gereist. Oder sagen Sie es mir, wenn meine Sehnsucht dumm ist –«

»O nein!«

»Gibt es das?«

»Die Sehnsucht ist unser bestes –«

»Reden Sie offen!«

»Die Sehnsucht«, sagte ich, »kenne ich wohl –«

»Ich frage nach dem Land.«

»Sehen Sie«, sagte ich, »für mich ist es Peking. Sie lachen vielleicht. Am Ende ist es ein Wort, nichts weiter, eine goldene Ahnung, und man sagt mir, die Ahnung sei vollkommen falsch. Peking liege überhaupt nicht am Meer, erstens. Meilen lägen dazwischen, sagt man, und dennoch erschrecken sie mich wenig, diese paar Meilen. Vor kurzem traf ich einen Mann, der schon einmal in Peking gewesen sein will, ich hörte ihm einen Abend lang zu, wie auf die Folter gespannt, denn ich mochte mich nicht verraten, nicht fragen. Er erzählte von Waren, von Seuchen, von Handel und Sitten, von Preisen und Göttern, von Bahnen, von Speisen. Von blauen Vögeln, die darüber kreisen, sagte er kein Wort... Sie lachen vielleicht! Sie sind hier zu Hause, so nahe den Toren und Türmen von Peking, und sicher sind Sie schon öfter in Peking gewesen. Unsereiner aber –«

»Peking?« sagte sie, und sie lachte wirklich.

»Wissen Sie, bester Freund, wie weit es nach Peking wäre?«

Ich starrte sie an:

»Weit?« fragte ich –
Ein Diener, der sich mit pendelndem Zopfe verbeugte, bat uns zum Tanze, und in der Tat, das Fest war schon munter im Gange ... Der Fürst lächelte aus dem bleichen Mond seines fetten Gesichtes ... In chinesischen Landen, das wußte ich wohl, galt es durchaus nicht als Schande, wenn einer fett war, im Gegenteil, es war das Zeichen eines vornehmen Mannes schlechthin und war es offenbar ohne Herausforderung, ohne Hohn gegenüber dem Volk, das sich gerne und mit dem Genusse der Überzeugung davor verbeugte; denn fett sein konnte nur, wer reich war, und reich sein, das war der Punkt, konnte hierzulande nur der Vornehme, der Edle ... Der Fürst also lächelte aus dem vollen Mond seines fetten Gesichtes. Es entschwand meinen Blicken indessen sehr bald, indem ich mich, der Sitte nicht ungern gehorchend, ebenfals verbeugte und in eben dieser Verbeugung, als ich den Gutsherrn reden hörte, beinah erstarrte.
»Dieser da«, sagte der Gastherr, »ist der Erbauer unseres schlichten Hauses, das die unverdiente Ehre hat –«
Mir nachtete es vor den Augen.
Das geistlose Fenster, das vor seiner eigenen Leere gähnte, immerzu, die Pflanze, die einfach zu klein war, die entsetzliche Treppe mit dem eitlen Geländer, das nicht aufhören wollte ...
»Maja«, sagte ich, »ich muß dich verlassen.«
»Warum?«
»Noch bin ich nicht am Ziel –«
»Aber ich denn?«
»Fliehen wir, liebes Mädchen, fliehen wir!«
»Wann?«
»Es ist entsetzlich –«
Es ließ sich, so sehr ich es im ersten Schrecken versuchte, nicht leugnen: es war das Haus, wie es in der Rolle stand, die ich hatte einstellen wollen. Man tanzte darin, man aß

darin, man lachte und lächelte, man schlief darin... Alles Fertige, sagt man, alles Fertige hört auf, Behausung unsres Geistes zu sein. Man könnte auch sagen: Ein weises Wort, eine bessere Ausrede... Draußen, als es dämmerte, saß ich noch lange im Mantel einer grauen Enttäuschung, die Hände in den Taschen. So steht es denn da, unser Werk, so steinern und fremd, so eigenmächtig, so ein für allemal. Es sieht dich an, ohne zu nicken, ohne zu lächeln, so, als hätte man sich nie gekannt; ohne zu danken und ohne zu verzeihen. Nachdem man es lange betrachtet und auch die ersten Schrecken überwunden hat, sagt man sogar: Es ist nicht schlecht, man kann nicht sagen, es ist schlecht! Es erinnert an dieses und jenes, was uns im Entwerfen, da es noch ein Einfall war, erfreut und beglückt hat. Und dennoch ist es trostlos...

Ein alter Gärtner, der eben die Hecke geschnitten hatte, wischte das scherblige Laub zusammen; ich wartete, bis er näher käme, ich hockte auf der Mauer und wartete, betrachtete den Gang seiner herbstlichen Arbeit. Über den Wiesen stieg Nebel wie eine leise Sintflut, Gerippe von Bäumen schwammen darin; ich blieb, ich hockte auf dem nassen Laub, fröstelnd, die Hände in den Taschen.

»Hm«, sagte ich zu dem Gärtner, »ein schönes Haus, ein sehr schönes Haus!«

»Gewiß, Herr.«

»Das heißt«, sagte ich, »das Dach ist zu groß, will mich dünken. Das Dach ist lächerlich. So ein kleines Haus und so ein großes Dach, ich finde das läppisch.«

Er blickte hinauf.

»Sie finden das schön?« fragte ich.

»Man findet das schön, gewiß, Herr.«

Er wischte das Laub, sammelte es in seine grüne Schürze, verbeugte sich und ging, seinen Pflichten hörig, und ließ den Fremdling allein. Es roch nach Abend, nach Herbst

der Felder, nach Fäulnis von Früchten, die lange schon gefallen und verdorben sind. Ich spielte mit der braunen Mumie von einer Birne, die gerade auf der Mauer gelegen hatte, und sagte:
»Bin, du hast recht –«
»Womit?«
»Wir sollten sehen, daß wir weiterkommen.«
Natürlich war Bin durchaus bereit...
Aber drinnen im Haus war das Fest, wo ich ja ebenfalls saß, ein Umstand übrigens, der mich durchaus nicht verwunderte; man sah es ganz deutlich durch die erleuchteten und großen, viel zu großen Fenster, ich saß neben dem chinesischen Fürsten, dort drinnen; er lächelte aus dem vollen Mond seines fetten Gesichtes, und das Fest konnte noch lange dauern. Der Fürst erhob sein Glas, alle erhoben es, man trank.
Bin fragte:
»Worauf warten wir?«
»Worauf?« lachte ich bitter, »auf mich –«
Ich trat noch näher ans Fenster, um besser zu sehen, und es mochte ja sein, daß es einen Augenblick gab, wo ich mir winken konnte. Gerade jetzt schien es allerdings nicht günstig; der Fürst redete längere Zeit mir mir, und ich sah nur, wie ich öfter nickte. Der Fürst, zeigte es sich, hatte großes Gefallen an dem Haus. Vor allem das Dach, ja, das gefiel ihm ganz besonders. Später redete er von einem neuen Palast; der alte wäre ihm schon lange verleidet und würde ohnehin, gemessen an seinen Bedürfnissen, immer kleiner...
Draußen, zu Bin, flüsterte ich:
»Wie ich es als Bub mir gedacht habe!«
»Was?«
»Eines Tages käme ein Fürst und sagte, bauen Sie mir einen Palast, aber möglichst groß!«
Wir lächelten...

Drinnen stießen sie abermals an, und es konnte kein Zweifel sein, die Sache mit dem Palast war in Ordnung; man sah, wie der Fürst noch einmal mit verbindlichem Gönnertum nickte, ich aber hatte Ohren wie ein roter Krebs, und mir zur anderen Seite saß ein freundlicher Kanzler des Fürsten, ein kleiner Dicker mit einem pfiffigen Zwicker, den er manchmal an seinem Zopfe abrieb und putzte; dieser nette Kanzler hatte das Gespräch vernommen, hellhörig wie er von Amtes wegen war, er hob sein Glas, um anzustoßen, und sagte mit einem unerwarteten Verständnis:
»Nimm es nicht schwer!«
Beide tranken –
»Nimm es wirklich nicht schwer«, sagte er freundschaftlich, indem er seinen Schnurrbart trocknete: »Es ist gerade kein andrer vorhanden, wie so oft in der Geschichte – so kommen wir alle, sind wir erst alt genug, zu Würden und Wirkung, im stillen verblüfft, wie leicht es ist, wie lächerlich billig, was unsrer Jugend so groß und so schwer schien, im stillen benommen, wie viele Aufgaben in der Welt und wie wenig Männer es offenbar gibt, daß man unsrer bedarf.«
Sie stießen noch einmal an, der Kanzler und ich. Das Mahl ging weiter, und der Fürst, als die ersten Platten kamen, zog eben seine Maske ab, legte sie wie ein verbrauchtes Mundtuch neben den Teller und trocknete sich die Stirne, denn er schwitzte.
»Heiß«, sagte er, »heiß.«
»Gewiß, Durchlaucht.«
Man brachte nun ein Gehügel von Reis, gelb wie die Wüste, und dann, als die Reihe an mich kam und ich eben meine liebe Not hatte, nichts Dummes anzurichten, wo nun die Maske des Fürsten so nahe neben meinem Teller lag, wandte der Fürst sich abermals zu mir, sichtbar erleichtert, nunmehr von anderen Dingen plaudern zu können.

»So«, sagte er, »Sie stammen als aus Weggiswil?«
»Gewiß, Durchlaucht.«
»Da war ich auch einmal –«
Nun kam das Fleisch.
»Kennen Sie«, fragte der Fürst, »einen gewissen Hühnerwadel?«
Man sah von draußen, wie ich stutzte.
»Wir haben, Durchlaucht, der Hühnerwadel viele.«
Der Fürst nahm Fleisch.
»Isidor hieß er –«
Platte folgte auf Platte, man mußte ordentlich aufpassen, und mehr als einmal sahen wir von draußen, wie ich mit dem Reis schon hatte beginnen wollen; jedesmal konnte ich die Stäbchen gerade noch zurücklegen, wenn die nächste Platte nahte... Isidor Hühnerwadel, so einen gab es allerdings in Weggiswil, leider Gottes, ein Schürzenjäger, dem nichts zu schmutzig war, jedenfalls prahlte er in allen Wirtschaften mit seinen Abenteuern, und offenbar war es mir drinnen ein wenig peinlich, daß sich der Fürst, dessen Palast ich vielleicht würde bauen dürfen, gerade an diesen Hühnerwadel erinnern mußte, der ein Saukerl war, ja, ich sah mir eine ganze Weile zu, wie ich Unkenntnis heuchelte, auch immer wieder auf höfliche Weise versuchte, von chinesischen Belangen zu reden.
»Herrgott!« sagte der Fürst, »Sie müssen ihn kennen, so ein fideler Kerl! Haben Sie niemals von der Geschichte gehört...«
Da es sich indessen nicht schickte, daß der Fürst nur immer mit seinem Nachbarn redete, geschah es, daß er die Geschichte von dem fidelen Hühnerwadel, wie er ihn zu nennen geruhte, dem ganzen Bankett erzählte, oder wie man etwa sagen würde, zum besten gab.
»Eines späten Abends«, sagte der Fürst, »als alles schon schlief und auch die Magd in ihre Kammer ging, ein blutjunges Ding, keusch wie ein Märchen – sie riegelte ihre Tür

zu, als wäre sie allein in der Kammer, dann suchte sie die Kerze ...«

Draußen hörte man die Geschichte nicht, sah aber, daß es eine Zote sein mußte; die Leute am Tisch, sogar die Damen, die anfänglich verletzt und errötet erscheinen mochten, wieherten vor Lachen, legten ihr Mundtuch ab, wie vorher der Fürst seine chinesische Maske, sie schoben sich von ihren vollen Tellern ein wenig zurück und krümmten sich, wieherten vor Lachen. Der Fürst aber, ermuntert von seinem Erfolg, erzählte weiter ...

Draußen biß ich auf die Lippe:

»Merkst du denn immer noch nichts?« sagte ich zu mir, »merkst du denn immer noch nichts?«

In der Zelle 1953/54

Ich bin nicht Stiller! – Tag für Tag, seit meiner Einlieferung in dieses Gefängnis, das noch zu beschreiben sein wird, sage ich es, schwöre ich es und fordere Whisky, ansonst ich jede weitere Aussage verweigere. Denn ohne Whisky, ich hab's ja erfahren, bin ich nicht ich selbst, sondern neige dazu, allen möglichen guten Einflüssen zu erliegen und eine Rolle zu spielen, die ihnen so passen möchte, aber nichts mit mir zu tun hat, und da es jetzt in meiner unsinnigen Lage (sie halten mich für einen verschollenen Bürger ihres Städtchens!) einzig und allein darum geht, mich nicht beschwatzen zu lassen und auf der Hut zu sein gegenüber allen ihren freundlichen Versuchen, mich in eine fremde Haut zu stecken, unbestechlich zu sein bis zur Grobheit, ich sage: da es jetzt einzig und allein darum geht, niemand anders zu sein als der Mensch, der ich in Wahrheit leider bin, so werde ich nicht aufhören, nach Whisky zu schreien, sooft sich jemand meiner Zelle nähert. Übrigens habe ich bereits vor Tagen melden lassen, es brauche nicht die allererste Marke zu sein, immerhin eine trinkbare, ansonst ich eben nüchtern bleibe, und dann können sie mich verhören, wie sie wollen, es wird nichts dabei herauskommen, zumindest nichts Wahres. Vergeblich! Heute bringen sie mir dieses Heft voll leerer Blätter: Ich soll mein Leben niederschreiben! wohl um zu beweisen, daß ich eines habe, ein anderes als das Leben ihres verschollenen Herrn Stiller.

(...)

»Ich habe mich bemüht«, sagt mein amtlicher Verteidiger, »Ihre hoffentlich kurze Zeit in der Untersuchungshaft so angenehm wie möglich zu gestalten – Whisky ist nicht gestattet! – Sie haben die beste Zelle im ganzen Haus, glauben Sie mir, nicht die größte, aber die einzige mit Morgensonne; Sie haben diesen Blick in die alten Kastanien. Was das Geläute vom Münster betrifft – es ist sehr laut, ich gebe es zu; aber was erwarten Sie denn von mir! Ich kann doch das Münster nicht anderswohin stellen!«
Das ist richtig, wie überhaupt alles, was mein Verteidiger sagt, in einer Weise richtig ist, die mich in keinem Fall überzeugt und doch immerzu ins Unrecht setzt. Das Geläute ihres Münsters, ein metallisches Dröhnen, das zweimal täglich losbricht, mindestens zweimal, wenn nicht Hochzeiten und Begräbnisse hinzukommen, ein Lärm, daß man seine eignen Gedanken nicht mehr hört, ein Zittern der Luft, ein klangloses Beben, ein Gerausch, wie wenn man von einem zu hohen Sprungbrett ins Wasser gesprungen ist, es macht mich taub, schwindlig, idiotisch; aber mein Verteidiger hat recht: er kann das Münster nicht anderswohin stellen! Und da ich dann schweige, vor Hoffnungslosigkeit schweige, greift er zu seinem Dossier und sagt: »Gut – kommen wir zur Sache!«
Mein Verteidiger ist ein herzensguter, jedenfalls ein argloser

Mensch, Sohn aus gutem Haus, rechtschaffen bis in die Kleidung, etwas verhemmt, doch sogar seine Hemmungen werden zu Manieren, und vor allem ist er gerecht, kein Zweifel, gerecht bis in die Nebensächlichkeit, gerecht zum Verzweifeln, gerecht aus einer beinahe schon angeborenen Überzeugung heraus, daß es Gerechtigkeit gebe zumindest in einem Rechtsstaat, zumindest in der Schweiz. Dabei ist er nicht dumm. Er weiß sehr viel, zuverlässig wie ein Lexikon, vor allem in schweizerischen Belangen, so daß es eigentlich keinen Sinn hat, mit meinem Verteidiger über die Schweiz zu reden; jeder Gedanke, der die Schweiz etwa in Frage stellt, erstickt unter einer Fülle historischer Tatsachen, die nicht zu bestreiten sind, und am Ende, wenn man seine Schweiz nicht einfach lobt, hat man immer unrecht, in der Tat, genau wie mit diesem Geläute ihres Münsters. Vielleicht ist es nur seine Temperamentlosigkeit, was mich so maßlos reizt, seine Korrektheit, seine Mäßigkeit; er ist mir an Intelligenz überlegen, doch verwendet er seine ganze Intelligenz lediglich darauf, keine Fehler zu machen. Ich finde diese Leute gräßlich! Ich kann ihm nichts vorwerfen, er hält mich für einen herzensguten, jedenfalls arglosen, im Grunde durchaus vernünftigen Menschen, einen Menschen guten Willens, einen Schweizer. In diesem Sinn verteidigt er mich und bringt mich jedesmal zum Platzen. Dann drehe ich mich auf dem Absatz, lasse ihn auf der Pritsche sitzen und zeige ihm meinen Rücken, schweige bis zur Unflätigkeit, Blick in die alten Kastanien hinaus, Hände in den Hosentaschen, einfach weil ich Leute seiner Art, die sich selbst und daher auch mir keinen Mord zutrauen können, auf die Dauer nicht ertrage.
»Ich verstehe Sie vollkommen«, sagt er, »ich verstehe Sie vollkommen! Sie sind ungehalten über die Schweiz, die Sie mit Untersuchungshaft empfängt, begreiflicherweise, ich meine: begreiflicherweise ungehalten, denn es ist bitter, die Heimat durch ein Gitter zu sehen –«

»Was heißt Heimat?« frage ich.
»Nur« – überspringt er meine immerhin nicht unwesentliche Frage – »erschweren Sie mir nicht die Verteidigung. Leider sind gewisse Äußerungen, die Sie anläßlich Ihrer Verhaftung gemacht haben sollen, bereits in die Presse gekommen. Wozu böses Blut machen! Ich ersuche Sie in Ihrem eigenen Interesse, jede Kritik an unserem Land, das ja schließlich auch Ihre Heimat ist, fortan zu unterlassen.«
»Was habe ich denn gesagt?«
»Man ist hier sehr empfindlich«, antwortet er mit schöner Offenheit, zugleich mit spürbarer Weigerung, Bemerkungen gegen die Schweiz mit eigenem Mund auszusprechen, und fährt fort: »– um bei unsrer Sache zu bleiben: Ich habe inzwischen sämtliche Akten gelesen, und wenn Sie jetzt die Güte haben, mich wenigstens in großen Zügen zu unterrichten, wo und wie Sie diese letzten sechs Jahre verbracht haben –«
Das fragt er mich jedesmal. Dabei habe ich geschworen, ohne Whisky keine Aussage zu machen. Es ist ein ganzes Dossier, was er aus seiner Ledermappe zieht, voll, so daß man es ohne vorheriges Öffnen der Klammer nicht einmal blättern kann. Ich lachte ihm ins Gesicht. Er ist überzeugt, daß dieses Dossier zu mir gehört, nicht abzuhalten von stundenlangen Verlesungen. Als wäre die Langeweile, womit er mir Tag für Tag zusetzt, nicht auch eine Art von Folterung!
»Herr Doktor«, unterbrach ich heute, »ich komme gerade aus Mexiko –«
»Das behaupten Sie, ich weiß.«
»– ich komme gerade aus Mexiko«, wiederholte ich, »und Sie können mir glauben, die berühmten Menschenopfer der Azteken, die menschliche Herzen aus dem lebendigen Leibe schnitten, um sie den Götzen zu opfern, sind ein Kinderspiel, verglichen mit der Behandlung an der schweizerischen Grenze, wenn ein Mensch ohne

Papiere kommt – oder mit falschen Papieren – ein Kinderspiel!«

Er lächelte nur.

»Sie geben also zu, Herr Stiller, daß es mit Ihren amerikanischen Papieren nicht stimmt?«

»Ich heiße nicht Stiller!«

»Man hat mich informiert«, sagte er mit einer Ruhe, als hätte ich nicht gebrüllt, »daß Sie voraussichtlich – voraussichtlich! – niemand anders als Anatol Ludwig Stiller sind, geboren in Zürich, Bildhauer, verheiratet mit Frau Julika Stiller-Tschudy, seit sechs Jahren verschollen, zuletzt wohnhaft Steingartengasse 11, Zürich. Ich habe das Amt übernommen –«

»Herrn Anatol Stiller zu verteidigen.«

»Ja.«

»Mein Name ist White.«

Aber ich kann es ihm nicht klarmachen, und wenn ich es hundertmal sage. Unser Gespräch verläuft wie eine Grammophonplatte, wenn die Nadel an einer bestimmten Stelle immer wieder in die gleiche Rille rutscht.

»Wieso«, fragt er, »wieso sind Sie nicht Stiller?«

»Weil ich's nicht bin.«

»Wieso nicht!« sagt er, »man hat mich informiert.«

Schließlich schweige ich. Seine Zeit ist begrenzt; darin liegt meine einzige Rettung vor diesem herzensguten Herrn, der sich für meinen Verteidiger hält, infolgedessen beleidigt ist, daß ich ihm, nachdem er das ganze Dossier gelesen hat, nicht entgegenkomme. Schließlich steckt er's in die Ledermappe, würgt wortlos an dem Scharnier herum, bis es endlich einschnappt, und erhebt sich, prüft, ob er alles habe, Füllfeder, Brille, und gibt mir seine Hand wie nach einer verlorenen Tennispartie, dazu die Mitteilung, wann er am nächsten Tag wiederkommen wird...

(...)

Knobel (so heißt mein Wärter) ist eine Seele von Mensch, der einzige, der mir glaubt, wenn ich etwas erzähle. Während er die Zelle putzt, liege ich auf der Pritsche, und er putzt, bis das Wasser, wenn er den Lappen auswringt, klar wie zum Trinken ist. Mit allem Äußerlichen, scheint es, nehmen sie es sehr genau. Sogar die Gitterstäbe werden hierzulande abgestaubt.
»Wenn Sie's schon selber behaupten«, sagt mein Wärter, »daß Sie Ihre Gattin ermordet haben –«
Früher, vor vierzehn Jahren, war er Gemüsehändler, hatte einen Karren und ein Pferd, von dem er sehr zärtlich redet, Rösli genannt. Erst meinte ich, er rede von seiner Frau. Seit er Witwer ist, arbeitet er als Wärter, bezeichnet mich als den ersten in seiner ganzen Laufbahn, der nicht jedesmal, wenn man die Zelle putzt, seine Unschuld beteuert. Er kann es nicht mehr anhören, sagt er, dieses Geschwätz von lauter Ehrenmännern. Es muß widerlich sein. In der nächsten Zelle, vernehme ich, wohnt ein Bankier, der stundenlang weint, und in der übernächsten ein Zuhälter, der ebenfalls nur in Ehrbegriffen redet. Mein Wärter ist froh um mich, glaube ich. Als Gemüsehändler, damals noch unter dem Pantoffel seiner Frau, hat er sich offenbar ein Untersuchungsgefängnis sehr anders vorgestellt. Da wird man etwas zu hören bekommen! hat er gemeint. Aber keine Spur! Wenn er Verbrecher hören will, muß er ins Kino laufen (so sagt er) wie jeder andere ... Er versteht, daß ich von meinem ersten Mord, da es sich um meine Gattin handelt, nicht gern rede.
»Aber Ihr zweiter Mord?« fragt er.
»Mein zweiter«, sage ich und häute die Wurst, »das war eine Bagatelle, da wußte ich ja bereits, daß ich ein Mörder bin, und brauchte keine besondere Stimmung mehr dazu – das war im Dschungel.«
»Sie sind im Dschungel gewesen, Mister White?«
»Das will ich meinen.«

»Tonnerwetter!« sagt er, »Tonnerwetter!«
»Sie wissen, was Dschungel ist?«
»Nur so aus Kulturfilmen, Mister White.«
»Genau so«, sage ich und mache eine ziemliche Pause, bevor ich zur Sache komme, »– ich wußte doch; daß dieser Schmitz sich in Jamaika umhertreibt, monatelang trug ich den Dolch in meinem linken Stiefel.«
»Wer ist Schmitz?«
»Direktor Schmitz!« sage ich.
»Kenne ich nicht.«
»Der Haaröl-Gangster!« sage ich, »so ein Millionär, wissen Sie, dem in einem ordentlichen Rechtsstaat nicht beizukommen ist.«
»Und den haben Sie mit einem Dolch –?«
»Klar.«
»Tonnerwetter!« sagt er.
»Mit einem indianischen.«
Leider, da er acht Zellen zu betreuen hat, ist seine Zeit jedesmal beschränkt. Er bleibt hier ohnehin schon länger als bei den andern, den Ehrenmännern. Er ist wirklich eine Seele von Mensch, indem er mir jedesmal, wenn sie die Häftlinge mit ihrem überfälligen Schweizerkäse füttern, einen Cervelat bringt, und zwar aus seinem eigenen Geld. Zwar ist auch Cervelat (Bierwurst) nicht eben meine Leibspeise, zumal nicht ohne Bier, es ist eine etwas knoblauchartige Wurst, die man nach Stunden, wenn man an ganz andere Dinge denkt, noch immer riecht; aber seine Geste rührt mich als Geste.

Frau Julika Stiller-Tschudy, die Gattin des Verschollenen, hat bessere Fotos angefordert, um sich eine unnötige Reise von Paris hierher zu ersparen. Dreiviertel Stunden lang umstellen sie mich mit ihren Lampen, so daß man natürlich schwitzt; dazu immer die Anweisung:
»Bleiben Sie ganz ungezwungen!«

Ich sitze in meiner Zelle, Blick gegen die Mauer, und sehe die Wüste. Beispielsweise die Wüste von Chihuahua. Ich sehe ihre große Öde voll blühender Farben, wo sonst nichts anderes mehr blüht, Farben des glühenden Mittags, Farben der Dämmerung, Farben der unsäglichen Nacht. Ich liebe die Wüste. Kein Vogel in der Luft, kein Wasser, das rinnt, kein Insekt, ringsum nichts als Stille, ringsum nichts als Sand und Sand und wieder Sand, der nicht glatt ist, sondern vom Winde gekämmt und gewellt, in der Sonne wie mattes Gold oder auch wie Knochenmehl, Mulden voll Schatten dazwischen, die bläulich sind wie diese Tinte, ja wie mit Tinte gefüllt, und nie eine Wolke, nie auch nur ein Dunst, nie das Geräusch eines fliehenden Tieres, nur da und dort die vereinzelten Kakteen, senkrecht, etwas wie Orgelpfeifen oder siebenarmige Leuchter, aber haushoch, Pflanzen, aber starr und reglos wie Architektur, nicht eigentlich grün, eher bräunlich wie Bernstein, solange die Sonne scheint, und schwarz wie Scherenschnitte vor blauer Nacht – all dies sehe ich mit offenen Augen, wenn ich es auch nie werde schildern können, traumlos und wach und wie jedesmal, wenn ich es sehe, betroffen von der Unwahrscheinlichkeit unseres Daseins. Wieviel Wüste es gibt auf diesem Gestirn, dessen Gäste wir sind, ich habe es nie vorher gewußt, nur gelesen; nie erfahren, wie sehr doch alles, wovon wir leben, Geschenk einer schmalen Oase ist, unwahrscheinlich wie die Gnade. Einmal, irgendwo unter der mörderischen Glut eines Mittags ohne jeglichen Wind, hielten wir an; es war die erste Zisterne seit Tagen, die erste Oase auf jener Fahrt. Ein paar Indianer kamen heran, um unser Vehikel zu besichtigen, wortlos und schüchtern. Wieder Kakteen, dazu ein paar verdörrte Agaven, ein paar serbelnde Palmen, das war die Oase. Man fragt sich, was die Menschen hier machen. Man fragt sich schlechthin, was der Mensch auf dieser Erde eigentlich macht, und ist froh, sich um einen heißen Motor kümmern zu müssen. Ein Esel

stand im Schatten unter einem verrosteten Wellblech, Abfall einer fernen und kaum noch vorstellbaren Zivilisation, und um die fünf Hütten aus ungebranntem Lehm, fensterlos wie vor tausend oder zweitausend Jahren, wimmelte es natürlich von Kindern. Gelegentlich fuhren wir weiter. In der Ferne sahen wir die roten Gebirge, doch kamen sie nicht näher, und oft, wiewohl man den kochenden Motor hörte, konnte ich einfach nicht unterscheiden, ob man eigentlich fährt oder nicht fährt. Es war, als gäbe es keinen Raum mehr; daß wir noch lebten, zeigte uns nur noch der Wechsel der Tageszeit. Gegen Abend streckten sich die Schatten der haushohen Kakteen, auch unsere Schatten; sie flitzten neben uns her mit Hundertmeterlänge auf dem Sand, der nun die Farbe von Honig hatte, und das Tageslicht wurde dünner und dünner, ein durchsichtiger Schleier vor dem leeren All. Aber noch schien die Sonne. Und in der gleichen Farbe wie die Kuppen von Sand, die von der letzten Sonne gestreift wurden, erschien der übergroße Mond aus einer violetten Dämmerung ohne Dunst. Wir fuhren, was unser Jeep herausholte, und dabei nicht ohne jenes feierliche Bewußtsein, daß unsere Augen durchaus die einzigen sind, die all dies sehen; ohne sie, ohne unsere sterblichen Menschenaugen, die durch diese Wüste fuhren, gab es keine Sonne, nur eine Unsumme blinder Energie, ohne sie keinen Mond; ohne sie keine Erde, überhaupt keine Welt, kein Bewußtsein der Schöpfung. Es erfüllte uns, ich erinnere mich, ein feierlicher Übermut; kurz darauf platzte der hintere Pneu.
Ich werde die Wüste nie vergessen!
Ich sitze in meiner Zelle, Blick gegen die Mauer, und sehe Mexiko, die schwimmenden Gärten von Mexiko, Gondeln auf bräunlichem Gewässer mit blinkenden Spiegelungen der Bläue, Gondeln, die fast lautlos gleiten, alle mit frischen Blumen verziert, ein Korso auf Kanälen, ringsum die Gärten voll ewigem Frühling, Arkadien, aber india-

nisch. In einem schmalen Kanoe, dessen Rand kaum über das bräunliche und unter den Rudern blaternde Wasser ragt, paddelt sich eine alte Indianerin heran, ihren Säugling auf dem Rücken gebunden; mit weicher leiser Stimme bietet sie ein Sträußlein an, Orchideen, wie ich sie nie gesehen habe, gebüschelt mit einem meisterlichen Geschmack aus alter Herkunft. Die Azteken hatten kein Fest ohne Blumen. Ein andrer, ein Mischling, will Pulque verkaufen, den mexikanischen Volksschnaps, hergestellt aus dem Saft der Agaven; er schwenkt den Becher in dem trüben Gewässer und reicht mir das Getränk. Es schmeckt nach Gärung, nach klebriger Schwüle und Süßlichkeit der Tropen. Und ringsum in den Gondeln sitzen Familien mit Kind und Kegel, es ist Sonntag (wie heute), alles ißt und trinkt und läßt es sich wohl sein. Ein Liebespaar im ersten Anfang, sie sitzen aufrecht nebeneinander und halten sich die Hand, hat eine Gondel voll Musikanten gemietet, voll Gitarren und mexikanischen Riesenhüten, voll Honigstimmen aus dunklen Räubergesichtern. Es ist ein Korso des Volkes, halb echt und halb Kitsch, und ich denke an die Wüste zurück: Das ist es, was die Menschen machen auf Erden! Ein junges Mädchen liegt bäuchlings auf dem Bug einer Gondel, läßt beide Arme in das langsam ziehende Wasser hangen, stillselig, während anderswo ein lautes Gelächter platzt. Die meisten aber sind still, wie gesagt, und fast stumpf, mindestens dösig; ich sehe Gesichter, die schön sind wie aus einem verlorenen Paradies, fremd, ein allerletzter Rest von der großen Stadt der Azteken, die von einem See umgeben war, zugänglich nur auf zwei Dämmen, ein indianisches Venedig, wie die spanischen Chronisten es nannten. Für die Indianer, die ja das Rad nicht kannten, war das Wasser der beste Weg, und der See muß paradiesisch gewesen sein; Teile vom Ufer, heißt es, lösten sich ab und schwammen als Inseln mit ihren Blumen. Die Indianer, das Blumenvolk, flochten Flöße aus Rohr, luden

Erde darauf und Tang, pflanzten sogar kleine Bäume und ruderten diese blühenden Inseln umher; daher der Name: Die schwimmenden Gärten. Der See ist später versumpft, vertrocknet bis auf diese bescheidene Pfütze, wo nun die sonntäglichen Gondeln, halb echt und halb kitschig, gerade noch an den Untergang eines wunderbaren Volkes erinnern, und das moderne Mexiko, die City mit ihren schlechten und ihren guten Hochhäusern, steht buchstäblich auf einem Morast, man sieht es, wie ihre Bauten in den Boden versinken, unaufhaltsam, einige Zentimeter jedes Jahr ... Und ich sehe das rötliche Land ringsum, die Pyramiden, die Lava, die tote Schlange auf der Straße, von einem Pneu zerquetscht, und die Aasgeier, die warten, und ich sehe die wuchernden Orchideen an den Telefondrähten, die großen und wie Pilze geformten Hüte der mexikanischen Männer, ihre weißen Baumwollblusen, dazu ihre rötliche Haut. Markt in Mexiko! Man erinnert sich an Farbfilme, und genau so ist es, malerisch, sehr malerisch, und doch, in Wirklichkeit, gibt es Augenblicke, wo man sich plötzlich fürchtet. Es stinkt nach einem toten Hund. Kinder sitzen mit nacktem Hintern auf dem Unrat, auf der Fäulnis alter Früchte. Auf dem Boden liegt die Ware, ich sehe sie noch heute: Bohnen und Erbsen, Nüsse, Früchte, die ich zum erstenmal sehe, dazwischen Zuckerzeug, von Fliegen umwimmelt, und Fische, die in der glühenden Sonne verwesen. Ein Schreiner nebenan zimmert Kindersärge, stapelweise, roh und billig. Und Bäuerinnen, die auf dem Pflaster hocken, verkaufen Töpferei, Erinnerung an indianische Muster, aber roh und billig. Wunderbar sind die vielen Blumen, deren Duft aber nicht aufkommt; wo es nicht nach dem entsetzlichen Fleisch stinkt, das an der Sonne verdirbt, stinkt es nach Kloake, und man muß sich zusammennehmen, daß man den Ekel nicht auf die Menschen überträgt. Es ist kein Slum, was ich sehe, sondern ein Markt unter offenem Himmel, und der Ort heißt, glaube ich, Amecamea, ein schöner Markt, nicht traurig, nur unheimlich. Die Verrotzung hat etwas Dämonisches, etwas von einem Fluch, der alles, was da blühen und duften könnte, in Gestank verwandelt, in Fäulnis und Verwesung. Und der Mensch wehrt sich schon gar nicht mehr; niemand räumt den toten Hund zur Seite; nur manchmal scheucht man mit müder Bewegung wenigstens die Fliegen weg, bevor man die Tortilla in den Mund schiebt. Klumpfüße und andere Verkrüppelungen gehören dazu, Sonne und Bläue wirken wie ein blanker Hohn. Ein Gefühl: Was ist los? begleitet mich seltsam. Aber nichts ist los! Alles ist sehr malerisch, das milde Bernsteinlicht unter den großen Tüchern, darunter die Gesichter der fremden Frauen; darüber der verbröckelnde Barock einer spanischen Kirche, ein Kreuz aus Grünspan, Orchideen überall. Und zwischen den grünen Blättern der Bananenpalmen, die wie große zerfranste Fahnen hangen, sehe ich den ewigen Schnee auf dem Popocatepetl, dem Rauchenden Berg, der nicht mehr raucht, ein weißes Zelt, wunderbar. Wo ist das Unheimliche? Und wo immer unser Wagen stoppt, um Benzin zu tanken, sehe ich einen Blinden, der die Hand streckt. In den Kaffeeplantagen gibt es eine Fliege, deren Stich zuerst einen eitrigen Pickel verursacht, der sich entfernen ließe; doch gibt es keinen Arzt, kein Geld für einen Arzt. Dann gehen die Maden ins Blut, schließlich in die Augen, die nun wie Spiegeleier zerlaufen, ein weißlich-gelblicher Brei. So stehen sie da, Greise und Knaben, blind und mit leerer Hand. Einer singt zur Drehorgel. Und auf den Dächern hocken die Zopilote, die großen stinkenden Vögel, die, wenn man auf einsamen Wegen fährt, oft scharenweise aufflattern von einem Kadaver, von einer zerquetschten Schlange, von einem verwesenden Esel oder von einem Ermordeten, den noch niemand vermißt; man sieht sie allenthalben, diese Vögel, schwarz und häßlich und plump hocken sie auf den

Dächern über dem malerischen Markt: Aasgeier, die Vögel von Mexiko.
Und doch war es schön!
Warum bin ich nicht drüben geblieben –

(...)

Man glaubt mir überhaupt nichts, und am Ende muß ich wohl noch schwören, daß die Finger, womit ich schwöre, meine eigenen Finger sind. Es ist wirklich zum Lachen. Heute sage ich zu meinem Verteidiger:
»Natürlich bin ich Stiller.«
Da starrt er mich an:
»Was soll das heißen?«
Zum allerersten Mal, siehe da, erwacht der Gedanke in seinem rechtschaffenen Hirn, daß ich, in der Tat, jemand anders sein könnte als ihr verschollener Herr Stiller. Aber wer? Ich mache ihm Vorschläge: vielleicht ein sowjetischer Agent mit amerikanischen Papieren. Er verbittet sich Witze, alles Sowjetische eignet sich seiner Meinung nach sowieso nicht für Witze; das ist einfach zu böse, so wie anderseits alles Schweizerische einfach zu gut ist, um sich für Witze zu eignen. Ich schlage vor: Vielleicht bin ich ein SS-Mann, der eine Weile untergetaucht ist und wieder Einsatz wittert, der unbekannte Kriegsverbrecher mit Ost-Erfahrung, die sehr gefragt ist. Wie beweise ich aber, daß ich ein Kriegsverbrecher bin? Ich kann's noch so treuherzig behaupten, ohne Beweise lassen sie mich nicht auf freien Fuß. Mein Verteidiger glaubt mir nicht einmal, daß Mexiko schöner ist als die Schweiz. Er wird, sobald ich erzähle, nur nervös:
»Was hat das mit unserer Sache zu tun!«
Wie man der Kobra, um sie zu dem berühmten Schlangentanz der Indios gebrauchen zu können, den Giftzahn ausreißt, interessiert meinen Verteidiger nicht. Wie die

Indios sich zum Tode stellen, noch weniger. Wer die Ermordung der mexikanischen Revolutionäre veranlaßte, auch nicht. Und daß den Aasgeiern der mexikanische Himmel, den Amerikanern aber die mexikanischen Bodenschätze gehören, bezweifelt er. Es ist wirklich nicht leicht, diesen Mann täglich eine Stunde lang zu unterhalten.
Mitten in der Erzählung, die wenigstens mich selbst begeistert, unterbricht er:
»Orizaba – wo liegt das?«
Dazu zückt er seinen Eversharp, läßt keine Ruhe, bis er meine ebenso höfliche wie knappe Antwort notieren kann; sofort fragt er weiter:
»Und dort haben Sie also gearbeitet?«
»Das habe ich nie behauptet!« sage ich, »Geld habe ich verdient und gelebt.«
»Wie?«
»Danke«, sage ich, »ausgezeichnet.«
»Ich meine: wie haben Sie das Geld verdient?«
»Wie man das Geld eben verdient –«, sage ich, »jedenfalls nicht mit eigener Arbeit.«
»Sondern?«
»Mit – Ideen«, sage ich.
»Erklären Sie sich genauer.«
»Ich war so eine Art von Verwaltungsrat –«, sage ich und mache eine Geste biederen Gewinns, »– auf einer Hazienda.«
Die Geste will er nicht gesehen haben.
»Was heißt Hazienda?«
»Großgrundbesitz«, sage ich, schildere ausführlich genug meine Position, die unscheinbar war, aber Treffpunkt der unerläßlichen Schmiergelder von beiden Seiten, und meine diesbezüglichen Ideen, dann auch die topographische Lage von Orizaba, die paradiesisch ist, nahe der tropischen Zone, jedoch gerade noch über dieser Zone, die ich nicht leiden kann mit ihrem schwülen Gewucher, mit ihren üppi-

gen Schmetterlingen, mit ihrer schleimigen Luft und ihrer feuchten Sonne, mit ihrer klebrigen Stille voll mörderischer Befruchtung, gerade noch über dieser Zone liegt Orizaba auf einem Plateau, das die Lüfte aus dem Gebirge hat, hinter sich sieht man den weißen Schnee des Popocatepetl, vor sich den verblauenden Golf von Mexiko, eine Riesenmuschelbläue, ringsum aber einen blühenden Garten etwa von der Größe eines schweizerischen Kantons, blühend von Orchideen, die hier wie Unkraut wuchern, doch blühend auch von nützlichen Gewächsen: Dattelpalmen, Feigen, Kokospalmen, Orangen und Zitronen, Tabak, Oliven, Kaffee, Ananas, Kakao, Bananen usw...
Heute kommt mein Verteidiger:
»Sie scheinen über Mexiko nicht sehr unterrichtet zu sein.«
Mein Verteidiger hat gearbeitet.
»Was Sie mir gestern erzählt haben, stimmt ja hinten und vorne nicht – Bitte sehr«, sagt er und zeigt mir ein Buch aus der Städtischen Bibliothek: »Schon Benito Juarez verfolgte das Ziel, den Großgrundbesitz abzuschaffen. Es mißlang. Porfirio Diaz wurde gestürzt, weil er mit den Großgrundbesitzern regierte, und es folgte, wie Sie vielleicht wissen, eine ganze Kette blutiger Revolutionen, um den Großgrundbesitz abzuschaffen. Es wurden Klöster verbrannt, Großgrundbesitzer erschossen, und es endete mit einer Diktatur der Revolutionäre. All das können Sie hier nachlesen. Bitte sehr. Und Sie erzählen mir von einer blühenden Hazienda, die so groß sein soll wie ein schweizerischer Kanton –«
»Ja«, sage ich, »wenn nicht größer.«
Mein Verteidiger schüttelt den Kopf.
»Warum erzählen Sie mir solche Hirngespinste?« sagt er. »Sie müssen doch einsehen, daß wir auf diese Weise nie weiterkommen. Es stimmt einfach nicht! Wahrscheinlich sind Sie nie in Mexiko gewesen.«
»Bitte«, sage ich, »wie Sie wollen.«

»Wer soll denn eine solche Hazienda besitzen können«, sagt er, »im heutigen Mexiko – unter einer Regierung, die ausdrücklich jeden Großgrundbesitz untersagt?«
»Ein Mann der Regierung selbst –«
Darauf mag mein Verteidiger nicht eingehen. Es macht ihn nervös, wenn es nicht mit rechten Dingen zugeht, und vor allem kann er als rechtschaffener Schweizer es nicht haben, daß man sich über Mißstände amüsiert, statt sie zu verurteilen und mit Entschiedenheit hinter den Eisernen Vorhang zu verweisen. Er hilft sich denn auch sofort mit dem Hinweis, Mexiko sei kommunistisch, eine Deutung, der ich mich aus purer Sachkenntnis nicht anzuschließen vermag; ganz abgesehen von dem Umstand, daß die mexikanischen Bodenschätze vorzugsweise in amerikanischen Händen, also vorzugsweise geschützt sind, halte ich ja den Hang zum Großgrundbesitz nicht für kommunistisch, sondern für menschlich, und warum sollten wir, frei wie wir sind, nicht über alles Menschliche reden?... Sagt mein Verteidiger:
»Kommen wir zur Sache!«
Die Geschichte meines Hazienda-Ministers finde ich indessen so amüsant, daß ich sie nicht verweigern kann: – Er war Fabrikant, glaube ich, von Bürosesseln, wie jeder Staat sie in großer Anzahl braucht. Er war nicht der einzige Fabrikant von Bürosesseln. Einmal zum Handelsminister erkoren, so daß er in eigener Person auf einem staatlichen Bürosessel saß, erließ er, um etwas zu machen, eine Einfuhrsperre, und groß war der Jammer aller, die Bürosessel herzustellen liebten; allenthalben begann das Material zu fehlen. Der Handelsminister hatte keinen leichten Sitz, wie man sich denken kann, und als es soweit war, nämlich als er das Material, das verknappte, in den Vereinigten Staaten drüben eingekauft und jenseits der Grenze säuberlich gestapelt hatte, konnte er nicht umhin, dem Gejammer der Konkurrenz nachzugeben, die Ein-

fuhrsperre wurde für zwei Wochen aufgehoben. Alle anderen kamen freilich mit ihren Einkäufen zu spät, machten Bankrott und waren froh um den Trust, der sich ihnen anbot. Der Handelsminister aber, obschon ihm nichts vorgeworfen werden konnte, hatte kein Bedürfnis mehr, sich im Dienst fürs Vaterland aufzuopfern; er zog sich auf die verlotterte Hazienda zurück, womit der Staat ihn einigermaßen belohnte, und pflegte sie mit ganzer Seele und mit einigen tausend Landarbeitern, deren so malerische Strohhüte mir unvergeßlich sind. Wenn wir auf der schattigen Veranda saßen, sahen wir sie immer wie weiße Pilze draußen in blühenden und glühenden Feldern, und bald, in der Tat, war es eine vorbildliche Hazienda, ein Paradies auf Erden ...

(...)

Einmal in der Woche, jeden Freitag, können wir duschen, je zehn Minuten, je zehn Häftlinge zusammen. Sonst sehe ich ja meine Nachbarn nie, dann aber splitternackt und unter dampfigem Gerausch, so daß man kaum zusammen sprechen kann. Einer, der sich unschuldig findet, seift sich aus Trotz nicht ein. Ein kleiner Italiener singt jedesmal. Physiognomien unter der Dusche, von Strähnen nassen Haares und Seifenschaum entstellt, sind kaum zu lesen; hinzu kommt die Nacktheit des ganzen Körpers, und gewohnt, das Gesicht als das Einzignackte zu sehen, ist man gleichsam gezwungen, ihre ganzen Körper zu mustern, was wenig Vergnügen macht. Höchstens zu erraten: ein Arbeiter, ein Intellektueller, ein Sportler, ein Angestellter. Im großen und ganzen sind unsere nackten Körper durchaus peinlich, weil ausdruckslos, bestenfalls natürlich, meistens etwas komisch. Ich habe mich mit einem deutschen Juden verbündet; wir seifen uns gegenseitig den Rücken, da auch er nicht überall hinkommt, und sind uns darin einig, daß man täglich duschen müßte. Nach einigem fast knabenhaftem Gekreisch wegen der plötzlichen Kälte des Wassers, womit uns der Oberwärter in den Trockenraum treibt, sind alle sehr still, frottieren sich und haben Gesichter von säuglinghafter Rosigkeit, dazu Haare wie Buben. Es sind außer mir, wie mich dünkt, keine Schwerverbrecher dabei. Dank dem Umstand, daß sie mich (als ›Stiller‹) ebenfalls ans Ende des Alphabets stellen, kann ich mich jedesmal noch eine Weile mit dem deutschen Juden unterhalten. Die Körperpflege in der Schweiz, finden wir beide, steht in einem bemerkenswerten Widerspruch zu ihrer sonstigen Reinemacherei. Er erzählt mir von seiner hiesigen Wohnung, wo er, laut Vertrag, ebenfalls nur am Wochenende mit warmem Wasser duschen durfte. Dann Einzelmarsch in die Zellen, das Frottiertuch um den Hals.

(...)

Ich bin nicht ihr Stiller. Was wollen sie von mir! Ich bin ein unglücklicher, nichtiger, unwesentlicher Mensch, der kein Leben hinter sich hat, überhaupt keines. Wozu mein Geflunker? Nur damit sie mir meine Leere lassen, meine Nichtigkeit, meine Wirklichkeit, denn es gibt keine Flucht, und was sie mir anbieten, ist Flucht, nicht Freiheit, Flucht in eine Rolle. Warum lassen sie nicht ab?

Herr Dr. Bohnenblust (so heißt mein Verteidiger) hat die Dame aus Paris, die sich für meine Gattin hält, auf dem Flugplatz abgeholt und ist von dieser Person, scheint es, sehr charmiert.
»Ich wollte Ihnen nur melden«, sagt mein Verteidiger, »daß die Dame glücklich gelandet ist. Sie läßt Sie natürlich grüßen –«

»Danke.«
»Jetzt ist sie im Hotel.«
Mein Verteidiger ist außerstande, sich zu setzen, er kann sich nur die Hände reiben vor Triumph, als wäre diese Dame aus Paris gleichsam das große Geschütz, das mich zur Kapitulation zwingen wird.
»Herr Doktor«, sage ich, »ich habe nichts gegen den Besuch von Damen, ich wiederhole nur meine Warnung von neulich: ich bin ein sinnlicher Mensch, hemmungslos, wie gesagt, vor allem in dieser Jahreszeit.«
»Ich sagte es ihr.«
»Und?«
»Die Dame besteht darauf«, sagt er, »Sie unter vier Augen zu sprechen. Montag um zehn Uhr wird sie hier sein. Sie ist überzeugt, ihren Mann etwas besser zu kennen, als er sich selber kennt, und von Hemmungslosigkeit, meint die Dame, könne nicht die Rede sein, das sei von jeher ein Wunschtraum ihres Mannes gewesen, sagt die Dame und ist gewiß, allein mit Ihnen fertig zu werden.«
Dazu bietet er wieder Zigarren an.
»Montag um zehn Uhr?« sage ich, »– bitte.«

Knobel, mein Wärter, ist nachgerade ärgerlich über meine Fragen, die Dame aus Paris betreffend, die mit mir verheiratet sein will.
»Ich sage ja«, murrt er, »elegant sieht sie aus. Und duften tut sie durch den ganzen Korridor.«
»Und ihre Haare?«
»Rot«, sagt er, »wie Hagebutten-Konfitüre.«
Eine wirkliche Schilderung zu liefern, ist er nicht imstande, auch wenn er mir Frage um Frage beantwortet; je mehr ich höre, um so weniger kann ich sie mir vorstellen.
»Essen Sie jetzt!« sagt er, »Sie werden sie ja selber sehen. Vielleicht ist die Dame gar nicht Ihr Typ, obschon sie nach wie vor behauptet, Ihre Gattin zu sein.«

»Mein Typ!« lache ich, »– habe ich Ihnen einmal die Geschichte mit der kleinen Mulattin erzählt?«

»Nein.«

»Das war mein Typ«, sage ich.

»Eine Mulattin?«

»Es war am Rio Grande«, beginne ich in einem Ton, daß Knobel sich setzt, »plötzlich – Brot haben Sie keines?« unterbreche ich mich selbst, worauf Knobel sofort aufsteht und einen halben Laib auf den Tisch legt; ich schneide eine dicke Scheibe, beiße hinein, während Knobel sich wieder setzt, und warte, bis ich den Mund etwas leerer habe; dann fahre ich fort, »plötzlich – wir hockten gerade um unser Feuer, denn die Abende in der Wüste sind bitterkalt, natürlich gab es weit und breit kein Holz, wir verbrannten Putzfäden, was mehr Gestank als Wärme gibt, und besprachen mit den Schmugglern, wie sie uns in der Nacht über die Grenze schmuggeln könnten, nämlich da war schon wieder so ein Steckbrief auf mich – plötzlich kommt er um die roten Felsen!«

»Wer?«

Mit einem Mund voll Brot kann man natürlich nicht erzählen, dazu die Minestra, die ich löffeln muß, solange sie heiß ist.

»Wer?« fragt Knobel, »wer kam um die Felsen?«

»Eine Limousine«, sage ich endlich und kann es nicht lassen, einen neuen Bissen von dem herrlichen Brot zu nehmen, »eine gestohlene natürlich. Großartiger Anblick übrigens, wie eine Fahne von goldenem Staub. Von wegen der letzten Abendsonne. Eine Limousine, die quer durch die Wüste rast, schaukelt wie eine Jolle, versteht sich, hinauf und hinunter über die Wellen von Sand.«

»Versteht sich.«

»Natürlich hat er unser Feuerchen gesehen.«

»Und?«

»Schuß!« sage ich, »aber der Kerl fährt weiter, und wir denken natürlich, das ist die amerikanische Polizei. Also Schuß! Schuß! und nochmals Schuß! – und wer ist drin?«
»Wer denn?«
»Joe.«
Ich löffle meine Minestra.
»Wer ist Joe?«
»Ihr Mann.«
»Von der Mulattin?«
»Klar.«
»Tonnerwetter!...«
»Ein Negro«, ergänze ich, »ein herzensguter Kerl, aber nicht, wenn man ihm die Frau entführt, versteht sich. So in der Dunkelheit, wenn man bloß das blendende Weiß seiner Zähne sieht – Prost!«
»Und?«
»Nämlich wir liebten uns.«
»Die Mulattin und Sie?«
»Ich fragte sie: Liebst du mich oder liebst du ihn? Sie verstand mich ganz genau. Und nickte. Und Schuß. Und kein Wort mehr von Joe.«
»Tot?« fragt er.
»Auf der Stelle.«
»Tonnerwetter!...«
»Sie küßte mich«, sagte ich, »das ist mein Typ.«
Darauf schöpft mir Knobel nochmals einen Teller voll Minestra; er ist aufmerksam wie Kellner gegenüber reichen Leuten.
»Ich mag die Neger«, sage ich, »aber ich vertrage keine verheirateten Männer, auch wenn es Neger sind. Immer mit Rücksicht, das liegt mir nicht! Natürlich fuhren wir sofort über die Grenze –«
»Nach Mexiko?«
»Ohne Licht. Links der Rio Grande. Rechts der Vollmond.«

»Das war Ihr dritter Mord?«
»Ich glaube...«

(...)

Ihre Haare sind rot, der gegenwärtigen Mode entsprechend sogar sehr rot, jedoch nicht wie Hagebutten-Konfitüre, eher wie trockenes Mennig-Pulver. Sehr eigenartig. Und dazu ein sehr feiner Teint; Alabaster mit Sommersprossen. Ebenfalls sehr eigenartig, aber schön. Und die Augen? Ich würde sagen: glänzend, sozusagen wässerig, auch wenn sie nicht weint, und bläulich-grün wie die Ränder von farblosem Fensterglas, dabei natürlich beseelt und also undurchsichtig. Leider hat sie die Augenbrauen zu einem dünnen Strich zusammenrasiert, was ihrem Gesicht eine graziöse Härte gibt, aber auch etwas Maskenartiges, eine fixierte Mimik von Erstauntheit. Sehr edel wirkt die Nase zumal von der Seite, viel unwillkürlicher Ausdruck in den Nüstern. Ihre Lippen sind für meinen Geschmack etwas zu schmal, nicht ohne Sinnlichkeit, doch muß sie zuerst erweckt werden, und die Figur (in einem schwarzen Tailleur) hat etwas Knappes, etwas Knabenhaftes auch, man glaubt ihr die Tänzerin, vielleicht besser gesagt: etwas Ephebenhaftes, was bei einer Frau in ihren Jahren einen unerwarteten Reiz hat. Sie raucht sehr viel. Ihre sehr schmale Hand, wenn sie die noch lange nicht ausgerauchte Zigarette zerquetscht, ist keineswegs ohne Kraft, keineswegs ohne eine beträchtliche Dosis unbewußter Gewalttätigkeit, wobei sie sich selbst, scheint es, ganz und gar zerbrechlich vorkommt. Sie spricht sehr leise, damit der Partner nicht brüllt. Sie spekuliert auf Schonung. Auch dieser Kniff, glaube ich, ist unbewußt. Dabei duftet sie sehr betörend, wie Knobel schon gemeldet hat; es muß eine gediegene Marke sein, man denkt sofort an Paris, an die Parfümerien bei der Vendôme.

»Wie geht es dir?« fragt sie.
Ihre Art, eine Frage stets mit einer anderen Frage zu beantworten, findet sich bei vielen Frauen, eigentlich bei allen, und ist mir bekannt; um so mehr muß ich mich hüten vor dem verfänglichen Gefühl, ihr schon einmal begegnet zu sein.
»Erkennst du mich denn nicht mehr?« fragt sie.
Ihre fixe Idee, daß ich ihr verschollener Mann sei, ist durchaus nicht gespielt; sie offenbart sich in jeder noch so nebensächlichen Äußerung.
»Rauchst du denn nicht mehr?« fragt sie.

(...)

Es ist komisch, dann ärgerlich, irgendwie auch ergreifend: Diese Dame aus Paris, wie sie so auf meiner Pritsche sitzt in ihrem schwarzen Tailleur, Zigarette um Zigarette raucht, ist alles andere als eine dumme Person, und man könnte sich einen Nachmittag voll reizender Unterhaltung denken, sogar mehr als einen Nachmittag. Vor allem ihr etwas müdes, aus irgendeinem Grunde bitteres Lächeln ist bezaubernd, erweckt Neugierde nach der Erfahrung, die hinter ihr steht, und man blickt unwillkürlich immer wieder auf ihre Lippen, seiner eigenen Lippen bewußt. Aber: sie kommt nicht los, scheint es, von der fixen Idee, mich zu kennen. Sie glaubt's einfach nicht, daß man jemand anders sein könnte als ihr verschollener Stiller. Die ganze Zeit redet sie von ihrer Ehe, die, wie ich vernehme, auch nicht so gewesen ist, wie eine Ehe sein sollte. Ich zeige mehrmals mein Bedauern. Als ich endlich zu Wort komme – sie redet nicht etwa überbordend, im Gegenteil, sie redet mit viel Pausen, die sie mit hastigem Rauch erfüllt, mit ganzen Minuten bitteren Schweigens dazwischen, die man noch weniger zu unterbrechen wagt als einen Wortschwall –, sage ich:

»Ich nehme an, man hat Sie unterrichtet, Madame, daß Sie mit einem Mörder sprechen –«
Sie überhört es wie einen verfehlten Spaß.
»Ich bin ein Mörder«, wiederhole ich bei nächster Gelegenheit, »auch wenn die schweizerische Polizei es nicht herauszufinden imstande ist. Ich habe meine Gattin ermordet –«
Vergeblich!
»Du bist ja komisch!« sagt sie. »Du bist wirklich komisch, ich muß schon sagen, in dieser Stunde, nachdem man sich ein halbes Leben lang nicht gesehen hat, kommst du wieder mit deinen Hirngespinsten, deinen kindischen Hirngespinsten!«
Ihr Ernst, zugegeben, macht mich für Augenblicke immer wieder unsicher, wenn auch nicht in bezug darauf, daß ich meine Gattin ermordet habe, aber unsicher, ob es mir gelingen wird, diese unglückliche Dame von ihrer fixen Idee zu erlösen. Was will sie eigentlich von mir! Ich versuche es gleichfalls mit Ernst, sie zu überzeugen, daß eine Ehe zwischen uns nie bestanden hat; mit Ernst, auch wenn sie von meiner Pritsche aufspringt, in meiner Zelle hin und her geht, ihre roten Haare schüttelt, vor meinem Gitterfenster stehenbleibt, rauchend, die schmalen Hände in den knappen Taschen ihres straffen Tailleurs, schweigend, Blick in die herbstliche Kastanie hinaus, so daß ich ihr Gesicht nicht sehe.
»Madame«, sage ich und bediene mich von ihren Zigaretten, »Sie sind mit dem Flugzeug gekommen, um Ihrem verschollenen Mann zu verzeihen; auf diese ernste oder geradezu feierliche Stunde, ich verstehe, haben Sie jahrelang gewartet, und es ist natürlich ein Schlag für Sie, daß ich nicht der Mann bin, den Sie mit Ihrem ganzen Bedürfnis, alles zu verzeihen, erwartet haben. Ich bin's nicht, Madame –«
Darauf bläst sie nur ihren Rauch aus.

»Ich denke«, sage ich und rauche nun ebenfalls, »das liegt auf der Hand, darüber brauchen wir uns nicht zu unterhalten.«
»Was liegt auf der Hand?« fragt sie.
»Daß ich nicht Ihr verschollener Mann bin.«
»Wieso nicht?« fragt sie, ohne mich anzusehen.
Ich sehe wenigstens ihren grazilen Hinterkopf.
»Madame«, sage ich mit unvermindertem Ernst, »es rührt mich durchaus, Sie von Ihrer unseligen Ehe sprechen zu hören, aber nehmen Sie's nicht übel, ich verstehe immer weniger, je länger ich Sie höre, und eigentlich überhaupt nicht, was Sie von mir wollen. Von mir: ich habe meine Gattin ermordet, wie gesagt, und eine Dame wie Sie, die in so blühender Manier, Gott sei Dank, ihre unglückliche Ehe überlebt hat – offen gesprochen, ich verstehe nicht, was Sie mir verzeihen wollen?«
Schweigen.
»Sie leben in Paris?« frage ich.
Daraufhin wendet sich die Gestalt; ihr Gesicht, von stiller Bestürzung etwas entlarvt und schöner als zuvor, lebendiger, so daß eine Begegnung, meint man, möglich sein müßte, eine Begegnung in Wahrheit, ihr Gesicht ist so, daß ich sie auf die Stirne küssen möchte, eine Weile lang, und vielleicht hätte ich's tun sollen, gleichviel, ob sie es dann mißdeutet oder nicht; eine Weile lang, dann ist es, als schließe es sich wieder, ihr Gesicht, und wieder die fixe Idee:
»Anatol, was ist mit dir?«
Wieder sage ich:
»Mein Name ist White.«
Sie dreht den Spieß einfach um – tut, als läge die fixe Idee bei mir. Sie wirft ihre noch brennende Zigarette zum Gitterfenster hinaus (was strengstens verboten ist, wie so vieles hier) und stellt sich vor mich, freilich ohne mich anzufassen, jedoch gewiß, daß ich sie schon fassen werde,

plötzlich überwältigt von Reue sie schon um Verzeihung bitten werde. Und für Augenblicke, in der Tat, ist man einfach wehrlos, man lächelt, wiewohl es gar nicht komisch ist: Ich könnte aussehen wie ein Gnom, wie ein Minotaurus, wie – ich weiß nicht was! – und es würde nichts ändern, überhaupt nichts, sie ist einfach außerstande, ein anderes Wesen wahrzunehmen als ihren verschollenen Stiller.
»Ich dachte nicht«, sagt sie, »daß du je eine Glatze bekommen würdest! Aber es steht dir nicht einmal schlecht.«
Man verstummt einfach. Man ist ohnmächtig. Man könnte diese Dame packen und erwürgen, und sie würde nicht aufhören zu glauben, daß ich ihr verschollener Gatte bin.
»Warum hast du nie geschrieben?«
Ich schweige.
»Ich wußte nicht einmal, ob du noch lebst –«
Ich schweige.
»Wo bist du nur all die Jahre gewesen?«
Ich schweige.
»Du schweigst! –«
Ich schweige.
»Einfach zu verschwinden!« sagt sie, »einfach nichts mehr von sich hören zu lassen! Und das gerade in jener Zeit! Ich hätte sterben können –«
Einmal sage ich:
»Jetzt aber Schluß!«
Ich weiß nicht mehr, was sie noch alles redete, sie trieb es, bis ich sie packte, und noch dann, unerschütterlich in ihrer fixen Idee, indem sie jede Regung von meiner Seite, ob Lachen oder Zittern, nur als Bestätigung nahm, hörte sie nicht auf, mir zu verzeihen, ich packte sie, ich schüttelte sie, daß es nur so von Kämmlein regnete, und schleuderte sie auf die harte Pritsche, die Dame, so daß sie mit geplatzter Bluse, mit verwursteltem Tailleur, mit verzausten Haaren und mit unschuldig-verdutztem Gesicht liegen-

blieb, außerstande sich aufzurichten, da ich auch auf der Pritsche kniete, mit meiner linken Faust ihre beiden heißen Hände hielt, und zwar so, daß sie vor Schmerz ihre ungemein schönen Augen schloß. Ihre offenen Haare sind köstlich, duftig, seidenleicht. Sie atmete wie nach einem Lauf mit pumpender Brust, mit offenem Mund. Ihre Schneidezähne sind vortrefflich, nicht ohne Plomben, sonst aber von einem schönen Perlmutterglanz. Und da meine andere Hand ihren zarten Unterkiefer umklammerte, war sie außerstande zu reden. Ich betrachtete sie wie einen Gegenstand, plötzlich ganz nüchtern, ein Weib, ein fremdes, irgendein Weib. Wäre nicht Knobel, mein Wärter, mit dem Aschenbecher gekommen –

(...)

Man kann alles erzählen, nur nicht sein wirkliches Leben; – diese Unmöglichkeit ist es, was uns verurteilt zu bleiben, wie unsere Gefährten uns sehen und spiegeln, sie, die vorgeben, mich zu kennen, sie, die sich als meine Freunde bezeichnen und nimmer gestatten, daß ich mich wandle, und jedes Wunder (was ich nicht erzählen kann, das Unaussprechliche, was ich nicht beweisen kann) zuschanden machen – nur um sagen zu können: »Ich kenne dich.«
Mein Verteidiger ist außer sich, wie es ja früher oder später zu erwarten war, dabei nicht unbeherrscht, nur bleich vor Beherrschung. Ohne Morgengruß, stumm, die Ledermappe auf sein Knie gestemmt, blickt er in meine verschlafenen Augen, wartet, bis er mich gesammelt genug findet, neugierig genug, den Grund seiner Entrüstung kennenzulernen.
»Sie lügen«, sagt er.
Wahrscheinlich hat er erwartet, daß ich erröte; er hat noch immer nicht begriffen.
»Wie soll ich Ihnen fortan glauben können?« klagt er,

»jedes Wort aus Ihrem Mund beginnt für mich fragwürdig zu werden, höchst fragwürdig, nachdem ich ein solches Album in die Hände bekomme – Bitte!« sagt er, »sehen Sie sich diese Fotos selber an!«

Es sind Fotos, zugegeben, und daß zwischen dem verschollenen Stiller und mir gewisse äußere Ähnlichkeiten vorliegen, will ich nicht bestreiten; trotzdem sehe ich mich selber sehr anders.

»Warum lügen Sie?« fragt er immer wieder. »Wie soll ich Sie denn verteidigen können, wenn Sie nicht einmal mir gegenüber die volle und ganze Wahrheit sagen?«

Er kann's nicht fassen.

»Woher haben Sie dieses Album?« frage ich.

Keine Antwort.

»Und mir gegenüber wagen Sie zu behaupten, daß Sie nie in diesem Land gelebt hätten, ja, daß Sie sich ein Leben in unsrer Stadt nicht einmal vorstellen können!«

»Nicht ohne Whisky«, sage ich.

»Bitte!« sagt er, »hier!«

Manchmal versuche ich ihm zu helfen.

»Herr Doktor«, sage ich, »es hängt alles davon ab, was wir unter Leben verstehen! Ein wirkliches Leben, ein Leben, das sich in etwas Lebendigem ablagert, nicht bloß in einem vergilbten Album, weiß Gott, es braucht ja nicht großartig zu sein, nicht historisch, nicht unvergeßlich, Sie verstehen mich, Herr Doktor, ein wirkliches Leben, und das kann das Leben einer sehr einfachen Mutter sein oder das Leben eines großen Denkers, eines Gründers, dem es sich in Weltgeschichte ablagert, aber das muß nicht sein, meine ich, es kommt nicht auf unsere Bedeutung an. Daß ein Leben ein wirkliches Leben gewesen ist, es ist schwer zu sagen, worauf es ankommt. Ich nenne es Wirklichkeit, doch was heißt das! Sie können auch sagen: daß einer mit sich selbst identisch wird. Andernfalls ist er nie gewesen! Sehn Sie, Herr Doktor, das meine ich: ein Gewesen-Sein, und wenn's noch so miserabel war, ja, am Ende kann es sogar eine bloße Schuld sein, das ist bitter, wenn sich unser Leben einzig und allein in einer Schuld abgelagert hat, in einem Mord zum Beispiel, das kommt vor, und es brauchen keine Aasgeier darüber zu kreisen, Sie haben recht, Herr Doktor, das alles sind ja nur Umschreibungen. Sie verstehn mich? Ich rede sehr unklar, wenn ich nicht zur Entspannung einfach drauflos lüge? Ablagerung ist auch nur ein Wort, ich weiß, und vielleicht reden wir überhaupt nur von Dingen, die wir vermissen, nicht begreifen. Gott ist eine Ablagerung! Er ist die Summe wirklichen Lebens, oder wenigstens scheint es mir manchmal so. Ist das Wort eine Ablagerung? Vielleicht ist das Leben, das wirkliche, einfach stumm – und hinterläßt auch keine Bilder, Herr Doktor, überhaupt nichts Totes!...«

Aber meinem Verteidiger genügt das Tote.

»Bitte sehr!« sagt er, »hier: – wie Sie die Schwäne füttern, niemand anders als Sie, und im Hintergrund, Sie sehen es ja selbst, das Großmünster von Zürich! Bitte sehr.«

Es ist nicht zu bestreiten: im Hintergrund (etwas unscharf) sieht man eine Art kleiner Kathedrale, Großmünster, wie mein Verteidiger es nennt.

»Es hängt wirklich alles davon ab«, sage ich nochmals, »was wir unter Leben verstehen –«

»Hier!« sagt mein Verteidiger, indem er weiterhin in dem Album blättert, »bitte sehr: – Anatol in seinem ersten Atelier, Anatol auf dem Piz Palü, Anatol als Rekrut mit geschorenem Haar, Anatol vor dem Louvre, Anatol im Gespräch mit einem Stadtrat anläßlich einer Preisverleihung –«

»Und?« frage ich.

Wir verstehen einander immer weniger. Wäre nicht die Zigarre, die er mir trotz seiner Verärgerung gebracht hat, ich würde mit meinem Verteidiger überhaupt nicht mehr sprechen, und es wäre besser, glaube ich. Was

kommt bei diesen Verhören schon heraus! Umsonst versuche ich ihm klarzumachen, daß ich die volle und ganze Wahrheit selber nicht weiß, anderseits auch nicht gewillt bin, mir von Schwänen oder Stadträten beweisen zu lassen, wer ich in Wahrheit sei, und daß ich jedes weitere Album, das er in meine Zelle bringt, auf der Stelle zerreißen werde. Umsonst! Mein Verteidiger will es sich nicht aus dem Kopf schlagen, daß ich Stiller zu sein habe, bloß damit er mich verteidigen kann, und nennt es alberne Verstellung, wenn ich mich dafür wehre, niemand anders als ich selbst zu sein. Wieder endet es mit gegenseitiger Brüllerei.
»Ich bin nicht Stiller!« brülle ich.
»Wer denn«, brüllt er, »wer denn?«

PS.
Seine Zigarre beschämt mich. Eben habe ich das spröde Knöpfchen abgebissen, dann die ersten, immer so besonders trockenen und besonders duftigen Züge geraucht, bald genug von dem Aroma verblüfft, so daß ich die Zigarre nochmals von den Lippen nehme, um sie mit Bewußtsein zu besichtigen. Dannemann! Meine Leibmarke! Legitimos! So ist er dann wieder –

(...)

Heute beim Duschen meinte der kleine Jude während der Einseiferei, vermutlich sähen wir einander zum letztenmal, nämlich er werde sich demnächst aufhängen. Ich lachte und riet ihm ab. Dann wieder Einzelmarsch durch die Korridore, das Frottiertuch um den Hals –
Das Neueste:
»Jetzt geht's ja nicht mehr lange«, meinte Knobel, »und Sie kommen endlich zu Ihrem Whisky, Mister White, vielleicht noch in dieser Woche!«

Auf meine Frage, was er damit meinte, verstummt er; ich merke sofort, daß er etwas gehört hat, jedoch nicht davon plaudern dürfte. Zum Schluß, den Suppeneimer in der Hand, sagt er dann doch:
»Sie haben der Dame sehr gefallen, scheint es.«
»Und?«
»Jedenfalls hat die Dame eine Kaution hinterlegt«, sagt er mit gedämpfter Stimme, »eine hübsche Summe!«
»Wofür?«
»Nun ja – für Sie Mister White!« grinst er und zwinkert mit dem Auge, »damit Sie mit der Dame spazieren dürfen –!«

Noch einmal (zum letztenmal!) habe ich heute den Versuch unternommen, meinem so beflissenen Verteidiger aus seinem nachgerade ergreifenden Mißverständnis meiner Lage, das ihm so viel Arbeit verursacht, vergebliche Arbeit und so viel Ärger mit mir, der ich anderseits für seine tägliche Zigarre doch so dankbar bin, herauszuhelfen –
»Kennen Sie«, fragte ich und biß gerade wieder das trokkene Knöpfchen von der Zigarre, »das Märchen von Rip van Winkle?«
Statt Antwort gab er Feuer.
»Ein amerikanisches Märchen«, sagte ich mit der Zigarre im Mund und also etwas undeutlich. »Ich habe es als Bub einmal gelesen, vor Jahrzehnten also, in einem Buch von Sven Hedin, glaube ich. Sie kennen es?«
Dazu (was wichtig ist) hielt ich sein silbernes Feuerzeug mit Flämmchen, ohne jedoch die duftende Zigarre, diese immerhin einzige Wollust in meiner Untersuchungshaft, anzuzünden, nein, aller Begierde zum Trotz wiederholte ich meine Frage:
»Sie kennen es nicht?«
»Was?«
»Das Märchen von Rip van Winkle?«

Nur mit diesem Kniff, nämlich mit dem Feuerzeug in der Hand, das ich nach jedem Verlöschen wieder entzündete, dazu mit der Zigarre in der andern Hand, unablässig im Begriff, die schöne Zigarre endlich anzustecken, ja, einmal schon mit der ersten Glut an der Zigarre, so daß ich bloß hätte ziehen müssen, im letzten Augenblick doch jedesmal wieder verhindert – durch Rip van Winkle, dessen Märchen offensichtlich sogar akuter war als meine Zigarre – nur so konnte ich meinen geschäftigen Verteidiger überhaupt zum Zuhören, zum aufmerksamen Zuhören nötigen. Das Märchen lautet etwa folgendermaßen:
Rip van Winkle, ein Nachkomme jener unerschrockenen van Winkles, die unter Hendrik Hudson dereinst das amerikanische Land erschlossen hatten, war ein geborener Faulenzer, dabei, wie es scheint, ein herzensguter Kerl, der nicht um der Fische willen fischte, sondern um zu träumen, denn sein Kopf war voll sogenannter Gedanken, die mit seiner Wirklichkeit wenig zu tun hatten. Seine Wirklichkeit, ein gar braves Weib, die jedermann im Dorf nur bedauern oder bewundern konnte, hatte es denn auch nicht leicht mit ihm. Rip fühlte es wohl, daß er einen Beruf haben müßte, einen männlichen Beruf, und liebte es, sich als Jäger auszugeben, denn dies hatte den Vorteil, daß er sich tagelang umhertreiben konnte, wo ihn niemand sah. Meistens kam er ohne eine einzige Taube zurück, beladen nur mit schlechtem Gewissen. Sein Häuschen war das lottrigste im ganzen Dorf, zu schweigen von seinem Garten. Nirgends gedieh das Unkraut so munter wie in seinem Garten, und immer waren es seine Ziegen, die sich verliefen und in die Schluchten stürzten. Er trug es ohne Gram, denn er war ein innerlicher Mensch, im Gegensatz zu seinen Vorfahren, die immer so tatendurstig aus den alten Bildern blickten. Tagelang hockte er vor seinem lottrigen Häuschen, das Kinn in die Faust gestützt, und sann darüber nach, warum er nicht recht glücklich wurde. Er hatte

eine Frau und zwei Kinder, aber glücklich war er nicht. Er hatte mehr von sich erwartet; er war fünfzig Jahre alt und erwartete es noch immer, auch wenn seine brave Frau und seine Kumpane darüber lächelten. Nur Bauz, sein zottiger Hund, verstand ihn und wedelte mit dem Schwanz, wenn Rip nach seiner Flinte griff, um auf die Eichhörnchenjagd zu gehen. Die Flinte, ein schweres Ding mit viel Zierat, hatte er von seinen Vorfahren ererbt. Sie lächelten wohl heimlich, wenn Rip von seiner Jägerei erzählte; stets hatte er mehr erlebt als geschossen. Und da sich seine Geschichten nicht braten ließen, hatte seine Frau, Mutter von zwei Kindern, lange schon genug davon; sie schimpfte ihn einen Faulenzer, und zwar offen heraus, was er nicht vertrug. So kam es, daß Rip fast jeden Abend, um seine Geschichten loszuwerden, in der Wirtschaft des Dorfes hockte, wo immer einige zuhörten, auch wenn man seine Geschichten nicht braten konnte; sein prächtiges Gewehr und der müde Hund zu seinen Füßen waren Zeugen genug, wenn Rip von seiner Jägerei erzählte. Die Leute mochten ihn ganz gerne, denn Rip redete ja niemandem zuleide, im Gegenteil, stets hatte er ein wenig Angst vor der Welt, scheint es, und brauchte es sehr, daß die Leute ihn mochten. Ein wenig soff er wohl auch. Und wenn niemand zuhörte, schadete es auch nichts; jedenfalls gingen sie nicht vor Mitternacht nach Hause, Rip und sein Hund, der seinen Schwanz zwischen die Hinterbeine klemmte, sobald er Frau van Winkle kommen hörte, denn jeden Abend gab es ein Gerede, wovon Rip so wenig verstand wie sein Hund, einfach ein Gerede, während er die Stiefel auszog, und es lag natürlich auf der Hand, daß es so nicht weiterginge, aber das lag es eigentlich schon seit Jahren... Einmal zogen sie wieder auf die Eichhörnchenjagd, Rip und sein treuer Hund, strammen Schrittes, solange das Dorf sie sehen konnte; dann, wie üblich, machte Rip seinen ersten Halt, futterte ein bißchen von seinem Imbiß, und Bauz paßte auf, ob jemand um den Hügel käme. Dafür, wie üblich, bekam Bauz einen kleinen Knochen, und Rip steckte sich seine Pfeife an, um dem braven Hund, der laut an dem kahlen Knochen fletschte, auch eine geziemende Muße zu gönnen. Endlich trotteten sie weiter in den Morgen hinaus, in das weite Hügelland über dem glitzernden Hudson, eine herrliche Gegend, wie man noch heute feststellen kann, und es fehlte nicht an Eichhörnchen. Gott weiß, warum Rip sich vor allen Leuten immerfort als Jäger ausgab! In Gedanken versunken, die nie ein Mensch erfahren hat, schlenderte er durch den Wald. Auch Hasen gab es hier, ja sogar ein Reh! Rip blieb stehen und betrachtete das verwunderte Tier mit Andacht, die Hände in den Rocktaschen, die Flinte an der Schulter, die Pfeife im Mund. Das Reh, das ihn offenbar durchaus nicht für einen Jäger hielt, schickte sich an, in Gelassenheit zu weiden. Man muß ein Jäger sein! sagte sich Rip, indem er plötzlich an die abendliche Wirtschaft dachte und an sein getreues Weib, und nahm seine Flinte in den Anschlag. Er zielte auf das Reh, das ihn anblickte; er drückte auch ab, nur war kein Pulver drin! Es war seltsam, der Hund bellte, obzwar kein Schuß gefallen war, und im selben Augenblick hörte man Rufe aus der Schlucht: Rip van Winkle, Rip van Winkle! Ein gar merkwürdiger Geselle, keuchend unter einer harten Bürde, kam aus der ebenso unvermuteten wie felsigen Schlucht herauf, gebückt, so daß sein Gesicht nicht zu sehen war, doch schon die Kleidung war verblüffend, ein Tuchwams wie auf altertümlichen Bildern und weite Hosen mit bunten Bändern, ja, auch ein Knebelbart fehlte nicht, wie ihn die Vorfahren einst getragen hatten. Auf den Schultern aber trug er ein stattliches Fäßlein voll Branntwein. Rip ließ sich nicht lange rufen. Du bist ein höflicher Mensch! sagte der Geselle mit dem Knebelbart: Du bist ein hilfsbereiter Mensch! und mit diesen Worten, die Rip so gerne hörte, rollte er ihm das Fäßlein auf die Schultern, so daß Rip auf weitere Fragen verzichtete. Erst ging es den Berg hinauf, dann hinunter in eine andere Schlucht, eine Gegend, die Rip noch nie gesehen hatte. Auch Bauz, der treue Hund, fühlte sich gar nicht heimisch, schmiegte sich an die Beine seines Herrn, winselte. Denn es rollte wie Donner aus der Schlucht! Endlich war es soweit, das harte Fäßlein von seinen schmerzenden Schultern genommen, so daß Rip sich aufrichten und sich umsehen konnte. Das ist Rip van Winkle! sagte der Geselle mit dem Knebelbart, und Rip sah sich inmitten einer Gesellschaft von durchwegs alten Herren mit niederländischen Hüten, mit steifen und feierlichen Gesichtern, mit altertümlichen Krausen. Niemand sprach ein Wort, nur Rip nickte. Es war, wie sich zeigte, eine Gesellschaft von Kegelspielern. Daher das Rollen und Donnern in der Schlucht! Rip mußte sogleich die Krüge füllen, jeder der alten Herren nahm einen beträchtlichen Schluck, dann kehrten sie schweigend zu ihrem Kegelspiel zurück, und Rip, da er sich nun einmal gerne als höflichen Menschen zeigte, konnte nicht umhin, die Kegel aufzustellen. Nur ab und zu, hastig, konnte er 'nen Schluck aus dem Krug nehmen. Wacholderschnaps war es, sein Lieblingsschnaps! Aber schon wieder spritzten die Kegel auseinander und jedesmal mit einem gellenden Krach, dessen Echo durch die ganze Schlucht hallte. Rip hatte alle Hände voll zu tun. Und das Krachen und Rollen nahm kein Ende mehr. Kaum standen die schweren und etwas wackligen Kegel wieder in Ordnung, so daß Rip nach dem Wacholderschnaps greifen konnte, trat der nächste Herr in die Bahn, kniff sein linkes Auge, um zu zielen, und schob seine steinerne Kugel, die wie ein Gewitter rollte. Es war schon eine ziemlich seltsame Gesellschaft, wie gesagt, kein Wort wurde gesprochen, und so wagte denn auch Rip nicht zu fragen, wann er wohl wieder entlassen würde aus dieser Fron. Ihre Gesichter mit den niederländischen Hüten und den altertümlichen Krausen, wie die Vorfahren sie trugen, waren so würdig. Nur im Augenblick, wenn Rip neuerdings die Kegel aufstellte, hatte er das leidige Gefühl, daß man hinter seinem Rücken grinste, doch konnte Rip sich ja nicht umdrehen und schauen, denn schon, seine Hand noch an dem letzten Kegel, der wackelte, hörte er das drohende Rollen der nächsten Kugel und mußte zur Seite springen, damit sie nicht seine Beine zermalmte. Es war nicht zu sehen, wann diese Fron jemals ein Ende nehmen würde. Das Fäßlein mit dem Branntwein schien unerschöpflich, immer wieder mußte Rip den Krug füllen, immer wieder nahmen sie einen Schluck, immer wieder kehrten sie schweigend zu ihrem Kegelspiel zurück – Es gab nur eins: Rip mußte erwachen!... Die Sonne versank schon in den braunen Abenddunst, als Rip sich aufrichtete, die Augen rieb. Es war Zeit, nach Hause zu gehen, allerhöchste Zeit. Aber vergeblich pfiff er seinem Hund. Eine Weile, noch traumwirr, schaute Rip nach der Schlucht zurück und nach den Kegelspielern mit ihren niederländischen Hüten, mit ihren altertümlichen Krausen, aber das alles gab es ja gar nicht! Draußen glitzerte der breite Hudson wie einst und je, und wäre bloß der Hund mit seinem getreuen Gewedel gekommen, hätte Rip nicht länger an den Traum gedacht. Er hätte sich auf dem Heimweg überlegt, was er im Dorf erzählen würde. Ein wenig, gewiß, kamen sie ihm wie die wackligen Kegel vor, diese Geschichten, die er immer aufzustellen hatte, damit die andern sie umwerfen konnten. Von Bauz keine Spur! Endlich nahm Rip seine Flinte aus dem Gras, aber siehe da, sie war von Wacholder überwuchert. Und nicht nur das, rostig war sie auch, die jämmerlichste Flinte der Welt! Der hölzerne Schaft war verfault. Rip schüttelte den Kopf, drehte das Ding einige Male in der Hand, dann warf er es weg und erhob sich. Denn schon ging die Sonne unter. Daß die verblichenen Knochen, die neben seinem Beutel lagen, die letzten Reste seines treuen Hundes sein sollten, das Skelett von Bauz, das wollte Rip nicht glauben. Aber was sollte es anderes sein? Es stimmte schon, er träumte nicht, er rieb sich das Kinn und griff einen Bart, der ihm auf die Brust reichte, einen Greisenbart. Jahre waren vergangen. Wie viele? Jedenfalls war es spät. Von Hunger getrieben und wohl auch von Neugierde, wieviel an Leben ihm noch verblieben wäre nach jenem dummen Kegelspiel, kam Rip van Winkle in sein trautes Dorf, dessen Straßen und Häuser er nicht wiedererkannte. Lauter Fremde! Nur sein eigenes Häuschen stand noch verlottert wie je, leer und ohne Fensterscheiben, Wind wohnte darin. Und wo war Hanne, seine Frau? Langsam packte ihn doch das Grauen. Die alte Wirtschaft, wo man stets das Nötigste erfuhr, war nimmer zu finden. Verloren und einsam, verstört, furchtsam und von fremden Kindern umringt, fragte er nach den alten Kumpanen. Man wies ihn auf den Friedhof oder zuckte die Achsel. Endlich fragte er (mit leiser Stimme) auch nach sich selbst: Ob denn niemand mehr da wäre, der Rip van Winkle kennt? Sie lachten. Rip van Winkle, der Eichhörnchenjäger, war ihnen wohlbekannt, und er hörte gar schnurrige Geschichten von dem Mann, der vor zwanzig Jahren, wie jedes Kind weiß, in eine Schlucht gestürzt oder den Indianern in die Hände gefallen war. Was sollte er tun? Scheu fragte er nach Hanne, der Frau jenes Eichhörnchenjägers, und da sie ihm sagten, ja, die wäre schon lange vor Kummer gestorben, weinte er und wollte gehen. Wer er denn selber wäre? fragte man ihn, und er besann sich. Gott weiß es! sagte er: Gott weiß es, gestern noch meinte ich es zu wissen, aber heute, da ich erwacht bin, wie soll ich es wissen? Die Umstehenden tippten mit dem Finger gegen ihre Stirnen, und umsonst erzählte er die wunderliche Geschichte mit den Kegeln, die kurze Geschichte, wie er sein Leben verschlafen hätte. Sie wußten nicht recht, was er damit sagen wollte. Er konnte es auch anders nicht sagen, und bald gingen die Leute wieder ihres Wegs,

nur ein junges und ziemlich hübsches Weib blieb stehen. Rip van Winkle ist mein Vater gewesen! sagt sie. Was weißt denn du von ihm? Eine Weile blickte er in ihre Augen und spürte wohl auch die Versuchung zu sagen, daß er ihr Vater wäre, aber war er es denn, den sie alle erwarteten, der Eichhörnchenjäger mit den Geschichten, die immer ein wenig wackelten und umfielen, wenn sie lachten? Endlich sagte er: Dein Vater ist tot! Und so ließ auch das junge Weib ihn stehen, was ihn schmerzte, doch es mußte wohl sein. War er denn umsonst erwacht? Er lebte noch einige Jahre im Dorf, ein Fremdling in fremder Welt, und verlangte nicht, daß sie ihm glaubten, wenn er von Hendrik Hudson erzählte, dem Entdecker des Flusses und Landes, und von seiner Schiffsmannschaft, die von Zeit zu Zeit sich in den Schluchten versammle und Kegel spiele, und wenn er meinte, dort müßten sie ihren alten Rip van Winkle suchen. Man lächelte, gewiß, in heißen Sommertagen hörte man zuweilen ein dumpfes Rollen hinter den Hügeln, ein Gepolter wie von Kegeln; doch die Erwachsenen hielten es immer nur für ein gewöhnliches Gewitter, und das war es wohl auch. –
Soweit das Märchen.
»Und?« fragte mein Verteidiger, nachdem ich es erzählt habe und endlich meine Zigarre anzünde, »was hat das wieder mit unsrer Sache zu tun? Gegen Ende September steigt die große Verhandlung, und Sie erzählen mir Märchen – Märchen! – und damit soll ich Sie verteidigen?«
»Womit denn sonst?«
»Märchen!« klagt er, »statt daß Sie mir ein einziges Mal eine klare und blanke und brauchbare Wahrheit erzählen!«

(...)

Zürich könnte ein reizendes Städtchen sein. Es liegt am unteren Ende eines lieblichen Sees, dessen hügelige Ufer nicht von Fabriken, jedoch von Villen verschandelt sind, und da wir gestern auf unserm Bummel so freundliches Wetter hatten, September-Bläue mit leichtem Silberdunst, war ich wirklich entzückt, nicht bloß Frau Julika zuliebe, deren großherzige Kaution allwöchentlich einen solchen Ausflug ermöglichen soll, vorausgesetzt freilich, daß ich immer pünktlich in mein Gefängnis zurückkehre. Mein diesbezüglicher Eid, den ich meinem Verteidiger habe schwören müssen, um zu verhüten, daß er uns begleitet, bindet mich übrigens weniger als die natürliche Rücksicht auf Julika; wenn ich abhaue, verliert sie eine Summe, die ich ihr nie würde erstatten können. Übrigens: ein oder zwei Whisky sind erlaubt! Sie sieht einfach großartig aus, diese Frau, ich denke es immer wieder, ihr lichterlohes Haar in der Sonne, das weiße Pariser-Hütchen drauf, ihre grazile Gestalt, ich bin einfach entzückt.

Einmal, da ich sie wieder in einem Schaufensterspiegel sehe, kann ich nicht umhin, mich zu drehen, fasse ihr Kinn und küsse sie.

»Du«, sagt sie, »wir sind in Zürich!«

Vor allem entzückt mich die Lage ihres Städtchens, das auf beiden Seiten von gelassenen Hügeln umarmt wird, von natürlichen Wäldern, die zu ländlichen Wanderungen lokken, und in der Mitte glitzert ein grünes Flüßchen, das die Richtung nach den großen Ozeanen verrät (wie allerdings jedes Gewässer) und daher stets etwas Lebendiges erweckt, Sehnsucht nach Welt, nach Küsten. Drei Wochen in Zürich zu verbringen, wenn man nicht im Gefängnis wohnt, muß köstlich sein, gerade in dieser Jahreszeit. Es gibt denn auch, wie man auf den Straßen hört, allerlei Fremde. Nicht umsonst hat Zürich ein blauweißes Wappen; in dem blanken Licht seiner Föhnbläue, die, vom Weiß der Möwen verziert, auch dem Einheimischen viel Kopfweh verursachen soll, hat dieses Zürich tatsächlich einen eigenen Zauber, ein ›cachet‹, das mehr in der Luft zu suchen ist als anderswo, einen Glanz einfach in der Atmosphäre, der in seltsamem Widerspruch steht zum Griesgram wenigstens der einheimischen Physiognomien, und etwas geradezu Festliches, etwas Klingendes, etwas Schmuckes und Adrettes wie sein Wappen, etwas Blauweißes ohne viel besondere Merkmale. Es ist, so könnte man vielleicht sagen, eine Stadt, deren Reiz vor allem die Landschaft ist, und jedenfalls versteht man die Fremden, die am Quai aussteigen und knipsen, bevor sie weiterreisen nach Italien, und man versteht auch die Einheimischen, die stolz darauf sind, wenn man viel knipst. Ihr schmaler See, etwa von der Breite des Mississippi, blinkt wie eine krumme Sense in das grüne, das hügelwogende Land hinaus. Auch an Werktagen wimmelt es von kleinen Seglern. Bei aller Geschäftigkeit hat dieses Zürich, Treffpunkt der Kaufleute, etwas Kurorthaftes. Die Alpen sind zum Glück nicht so nahe wie auf den Ansichtskarten; in geziemender Ferne krönen sie das Gewoge der Vorberge, ein Gischt aus weißem Firn und bläulichen Gewölken. Vielleicht hat mir Julika nicht die wirklichen Viertel gezeigt; in der Erinnerung fällt mir auf, daß wir keinen einzigen Bettler getroffen haben, auch keine Krüppel. Die Leute sind zwar nicht mit Eleganz, jedoch mit Qualität gekleidet, so daß man nie Mitleid haben muß, und die Straßen sind sauber von Morgen bis Abend. Unbehelligt von Bettlern, wie gesagt, und unbehelligt von besonderen Baudenkmälern, die uns aus dem Gespräch reißen würden, schlendern wir fast eine Stunde lang. Die Art und Weise, wie sie den modernen Verkehr zu regeln versuchen, ist für einen Fremden nicht ohne weiteres zu verstehen; dabei geben sich die Gendarmen die größte Mühe und wirken sehr ernst, und vor allem geht es ihnen um die Gerechtigkeit, scheint es, weniger um den Verkehr; an jeder Straßenkreuzung fühlt man sich einer Art moralischer Erziehung unterworfen. Je näher man wieder zum See kommt, wo die Fremden gewissermaßen ihre eigenständige Atmosphäre schaffen, die sie dann für die Atmosphäre von Zürich halten, um so weniger fällt es auf, wenn man fröhlich ist und auf offener Straße etwa lacht; auch Julika, merke ich, wird in dieser Gegend wieder freier, und ich kann sie mir vorstellen, wie sie in Paris ist. Ihre Mama war Ungarin, aber Zürich ist ihre Vaterstadt, und es ärgert Julika in einem unverhältnismäßigen Grad, wenn der Stadtrat von Zürich versagt, indem er, zum Beispiel, Charlie Chaplin nicht empfängt. Sie redet eine Viertelstunde nur davon. Schön wirkt ein indisches Paar, vermutlich Gäste eines Kongresses. Es gibt hier viele Kongresse, überhaupt etwas Internationales mit großen und verstaubten Cars, mit Rudeln von deutschen Lederhosen, und jede Kellnerin redet amerikanisch. Etwas Allerwelthaftes gehört zum Wesen dieses Städtchens, das für den Fremden, wie gesagt, sehr angenehm ist; es ist provinziell, ohne langweilig zu sein. Es ist provinziell mit Konzerten von Furtwängler, mit Gastspielen von Jean-Louis Barrault, mit Ausstellungen von Rembrandt bis Picasso, mit Schauspielkunst deutscher Emigranten, mit Niederlassung von Thomas Mann, aber auch mit allerlei eigenen Köpfen, die draußen in der Welt etwas leisten, bis ihr Ruhm nach und nach auch dem eigenen Lande schmeichelt, das seinerseits keinen Ruhm zu machen imstande ist, eben weil es provinziell ist, nämlich geschichtslos. Aber was geht das mich an! Für den Fremden ist es ein Vergnügen, in diesem Städtchen zu schlendern, zumal wenn er Geld hat, und es hätte ein entzückender Nachmittag werden können, wie gesagt – wäre Julika nicht wieder in ihre fixe Idee verfallen, mich für ihren verschollenen Gatten zu halten.

Einmal bleibt sie stehen.

»Hier!« sagt sie, zeigt auf die Figur aus Bronze, die durch den öffentlichen Ankauf nicht besser geworden ist, eine Art von Skulptur, womit ich ehrlicherweise nichts anzu-

fangen weiß, und als ich weitergehen möchte, nimmt Julika mich am Ärmel, zeigt auf den Sockel, wo in ziemlich großen Lettern zu lesen ist: A. Stiller. (Zum Glück habe ich mich nicht geäußert, sowie ich mich nämlich über eine Arbeit ihres verschollenen Stiller äußere, nehmen sie es als Selbstkritik und als weiteres Indiz, daß ich Stiller sei)... Ein anderes Mal, wie Julika mich am Ärmel zu nehmen das leidige Bedürfnis hat, sehe ich zum Glück wenigstens keine Skulptur, sondern Schwäne, eine Flottille natürlicher Schwäne mit ihrem weißen Gefieder in der Sonne; Flaum liegt auf dem grünen Wasser um sie. Und im Hintergrund, so wie Julika mich stellt, sieht man das sogenannte Großmünster; ich verstehe: genau wie im Album! Was sie damit beweisen will, weiß ich nicht. Schließlich bleibe ich mitten in der Straße (innerhalb des Fußgängerstreifens) einfach stehen; umsonst nimmt sie mich wieder am Ärmel, verzagt wie über einen störrischen Esel, als ich frage:
»Wo gibt es hier Whisky?«
»Wir können hier nicht stehenbleiben!«
Schon schwirren die Motorroller links und rechts an uns vorbei, ein Taxi hupt mich an, dann überdröhnt uns ein Lastwagen mit Anhänger, und Julika ist bleich wie Kreide, obzwar wir nun wieder das grüne Licht haben. Ein fremder Fußgänger, dem ich nichts getan habe, beschimpft mich mit Ausdrücken moralischer Entrüstung, als wäre es in einem Land, das sich täglich seiner Freiheiten rühmt, nicht statthaft, das eigene Leben aufs Spiel zu setzen... Später, in einem Gartenrestaurant unter bunten Schirmen, frage ich Julika:
»Wie lebst du eigentlich in Paris?«
Ich duze sie nun auch; nicht der Kaution wegen, weiß Gott, sondern aus holdem Bedürfnis, unwillkürlich. Es ist stets wieder etwas Wunderbares, dieser Schauer erster Vertraulichkeit, etwas wie ein Zauberstab über alle Welt, die

plötzlich wie zu schweben beginnt, etwas so Leises, was doch alles übertönt. Unwillkürlich, aber dann von unverhoffter Seligkeit wie betäubt, so daß ich etwas anderes als unsere kleine Berührung kaum wahrzunehmen vermag, habe ich meine Hand auf ihre Schulter gelegt. Eine selige Weile lang, bis das neue Du auch wieder zur Gewöhnung und sozusagen klanglos geworden ist, fühlt man sich ja allen Menschen wie verschwistert, inbegriffen den Kellner, der den Whisky bringt; man hat ein Gefühl, nun bedürfe es in dieser Welt überhaupt keiner Verstellung mehr, ein Gefühl so friedlichen Übermutes. Man lacht über sein Gefängnis! In Fällen, wo dieses Du eine reifere und doch wohl lebensmutige Frau ist, habe ich dann allerdings ein natürliches, übrigens in meinem Übermut nicht allzu ernstes oder gar dringendes Bedürfnis, eher eine spielerische Neugier, wer sonst noch an Männern mit meinem Du im Spiele steht. In ihren Erzählungen von Paris, von der Ballettschule, die ja vermutlich kein Kloster ist, kommt nie ein Mann vor, kein François, kein André, kein Pierre, kein Jacques und nichts. Ein Paris der Amazonen; was soll das heißen? Schließlich frage ich sie rundheraus:

»Bist du sehr glücklich in Paris?«

Das darf man doch fragen.

»Glücklich!« sagt sie, »was heißt glücklich –«

Sehr merkwürdig: irgendwie kann Frau Julika Stiller-Tschudy es nicht haben, wenn ich sie für gesund und glücklich halte, sofort kommt sie wieder mit Davos, mit ihrer zweifellos sehr schrecklichen Zeit in jener einsamen Veranda mit olivgrüner Jugendstil-Verglasung, wo Stiller, ihr verschollener Mann, sie einfach im Stich gelassen hat. Ich höre es mir nochmals an. Ich sehe, ohne die Schrecklichkeit des Vergangenen anzuzweifeln, ihre so blühende Gegenwart mit dem eigentümlichen Gesicht, durch den Widerschein auf dem Tischtuch von unten erhellt, so wie ein Gesicht im Rampenlicht. Ich sehne mich nach ihr. Ich

warte drauf, daß sie aus der Vergangenheit, der sie verzeihen will und zum Zwecke des Verzeihens ganz genau ausmalen muß, endlich zur Gegenwart unseres ohnehin befristeten Nachmittags kommt.
»Meine liebe Julika«, sage ich, »die ganze Zeit redest du mir, wie scheußlich dein Stiller ich benommen hat. Wer bestreitet das denn? Er hat dich krank gemacht, behauptest du, krank auf den Tod, er hat dich liegen lassen, du hättest sterben können, und trotzdem, sehe ich, suchst du nur ihn – Kannst du es ihm einfach nicht gönnen, daß du nicht wirklich gestorben bist, sondern hier sitzest als eine blühende Person?«
Das war kein Scherz, nein, ich merkte es selbst. Ohne mich anzublicken, holte Julika etwas aus ihrer weißen Pariser Handtasche, ein vergilbtes Brieflein. Offenbar zur Widerlegung meiner Rede! Es handelte sich um ein Brieflein, das Stiller, der Abscheuliche, ihr seinerzeit nach Davos ins Sanatorium geschickt hatte, ich sollte es lesen, eigentlich nur ein Zettelchen, ein mürbes Papier, ein Blatt aus einem Notizblock, kariert, beschrieben mit flüchtigen Bleistift-Zügen, die mich als Schrift eher befremden, ja abstoßen.
»Und?« fragte ich etwas betreten.
Sie rieb sich hastig, so hastig, daß es mehrmals knickte, ein Streichholz an. Ein Kommentar zu diesem Textchen, dem letzten, den sie von ihrem verschollenen Stiller bekommen hatte, schien ihr überflüssig. Sie rauchte.
»Julika«, sagte ich und gab ihr das mürbe Zettelchen zurück, »ich liebe dich –«
Sie lachte tonlos, matt, ungläubig.
»Ich liebe dich –«, wiederholte ich und wollte einiges sagen, was nicht ihre oder meine Vergangenheit, sondern unsere Begegnung betraf, meine Empfindungen in dieser Stunde, meine Hoffnungen über diese Stunde hinaus; aber sie hörte mich nicht. Auch wenn sie schwieg, hörte sie mich nicht, sie stellte nur die Pose einer aufmerksamen Zuhöre-

rin. Ihr Geist war in Davos, man sah es, und während meiner Rede begann sie sogar zu weinen. Ich fand es nun ebenfalls traurig, daß zwei Menschen, obzwar sie einander gegenübersitzen, Aug in Auge, einander nicht wahrzunehmen vermögen. »Julika?« rief ich sie bei ihrem Namen, und endlich drehte sie ihr schönes Gesicht zu mir. Aber sie sah mich nicht, sondern Stiller! Ich ergriff ihre schlanke Hand, damit sie erwachen würde. Sie gab sich Mühe, mir zuzuhören. Sie lächelte, sooft ich ihr meine Liebe beteuerte, und sie hörte mich an, mag sein, doch ohne zu hören, was ich hätte sagen wollen. Sie hörte nur, was Stiller, hätte er jetzt auf meinem Sesselchen gesessen, vermutlich gesagt haben würde. Es war schmerzlich für mich, dies zu spüren. Eigentlich könnte man nur verstummen! Ich blickte auf ihre nahe Hand, die ich unwillkürlich losgelassen hatte, und mußte an den ungeheuerlichen Traum mit den Wundmalen denken. Julika bat mich, weiterzusprechen. Wozu? Auch ich fühlte mich plötzlich recht hoffnungslos. Jedes Gespräch zwischen dieser Frau und mir, so schien mir, ist fertig, bevor wir's anfangen, und jede Handlung, die mir jemals einfallen mag, ist schon im voraus gedeutet, meinem augenblicklichen Wesen entfremdet, indem sie in jedem Fall nur als eine angemessene oder unangemessene, eine erwartete oder unerwartete Handlung des verschollenen Stiller erscheinen wird, nie als die meine. Nie als die meine! ... Als ich dem Kellner winkte, sagte sie sofort mit zärtlicher Besorgtheit: »Du solltest nicht so viel trinken! ...«

Bei diesen Worten, offen gestanden, zuckte ich zusammen und mußte mich beherrschen. Was stellte diese Dame sich vor? Erstens hatte ich gar nicht mehr trinken wollen. Und wenn schon! Sie glaubte wohl, sie könnte mich wie ihren Stiller behandeln, und einen Augenblick lang hatte ich Lust, aus purem Trotz einen weiteren Whisky zu trinken. Ich tat es nicht. Denn Trotz ist das Gegenteil von wirklicher Unabhängigkeit. Ich lächelte. Sie tat mir leid. Ich begriff: ihr ganzes Verhalten bezieht sich nicht auf mich, sondern auf ein Phantom, und einmal mit ihrem Phantom verwechselt (denn wahrscheinlich hat es den Mann, den sie sucht, gar nicht gegeben!), ist man einfach wehrlos; sie kann mich nicht wahrnehmen. Schade! dachte ich.

»Nimm es nicht übel«, sagte sie, »aber du solltest wirklich nicht so viel trinken. Ich meine es ja nur gut.«

Leider ließ der Kellner auf sich warten.

»Ich wollte nichts bestellen«, sagte ich mit etwas müder Auflehnung – und Julika lächelte, so daß ich fast etwas gereizt hinzufügte, »du irrst dich, meine Liebe, ich wollte wirklich nichts bestellen, ich wollte zahlen! – leider habe ich kein Geld . . .«

Unterdessen aber, als hätte sie auch dies nicht anders erwartet, hatte Julika bereits ihr rotes Saffian-Portemonnaie (wie sie es offenbar bei Stiller öfter hat tun müssen) unter meinen Ellbogen geschoben, damit ich zahlen konnte. Was sollte ich tun! Ich zahlte. Dann gab ich ihr das rote Saffian-Portemonnaie zurück, nahm mich zusammen und sagte:

»Gehen wir!«

Schlag sechs Uhr wieder im Gefängnis.

PS.

Das ist es: ich habe keine Sprache für die Wirklichkeit. Ich liege auf meiner Pritsche, schlaflos von Stundenschlag zu Stundenschlag, versuche zu denken, was ich tun soll. Soll ich mich ergeben? Mit Lügen ist es ohne weiteres zu machen, ein einziges Wort, ein sogenanntes Geständnis, und ich bin ›frei‹, das heißt in meinem Fall: dazu verdammt, eine Rolle zu spielen, die nichts mit mir zu tun hat. Anderseits: wie soll einer denn beweisen können, wer er in Wirklichkeit ist? Ich kann's nicht. Weiß ich es denn selbst, wer ich bin? Das ist die erschreckende Erfahrung dieser Untersuchungshaft: ich habe keine Sprache für meine Wirklichkeit!

Heute, beim Duschen, fehlt der kleine Jude, dem ich mich zwecks Einseifen der Rücken verbunden habe. Auf meine Bemerkung, daß ich ihm die Freiheit gönne, ziehen sie nur die Augenbrauen. Er war ein kluger Mann, und das Gerücht, daß er Selbstmord begangen habe, beschäftigt mich sehr. Natürlich sind wir trotzdem eine Gruppe von zehn Leuten, und hätte man sich nicht den Rücken geseift, wäre mir sein Abgang wahrscheinlich nicht einmal aufgefallen. Es ist auch nicht so, daß er mir fehlt. (Die Seiferei war mir immer irgendwie peinlich.) Es beschäftigt mich, daß es immer wieder gerade kluge Menschen sind, die den Tod nicht erwarten können, und wenn ich an seine nicht nur klugen, sondern auch um Geheimnisse wissenden Augen denke, scheint es unglaublich, daß dieser Mann nicht wußte, was ihn jetzt erwartet. Jetzt bilde ich mir sogar ein, er wäre der einzige gewesen, dem ich meine Erfahrung hätte mitteilen können – die sonst kaum mitteilbare Begegnung mit meinem Engel.
Wieder einmal das bekannte Gefühl: fliegen zu müssen, auf der Brüstung eines Fensters zu stehen (in einem brennenden Haus?) und keinerlei Rettung zu haben, wenn nicht durch plötzliches Fliegen-Können. Dabei die Gewißheit: es hilft gar nichts, sich auf die Straße zu stürzen, Selbstmord ist Illusion. Das bedeutet: fliegen zu müssen im Vertrauen, daß eben die Leere mich trage, also Sprung ohne Flügel, einfach Sprung in die Nichtigkeit, in ein nie gelebtes Leben, in die Schuld durch Versäumnis, in die Leere als das Einzigwirkliche, was zu mir gehört, was mich tragen kann...

Das Morgengrauen vor dem offenen Fenster kurz nach sechs Uhr erschien wie eine Felswand, grau und rißlos, Granit: – aus diesem Granit stößt wie ein Schrei, jedoch lautlos, plötzlich ein Pferdekopf mit weitaufgerissenen Augen, Schaum im Gebiß, aufwiehernd, aber lautlos, ein Lebewesen, es hat aus dem Granit herauszuspringen versucht, was im ersten Anlauf nicht gelungen ist und nie, ich seh's, nie gelingen wird, nur der Kopf mit fliegender Mähne ist aus dem Granit heraus, wild, ein Kopf voll Todesangst, der Leib bleibt drin, hoffnungslos, die weißen Augen, irr, blicken mich an, Gnade suchend –
Ich machte Licht.
Ich lag wach.
Ich sah:
– unversehens erstarrt, eine Mähne aus roter Terrakotta, leblos, Terrakotta oder Holz mit einem kreideweißen Gebiß und mit glanzschwarzen Nüstern, alle kunstvoll bemalt, lautlos zieht sich der Pferdekopf langsam in den Fels zurück, der sich lautlos schließt, rißlos wie das Morgengrauen vor dem Fenster, grau, Granit wie am Gotthard; im Tal, tiefunten, eine ferne Straße, Kurven voll bunter Autos, die alle nach Jerusalem rollen (ich weiß nicht, woher ich das weiß!), eine Kolonne von bunten kleinen Autos, spielzeughaft.
Ich klingelte.
Draußen regnete es.
Ich lag mit offenen Augen.
Als die Krankenschwester endlich kam und fragte, was denn los sei, bat ich um ein Bad, was aber, ohne Erlaubnis des Arztes, um diese Stunde nicht möglich war; statt dessen gab sie einen Saft und mahnte zur Vernunft; ich solle schlafen, sagte sie, um morgen einen schönen Befund zu

haben, so daß ich am Samstag entlassen werden könne, und löschte das Licht...

Ich stelle mir vor:

Als die junge Nachtschwester endlich kommt, eine Lettin (Elke hieß sie), findet sie ein leeres Bett; der Kranke hat sich selbst ein Bad einlaufen lassen. Er hat geschwitzt, und da er ja baden will, steht er nackt in Wolken von Wasserdampf, als er ihre Vorwürfe hört, noch ohne sie zu sehen, Elke, die sich entsetzt und behauptet, er wisse nicht, was er tue. Erst nachdem sie das Fenster geschlossen hat und als das graue Gedampf, das auch den Spiegel beschlagen hat, allmählich schwindet, wird sich der Kranke plötzlich seiner Nacktheit bewußt; er lächelt. Er solle ins Bett gehen, sagt sie, solle sofort den Wasserhahn abstellen, und da er's nicht tut, will sie es tun; aber da steht der Nackte ihr im Weg, und da er im Augenblick nichts andres zur Hand hat, um sich vor dem jungen Mädchen zu bedecken, hilft er sich mit einem Scherz: Ich bin Adam! Sie findet's nicht zum Lachen. Er weiß nicht, warum er lacht. Warum er denn baden wolle um diese Zeit, fragt sie fachlich, dazu ohne Erlaubnis des Arztes? Und dann nimmt sie flink ein Frottiertuch aus dem Schrank, um dem Unsinn ein Ende zu machen; sie hält es ihm hin, damit er sich nicht erkälte, wortlos, während er sie ansieht, als sehe er Elke zum ersten Mal. Ein Mädchen mit wassergrauen oder grünlichen Augen. Er faßt sie an beiden Schultern. Ein Mädchen mit falbem Haar und großen Zähnen. Was soll das denn! sagt sie, während er, seine beiden Hände an ihren beiden Achseln, sich selbst sagen hört: Ich bin Adam und du bist Eva! Noch tönt es wie ein Scherz; sie wagt nicht zu rufen im nächtlichen Krankenhaus und drückt bloß auf eine Klingel, während sie mit der andern Hand gegen den Verrückten boxt, plötzlich doch voll Furcht, seit er ihr das Häubchen, das blaue mit dem roten Kreuz, behutsam vom Kopf genommen hat. Ihr Gesicht kennt er seit Wochen, aber neu ist ihr Haar, ihr falbes, jetzt loses und aufbrodelndes Haar. Er will Elke nicht wehtun, nur sagen: Ich bin Adam und du bist Eva! wobei er ihr Haar hält, so daß sie den Kopf nicht mehr rühren kann. Hörst du mich? fragt er. Und sie brauchte nur zu lächeln, Eva als Nachtschwester, eine studentische Ostseebäuerin mit grünen Augen und mit einem Pferdegebiß; nur lächeln, um den Scherz wiederherzustellen. Aber sie starrte ihn an. Er scheint nicht zu wissen, daß er nackt ist. Sie boxt nicht mehr, er spürt es ja nicht einmal; sie wehrt sich nur dafür, daß sie das blaue Häubchen wiederbekomme, aber vergeblich, obschon inzwischen ein Nachtarzt erschienen ist im Korridor. Er wiederholt es – natürlich versteht der Nachtarzt überhaupt nicht, was los ist – wie ein Sprachlehrer, der durch Wiederholung etwas einpauken will: Ich bin Adam und du bist Eva, ich bin Adam und du bist Eva! während Elke, hilflos wie vor einem Betrunkenen, nicht ihn anschreit, sondern den Nachtarzt: warum er dort stehe und ihr nicht helfe. Dabei geschieht ihr ja nichts. Der Nachtarzt, seine beiden Hände in den weißen Mantel gesteckt, rührt sich nicht, grinsend, unsicher, ob das Ungehörige nicht auf seiner Seite liege, ein voyeur, wenn auch unfreiwillig. Was sollte er tun? Erst als der Nackte bemerkt, daß sie, obschon Adam und Eva, nicht allein in diesem Korridor sind, und als er auf den Nachtarzt zutritt, verliert sich sein Grinsen; aber auch jetzt nimmt er die Hände nicht aus den Taschen seines weißen Mäntelchens. Wer sind Sie? fragt der Nackte, als hätte er diesen Nachtarzt noch nie gesehen. Die Hände in den Taschen seines weißen Mäntelchens, das ihn von dem Nackten unterscheidet, tut er, was schlimmer ist als Grinsen: er spricht den Nackten mit seinem Namen an. Freundlich. Aber von diesem Augenblick an ist's aus. Rettungslos. Elke, entlassen aus seiner Bedrohung, büschelt ihr Haar. Sie sind der Teufel! sagt er, bis der Nachtarzt endlich seine Hände aus dem weißen Mäntelchen zieht, um sich am Treppengeländer zu halten, um zu weichen Schritt hinter Schritt. Sie sind der Teufel! sagt der Nackte, ohne zu schreien, jedoch entschieden, sowie der Weiße wieder stehenbleiben und sich äußern will: Sie sind der Teufel, Sie sind der Teufel! während Elke, jetzt wieder mit dem blöden Häubchen auf ihrem falben Haar, zu beschwichtigen versucht, aber vergeblich. Er denkt nicht daran, der Nackte, in sein Zimmer zurückzugehen. Er will in den Lift, der aber nicht auf diesem Stockwerk ist, und da er nicht lang warten kann, läuft er die Treppe hinunter – vorbei am Nachtarzt – so plötzlich, daß der Nachtarzt und Elke einander bloß anblicken können... Zwei Minuten später geht er, offenbar auch vom verdutzten Pförtner nicht aufgehalten, tatsächlich auf der Straße, die er seit Wochen nicht mehr betreten hat, vorbei an Leuten unter glänzenden Regenschirmen, die gerade auf die Straßenbahn warten, ihren Augen nicht trauen: ein Mann splitternackt, der schräg über die Straße geht, ohne auf Verkehrszeichen zu achten, Richtung zur Universität. Mitten auf der Straße, im Stehen, richtet er seine Armbanduhr, das einzige, was er auf sich trägt; ein Radfahrer, ein pfeifender Bäckerjunge, muß seinetwegen stoppen, rutscht auf dem nassen Pflaster und fällt, was den Nackten erschreckt, so daß er plötzlich zu laufen beginnt, obschon niemand ihn verfolgt. Im Gegenteil, die Leute weichen zur Seite, bleiben stehen, schauen ihm nur nach. Dennoch fühlt er sich verfolgt. Schon bei der Universität muß er verschnaufen; vornübergebeugt, Hände auf die bleichen Knie gestützt, dann wieder aufrecht, indem er die Arme seitwärts hebt und senkt und hebt wie im Turnunterricht, lang ist's her, keucht er. Zum Glück regnet es. Er weiß nicht, warum das ein Glück ist, empfindet es aber. Er weiß, daß er nicht Adam ist, weiß, wo er sich befindet: in Zürich, keineswegs außer sich, aber nackt, so daß er neuerdings laufen muß, die Ellbogen so locker wie möglich. Er weiß nicht, wieso er nackt ist; wie es dazu gekommen ist. Einmal versichert er sich, ohne dafür stehenzubleiben, seiner Brille, und daß er nackt ist, merkt er nur am Gependel seines Glieds. Also weiter, die Ellbogen so locker wie möglich. Wäre er nicht nackt, er würde zusammenbrechen vor Erschöpfung. Also weiter. Um Kräfte zu schonen, trabt er abwärts, obschon er lieber in die Wälder möchte, also stadtwärts. Einmal eine Umleitung, Stoplicht, eine Kolonne von Wagen, die nicht nach Jerusalem wollen, und Gesichter hinter pendelnden Scheibenwischern, während der Splitternackte, schirmlos, sich durchzwängt zwischen glänzendem Blech: er kann nicht warten, man ist nackter, wenn man nicht läuft. Also weiter, vorbei an dem Verkehrspolizisten, der, als traue er seinen Augen nicht, mit gestrecktem Arm auf seiner Kanzel bleibt. Wie ein Tier findet er, was ihm günstig ist, einmal eine Baustelle, ZUTRITT NUR FÜR BERECHTIGTE, hier verschnauft er hinter einem Bretterverschlag, hält es aber nicht lange aus, ohne zu laufen und zu laufen. Wohin? Einmal ein öffentlicher Park, wo um diese frühe Stunde kein Mensch ist, zumal es regnet; er könnte sich hier auf eine nasse Bank setzen, unbehelligt, so leer sind alle Bänke um diese Zeit; behelligt allein von seiner Nacktheit, die nicht geträumt ist, o nein, die er sieht, sobald er nicht läuft. Es gibt kein Erwachen wie aus einem Traum. Er ist nackt, bleich mit schwarzem Schamhaar und Glied, Brille, Armbanduhr. Erschöpft und keuchend, aber eine Weile lang selig, Erde zwischen den Zehen, Gras zwischen den Zehen, langsamer, ohne jedoch stehenzubleiben, vor Atemnot zuckend wie ein Gepeitschter, langsam und immer langsamer, selig wie ein Schlittschuhläufer, die Hände in die Hüften gestützt, wie ein Schlittschuhläufer in gelassenen Schleifen läuft er über den öffentlichen Rasen, einmal links und einmal rechts um die nächste Platane herum; dabei muß er lachen: Ich bin Adam und du bist Eva! Nur heißt das nichts mehr, so daß er weiterläuft und wieder über die Straße, die Ellbogen so locker wie möglich, bis er die Polizei sieht, sie kommt nicht von hinten, sondern von vorn, zwei Motorräder, und da er lächelt, meinen sie, er ergebe sich, stellen ihre schwarzen Vehikel an den nächsten Straßenrand, schnappen das Gestell aus, ziehen die Vehikel rückwärts, um sie aufzubocken, bevor sie ihm entgegenschreiten, zwei Männer in schwarzen Lederjacken und Stiefeln und Helmen, ausgerüstet wie Tiefseetaucher, schwerfällig, und bis sie wieder auf ihren schwarzen Motorrädern hocken, bis sie die Motoren angetreten haben, bis sie, einen Stiefel aufs Pflaster gestemmt, ihre Motorräder gedreht haben, hat er bereits die Treppe erreicht, die mit Motorrädern nicht zu nehmen ist. Es ist nur noch sein Körper, der jetzt läuft. Eine Haustüre mit Messing, die er kennt, ist verschlossen. Jetzt wieder mitten auf der Fahrbahn, als wolle er's ihnen leichter machen, läuft er, trabt er, bis die schwarzen Motorräder auf Umwegen wieder da sind, eins links, eins rechts, ein Geleit, das ihn belustigt. Ihre Zurufe, er solle stehenbleiben; sie scheinen zu vergessen, daß er splitternackt ist...

Ich erinnerte mich:

Das Weitere hat mir einer erzählt, dem es wirklich zugestoßen ist... Man war freundlich zu ihm, sagt er, verständnisvoll. Er saß auf der Bühne schlotternd in den Kulissen des Vorabends. Der Vorhang war offen, das Parkett aber leer, finster mit Sessellehnen glänzend in einem schwachen Tagesschein, der über der Galerie einfiel, das Orchester ebenfalls leer. Arbeitslicht. Aber es wurde noch nicht geprobt; erst die Bühnenarbeiter waren da. Der Polizist mit seinen schwarzen Stiefeln und mit seinem Kugelhelm, verschüchtert, da er sich zum ersten Mal in seinem Leben auf einer Bühne befand, wagte sich nicht zu setzen, obschon an Sesseln, hingestellt, wie in einem Krönungssaal, jedoch lumpig anzusehen, wenn die Beleuchtung ausfiel, kein Mangel war; er staunte in die Soffitten hinauf. Als sich Türen öffneten im Zuschauerraum, es waren die Putzfrauen, schickte er sie hinaus; im übrigen hatte er nichts zu tun. Auf und nieder zu gehen, um die Wartezeit zu verkürzen, scheute er sich. Ebenso scheute er sich vor einem Dialog mit dem nackten Mann, obschon niemand im Zuschauerraum war, wie gesagt, nicht einmal die Putzfrauen; er blätterte in einem dienstlichen Notizblock, Rükken gegen das Parkett, das ihn offensichtlich beunruhigte. Ein Bühnenarbeiter brachte endlich dem Nackten, da er schlotterte, irgendein Kostüm, das nach Kampfer roch, eine Art von Mantel, wollte wissen, was los sei, aber der Polizist, die Daumen im Gurt, verwies ihn mit stummer Miene. Der Nackte bedankte sich, und es tönte höflichalltäglich. Der Mantel war himmelblau mit goldenen Quasten, ein Königsmantel, Futter aus billigem Rupfen. Seine Füße schmerzten, sie waren durch Teer gelaufen, Teer mit feinem Kies. Später erschien ein Herr in Zivil, der wider Erwarten nicht nach Personalien fragte; er schien unterrichtet zu sein. Und alles verlief wie alltäglich. Im Wagen – es war kein Krankenwagen, aber der Fahrer trug eine Mütze mit dem Wappen der Stadt – sprach man übers Wetter, Föhnzusammenbruch; vorne im Wagen: der Fahrer mit der Mütze und der Tiefseetaucher, der seinen Helm aufs Knie genommen hatte, jetzt ein unwahrscheinlich kleiner Kopf, beide stumm; hinten im Wagen: der Inspektor (so hatte der Fahrer ihn angesprochen) und der im Königsmantel mit goldenen Quasten, aber barfuß. Warum er gerade in die Oper gelaufen sei, fragte der Inspektor leichthin, unterbrach sich aber selbst, indem er Zigaretten anbot. Der im Königsmantel schüttelte den Kopf. Man fuhr nicht zum Kantonsspital, sondern Richtung Balgrist, ohne natürlich das Fahrziel zu erwähnen; spätestens am Kreuzplatz war es klar, daß man ihn als Geisteskranken behandelte. Bei der Burgwies, nach schweigsamer Fahrt seit dem Kreuzplatz, erkundigte er sich sachlich, ob seine Post heute noch umgeleitet werde; er wiederholte dieselbe Frage, als er in dem Vorzimmer saß, gegenüber einem jungen Assistenten, der über den himmelblauen Mantel mit goldenen Quasten nicht verwundert zu sein sich bemühte. Seine Kleider würden jeden Augenblick eintreffen, hieß es. Wieder diese Freundlichkeit, die so weit ging, daß man seinen Namen auszusprechen vermied. Der Professor war noch nicht im Haus. Um Konversation zu machen, sagte er, derartiges sei ihm noch nie zugestoßen, und man glaubte es ihm, soweit der Assistent (auch wieder mit den Händen in den Taschen seines weißen Mantels) vor dem Eintreffen des Professors selber zu glauben befugt war. Er habe einen Schrei ausstoßen wollen, sagte er; dabei saß er vollkommen ruhig, vernünftig, höflich-alltäglich. Als er seine Hände wusch, die von Teer und Blut verschmiert waren, und als er seine Hände trocknete, sah er sich im Spiegel; er erschrak über das Kostüm, es fehlte nur noch eine Krone. Seine eignen Kleider, hieß es nochmals, sollten jeden Augenblick eintreffen. Dann sagte er nochmals, er habe einen Schrei ausstoßen wollen. Man nahm es zur Kenntnis. Einen Schrei? Er nickte, ja, mit der Dringlichkeit eines Stummen, der sich verstanden wähnt. Wieso einen Schrei? Das wußte er nicht.

Genua 1953/54

Seine kleine Geschichte mit dem fleischfarbenen Kleiderstoff in Genua, die mein Freund und Staatsanwalt gestern erzählt hat, will mir nicht aus dem Kopf. Ich sehe ihn – nennen wir ihn Rolf – beispielsweise in seinem Nachtzug, den er blindlings bestiegen hatte, gleichgültig, wohin die Reise nun ging, froh wie ein Flüchtling, froh, daß um

Mitternacht überhaupt noch ein Zug fuhr. Im Fahren, dachte er, erträgt es sich vielleicht leichter, und dann wollte er auf keinen Fall, daß er jetzt, nachdem er sich im ersten Schrecken ganz ordentlich gehalten hatte, nochmals vor seine Frau treten könnte. Und vom Überfahren der Grenze, mag sein, versprach er sich auch etwas. Je weiter, um so besser! Also saß er in diesem Nachtzug, ein Herr ohne Gepäck, allein in seinem Abteil zweiter Klasse. In Mailand, im Morgengrauen, stand der Zug in einer menschenleeren Bahnhalle, ein italienischer Eisenbahner klopfte mit dem Hämmerchen die Räder, und sonst schien die ganze Welt zu schlafen wie Sibylle, die ja nun, nachdem sie es ihrem Gatten gesagt hatte, aller Kümmernisse ledig war. Pläne von knäbischer Rachsucht gingen ihm durch den Kopf; die Warterei in dieser Bahnhalle machte ihm seine Ziellosigkeit noch bewußter. Plötzlich krähte irgendwo ein Hahn, kurz darauf ein zweiter, ein dritter, schließlich krähte ein ganzer Güterzug voll Geflügel, das hier auf den Morgenmarkt wartete. Und dann, als endlich wieder die Räder rollten, konnte Rolf trotz allem schlafen, erwachte nur ab und zu am Bewußtsein, daß man mit halboffenem Mund ein dummes Gesicht hat; doch war er nach wie vor allein in seinem Abteil, tat alles, um schlafen zu können, denn je länger dieser Schlaf, um so größer die Hoffnung, daß sich beim Erwachen alles nur als ein böser Traum herausstellen würde. In Genua schien bereits die Sonne. Eigentlich sehr müde, so daß er sich am liebsten wie die Bettler einfach auf die Stufen gesetzt hätte, stand Rolf vor den Arkaden des Bahnhofs, ein Herr ohne Gepäck, dafür mit einem überflüssigen Mantel auf dem Arm, etwas unrasiert auch, blickte in den Verkehr mit seiner Huperei, mit seinen rasselnden und scheppernden Straßenbahnen in den Schattenschluchten schmaler Gassen, mit Rudeln von Leuten, die alle ein Ziel zu haben schienen, und das war nun also Genua. Eine Zigarette hatte er sich bereits angezündet. Was weiter? Zwischen den Arkaden hindurch, merkte er, umschlich und musterte ihn jemand, ein Geldwechsler vermutlich, und er schlenderte los. In einer billigen Bar zwischen Gepäckträgern und Taxichauffeuren, umbrandet also von Geschnorre, während ein schlumpiger Strupper zwischen seinen viel zu tadellosen Schuhen den steinernen Boden aufwusch, trank er einen schwarzen Kaffee und gestand sich das Ausbleiben jeglichen Gefühls.

»Ob wir uns scheiden lassen oder wie das nun alles wird«, hatte sie gesagt, »das weiß ich selbst noch nicht. Ich möchte jetzt nur, daß du mich in Ruhe läßt.«

Ein anderer Ausspruch seiner Gattin: »Du hast mir keine Freiheit zu geben. Was soll denn das heißen? Ich nehme mir die Freiheit schon selbst, wenn ich sie brauche.«

Vor allem dieser Satz, scheint es, ergrimmte den Gatten dermaßen, daß er im hellichten Genua laut vor sich herredete und nicht mehr wußte, wo er eigentlich ging. Es spielte ja auch keine Rolle. Irgendwo zwischen Lagerschuppen und Eisenbahnen und Teerfässern. Ja, es gab sogar Augenblicke, wo er sie mit lauter Stimme beschimpfte, seine Gattin jenseits der Alpen, mit Wörtern, die ihm um so wohler taten, je ordinärer sie ausfielen. Es waren Ausdrücke (so sagt er) von einer so unverblümten und plumpen Zotigkeit, wie er sie noch nie aus seinem Munde vernommen hatte. Als er plötzlich angesprochen wurde, war er sehr betreten. Er hatte nicht die mindeste Lust, die Reize von Genua kennenzulernen. Noch nie in seinem Leben war er sich so wehrlos vorgekommen. Als sähe man ihm alles an, was er durcheinander dachte, war er im Augenblick außerstande, einen Barkenführer abzuweisen, und überließ sich endlich einer kleinen Hafenrundfahrt. Das Meer zeigte sich als graues Blei mit Flecken von schillerndem Öl. Rolf, gespannt wie der Denker von Rodin, saß auf einer Bank mit verschlissenem Kissen, den italienischen Ruderer hinter sich, selbstverständlich ohne ein einziges Ohr für die Erklärungen, die im Preis inbegriffen waren. Aus einer Schiffswand sprudelte heißes Küchenwasser. Und einmal ruderte man über einen versenkten Frachter; seine veralgten Eisenplatten drohten aus der Schmutztiefe herauf. In der Ferne hallten die Niethämmer. Für Rolf, versteht sich, blieb alles wie ein Film, farbig und sogar mit Geruch, aber Film; Vorgang ohne Gegenwart. Ab und zu hörte man ein schütteres, vom Wind verblasenes und in Echos versplittertes Tuten, wußte nicht woher und wozu, denn keiner der großen Dampfer entschloß sich wirklich zur Abfahrt. Es war heiß. Schwaden bläulichen Gestankes hingen über dem Hafenwasser. Nur ein schmieriges Fischerboot knatterte vorbei, und es schaukelten die Bojen, deren verschimmelte Ketten in trüber Tiefe verdämmerten, grauslich. So ruderte man an Molen und Docks vorbei, Holz oder Stein, alles ist in Schwärze verrußt und verölt. Wenigstens verging Zeit. Da und dort blinkte der Bauch eines toten Fisches, Wäsche der Matrosen, eine singende Stimme aus der Kajüte, alles war da, was eine Hafenrundfahrt nur bieten kann, sogar ein graues Kriegsschiff mit vermäntelten Geschützen, Kohlenberge mit weißen Möwen darauf, in der Ferne die aufgetürmte Stadt am Hang, Genua, fast schon wieder unwirklich... Ferner hatte Sibylle gesagt: »Ich möchte jetzt nicht, daß du weitere Fragen stellst. Es ist ein Mann, ich sage es ja, und er ist sehr anders als du. Mehr kann ich jetzt wirklich nicht sagen. Vielleicht liebe ich ihn wirklich, ich weiß es noch nicht. Ich bitte dich jetzt nur, daß du mich in Ruhe läßt.«

... Rolf beschloß seine Hafenrundfahrt mit der Miene eines Menschen, dem ein Brett auf den Kopf gefallen ist, und zahlte, was der Gauner von ihm verlangte. Wein war jetzt sein einziger Wunsch, viel Wein. Die Geschichte mit dem Kleiderstoff – mein Staatsanwalt erzählt sie natürlich viel anschaulicher als ich! – begann noch vor dem Ristorante, und zwar damit, daß ein amerikanischer Matrose sich nach einer Gasse erkundigte. Woher sollte Rolf das wissen! Der Matrose lief aber neben ihm her. Sein Amerikanisch klang echt, also für Rolf ziemlich unverständlich. Rolf begriff immerhin: Um zwei Uhr, also ziemlich bald, mußte der Matrose ausfahren, ein Schiff stand tatsächlich unter Dampf, und das Paket war ein Geschenk für einen italienischen Kameraden aus dem Krieg. Rolf hatte seine eigene Not, Herrgott nochmal, jedoch der verzagte Matrose ließ nicht locker mit seiner reichlich verworrenen Geschichte um das verschnürte Paket, das nun, da der italienische Kamerad aus dem Krieg nicht zu finden war, noch vor Abfahrt seines unbestreitbar unter Dampf stehenden Schiffes, verkauft werden mußte; denn es hatte doch keinen Sinn, diesen herrlichen Kleiderstoff wieder mit nach Amerika zu nehmen. Rolf hatte kein Interesse. Um den Kerl loszuwerden und zu seinem Wein zu kommen, winkte er einem Passanten, einem jüngeren und in keiner Weise auffälligen Genueser, der vielleicht die gefragte Gasse kannte oder Kleiderstoff gebrauchen konnte. Und damit basta! Nur: der Genueser, sichtlich ungehalten über die Verzögerung seines zielstrebigen Ganges, verstand nicht Amerikanisch, der Matrose nicht Italienisch. Rolf mußte dolmetschen. Es paßte ihm gar nicht; dazu war er ja nicht die ganze Nacht hindurch nach Genua gefahren, und der Verdacht, in eine abgekartete Gaunerei verwickelt zu werden, kam ihm natürlich auch. Aber worin sollte sie bestehen? Auch genügte sein Italienisch so wenig wie sein Amerikanisch, und daß die beiden, nachdem der junge Genueser so wenig nach Kleiderstoff verlangte wie Rolf und überhaupt nur widerwillig bei der Sache stehenblieb, jemals zu einem Handel kämen, war nicht abzusehen. Rolf hatte sich zweimal schon entfernt, wurde aber von dem aufgeregten Matrosen, der ohne Dolmetscher einfach verloren war, wieder geholt; nach viel Gefeilsch (Rolf hatte in dieser Zeit wenigstens seine Gattin vergessen) führte sie der Genueser mit einem Augenzwinkern, womit man seine Bereitschaft zu ungesetzlichem Handeln bekundet, durch immer engere Gassen mit Treppen und Kindern, durch krumme Schluchten voll bunter Wäsche und Geschrei, bis er im Dämmer eines Hausdurchganges bereit war, den käuflichen Stoff zu besichtigen. Rolf rauchte eine Zigarette, für eine Weile als Dolmetscher überflüssig; alles vollzog sich ganz stumm. Der Genueser, schon durch seine schnöde Überlegenheit unsympathischer als der Matrose, der immer wieder auf seine Uhr schauen mußte, zog zwei oder drei Fäden aus dem Paket, leckte sie an und hielt sie gegen das schwache Licht schattiger Hinterhöfe. Wolle, sagte er, wäre es also nicht! Jedenfalls nicht reine Wolle, fünfzig zu fünfzig, mag sein. Rolf dolmetschte wie immer mit einiger Schonung. Also dreißigtausend Lire, letztes Wort! Wie es endlich ans Zahlen ging, hatte der Genueser leider nur zehntausend Lire, das übrige natürlich zu Hause, der Matrose hingegen keine Zeit mehr zu warten. Was nun? Vielleicht konnte der Dolmetscher aushelfen. Das war natürlich der Punkt, Rolf wußte es bei aller Zerstreutheit und griff in seine nicht eben sonderlich gefüllte Brieftasche, allem Mißtrauen zum Trotz, nicht aus Erbarmen mit dem angeblichen Matrosen, sondern (so sagt er) aus einer bloßen Angst, spießig zu werden. Der Matrose, halb dankbar und halb wütend, wie weit die Erpresser es gebracht hatten, büschelte die dreißigtausend Lire zusammen, davon zwanzigtausend von Rolf, grüßte kurz und lief. Es war halb zwei! Gegenüber Rolf entpuppte sich übrigens der Genueser, wie widerlich er auch gegenüber dem Matrosen gewesen war, als Gentleman; er wollte das Paket nicht an sich nehmen, sondern Rolf sollte es tragen, bis er die Lire hätte. Als Pfand, er spürte schon das Mißtrauen. Und wieder ging es durch Gassen der Armut, Rolf mit dem verschnürten Paket unter dem Arm, bis der Genueser, auf dem ganzen Weg wie aus Gekränktheit schweigsam, endlich sagte: »Mia cas, attenda qui, vengo subito!« Rolf sah ein Portal von verlotterter Renaissance, hatte keine Ahnung, wo er sich nun befand; irgendwo in Genua. Im nahen Hafen tutete ein Schiff mit klanglosem Dröhnen. Vielleicht war es doch kein Schwindel. Die mittägliche Sommerhitze selbst in dieser Schattengasse mit ihren schimmelfeuchten Mauern, die Stille, denn es war fern vom Verkehr, seine Schläfrigkeit nach der Eisenbahnnacht, aber nicht nur das, vor vierundzwanzig Stunden war Rolf ja noch in London gewesen, Teilnehmer an einem internationalen Juristen-Kongreß, und dann (gestern) der etwas böige Flug, das Abendessen mit der seltsam lebensfrohen Gattin, dann ihre verschlossene Zimmertüre, dann die Eröffnung und so weiter, Morgengrauen in Mailand mit krähenden Hähnen, all dies in vierundzwanzig Stunden, es war etwas viel, und jetzt in dieser Gasse der schimmligen Armut, wo die Ausgüsse über die Mauern rinnen, jetzt wieder die Erkenntnis, daß eine Tatsache, indem man sie eine Zeitlang vergißt, eine Tatsache zu sein nicht aufhört, nein, immer und immer und immer wieder ist es einfach da, ihr Gesicht voll Glück mit einem andern Mann, es ist kein böser Traum, sondern wirklicher als dieses Genua mit seinen Gassen und Kindern und mit dieser greifbaren Mauer, dazu diese Hitze, daß man die Krawatte herunterreißt, dazu das verschnürte Paket, das Rolf einfach zu tragen hatte, all dies ließ ihm keinen anderen Ausweg als dumpfen Schlaf auf die Gefahr hin, daß der Genueser ihn prellte ... Es war bald vier Uhr, als Rolf, mein Staatsanwalt, auf einer Mauer hockend mit dem verfluchten Paket auf den Knien, das ihm als Kissen gedient hatte, wieder erwachte. Von einem Genueser, der ihn mit Lire geweckt hätte, natürlich keine Spur! Kinder spielten in einem Hof, Mütter schrien: »Ettore, Ettore!« und dazwischen einen Ton höher: »Giuseppina, Giuseppina!« und da unten in der Gasse saß ein fremder Herr mit goldner Armbanduhr, der vergeblich auf seine zwanzigtausend Lire wartete. Rolf erhob sich. Das etwas moosige Renaissance-Tor, wo der Genueser verschwunden war, führte bei näherer Besichtigung überhaupt nicht in ein Haus, sondern einfach in die nächste Gasse hinüber. Und dort stand Rolf, als begriffe er jetzt erst: Sibylle in den Armen eines andern Mannes, richtig, das war es ja. Und mit halbem Bewußtsein hatte er diesen jungen Genueser auch manchmal, während jenes Handels, angesehen mit der Frage, ob Sibylle etwa solche Haare, solche Ohren, solche Lippen, solche Hände würde lieben können; jeder Mann konnte dieser andere sein. Rolf wußte nur: Er ist sehr anders als du! und somit kamen einige Millionen von Männern in Frage. Und eigentlich, wie er so jenseits des leeren Renaissance-Tores stand, war Rolf fast froh, den jungen und flotten Genueser nicht wiederzusehen. Aber er war so ziemlich um seine Barschaft gekommen. Peinlicher noch: Es war eine Schlappe, und das gerade jetzt, wo er seiner Gattin wegen der imposante Mann hätte sein wollen, war schwer, nicht zu vergleichen mit dem Verlust von zwanzigtausend Lire, nicht wiedergutzumachen. Das verschnürte Paket mit dem sogenannten Herrenkleiderstoff, der sein Pfand war, wagte er gar nicht anzusehen. Es kam jetzt sowieso nur noch ein billiges Hotel in Frage, wo es nicht allzu viel Aufsehen erregte, wenn dieses Bündel offensichtlich sein einziges Gepäck war. Er stand in einem Hotelzimmer mit blumiger Tapete, verschwitzt und einigermaßen ratlos, was er in diesem Genua nur anfangen sollte; er warf das verschnürte Paket in den Schrank, nahm den Wasserkrug, füllte das Waschbecken und versuchte, sich ohne Seife, ohne Zahnbürste, ohne Schwamm zu waschen –

Er hielt sich vier Tage in Genua.

Rolf (so sagt er selbst) hatte nie damit gerechnet, daß seine

Ehe, seine eigene, in die Brüche gehen könnte wie so viele andere Ehen ringsum. Er sah keinen Grund dafür. Er liebte Sibylle und lebte damals durchaus in der Meinung, das Eheproblem sozusagen auf seine eigene Art gelöst zu haben. Eine Ehe im klassischen Stil, Monogamie, war es wohl schon lange nicht mehr. Aber das war nun einmal so, und Sibylle hatte dafür das Kind, das ihr in den ersten Jahren vieles ersetzte, einen Buben namens Hannes. Das Leben, wie Sibylle es sich erträumt hatte, war es allerdings nicht, anderseits auch nicht die Hölle, nur eben eine Ehe wie viele andere, und sie machten jedes Jahr eine schöne Reise zusammen, Ägypten zum Beispiel. Der Gedanke, sich jemals zu trennen, lag ihnen ferne, und in allen bisherigen Nöten hatten doch beide Teile offenbar das Gefühl, einander im Grunde durchaus sicher zu sein. Eine Maskenball-Liebelei, womit Sibylle demonstrierte, gönnte er seiner lieben Gattin mit Großmut. Er hatte gerade andere Sorgen; damals ging es darum, ob er Staatsanwalt werden wollte oder nicht, immerhin eine Entscheidung, und daß Sibylle unterdessen mit ihrem Maskenball-Pierrot spazierenging, beschäftigte seinen Geist weniger; Rolf erkundigte sich nicht einmal nach dem Namen. Und dann war er schon immer der Meinung gewesen, daß man die Ehe nicht in einem spießbürgerlichen Sinne begreifen dürfte; er hatte da, wie gesagt, offenbar eine sehr ernsthafte Theorie, wieviel Freiheit in die Ehe einzubauen wäre, eine Männer-Theorie, wie Sibylle es nannte. Sie konnte solche Theorie nie ausstehen, scheint es; dabei beruhte sie auf der Wissenschaft verschiedener Fakultäten. Und selbstverständlich fußte diese Theorie auf einer vollkommenen Gleichberechtigung von Mann und Frau. Es war eben nicht, wie Sibylle oft meinte, eine geistreiche Männer-Ausrede; nicht nur Rolf meinte es darüber hinaus sehr ernst; aus seinem Beruf kannte er die Misere, die Tartüfferie um einen Begriff von Ehe, dem keine Realität entspricht, und es ging ihm um die Idee einer lebbaren Ehe, um die Würde, nicht in Verstellung vor sich selbst zu leben. Rolf hatte viel darüber zu sagen; Sibylle nannte es seine ›Vorträge‹, aber um ihre Gegenmeinung befragt, immer wieder befragt, da Rolf sich ja nicht in eine eigene Doktrin verschanzen wollte, antwortete sie bloß mit dem weiblichen Argument, daß das Leben nicht mit Theorie zu lösen sei... Der Maskenball-Pierrot, scheint es, beschäftigte ihn dann doch, wenn auch unausgesprochen, vielleicht sogar noch unbewußt; plötzlich kam Rolf mit dem Entschluß, ein eigenes Haus zu bauen, nämlich ein eigenes Haus war von jeher Sibyllens höchster Wunsch gewesen, und zwar hatte Rolf, ein Mann der Tat, das Grundstück bereits gekauft. Sibylle war seltsam. Das Grundstück kannte sie, man hatte es sich seit Jahren gewünscht; jetzt hatte er es gekauft, und Sibylle jauchzte nicht. Eine Woche später brachte er auch schon den jungen Architekten zum schwarzen Kaffee, einen gewissen Sturzenegger, der von konsequenter Modernität schwärmte, die offensichtlich sehr zerstreute Gattin nötigte, ganz präzise Wünsche anzumelden. Gemeinsames Schlafzimmer oder Einzelschlafzimmer, zum Beispiel, und alles war jetzt von größter Eile. Mitten in jener Besprechung (so sagt mein Staatsanwalt) kam ein Anruf, Sibylle nahm wie üblich ab, verstummte, sagte Nein und Ja und Nein, hängte unvermittelt den Hörer auf, behauptete, es wäre ein Fehlanruf gewesen und war sehr verlegen. Nun ja, dachte Rolf, der Maskenball-Pierrot! und die Besprechung über Skizzen ging weiter; Sibylle rettete sich in eine beflissene Interessiertheit, wobei ihr alles recht war, so oder andersherum, als würde sie das geplante Haus ohnehin nie beziehen. Zum Schlusse jenes schwarzen Kaffees (mein Staatsanwalt erinnert sich nicht mehr an den Zusammenhang) plauderte der junge Architekt von einem Eskimo, der einem weißen Fremdling, um ihn gastlich zu bewirten, schließlich sogar sein Weib anbietet und in der Folge, da der Fremdling sich nicht bedient, dermaßen in seiner Ehre gekränkt ist, daß er den Gast an der Gurgel packt und gegen die Hüttenwand klopft, bis er tot ist. Man lachte natürlich. Darauf kam der junge Architekt mit einer anderen komischen Geschichte, die sein Freund namens Stiller im Spanischen Bürgerkrieg erlebt hätte. Das war das erstemal, daß mein Staatsanwalt den Namen Stiller gehört hatte. Von der Geschichte aus dem Spanischen Bürgerkrieg hat er wenig behalten, nur etwas von einem russischen Gewehr, das nicht losging. Hingegen erinnert er sich wohl, daß seine Gattin, die vorher so zerstreute Sibylle, sich maßlos für dieses russische Gewehr interessierte. Und als der Architekt gegangen war, summte sie durch alle Zimmer; Rolf bezog ihre Freude auf den kommenden Bau, konnte immerhin die Bemerkung nicht unterlassen: »Du bist wohl verliebt?« Und da sie es nicht bestritt: »Der junge Architekt gefällt dir?« Es war Scherz. »Meinst du?« fragte sie. »Gib es zu!« sagte er. »Du tust mir weh!« sagte sie. »Ich gebe es zu, aber laß mich los!« Es war Scherz, wie gesagt, und Rolf mußte an seine Arbeit, Sibylle stellte die drei Kaffeetäßchen aufs Tablett, und damit hatte es damals sein Bewenden...

Die vier Tage in Genua:

Das war wohl (so meint mein Staatsanwalt) die lächerlichste Strapaze seines Lebens, nicht die nutzloseste. Er lernte kennen: ein nie vermutetes Quantum von Sentimentalität, die er bisher an sich selber nicht kannte, er soff in sich hinein, bis er das Ristorante wegen Weinen verlassen mußte; dann seine Primitivität, er gaffte jedem einigermaßen sauberen Weiberrock nach und rettete sich über Stunden nur mit dem Gedanken an die billigste Revanche; dann seine Spießigkeit, er brachte es in vier Tagen und vier Nächten (so sagt er) nur wenige Minuten zu einem wirklichen Schmerz, der ihn auf die Knie warf in einem blumigen Hotelzimmer, ohne daß es eine Pose war oder Wirkung von

Alkohol, und der den letzten Rest von Vorwurf und den letzten Rest von Selbstmitleid verbrannte; vor allem aber seine Unfähigkeit, eine Frau zu lieben, wenn er nicht ihr Götze war, zu lieben ohne Anspruch auf Dank, auf Rücksicht, auf Bewunderung und so weiter. Es war eine Strapaze. In Kleidern auf seinem eisernen Bett liegend, wobei er rauchte, quälte er sich mit schamlos-genauen Vorstellungen, wie seine Gattin sich dem andern hingibt; das war nicht die Strapaze, sondern die Entspannung, die er sich gönnte. Die Strapaze war die Einsicht, das unfreiwillige Eingeständnis, daß er sich über das Niveau seiner Gefühle bisher doch sehr getäuscht hatte, über seine Reife. Nicht einmal sein Wille (so sagt er) war dieser Probe gewachsen; ohne ein Wort gesagt zu haben, war er verreist, konnte es aber in der Folge nicht lassen, seiner Sekretärin dann doch einen verschlossenen Brief zu schicken, der nur seiner Gattin auf Anfrage auszuhändigen war, einen Brief mit seiner Adresse für den Notfall. Vier Tage lang schien dieser Notfall nicht einzutreten. Er wurde nicht vermißt, siehe da! Tag für Tag, stets eine halbe Stunde nach Ankunft der nördlichen Züge, erkundigte er sich nach ›posta restanta‹, vergeblich. Zwischenhinein gab es Stunden heiterer Würde, gewiß, er brachte es zur Lektüre der Churchill-Memoiren in englischer Sprache, er saß als rasierter Müßiggänger an der morgendlichen Sonne, trank seinen roten Campari und las in den Hintergründen des Zweiten Weltkrieges, ohne zugegebenermaßen auf die Uhr zu blikken, im Grunde aber wartete er nur darauf, vermißt und mit allen Mitteln gesucht zu werden, ja, es hätte ihn nicht überrascht, die reuevoll suchende Sibylle irgendwo auf den Straßen von Genua zu sehen. Ihr ›schnödes‹ Schweigen, das sich ihm als marmorne Halle eines italienischen Hauptpostamtes darstellte, machte ihn jedesmal sehr bleich; wie oft noch zwang dieses Weib ihn zur selben Entdeckung, wie unfähig er war, seine eigenen Theorien zu leben! Am vierten Tag, endlich, war da ein Telegramm. Mit dem typischen Kollaps des Geretteten, den erst die Entspannung gänzlich umwirft, saß er eine Weile, bevor er es aufriß, müde-gelassen vor Erleichterung, was immer seine Gattin auch schreiben mochte. Es war aber gar nicht von seiner Gattin; nur die Sekretärin mußte wissen, wann er wiederkäme. Das genügte. Er lachte. Das wirkte (so sagt er) wie eine sehr kalte Dusche. Er fetzelte das Telegramm in den Papierkorb, ohne weitere Überlegungen entschlossen, den nächsten Zug zu nehmen. Nur: um das Hotel zu zahlen, fehlten ihm jetzt die zwanzigtausend Lire. Was tun? Er mußte sehen, wie und wo er sein Pfand, den amerikanischen Herrenkleiderstoff, verkaufen konnte, und zwar so rasch wie möglich. Um Mittag fuhr der beste Zug. Bloß nicht wieder ein Nachtzug! Es war ungefähr zehn Uhr vormittags, als Rolf etwas verlegen, denn das Paket unter seinem Arm war sehr lotterig, durch die Halle seines Hotels hinausging und natürlich nicht ohne Hemmungen, jedoch entschlossen, sich als Verkäufer zu versuchen, einen Kleiderladen ausfindig zu machen, einen nicht allzu gediegenen, versteht sich. Wieder war es sehr heiß; er schwitzte, bewahrte aber seine Krawatte um des besseren Eindrucks willen. Die halb schnoddrige, halb erbarmungsvolle Art, wie er im ersten Geschäft abgewiesen wurde, ließ es ja wohl ratsam erscheinen, ein noch bescheideneres Quartier aufzusuchen. Es schlug bereits elf Uhr, als er beim vierten Besuch wenigstens nicht einfach vor die Türe gestellt wurde, sondern sein Paket zum erstenmal aufschnüren durfte; er hatte Glück, hier waren keine Kunden in dem Laden. Ein Zipfelchen seines amerikanischen Herrenkleiderstoffes genügte; der Inhaber, ein bleicher Geck mit Schnäuzchen, lachte ihm ins Gesicht. Rolf wollte ja keinerlei Profit, nur einen Teil jener verlorenen Summe, um sein Hotel bezahlen zu können; er war billig, vielleicht zu billig, nach der Behandlung zu schließen, die ihm zuteil wurde. Der Geck mit Schnäuzchen las in seiner Zeitung weiter, als wäre Rolf nicht mehr vorhanden. Hier, zum erstenmal, redete er nicht von einzigartiger Occasion, sondern von seiner tatsächlichen Lage. Ohne das allermindeste Interesse auch nur menschlicher Art, ohne auch nur eine Miene kostenlosen Verständnisses, in seiner raschelnden Zeitung umhergähnend, ließ der Kerl ihn einfach stehen, bis er von selber wieder ging, sein Paket unter dem Arm. Etwas hoffnungslos war ihm zumute, ohne daß er an seine Gattin mit ihrem überlegen-glücklichen Gesicht zu denken brauchte. In der Tat, nach dem Zipfelchen zu schließen, war es ein ziemlich beschissener Stoff, spröde, alles andere als Wolle, keine Rede von fünfzig-zu-fünfzig, dazu ein Muster, wie er selbst (mein Staatsanwalt) es nie und nimmer tragen möchte, so etwas Ordinär-Kleinliches; dazu fleischfarben! Auf den Stufen zu einer alten Kirche, umgurrt von grauen Tauben mit dem blau-grün-violetten Schillern um den Hals, hockte er und hielt Rat, was unter diesen Umständen zu tun wäre, oder versuchte es zumindest. Hinter ihm stand eine Barock-Fassade, aller Verzükkung wert; Sibylle verstand davon noch etwas mehr als er. Jetzt hinderte ihn auch nichts mehr, seine Krawatte abzutakeln, seine Manschetten (vermutlich waren sie ohnehin schon schmutzig) unter den Rockärmeln zurückzukrempeln. Daß wenigstens seine Gattin ihn nicht sah, empfand er als ein Glück; der Rest an Menschheit, nun ja, sollte er gaffen! Droben in der Barock-Fassade, die oberen Voluten waren besonnt und ihre pralle Ockerhelle leuchtete von der mittäglichen Meerhimmelbläue, schlug es zwölf Uhr. In zwei Stunden führe sein Zug. Auch seine goldene Armbanduhr, richtig, hatte zu verschwinden, bevor er zu den Trödlern in den Hafengassen ging, dort wo die Ware an den blaterigen Mauern hängt, Hemden, Hosen, Socken, Hüte. Es ging jetzt (so sagt er) schon nicht mehr um die Lire, sondern um sein nacktes Selbstvertrauen, das er als ein immer lotterigeres Paket abermals unter den Arm nahm. Warum war er nicht sogleich zu diesen Trödlern gegangen! Er war zuversichtlicher als je an diesem Vormittag, geradezu erheitert von der Anekdote, die er da zuhanden geselliger Abende erlebte; er pfiff, oder besser gesagt: er hörte sich pfeifen, seinerseits durchaus bewußt, daß es ihm nicht geheuer war. Es war eine Hafengasse, ein Faustrecht-Quartier. Um nicht als Schwindler verhauen zu werden, hier wo es keine Gendarmerie mehr gab, entschnürte er sein Paket in einer Nebengasse, zum erstenmal, um sich doch zu versichern, ob der Stoff wirklich für einen Herrenanzug ausreichte. Er tat es, nein, an der Länge war nichts zu bemängeln. Rolf rollte also den verfluchten Stoff wieder zusammen, was nicht ohne Schwierigkeit war, wenn der Stoff nicht das Pflaster berühren und dann nach Urin stinken sollte; dann näherte er sich dem Trödler mit der einleitenden Frage, wie man hier zum Bahnhof käme, und mit Zigaretten, mit viel leutseliger Laune und Erwähnung eines Kleiderstoffes, gestern gekauft, um ihn von einem italienischen Schneider verarbeiten zu lassen, aber wie es im Leben so gehen kann: heute eine Depesche, plötzlich Abreise, dann Flüche auf den Zoll, der keine Stoffe durchlassen würde, eine lange und dumme Geschichte, die er für schlau hielt, geradezu für orientalisch. Allein sein eigener Anzug, mit einem unverkennbaren Rest von Bügelfalten, seine allzu tadellosen Schuhe, ganz zu schweigen von dem goldenen Siegelring, der natürlich genau vermerkt wurde, waren nicht dazu angetan, in dieser Gegend ein kameradschaftliches Vertrauen zu erwecken. Zwar gestattete man ihm das Auspacken des feilen Stoffes unter offenem Himmel. Ein paar Weiber mit Säuglingen am Busen und mit Blicken, die Rolf nicht für gerecht hielt, verfolgten den Handel mit mißtrauischer Neugierde. Der Trödler, ein Alter mit braunen Zähnen und Knoblauch-Atem, betastete den Stoff sehr ausgiebig, was

Rolf eine zage Hoffnung gab, so zag, daß er seinerseits keinen Preis zu nennen wagte, sondern fragte, wieviel der Trödler denn dafür gäbe. »Niente.« Mit tausend Lire wäre Rolf zufrieden gewesen, tausend Lire für sein Selbstvertrauen; um wenigstens so viel zu erreichen, nannte er zweitausend als letzten Preis. »No.« Aber tausend! »No.« Also wieviel denn? »Niente.« Die Weiber mit den Säuglingen grinsten im Weggehen. Rolf rollte wieder zusammen. Hingegen für den Siegelring, meinte der Trödler, gäbe er dreißigtausend. Rolf lachte. Für die sehr tadellosen Schuhe bot ihm der Trödler, ohne sie betasten zu müssen, siebentausend Lire, als könnte er (mein Staatsanwalt) barfuß nach Hause gehen. Nichts blieb ihm in diesem Genua erspart! Schließlich gab es nur noch eins: das Paket zu verschenken. So rasch wie möglich! Zum Beispiel an einen jüngeren Mann, der an einer Plakatsäule stand, Mundharmonika spielte, offenbar ein Arbeitsloser mit leerer Mütze auf dem Pflaster. Im letzten Augenblick, als Rolf das schwarze Holzbein gewahrte, vermochte er es doch nicht. Also weiter! Ein junger Lümmel in Fetzen, der um Zigaretten bettelte, und ein alter Großvater mit Enkelkind in einem drahtigen Kinderwagen schienen ihm auch nicht die richtigen zu sein. Einen Stoff zu verschenken, den man selber unter keinen Umständen tragen wollte, war gar nicht so leicht, und Rolf ging kreuz und quer in einem Quartier, dessen Armut alles andere als malerisch war. Wie zerlumpt sie leben, die Mehrzahl aller Leute, es ist doch jedesmal wieder ein Schock. Rolf blieb stehen; er spürte die Spießigkeit seines Bedürfnisses, gerecht sein zu wollen, den Menschen zu finden, der sein Geschenk am meisten verdiente, und nahm sich vor, einfach in die nächste Gasse zu schwenken: Der nächste Mensch, der ihm entgegen kam, hatte den Stoff für einen Herrenanzug, und basta! Der nächste Mensch war eine junge Frau in schlurfenden Pantoffeln. Also weiter! Der nächste war ein Gendarm, der pfiff, und dann war die Gasse zu Ende. Auf einem kleinen Platz mit Baum spielten sie Fußball; Rolf störte nur, verursachte offenbar ein Eigentor, indem er dem Torhüter in der Sicht gestanden hatte, und somit einen erbitterten Krach zwischen den halbwüchsigen Mannschaften. Also weiter! Er war wieder zum Umsinken müde; in vierzig Minuten fuhr sein Zug. Aber wohin mit seinem Geschenk? Aus einer finsteren Pinte voll Lärm wankte ein Besoffener, zu wütend, zu gefährlich, um ihn zu beschenken. Selbstverständlich konnte Rolf auch sein Paket einfach auf die Gasse werfen: Kapitulation. Später umkreiste er noch eine Weile lang einen blinden Bettler mit ausgestreckter Hand. Auch das, schien ihm, ging nicht. Schließlich und endlich konnte man das Hotel auch per Post bezahlen, später einmal; sein Mantel war ja auch noch im Hotel. Und überhaupt, versteht sich, ging es ja gar nicht darum, ob er sein Hotel zahlen konnte oder nicht. Es ging darum, wie er mit diesem verschnürten Paket jemals fertig werden sollte. Warum warf er es nicht wirklich weg? Rolf versuchte es. Nichts leichter, dachte er, als ein Paket zu verlieren; trotzdem klopfte es ihm in den Schläfen, als er endlich, von seiner Vernunft genötigt, an die Vollstreckung ging. In dem Gedränge vor einem roten Verkehrslicht also ließ er es fallen, quetschte sich mit dem allgemeinen Gedränge über die Straße und wähnte sich schon gerettet; denn eben pfiff der Gendarm, der Verkehr wechselte, und die Straße hinter ihm war für eine Weile gesperrt. Endlich wieder freie Hände zu haben, es war ein Gefühl der Erleichterung, der neuen Lebensfreude, als wäre auch mit Sibylle nichts geschehen. Rolf steckte sich eine Zigarette an, ohne zurückzublicken, was wohl mit dem Angsttraum-Paket geschehen möchte, und es war auch nicht nötig, denn eine junge, in ärmlicher Kleidung sehr schöne Frau zupfte ihn eben am Ärmel, um das Paket, das sie aufgenommen hatte, dem zerstreuten Herrn zurückzugeben. Rolf wagte nicht zu leugnen, daß es zu ihm gehörte, dieses schofle Paket mit seinem verschmutzten Papier und mit der billigen Schnur, die den fleischfarbenen Stoff bald nicht mehr zusammenzuhalten vermochte. War er denn dazu verdammt, diesen fleischfarbenen Stoff durch sein ganzes Erdenleben zu tragen? Noch zehn Minuten vor Abfahrt seines Zuges stand er ratlos wie selten, das Paket unter dem Arm; noch fünf Minuten vor der Abfahrt seines Zuges. Die Kapitulation (so nennt er es) hatte er bis zur letzten Minute verschoben; die Wagentüren waren schon geschlossen, als Rolf auf das Trittbrett stieg, und der Zug fing gerade zu fahren an. Als wären die leeren Sitzplätze nicht auch für ihn, nicht für Zechpreller und verlassene Ehemänner, stand Rolf im Korridor draußen bis Mailand. Was Sibylle wohl zu ihm sagen würde? Natürlich überschätzte er ihr Bedürfnis, sich mit ihm zu befassen, noch immer über die Maßen. Nach Mailand war er auch im Korridor nicht mehr allein; ein Schweizer redete ihn an, zutraulich wie die meisten Landsleute bei einer Begegnung im Ausland, und zum Glück kam bald die Grenze. Nach Chiasso saß er im Waggon-Restaurant, Blick immerfort zum Fenster hinaus, damit allfällige Bekannte, die durch den Zug gingen, ihn nicht erkennen könnten. Wie auffallend er sein mußte, dieser Mann mit dem steten Blick zum Fenster hinaus, gleichviel ob Tunnel oder nicht, wurde ihm keineswegs bewußt; mit der blühenden Phantasie des Selbstmitleids sah Rolf mehr als je auf einer Reise, Gefilde der Vergangenheit, vor allem Vergangenheit, wobei ihm kein Ereignis ohne Sibylle, kein Glück ohne Sibylle, keine sinnvolle Stunde ohne Sibylle einfiel. Alles andere war ja Spreu, nicht eines Gedankens wert. Etwas plötzlich war Sibylle der einzige Sinn und Inhalt seines Lebens geworden, und dieser Sinn war also nun übergegangen an einen andern Herrn, umgebucht auf einen Maskenball-Pierot oder einen Genueser mit rabenschwarzem Haar oder einen jungen Architekten oder wer es nun war; einfach umgebucht. Von Göschenen an regnete es schräg über die Fensterscheiben. Am besten, dachte Rolf, würde es sein, sich vor Sibylle überhaupt nichts anmerken zu lassen; seine Haltung sollte sie vernichten. Rolf brauchte sich nur an ihr unverschämtes Gesicht zu erinnern, und die Haltung kam ihm von selbst, nun ja, ihrem Gesicht entsprechend, das nicht bloß glücklich war und fremd vor Glück, nein, es war höhnisch, war frech, war übermütig, war triumphierend über ihn, und es hätte nur noch gefehlt, daß er ihr Vorwürfe gemacht hätte, Rolf mit seinen Theorien; sie hätte hellauf gelacht, und ihr Hohn wäre zum Vorschein gekommen. Haltung schien ihm jetzt das einzige zu sein, Haltung ohne Entrüstung, ohne Anklage und ohne Klage, aber Haltung, bis dieses Erzweib auf die Knie geht. Das war beschlossen und der heimatliche See bereits in Sicht. Rolf hatte sogar, die Zukunft mit seinem Erzweib bedenkend, im Waggon-Restaurant zu pfeifen angefangen, stoppte natürlich, sobald er sich selber hörte, und drängte den Kellner zur Zahlerei, als wäre man dadurch rascher in Zürich. Was aber, wenn es überhaupt nicht mehr zu einer Zukunft kam, wenn Sibylle gar nicht mehr bei Rolf wohnte, sondern bei dem andern? das heißt: Wenn Rolf allein in der Wohnung blieb, allein mit seiner Haltung? So saß er bei Einfahrt des Zuges, die Hand am Glas und immer noch in Angst gewärtig, jenand könnte an seinem Ärmel zupfen und ihm abermals das lotterige Paket mit dem fleischfarbenen Stoff überreichen wollen (...)

Unsere Reise durch Italien – ich kann nur sagen, daß ich glücklich gewesen bin, weil auch das Mädchen, glaube ich, glücklich gewesen ist trotz Altersunterschied.
Ihr Spott über die jungen Herren:
»Buben!« sagte sie. »Das kannst du dir ja nicht vorstellen – man kommt sich wie ihre Mutter vor, und das ist furchtbar!«
Wir hatten fantastisches Wetter.
Was mir Mühe machte, war lediglich ihr Kunstbedürfnis, ihre Manie, alles anzuschauen. Kaum in Italien, gab es keine Ortschaft mehr, wo ich nicht stoppen mußte: Pisa, Florenz, Siena, Perugia, Arezzo, Orvieto, Assisi. – Ich bin nicht gewohnt, so zu reisen. In Florenz rebellierte ich, indem ich ihren Fra Angelico, offen gesagt, etwas kitschig fand. Ich verbesserte mich dann: Naiv. Sie bestritt es nicht, im Gegenteil, sie war begeistert; es kann ihr nicht naiv genug sein.
Was ich genoß: Campari!
Meinetwegen auch Mandolinen-Bettler –
Was mich interessierte: Straßenbau, Brückenbau, der neue Fiat, der neue Bahnhof in Rom, der neue Rapido-Triebwagen, die neue Olivetti –
Ich kann mit Museen nichts anfangen.
Ich saß draußen auf der Piazza San Marco, während Sabeth aus purem Trotz, glaube ich, das ganze Kloster besichtigte, und trank meinen Campari wie üblich. Ich hatte mir in diesen letzten Tagen, seit Avignon, schon allerhand angeschaut, bloß um in ihrer Nähe zu sein. Ich sah keinen Grund, eifersüchtig zu sein, und war es doch. Ich wußte nicht, was so ein junges Mädchen sich eigentlich denkt. Bin ich ihr Chauffeur? Dann gut; dann habe ich das Recht, unterdessen einen Campari zu trinken, bis meine Herrschaft aus der nächsten Kirche kommt. Es hätte mir

nichts ausgemacht, ihr Chauffeur zu sein, wäre nicht Avignon gewesen. Ich zweifelte manchmal, wofür ich sie halten sollte. Ihre Idee: mit Autostop nach Rom! Auch wenn sie es schließlich nicht getan hatte, die bloße Idee machte mich eifersüchtig. Was in Avignon gewesen ist, wäre es mit jedem Mann gewesen?

Ich dachte an Heirat wie noch nie –

Ich wollte ja das Kind, je mehr ich es liebte, nicht in ein solches Fahrwasser bringen. Ich hoffte von Tag zu Tag, daß ich einmal mit ihr sprechen kann, ich war entschlossen, offen zu sein, nur hatte ich Angst, daß sie mir dann nicht glauben, beziehungsweise mich auslachen würde ... Noch immer fand sie mich zynisch, glaube ich, sogar schnoddrig (nicht ihr gegenüber, aber gegenüber dem Leben ganz allgemein) und ironisch, was sie nicht vertrug, und oft wußte ich überhaupt nichts mehr zu sagen. Hörte sie mich überhaupt? Ich hatte gerade das Gefühl, daß ich die Jugend nicht mehr verstehe. Ich kam mir oft wie ein Betrüger vor. Warum eigentlich? Ich wollte ihre Erwartung, daß Tivoli alles übertreffe, was ich auf dieser Welt gesehen habe, und daß ein Nachmittag in Tivoli beispielsweise das Glück im Quadrat wäre, nicht zerstören; nur konnte ich's nicht glauben. Ihre stete Sorge, ich nehme sie nicht ernst, war verkehrt; ich nahm mich selbst nicht ernst, und irgend etwas machte mich immer eifersüchtig, obschon ich mir Mühe gab, jung zu sein. Ich fragte mich, ob die Jugend heute (1957) vollkommen anders ist als zu unsrer Zeit, und stellte nur fest, daß ich überhaupt nicht weiß, wie die derzeitige Jugend ist. Ich beobachtete sie. Ich folgte ihr in etliche Museen, bloß um in ihrer Nähe zu sein, um Sabeth wenigstens zu sehen in der Spiegelung einer Vitrine, wo es von etruskischen Scherben wimmelte, ihr junges Gesicht, ihren Ernst, ihre Freude! Sabeth glaubte nicht, daß ich nichts davon verstehe, und hatte einerseits ein maßloses Vertrauen zu mir, bloß weil man dreißig Jahre älter ist, ein kindisches Vertrauen, anderseits überhaupt keinen Respekt. Es verstimmte mich, daß ich Respekt erwarte. Sabeth hörte zu, wenn ich von meinen Erfahrungen redete, jedoch wie man einem Alten zuhört: ohne zu unterbrechen, höflich, ohne zu glauben, ohne sich zu ereifern. Höchstens unterbrach sie, um mir vorzugreifen in der Erzählung und dadurch anzudeuten, daß ich all das schon einmal erzählt hatte. Dann schämte ich mich. Überhaupt zählte für sie nur die Zukunft, ein bißchen auch die Gegenwart; aber auf Erfahrung ließ sie sich überhaupt nicht ein, wie alle Jungen. Es interessierte sie keinen Deut, daß alles schon dagewesen ist und was unsereiner daraus gelernt hat, beziehungsweise hätte lernen können. Ich achtete drauf, was sich Sabeth eigentlich von der Zukunft versprach, und stellte fest: sie weiß es selbst nicht, aber sie freut sich einfach. Hatte ich von der Zukunft etwas zu erwarten, was ich nicht schon kenne? Für Sabeth war alles ganz anders. Sie freute sich auf Tivoli, auf Mama, auf das Frühstück, auf die Zukunft, wenn sie einmal Kinder haben wird, auf ihren Geburtstag, auf eine Schallplatte, auf Bestimmtes und vor allem Unbestimmtes: auf alles, was noch nicht ist. Das machte mich eifersüchtig, mag sein, aber daß ich mich meinerseits nicht freuen kann, stimmt nicht; ich freute mich über jeden Augenblick, der sich einigermaßen dazu eignete. Ich mache keine Purzelbäume, ich singe nicht, aber ich freue mich schon auch. Und nicht nur über ein gutes Essen! Ich kann mich vielleicht nicht immer ausdrücken. Wieviele von den Menschen, die unsereiner trifft, haben denn ein Interesse an meiner Freude, überhaupt an meinen Gefühlen! Sabeth fand, ich untertreibe immer, beziehungsweise ich verstelle mich. Was mich am meisten freute, war ihre Freude. Ich staunte manchmal, wie wenig sie brauchte, um zu singen, eigentlich überhaupt nichts; sie zog die Vorhänge auseinander und stellte fest, daß es nicht regnete, und sang. Leider hatte ich einmal meine Magenbeschwerden erwähnt; nun meinte sie immer, ich hätte Magenbeschwerden, mütterlich besorgt, als wäre ich unmündig. Insofern war sie nicht immer leicht, unsere Reise, oft komisch: ich langweilte sie mit Lebenserfahrung, und sie machte mich alt, indem sie von Morgen bis Abend überall auf meine Begeisterung wartete ...

In einem großen Kreuzgang (*Museo Nazionale*) weigerte ich mich, ihren Baedeker anzuhören, ich hockte auf der Brüstung und versuchte eine italienische Zeitung zu lesen, ich hatte sie satt, diese Sammlungen von steinernen Trümmern. Ich streikte, aber Sabeth war noch immer überzeugt, ich halte sie zum Besten mit meinem Geständnis, daß ich nichts von Kunst verstehe – ihrerseits gestützt auf einen Ausspruch ihrer Mama, jeder Mensch könne ein Kunstwerk erleben, bloß der Bildungsspießer nicht.

»Eine gnädige Mama!« sagte ich.

Ein italienisches Paar, das durch den großen Kreuzgang ging, interessierte mich mehr als alle Statuen, vor allem der Vater, der ihr schlafendes Kind auf den Armen trug – Sonst kein Mensch.

Vögel zwitscherten, sonst Grabesstille.

Dann, als Sabeth mich allein gelassen hatte, steckte ich die Zeitung ein, die ich sowieso nicht lesen konnte, und stellte mich vor irgendeine Statue, um den Ausspruch ihrer Mama zu prüfen. Jeder Mensch könne ein Kunstwerk erleben! – aber Mama, fand ich, irrte sich.

Ich langweilte mich bloß.

Im kleinen Kreuzgang (Verglasung) hatte ich Glück: eine ganze Gruppe deutscher Touristen, geführt von einem katholischen Priester, drängte sich vor dem Relief wie vor einer Unglücksstätte, so daß ich neugierig wurde, und als Sabeth mich fand (»Da bist du ja, Walter, ich dachte schon, du bist zu deinem Campari verschwunden!«), sagte ich, was ich eben von dem Priestr gehört hatte: *Geburt der Venus*. Vor allem das Mädchen auf der Seite, Flötenblä-

serin, fand ich entzückend... Entzückend, fand Sabeth, das sei kein Wort für ein solches Relief; sie fand es toll, geradezu irrsinnig, maximal, genial, terrific.
Zum Glück kamen Leute –
Ich kann es nicht ausstehen, wenn man mir sagt, was ich zu empfinden habe; dann komme ich mir, obschon ich sehe, wovon die Rede ist, wie ein Blinder vor.
Kopf einer schlafenden Erinnye.
Das war meine Entdeckung (im selben Seitensaal links) ohne Hilfe eines bayerischen Priesters; ich wußte allerdings den Titel nicht, was mich keineswegs störte, im Gegenteil, meistens stören mich die Titel, weil ich mich mit antiken Namen sowieso nicht auskenne, dann fühlt man sich wie im Examen... Hier fand ich: Großartig, ganz großartig, beeindruckend, famos, tiefbeeindruckend. Es war ein steinerner Mädchenkopf, so gelegt, daß man drauf blickt wie auf das Gesicht einer schlafenden Frau, wenn man sich auf die Ellbogen stützt.
»Was sie wohl zusammenträumt –?«
Keine Art der Kunstbetrachtung, mag sein, aber es interessierte mich mehr als die Frage, ob viertes Jahrhundert oder drittes Jahrhundert v. Chr.... Als ich nochmals die Geburt der Venus besichtigte, sagt sie plötzlich: Bleib! Ich darf mich nicht rühren. Was ist los? frage ich. Bleib! sagt sie: Wenn du dort stehst, ist sie viel schöner, die Erinnye hier, unglaublich, was das ausmacht! Ich muß mich davon überzeugen, Sabeth besteht darauf, daß wir die Plätze wechseln. Es macht etwas aus, in der Tat, was mich aber nicht verwundert; eine Belichtungssache. Wenn Sabeth (oder sonst jemand) bei der Geburt der Venus steht, gibt es Schatten, das Gesicht der schlafenden Erinnye wirkt, infolge einseitigen Lichteinfalls, sofort viel wacher, lebendiger, geradezu wild.
»Toll«, sagt sie, »was das ausmacht!«
Wir tauschten noch einmal oder zweimal die Plätze, dann

war ich dafür, endlich weiterzugehen, es gab noch ganze Säle voll Statuen, die Sabeth gesehen haben wollte –
Ich hatte Hunger.
Von einem Ristorante zu sprechen, das mir durch den Kopf ging, war ausgeschlossen; ich bekam nicht einmal Antwort auf meine Frage, woher Sabeth all ihre gescheiten Wörter bezieht, nur diese Wörter selbst – archaisch, linear, hellenistisch, dekorativ, sakral, naturalistisch, expressiv, kubisch, allegorisch, kultisch, kompositorisch und so weiter, ein ganzes highbrow-Vokabular. Erst beim Ausgang, wo es nichts mehr zu sehen gibt als Bögen aus antikem Ziegelstein, eine simple, aber korrekte Maurerarbeit, die mich interessierte, antwortete sie auf meine Frage, indem sie durch das Drehkreuz voranging, beiläufig wie üblich, wenn von Mama die Rede war:
»Von Mama.«
Das Mädchen gefiel mir, wenn wir in einem Ristorante saßen, jedesmal aufs neue, ihre Freude am Salat, ihre kinderhafte Art, Brötchen zu verschlingen, ihre Neugierde ringsherum, sie kaute Brötchen um Brötchen und blickte ringsherum, ihre festliche Begeisterung vor einem Hors d'œuvre, ihr Übermut –
Betreffend ihre Mama:
Wir rupften unsere Artischocken, tauchten Blatt um Blatt in die Mayonnaise und zogen's durch unsere Zähne, Blatt um Blatt, während ich einiges von der gescheiten Dame erfuhr, die ihre Mama ist. Ich war nicht sehr neugierig, offen gestanden, da ich intellektuelle Damen nicht mag. Ich erfuhr: sie hat eigentlich nicht Archäologie studiert, sondern Philologie; sie arbeitet aber in einem Archäologischen Institut, sie muß ja Geld verdienen, weil von Herrn Piper getrennt – ich wartete, mein Glas in der Hand, um anzustoßen; Herr Piper interessierte mich schon gar nicht, ein Mann, der aus Überzeugung in Ostdeutschland lebt. Ich hob mein Glas und unterbrach: Prosit! und wir tranken ...

Ferner erfuhr ich:
Mama ist auch mal Kommunistin gewesen, aber mit Herrn Piper geht es trotzdem nicht, daher die Trennung, das kann ich verstehen, und nun arbeitet Mama eben in Athen, weil sie das derzeitige Westdeutschland auch nicht mag, das kann ich verstehen, und Sabeth ihrerseits leidet an dieser Trennung keineswegs, im Gegenteil, sie hatte einen herrlichen Appetit, während sie davon erzählte, und trank von dem weißen Orvieto – der mir immer zu süß war, aber ihr Lieblingswein: *Orvieto Abbocato*... Sie hat ihren Vater nicht allzusehr geliebt, beziehungsweise ist Herr Piper gar nicht ihr Vater, denn Mama ist früher schon einmal verheiratet gewesen. Sabeth also ein Kind aus erster Ehe, ihre Mama hat Pech gehabt mit den Männern, so schien mir, vielleicht weil zu intellektuell, so dachte ich, sagte natürlich nichts, sondern bestellte nochmals ein halbes Fläschchen *Orvieto Abbocato*, und dann sprach man wieder über alles mögliche, über Artischocken, über Katholizismus, über Cassata, über die Schlafende Erinnye, über Verkehr, die Not unsrer Zeit, und wie man zur Via Appia kommt – Sabeth mit ihrem Baedeker:
»Die *Via Appia*, die 312 vor Christus von Censor Appius Claudius Caecus angelegte Königin der Straßen, führte über Terracina nach Capua, von wo sie später bis Brindisi verlängert wurde –«
Wir waren die Via Appia hinaus gepilgert, drei Kilometer zu Fuß, wir lagen auf einem solchen Grabmal, Steinhügel, Schutzhügel mit Unkraut, worüber zum Glück nichts im Baedeker steht. Wir lagen im Schatten einer Pinie und rauchten eine Zigarette.
»Walter, schläfst du?«
Ich genoß es, nichts besichtigen zu müssen.
»Du«, sagt sie, »dort drüben ist Tivoli.«
Sabeth wie üblich in ihren schwarzen Cowboy-Hosen mit den ehemals weißen Nähten, dazu ihre ehemals weißen

Espadrilles, obschon ich ihr ein Paar italienische Schuhe gekauft hatte schon in Pisa.
»Interessiert es dich wirklich nicht?«
»Es interessiert mich wirklich nicht«, sagte ich, »aber ich werde mir alles ansehen, mein Liebes. Was tut man nicht alles auf einer Hochzeitsreise!«
Sabeth fand mich wieder zynisch.
Es genügte mir, im Gras zu liegen, Tivoli hin oder her, Hauptsache: ihr Kopf an meiner Schulter.
»Du bist ein Wildfang«, sagte ich, »keine Viertelstunde hast du Ruhe –«
Sie kniete und hielt Ausschau.
Man hörte Stimmen –
»Soll ich?« fragte sie, ihr Mund dabei, wie wenn man spukken will. »Soll ich?«
Ich zog sie an ihrem Roßschwanz herunter, aber sie duldete es nicht. Ich fand es auch schade, daß wir nicht allein sind, aber nicht zu ändern. Auch nicht, wenn man ein Mann ist! Ihre komische Idee immer: Du bist ein Mann! Offenbar hatte sie erwartet, daß ich aufspringe und Steine schleudere, um die Leute zu vertreiben wie eine Gruppe von Ziegen. Sie war allen Ernstes enttäuscht, ein Kind, das ich als Frau behandelte, oder eine Frau, die ich als Kind behandelte, das wußte ich selber nicht.
»Ich finde«, sagte sie, »das ist unser Platz!«
Offenbar waren es Amerikaner, ich hörte bloß die Stimmen, eine Gesellschaft, die um unser Grabmal schlenderte; nach den Stimmen zu schließen, hätten es die Stenotypistinnen von Cleveland sein können.
Oh, isn't it lovely?
Oh, this is the Campagna?
Oh, how lovely here!
Oh, usw.
Ich richtete mich auf, um über das Gestrüpp zu spähen. Die violetten Frisuren von Damen, dazwischen Glatzen

von Herren, die ihre Panama-Hüte abnehmen – Ausbruch aus einem Altersheim! dachte ich, sagte es aber nicht.
»Unser Grabhügel«, sagte ich, »scheint doch ein berühmter Grabhügel zu sein –«
Sabeth ganz ungehalten:
»Du, da kommen immer mehr!«
Sie stand, ich lag wieder im Gras.
»Du«, sagt sie, – »ein ganzer Autocar!«
Wie Sabeth über mir steht beziehungsweise neben mir: Ihre Espadrilles, dann ihre bloßen Waden, ihre Schenkel, die noch in der Verkürzung sehr schlank sind, ihr Becken in den straffen Cowboy-Hosen; sie hatte beide Hände in den Hosentaschen, als sie so stand. Ihre Taille nicht zu sehen; wegen der Verkürzung. Dann ihre Brust und ihre Schultern, Kinn, Lippen, darüber schon die Wimpern, ihre Augenbogen blaß wie Marmor, weil Widerschein von unten, dann ihr Haar im knallblauen Himmel, man hätte meinen können, es werde sich im Geäst der schwarzen Pinie verfangen, ihr rötliches Haar. So stand sie, während ich auf der Erde lag, im Wind. Schlank und senkrecht, dabei sprachlos wie eine Statue.
»Hello!« rief jemand von unten.
Sabeth ganz mürrisch: »Hello –«
Sabeth konnte es nicht fassen.
»Du«, sagte sie, – »die machen Picnic!«
Dann, wie zum Trotz gegen die amerikanischen Belagerer, kam sie herunter und legte sich auf meine Brust, als wollte sie einschlafen; aber nicht lange. Sie stützte sich auf und fragte, ob sie schwer sei.
»Nein«, sagte ich, »du bist leicht –«
»Aber?«
»Kein Aber!« sagte ich.
»Doch«, sagte sie, »du denkst etwas.«
Meinerseits keine Ahnung, was ich gedacht hatte; irgend etwas denkt man meistens, aber ich wußte es wirklich

nicht. Ich fragte, was sie denn gedacht hätte. Sie bat um eine Zigarette, ohne zu antworten.
»Du rauchst zuviel!« sagte ich. »Als ich in deinem Alter war –«
Ihre Ähnlichkeit mit Hanna ist mir immer seltener in den Sinn gekommen, je vertrauter wir uns geworden sind, das Mädchen und ich. Seit Avignon überhaupt nicht mehr! Ich wunderte mich höchstens, daß mir eine Ähnlichkeit mit Hanna je in den Sinn gekommen ist. Ich musterte sie daraufhin. Von Ähnlichkeit keine Spur! Ich gab ihr Feuer, obschon überzeugt, daß sie viel zu früh raucht, ein Kind von zwanzig Jahren –
Dann immer ihr Spott:
»Du tust wie ein Papa!«
Vielleicht hatte ich (wieder einmal) daran gedacht, daß ich für Sabeth, wenn sie sich auf meine Brust stützt und mein Gesicht mustert, eigentlich ein alter Mann bin.
»Du«, sagte sie, »das ist also der Ludovisische Altar, was uns heute vormittag so gefallen hat. Wahnsinnig berühmt!« Ich ließ mich belehren.
Wir hatten unsere Schuhe ausgezgoen, unsere bloßen Füße auf der warmen Erde, ich genoß es, barfuß zu sein, und überhaupt.
Ich dachte an unser Avignon. (Hotel Henri IV.)
Sabeth mit ihrem offenen Baedeker wußte von Anfang an, daß ich ein Techniker bin, daß ich nach Italien fahre, um mich zu erholen. Trotzdem las sie vor:
»Die *Via Appia*, die 312 vor Christus vom Censor Appius Claudius Caecus angelegte Königin der Straßen –«
Heute noch höre ich ihre Baedeker-Stimme!
»Der interessantere Teil der Straße beginnt, das alte Pflaster liegt mehrfach zutage, links die großartigen Bogenreihen der Aqua Marcia (vergleiche Seite 261).«
Dann blätterte sie jedesmal nach.
Einmal meine Frage:

»Wie heißt eigentlich deine Mama mit Vornamen?«
Sie ließ sich nicht unterbrechen.
»Wenige Minuten weiter das Grabmal der *Caecilia Metella*, die bekannteste Ruine der Campagna, ein Rundbau von zwanzig Meter Durchmesser, auf viereckiger Basis, mit Travertin verkleidet. Die Inschrift auf einer Marmortafel lautet: Caecilia Q. Cretici f(iliae) Metellae Crassi, der Tochter des Metellus Cretius, Schwiegertochter des Triumvirn Crassus. Das Innere (Trkg.) enthielt die Grabkammern.«
Sie hielt inne und sann.
»Trkg. – was heißt denn das?«
»Trinkgeld«, sagte ich. »Aber ich habe dich etwas anderes gefragt –«
»Entschuldigung.«
Sie klappte den Baedeker zusammen.
»Was hast du gefragt?«
Ich ergriff ihren Baedeker und öffnete ihn.
»Das dort drüben«, fragte ich, »das ist Tivoli?«
In der Ebene vor Tivoli mußte ein Flugplatz liegen, wenn auch auf den Karten in diesem Baedeker nicht zu finden; die ganze Zeit hörte man Motoren, genau dieses vibrierende Summen wie über meinem Dachgarten am Central Park West, ab und zu eine DC-7 oder Super-Constellation, die über unsere Pinie flog, das Fahrgestell ausgeschwenkt, um zur Landung anzusetzen und irgendwo in dieser Campagna zu verschwinden.
»Dort muß der Flugplatz sein«, sagte ich.
Es interessierte mich tatsächlich.
»Wie deine Mama eigentlich heißt.«
»Was du gefragt hast?« fragte sie.
»Piper!« sagte sie. »Wie sonst?«
Ich meinte natürlich den Vornamen.
»Hanna.«
Sie hatte sich schon wieder erhoben, um über das Gestrüpp zu spähen, ihre beiden Hände in den Hosentaschen, ihr

rötlicher Roßschwanz auf der Schulter. Sie merkte mir nichts an.
»My goodness!« sagte sie. »Was die zusammenfressen da unten, das nimmt ja kein Ende – jetzt fangen sie noch mit Früchten an!«
Sie stampfte wie ein Kind.
»Herrgott«, sagte sie, »ich sollte verschwinden.«
Dann meine Fragen:
Hat Mama einmal in Zürich studiert?
Was?
Wann?
Ich fragte weiter, obschon das Mädchen, wie gesagt, verschwinden sollte. Ihre Antworten etwas unwillig, aber ausreichend.
»Walter, das weiß ich doch nicht!«
Es ging mir, versteht sich, um genaue Daten.
»Damals war ich noch nicht dabei!« sagte sie.
Es amüsierte sie, was ich alles wissen wollte. Ihrerseits keine Ahnung, was ihre Antworten bedeuten. Es amüsierte sie, aber das änderte nichts daran, daß Sabeth eigentlich verschwinden mußte. Ich saß, ich hatte ihren Unterarm gefaßt, damit sie nicht davonläuft.
»Bitte«, sagte sie, »bitte.«
Meine letzte Frage:
»Und ihr Mädchenname: – Landsberg?«
Ich hatte ihren Unterarm losgelassen. Wie erschöpft. Ich brauchte meine ganze Kraft, nur um dazusitzen. Vermutlich mit Lächeln. Ich hatte gehofft, daß sie nun davonläuft. Stattdessen setzte sie sich, um ihrerseits Fragen zu stellen.
»Hast du Mama denn gekannt?«
Mein Nicken –
»Aber nein«, sagte sie, »wirklich?«
Ich konnte einfach nicht sprechen.
»Ihr habt euch gekannt«, sagte sie, »als Mama noch studiert hat?«

Sie fand es toll; nur toll.
»Du«, sagte sie beim Weggehen, »das werde ich ihr aber schreiben, Mama wird sich freuen –«
Heute, wo ich alles weiß, ist es für mich unglaublich, daß ich nicht schon damals, nach dem Gespräch an der Via Appia, alles wußte. Was ich gedacht habe in diesen zehn Minuten, bis das Mädchen zurückkam, weiß ich nicht. Eine Art von Bilanz, das schon. Ich weiß nur: Am liebsten wäre ich auf den Flugplatz gegangen. Kann sein, daß ich überhaupt nichts dachte. Eine Überraschung war es ja nicht, bloß eine Gewißheit. Ich schätze es, Gewißheit zu haben. Wenn sie einmal da ist, dann amüsiert sie mich fast. Sabeth: die Tochter von Hanna! Was mir dazu einfiel: eine Heirat kam wohl nicht in Frage. Dabei dachte ich nicht einen Augenblick daran, daß Sabeth sogar mein eignes Kind sein könnte. Es lag im Bereich der Möglichkeit, theoretisch, aber ich dachte nicht daran. Genauer gesagt, ich glaubte es nicht. Natürlich dachte ich daran: unser Kind damals, die ganze Geschichte, bevor ich Hanna verlassen habe, unser Beschluß, daß Hanna zu einem Arzt geht, zu Joachim – Natürlich dachte ich daran, aber ich konnte es einfach nicht glauben, weil zu unglaublich, daß dieses Mädchen, das kurz darauf wieder auf unseren Grabhügel zurückkletterte, mein eignes Kind sein soll.
»Walter«, fragte sie, »was ist los?«
Sabeth ganz ahnungslos.
»Weißt du«, sagte sie, »du rauchst auch zuviel!«
Dann unser Gespräch über Aquaedukte –
Um zu reden!
Meine Erklärung der Kommunizierenden Röhre.
»Jaja«, sagte sie, »das haben wir gehabt.«
Ihr Spaß, als ich beweise, daß die alten Römer, wären sie bloß im Besitz dieser Skizze auf meiner Zigarettenschachtel gewesen, mindestens 90 % ihrer Maurerarbeit hätten sparen können.

Wir lagen wieder im Gras.
Die Flugzeuge über uns –
»Weißt du«, sagte sie, »eigentlich solltest du nicht zurückfliegen.«
Es war unser vorletzter Tag.
»Einmal müssen wir uns doch trennen, mein liebes Kind, so oder so –«
Ich beobachtete sie.
»Natürlich«, sagte sie – sie hatte sich aufgesetzt, um einen Halm zu nehmen, dann Blick gradaus; der Gedanke, daß wir uns trennen, machte ihr nichts aus, so schien mir, überhaupt nichts. Sie steckte den Halm nicht zwischen die Zähne, sondern wickelte ihn um den Finger und sagte: »Natürlich –«
Ihrerseits kein Gedanke an Heirat!
»Ob Mama sich noch an dich erinnert?«
Es amüsierte sie.
»Mama als Studentin«, sagte sie, »das kann ich mir nicht vorstellen, weißt du, Mama als Studentin mit einer Bude, sagst du, mit einer Dachbude – davon hat Mama nie erzählt.«
Es amüsierte sie.
»Wie war sie denn?«
Ich hielt den Kopf so, daß sie sich nicht rühren konnte, mit beiden Händen, wie man beispielsweise den Kopf eines Hundes hält. Ich spürte ihre Kraft, die ihr aber nichts nützte, die Kraft ihres Nackens; meine Hände wie ein Schraubstock. Sie schloß die Augen. Ich küßte nicht. Ich hielt bloß ihren Kopf. Wie eine Vase, leicht und zerbrechlich, dann immer schwerer.
»Du«, sagte sie, »du tust mir weh –«
Meine Hände hielten ihren Kopf, bis sie langsam die Augen aufmachte, um zu sehen, was ich eigentlich will: ich wußte es selber nicht.
»Im Ernst«, sagte sie, »du tust mir weh!«

Ich sitze in einer Bar, Nachmittag, daher allein mit dem Barmann, der mir sein Leben erzählt. Ein trefflicher Erzähler! Ich warte auf jemand. Während er die Gläser spült, sagt er: So war das! Ich trinke. Eine wahre Geschichte also. Ich glaub's! sage ich. Er trocknet die gespülten Gläser. Ja, sagt er noch einmal, so war das! Ich trinke und beneide ihn – nicht um seine russische Gefangenschaft, aber um sein zweifelloses Verhältnis zu seiner Geschichte . . .
»Hm«, sagt er, »wie das wieder regnet!«
Darauf gehe ich nicht ein, sondern trinke.
»Jede Geschichte ist eine Erfindung«, sage ich nach einer Weile, ohne deswegen an den Schrecknissen seiner russischen Gefangenschaft zu zweifeln, grundsätzlich: »jedes Ich, das sich ausspricht, ist eine Rolle –«.
»Herr Doktor«, sagt er, »noch einen Whisky?«
Herr Doktor!
»Unsere Gier nach Geschichten«, sage ich und merke, daß ich schon viel getrunken habe, es zeigt sich daran, daß ich meine Sätze nicht zu Ende spreche, sondern annehme, man habe mich schon verstanden kraft meiner Einsicht: »– vielleicht sind's zwei oder drei Erfahrungen, was einer hat«, sage ich, »zwei oder drei Erfahrungen, wenn's hochkommt, das ist's, was einer hat, wenn er von sich erzählt, überhaupt wenn er erzählt: Erlebnismuster – aber keine Geschichte«, sage ich, »keine Geschichte.« Ich trinke, aber mein Glas ist leer. »Man kann sich selbst nicht sehen, das ist's, Geschichten gibt es nur von außen«, sage ich, »daher unsere Gier nach Geschichten!« Ich weiß nicht, ob der Barmann mir zuhört, nachdem er sechs Jahre im Ural gewesen ist, und nehme mir eine Zigarette, um unabhängig zu sein. »Haben Sie eine Geschichte?« frage ich, nachdem er mir eben erzählt hat, was er offenkundig für seine

Geschichte hält, und sage: »Ich habe keine.« Ich rauche – ich beobachte ihn, wie er mein leeres Glas vom Zink nimmt, um es ins Spülwasser zu tauchen, und wie er ein anderes greift, ein frisches, ein trockenes, ich kann es nicht hindern, daß er mir einen nächsten Whisky herrichtet; gerade dadurch, daß ich es beobachte, kann ich's nicht verhindern (...)

»Jeder Mensch erfindet sich früher oder später eine Geschichte, die er für sein Leben hält«, sage ich, »oder eine ganze Reihe von Geschichten«, sage ich, bin aber zu betrunken, um meinen eignen Gedanken wirklich folgen zu können, und das ärgert mich, so daß ich verstumme.

Ich warte auf jemand.

»Ich habe einen Mann gekannt«, sage ich, um von etwas andrem zu reden, »einen Milchmann, der ein schlimmes Ende nahm. Nämlich er kam ins Irrenhaus, obschon er sich nicht für Napoleon oder Einstein hielt, im Gegenteil, er hielt sich durchaus für einen Milchmann. Und er sah auch aus wie ein Milchmann. Nebenbei sammelte er Briefmarken, aber das war der einzige fanatische Zug an ihm; er war Hauptmann bei der Feuerwehr, weil er so verläßlich war. In jungen Jahren, glaube ich, war er Turner, jedenfalls ein gesunder und friedlicher Mann, Witwer, Abstinent, und niemand in unserer Gemeinde hätte jemals vermutet, daß dieser Mann dereinst ins Irrenhaus eingeliefert werden müßte.« Ich rauche. »Er hieß Otto«, sage ich, »der Otto.« Ich rauche. »Das Ich, das dieser gute Mann sich erfunden hatte, blieb unbestritten sein Leben lang, zumal es ja von der Umwelt keine Opfer forderte, im Gegenteil«, sage ich, »er brachte Milch und Butter in jedes Haus. Einundzwanzig Jahre lang. Sogar sonntags. Wir Kinder, da er uns oft auf seinen Dreiräderwagen aufhokken ließ, liebten ihn.« Ich rauche. Ich erzähle: »Es war ein Abend im Frühling, ein Sonnabend, als der Otto, seine

Pfeife rauchend wie all die Jahre, auf dem Balkon seines Reiheneigenheims stand, das zwar an der Dorfstraße gelegen war, jedoch mit soviel Gärtlein versehen, daß die Scherben niemand gefährden konnten. Nämlich aus Gründen, die ihm selbst verschlossen blieben, nahm der Otto plötzlich einen Blumentopf, Geranium, wenn ich nicht irre, und schmetterte denselben ziemlich senkrecht in das Gärtlein hinunter, was sofort nicht nur Scherben, sondern Aufsehen verursachte. Alle Nachbarn drehten sofort ihre Köpfe; sie standen auf ihren Balkonen, hemdärmlig wie er, um den Sonnabend zu genießen, oder in ihren Gärtlein, um die Beete zu begießen, und alle drehten sofort ihren Kopf. Dieses öffentliche Aufsehen, scheint es, verdroß unseren Milchmann dermaßen, daß er sämtliche Blumentöpfe, siebzehn an der Zahl, in das Gärtlein hinunterschmetterte, das ja schließlich, wie die Blumentöpfe selbst, sein schlichtes Eigentum war. Trotzdem holte man ihn. Seither galt der Otto als verrückt. Und er war es wohl auch«, sage ich, »man konnte nicht mehr reden mit ihm.«
Ich rauche, während mein Barmann angemessen lächelt, aber unsicher, was ich denn damit sagen wolle. »Nun ja«, sage ich und zerquetsche meine Zigarette im Aschenbecher auf dem Zink, »sein Ich hatte sich verbraucht, das kann's geben, und ein anderes fiel ihm nicht ein. Es war entsetzlich.«
Ich weiß nicht, ob er mich versteht.
»Ja«, sage ich, »so war das.«
Ich nehme die nächste Zigarette.
Ich warte auf jemand –
Mein Barmann gibt Feuer.
»Ich habe einen Mann gekannt«, sage ich, »einen andern, der nicht ins Irrenhaus kam«, sage ich, »obschon er ganz und gar in seiner Einbildung lebte.« Ich rauche. »Er bildete sich ein, ein Pechvogel zu sein, ein redlicher, aber von keinem Glück begünstigter Mann. Wir alle hatten

Mitleid mit ihm. Kaum hatte er etwas erspart, kam die Abwertung. Und so ging's immer. Kein Ziegel fiel vom Dach, wenn er nicht vorbeiging. Die Erfindung, ein Pechvogel zu sein, ist eine der beliebtesten, denn sie ist bequem. Kein Monat verging für diesen Mann, ohne daß er Grund hatte zu klagen, keine Woche, kaum ein Tag. Wer ihn einigermaßen kannte, hatte Angst zu fragen: Wie geht's? Dabei klagte er nicht eigentlich, lächelte bloß über sein sagenhaftes Pech. Und in der Tat, es stieß ihm immer etwas zu, was den andern erspart bleibt. Einfach Pech, es war nicht zu leugnen, im großen wie im kleinen. Dabei trug er's tapfer«, sage ich und rauche, »– bis das Wunder geschah.« Ich rauche und warte, bis der Barmann, hauptsächlich mit seinen Gläsern beschäftigt, sich beiläufig nach der Art des Wunders erkundigt hat. »Es war ein Schlag für ihn«, sage ich, »ein richtiger Schlag, als dieser Mann das große Los gewann. Es stand in der Zeitung, und so konnte er's nicht leugnen. Als ich ihn auf der Straße traf, war er bleich, fassungslos, er zweifelte nicht an seiner Erfindung, ein Pechvogel zu sein, sondern an der Lotterie, ja, an der Welt überhaupt. Es war nicht zum Lachen, man mußte ihn geradezu trösten. Vergeblich. Er konnte es nicht fassen, daß er kein Pechvogel sei, wollte es nicht fassen und war so verwirrt, daß er, als er von der Bank kam, tatsächlich seine Brieftasche verlor. Und ich glaube, es war ihm lieber so«, sage ich, »andernfalls hätte er sich ja ein anderes Ich erfinden müssen, der Gute, er könnte sich nicht mehr als Pechvogel sehen. Ein anderes Ich, das ist kostspieliger als der Verlust einer vollen Brieftasche, versteht sich, er müßte die ganze Geschichte seines Lebens aufgeben, alle Vorkommnisse noch einmal erleben, und zwar anders, da sie nicht mehr zu seinem Ich passen –«

Ich trinke.

»Kurz darauf betrog ihn auch noch seine Frau«, sage

ich, »der Mann tat mir leid, er war wirklich ein Pechvogel.«
Ich rauche.
Draußen regnet's nach wie vor... Ich weiß nicht mehr, was ich eigentlich habe damit sagen wollen (...)
Ich habe zuviel getrunken... Die Dame, die unterdessen eingetreten ist und mich mit ihrem suchenden Blick daran erinnert, daß ich seit anderthalb Stunden jemanden erwartet habe, ist, begreife ich, die Gattin dieses Jemand, der leider habe verreisen müssen, und gekommen, um ihn zu entschuldigen, während ich von meinem Hocker rutsche, um ihr den nassen Mantel abzunehmen. Um höflich zu sein. Um zu zeigen, daß ich entschuldige. Selbstverständlich. Eigentlich müßte ich mich entschuldigen; ich habe ganz vergessen zu warten. Um höflich zu sein:
»Trinken Sie etwas?«
Etwas verwirrt, da ich ihren Mann, der in London weilt, während ich hätte auf ihn warten sollen, noch nie gesehen habe und statt dessen seine Gattin sehe, etwas verwirrt bin ich schon.
»Regnet es noch immer?« frage ich.
Eigentlich habe ich zahlen wollen.
»Aber ich will Sie nicht aufhalten!« sagt sie, indem sie sich auf den Hocker an der Bar setzt. »Ich will Sie wirklich nicht aufhalten –«
»Was trinken Sie?« frage ich.
»Nein«, sagt sie, »so ein Regen!«
Vorerst muß sie ihre Haare richten, und da sie offenbar merkt, daß ich schon zuviel getrunken habe, bestellt sie sich ein Gingerale. Was reden jetzt? Ich halte sie sogleich für eine Schauspielerin, ich weiß nicht warum. Ich sehe diese Frau zum ersten Mal, vermutlich auch zum letzten Mal. Um nicht unhöflich zu sein, frage ich nicht nach ihrem Beruf; vielleicht ist sie sogar eine bekannte Schau-

spielerin, und meine Frage wäre eine blanke Kränkung. Ich knabbere also Brezeln, soviel ich nur erlangen kann links und rechts, und höre zu, warum Svoboda, ihr Mann, habe verreisen müssen, gebe Feuer zwischenhinein und entschuldige nochmals mit wortloser Miene. Sie raucht etwas hastig, als sie von ihrem Mann redet. Ihr Haar, regennaß, glänzt schwarz. Ich bin entschlossen, mich nicht zu verlieben. Ihre Augen sind blau und groß. Manchmal ist es an mir, etwas zu sagen, um nicht verwirrt zu wirken oder stur. Meine Ungewißheit, ob ich sie für eine Schauspielerin zu halten habe oder nicht, macht mich mehr und mehr verlegen, während sie jetzt, ich weiß nicht warum, von Peru redet. Ich frage mich, welche Rolle ich dieser Frau geben würde. Mein Schweigen voll Blick gibt ihr offensichtlich das Gefühl, verstanden zu werden; jedenfalls wird auch sie etwas verlegen. Sie trinkt ihr Gingerale, als habe sie plötzlich Eile. Sie will den fremden Herrn nicht aufhalten. Ich erkundige mich nach Peru, aber sie will den fremden Herrn wirklich nicht aufhalten, sie ist gekommen, um ihren Svoboda zu entschuldigen, und will langsam zahlen, was ich aber nicht zulasse. Ich bitte Sie! sage ich, und da Pepe, der Barmann, jetzt den Tauben spielt und sich im Hintergrund hält, kommt es nicht zum Zahlen, und wir müssen weiterplaudern. Worüber? Ich erkundige mich nach ihrem Mann, den ich hätte kennenlernen sollen. Ihr Mann, wie gesagt, weilt in London. Ich bin jetzt, wie durch einen Alarm, plötzlich sehr nüchtern; nur der fremde Herr, den sie nicht aufhalten will, ist nach wie vor betrunken, nicht schlimm, immerhin so, daß ich mich von ihm unterscheide. Peru, sagt er, sei das Land seiner Hoffnung! Während ich es einen Quatsch finde, was er da sagt, hört sie großäugig zu, es gefällt ihr, scheint es, und man plaudert also von Peru, das ich nicht kenne. Sie hat Peru mit ihrem Gatten bereist. Ich muß mir etwas gestehen, nämlich: daß es selten eine Frau gibt, deren Gespräch mich interessiert, wenn sie mich nicht als Frau interessiert in irgendeinem Grad. Daher mein Blick auf ihren Mund. Als ich beiläufig höre, daß sie treu sei, weiß ich nicht, warum sie das gesagt hat; ich hatte nicht zugehört. Ihr Gesicht ist lebendig und schön, wenn sie redet, und ich betrachte sie wortlos (während der fremde Herr redet) lächelnd, bis sie errötet, ihr Haar in den Nakken wirft und die Asche, die kaum vorhandene, ausgiebig von ihrer Zigarette klopft, tut, als entziffere sie eine Reklame über der Bar, *Johnnie Walker highest awards,* mit blinzelnden Augen, da ihr der eigene Rauch übers Gesicht steigt, *guaranteed same quality throughout the world,* ihr Gesicht auch von der Seite sehr sehenswert, ihre Hand nicht fremd; sogar ihr Haar, dieser wunderlichste Stoff an einem Menschen, nicht befremdend ... Sie blickt auf ihre winzige Uhr.

»Oh«, sagt sie, »schon drei Uhr!«

Ich habe aber Zeit.

Auch sie hat eigentlich Zeit.

»Sie trinken wirklich keinen Whisky?« frage ich, und da Pepe, wie jeder Barmann, ein flinker Menschenkenner ist, hat er auch schon ein frisches Glas genommen, so daß ich nur noch sagen kann: »Also zwei.«

Ich frage mich, was weiter –

Drei Uhr nachmittags ist eine fürchterliche Stunde, die Stunde ohne Gefälle, flach und aussichtslos, ich erinnere mich an die ferne Kinderzeit, wenn ich krank lag, und es war drei Uhr nachmittags, Bilderbücher, Apfelmus, Ewigkeit ... Bloß um etwas zu reden, frage ich, ob sie Kinder habe, was mich eigentlich nichts angeht. Wir schauen zu, wie der Barmann hantiert: Eis, Whisky, Soda ... Der fremde Herr, als er später (ca. 15.30) ihren bloßen Arm faßt, ist verlegen nicht vor ihr, aber vor mir. Sie blickt mich nicht an, wie ich erwartet hätte, mit spöttischer Miene: Mein Herr, was soll das? Und sie zieht auch ihren warmen Arm nicht zurück, und da sie zudem schweigt, bleibt nichts andres übrig als die Geste des fremden Herrn durchzuhalten. Aufrichtig ist dabei mein Bedauern, nichts zu empfinden. Mehr noch: ich bin bestürzt. Und als der fremde Herr endlich seine Hand wegnimmt, da ich sie brauche, um meinen Whisky zu ergreifen, bevor er warm ist, hat sie meine heimliche Bestürzung schon bemerkt, glaube ich, und mißverstanden. Jedenfalls tut sie jetzt, indem sie gleichfalls zum Glas greift, einen etwas zu tiefen Atemzug, als wäre ihr etwas widerfahren, und streicht sich das Haar aus der Stirne, blickt mich an – mich! – mit ihren großen blauen Augen, ohne zu sehen, daß ich allein sein möchte. Man raucht, draußen regnet es noch immer, man raucht. Ich spüre es, jetzt verfalle ich genau in die Melancholie, die den Männern so steht, die sie unwiderstehlich macht. Es hilft nichts, daß ich jetzt den fremden Herrn genau beobachte. Wie erwartet (ich kenne ihn!) redet er jetzt mit spielerischer Offenheit, intimer, als mir zumute ist, gradaus über Lebensfragen. Soll die Frau, die einen Beruf hat, ein Kind haben? Was ist unter Ehe zu verstehen? Ich durchschaue das Spiel. Wörter auszusprechen, bevor sie noch etwas Persönlich-Geschichtliches bedeuten, nur darum geht es, Wörter wie Liebe, Mann und Frau, Geschlecht, Freundschaft, Bett und Beruf, Treue, Eifersucht, Gattung und Person und so weiter und so weiter. Und da meine eignen Ansichten, so ins Allgültige verdünnt, mich tödlich langweilen, würzt der fremde Herr sie mit kleinen Beispielen, die er erfindet. Einmal angenommen, sagt er, zwei Leute wie wir fallen einander in die Arme. Oder: Es gelingt uns, es wird keine Geschichte daraus, einmal angenommen, wir verschwören uns gegen jede Wiederholung. Er geht noch einen Schritt weiter, um das Beispiel, grundsätzlich gemeint, etwas anschaulicher zu machen; er erfindet Dialoge, die unversehens das Du ermöglichen, das Beispiel will's und sie versteht schon, daß der fremde Herr es nur als Beispiel meint, wenn er sagt: Wir. Oder: Du und ich. Oder! Du hast gewußt, daß wir einander verlassen werden, und ich habe es gewußt. Sie raucht dazu, sie versteht, daß er in Anführungszeichen redet, und raucht vor sich hin, und indem er wieder mein Glas ergreift, um zu zeigen, daß man sich in dieser öden Bar befindet und nirgends sonst, sagt er wieder: Sie. Das Spiel ist aus. Und sie schweigt jetzt eine lange Weile, der Rauch aus halboffenem Mund steigt als bläulicher Schleier über ihr Gesicht, das voll Verständnis ist für seine Ansichten, für das Allgemein-Grundsätzlich-Gültige seiner Ansichten. Man ist nicht verliebt, o nein, das ist klar. Aber das Spiel mit dem Du hat eine Erfahrung eingebracht, die das Gespräch etwas verändert, und das ist mit dem Sie nicht rückgängig zu machen. Gelegentlich blicke ich auf die Uhr, um den fremden Herrn zu warnen; doch vergeblich. Das Sie, wie streng man es fortan auch wahrt, hat einen Zauber bekommen, der die Langweile verscheucht. Also ich rede jetzt über Unverfängliches, Weltereignisse, monologisch. Dann und wann, als zwinge der Rauch sie dazu, macht sie die kleinen Augen einer Frau, die umarmt, und es wäre bloß natürlich, wenn der fremde Herr, sei's mit einem Scherz oder mit einem stummen Hundeblick, nochmals ihren bloßen Arm fassen würde, ihre Hand, ihre liegende Hand mit der Zigarette am Aschenbecher, ihre fernere Schulter, ihren Nacken. Er tut's nicht. Ohne meine Bewachung, mag sein, würde er es versuchen – unwillkürlich ...

Jetzt wollte ich wirklich zahlen.

»Pepe?« rief ich.

Der Barmann, um uns wie ein Paar zu behandeln, hatte sich drüben am Fenster unabkömmlich gemacht, tat, als hätte er noch nie den städtischen Verkehr im Regen gesehen, und stellte sich taub, sooft ich mit der Münze auf den Zink klopfte. Plötzlich langweilte ich mich wieder sehr.

Eben drum wagte ich auch nur sehr leise zu klopfen, undringlich.
»Sie müssen gehn«, sagte sie.
»Leider«, gestand ich.
»Ich auch«, sagte sie.
Wieder klopfte ich mit der Münze.
Wieso der fremde Herr, der mich noch mehr langweilte als sie, da ich seine Reden ja nicht zum ersten Mal höre, unversehens vom Charme homosexueller Männer spricht, weiß ich nicht; ich habe, indem ich den unaufmerksamen Barmann aufmerksam machen möchte, so genau nicht hingehört – sie gibt ihm recht, o ja, betreffend den Charme solcher Männer, die sich gern verkleiden (ich erinnere mich jetzt: wir sprachen von einem bestimmten Schauspieler, dann von Schauspielern allgemein) und die Sinn haben auch für die Kostüme der Frau, Sinn für Parfums. Sie trägt ein gelbes Kostüm. Er gesteht, daß ihr Kostüm ihm gefalle, aber dazu dies: wenn es ihm minder gefiele, hätte er nicht die mindeste Idee, wie es sich verbessern ließe. Er schwört das. Hingegen ein Mann jener Art, so meint er, würde sofort – und er tut es um des puren Beispiels willen – an ihren Kragen greifen, etwas daran ändern und verzaubern. Er tut's. Ihre Betroffenheit macht sie noch schöner, ich seh's, anders als bisher...
Ich zahle jetzt.
Ich möchte keine Liebesgeschichte.
Ich möchte arbeiten.
Sie hatte ihre Handtasche, schwarz, was zum gelben Kostüm vortrefflich paßte, schwarz wie ihr Haar, bereits unter dem Arm, als ich das Wechselgeld einsteckte, und gab ihrer Freude, mich getroffen zu haben, Ausdruck. Daraufhin hielt ich ihr den Mantel. Eine Einladung zum gemeinsamen Abendessen lag nahe, zumal ihr Mann verreist war; ich unterließ das, während sie ihren Schal um den Hals büschelte. Auch ich gab meiner Freude, sie

getroffen zu haben, Ausdruck, indem ich jetzt, bevor sie eben in den Mantel schlüpfte, zum ersten Mal ihre ganze Gestalt sah und, wie ich hoffte, zum letzten Mal. Die meisten Liebesgeschichten müssen durchaus nicht sein, glaube ich. Haben Sie alles? fragte ich, als kennte ich ihre Vergeßlichkeit schon. Das gefiel ihr. Ob ich es war oder der fremde Herr, der jetzt – sie blickte so benommen von Du zu Du – mit der Hand über ihre Stirne strich, scherzhaft sozusagen, willkürlich, durchaus spöttisch, um auf eine zärtliche Weise den Ausfall von Schicksal zu unterstreichen, weiß ich nicht; jedenfalls geschah es. Unser Abschied draußen im Regen, als endlich ein Taxi stoppte, war flink und förmlich. Erst als sie im Trocknen saß, schnöderweise nur noch mit ihrer schwarzen Handtasche beschäftigt, traf mich, was man Gefühl nennt. Sie sah es mir an, glaube ich, und nachdem der unwirsche Fahrer, unwirsch, da er an dieser Stelle eigentlich nicht anhalten durfte, mit der Dame davongefahren war im Regen, während ich umsonst darauf wartete, ob sie mit dem Handschuh winken würde, lähmte mich der Schrecken, meine Willkür könnte zu Ende sein...
Ich zog meine Mütze über den Kopf.
Ich drehte mich auf dem Absatz – ich möchte nicht das Ich sein, das meine Geschichten erlebt, Geschichten, die ich mir vorstellen kann – ich drehte mich auf dem Absatz, um mich zu trennen, so flink wie möglich, von dem fremden Herrn.

Ich drehte mich auf dem Absatz – ihr Taxi in einem Beet von Regenspritzern, als ich mich nochmals umschaute, war ein Taxi wie alle andern, schon nicht mehr zu unterscheiden, als es vor einer Kreuzung stoppte, plötzlich gab es viele Taxi, eines wie das andere, spritzend...
Ich schlenderte zum Hotel.
Drunten in der Gasse vor dem Hotel, wo ich in Kleidern

auf dem Bett lag, knatterte ein Preßluftbohrer, der mir jetzt, da ich schlafen wollte, dämonisch vorkam; es half nichts, daß ich die Fenster schloß, sogar den Rolladen herunterließ; die Scheiben zitterten. Ich wußte nicht, was tun. Wenn er gelegentlich aussetzte, der Bohrer, wechselte bloß die Tonart des Geknatters; dann knatterte der Kompressor. Ich wußte wirklich nicht, was tun in dieser Stadt, und wählte ihre Nummer wie zum Scherz. Sie war zuhaus. Wie zum Scherz: ich gab den Hörer, kaum meldete sich ihre Stimme, gleichsam an den fremden Herrn. Bitte! Ich hatte durchaus nichts zu sagen, sie übrigens auch nicht. Was also? Ich war witzig. Ihr Lachen (ohne Gesicht) langweilte mich. Ich lag während eines mühsamen Geplauders auf dem Bett, betrachtete das linke Hosenbein, wie es hampelmännisch pendelte, betrachtete den blauen Sokken des fremden Herrn, dessen Zehen ich nach Willkür bewegen konnte, die große Zehe sogar solo, und hörte nicht ohne Schadenfreude, heute abend sei sie nicht frei, sondern müsse in die Oper, zu einem Gastspiel der Scala, glaube ich, zumindest begriff ich. Frei hingegen war die Karte ihres Mannes, der ja leider, ich weiß, hatte verreisen müssen. Das dämonische Geknatter hatte plötzlich ausgesetzt. Als ihre Stimme, jetzt leiser, da die Stadt zwischen ihr und mir plötzlich still war, übrigens als Stimme nicht unbedingt so, daß sich dazu die Erscheinung einer schönen Frau einstellt, etwas zögernd fragte, was ich denn heute abend mache, sagte ich bekenntnishaft, daß ich mir nichts aus Opern mache. Der fremde Herr plauderte dennoch weiter. Ich hatte kein Verlangen sie wiederzusehen. Als ich den Hörer aufgelegt hatte, war's komisch – wie meistens nach einer Handlung: – die vage Vereinbarung, die der fremde Herr da getroffen hatte, empfand ich nicht als verbindlich für mich; lästig, aber nicht verbindlich. Mußte das sein? dachte ich, nachdem mein dunkler Anzug aus dem Koffer genommen und an einen Bügel gehängt war, und legte mich neuerdings aufs Bett, um zu rauchen, plötzlich nüchtern ... Ich sah den fremden Herrn in meinem dunklen Abendanzug, wie er auf dem Platz ihres Mannes sitzt, und mich selbst als ihren Mann, der verreist ist, der in einer fremden Stadt nichts anzufangen weiß, weil es regnet, und der in Hemd und Hosen in einem Hotelzimmer liegt, das von diesem nicht zu unterscheiden ist, rauchend –

Ich versuchte zu lesen.

(Manchmal scheint auch mir, daß jedes Buch, so es sich nicht befaßt mit der Verhinderung des Kriegs, mit der Schaffung einer besseren Gesellschaft und so weiter, sinnlos ist, müßig, unverantwortlich, langweilig, nicht wert, daß man es liest, unstatthaft. Es ist nicht die Zeit für Ich-Geschichten. Und doch vollzieht sich das menschliche Leben oder verfehlt sich am einzelnen Ich, nirgends sonst.)

Ich wußte einfach nicht, was tun.

Kurz nach sechs Uhr (ich wollte ihren versprochenen Anruf zwischen sechs und sieben nicht abnehmen) verließ ich das Hotel, um ins Kino zu gehen, um nicht den Preßluftbohrer zu hören, der wieder in Betrieb war. Der Regen hatte aufgehört, das nasse Asphalt spiegelte Himmelsbläue, Frühling. Ohne Mantel, nachdem ich mich schon für die Oper umgezogen hatte, im dunklen Abendanzug also, Hände in den Hosentaschen, ging ich mitten in einen Film hinein, so daß ich nicht begriff, wieso da geschossen wurde, und mich langweilte; später in eine Bar, eine andere, wo ich an einem Automaten spielte ...

Der fremde Herr: Enderlin.

Am andern Morgen, als er sich wieder auf der Straße und in der Welt befand, früher als üblich, es war sieben Uhr morgens, als er, ein Herr im dunklen Abendanzug, die fremde Gasse hinunterging wie andere, die zur täglichen Arbeit gehen, mantellos, seine Hände in den Hosentaschen, um eine möglichst unauffällige Haltung bemüht, und als er in einer Bar, umstanden von Arbeitern, die ihren Kaffee schlürften, ebenfalls einen Kaffee trank, Zigaretten kaufte, da sie in der Nacht alles verraucht hatten, wußte er: – eine Nacht mit einer Frau, die eingehen wird in jene seltsame Zahl, die man niemals nennt. Mille e tre! Er wußte und aß Brötchen, ohne sie zu zählen, und bestellte einen zweiten Kaffee. Er glaubte, daß es vorbei sei, er hoffte es zu glauben. Wenn auch seinem bleichen Gesicht hinter Flaschen nichts anzusehen war, hatte er dennoch das Gefühl, jedermann sehe es ihm an; das verwirrte ihn wie die Sonne draußen, wie der Spiegel hinter Flaschen, wie der Straßenverkehr der fremden Stadt, wie die Tatsache, daß es Dienstag war, Dienstag der soundsovielte, und er wußte nicht, warum es ihn verwirrte. Niemand kannte ihn hier. Wenn auch zu spät, um im Schutz der Nacht unsichtbar zu entkommen, war es ihm gelungen, so hoffte er, das Haus zu verlassen, ohne von jemand gesehen zu werden. Er hoffte es um ihretwillen. Nach einem Zickzack durch Gassen hatte er sich später, wahrscheinlich nur von einem Straßenkehrer gesehen, das Gesicht gewaschen an einem öffentlichen Brunnen, der ihm in Erinnerung bleiben wird... Das nasse Taschentuch in der Hosentasche störte ihn jetzt, er stand und trank seinen zweiten Kaffee, und daß er noch jetzt und hier, wo die Espresso-Maschine zischte, wo es lärmte von Tassen und Stimmen, auf den Fußspitzen zu gehen das Bedürfnis hatte, das verwirrte ihn vollends. Als hätten die Männer links und rechts, Fuhrleute in Lederschürzen, nie ein Weib umarmt! Übrigens die Sache mit ihrem Schlüssel hatte geklappt; ihr Wohnungsschlüssel lag jetzt im Briefkasten, wie vereinbart, und das Schlüsselchen für den Briefkasten lag auf dem Nachttisch. Wenn sie sich nicht verschlief, ging alles in Ordnung... Nach dem zweiten Kaffee war er wach, als hätte er geschlafen, und durchaus nicht müde. Vor allem war er froh, jetzt allein zu sein. Allein unter Männern. Wahrscheinlich schlief sie, und der Schlaf ist das fernste Land, das es gibt; er dachte das nicht, sondern spürte es: solang sie schlief, war sie nicht in dieser Stadt. Und er war in dieser Stadt wie gestern: allein. Nachdem er das blaue Päcklein aufgeschlitzt hatte, froh um die erste Zigarette, die er wieder allein rauchte, entdeckte er, daß er kein Feuerzeug hatte, nur das nasse Taschentuch in der rechten Hosentasche; das Feuerzeug hatte er liegenlassen in der Nacht. Eigentlich ganz glücklich, denn er glaubte wirklich, daß sie der Wiederholung entgehen würden, die feuerlose Zigarette zwischen den Lippen schaute er sich um, geistesabwesend seit der Entdeckung, daß er sein Feuerzeug hatte liegenlassen. Einer der Fuhrleute spuckte immfort auf den Boden, Terrazzo mit Sägmehl drauf. Wo gibt es das, Terrazzo mit Sägmehl drauf, in welchen Ländern? Plötzlich doch von einer weichen Mattigkeit befallen, die ihn noch einmal mit ihr zu verbinden drohte, gab er sein Zögern auf und bat einen Arbeiter um Streichhölzer, bekam aber, hingehalten von einer rissigen öligen Faust, nur das Feuerzeug, Flämmchen für diese einzige erste Zigarette, die er wieder allein rauchen durfte, und fertig. Er bedankte sich bei einem Hinterkopf. Das einzige Gesicht in dieser Bar, das ihn ab und zu beobachtete, war sein eignes im Spiegel hinter Flaschen, ein schmales Gesicht mit Hornbrille und Bürstenschnitt. Er wußte nicht, was den Frauen manchmal daran gefällt. Nur die beiden wassergrauen Augen – sie blickten aus dem Spiegel, als wären sie wirklich dort im Spiegel, sein Körper aber außerhalb des Spiegels – sind so, daß er sich darin erkennt... Eine Zigarette zu rauchen, die nicht mit zärtlichem Spiel von Mund zu Mund wechselte, er genoß es, dazu eine fremde Zeitung zu lesen, die er eben jetzt gekauft hatte. Schließlich gibt es eine Welt. Ihre List, die sich gestern abend so sachlich und fast lustig ausgenommen hatte, ihr Fernruf, um sicherzustellen, ob ihr Mann wirklich noch in London weilte, war ihm plötzlich, jetzt in der unwillkürlichen Erinnerung, nicht sympathisch, während er, die Tasse in der linken Hand, einmal mehr über Algier las. Er wußte nicht, wieso er jetzt daran dachte. Schließlich war es ihre Sache. Was ihn traurig machte dabei, war bloß der Gedanke, daß er eines fernen Tages, der eigentlich schon begonnen hatte, sich an ihre Listigkeit erinnern wird genauer als an alles andere, daran, wie sie aus dem Bett, Hörer in der linken Hand, mit London plauderte, ihre rechte Hand auf seiner Brust. Er hatte die Augen geschlossen, um nicht dabei zu sein. Er konnte die Ohren nicht schließen. Nachher hatten sie lange nur geraucht und geschwiegen. Schließlich war es wirklich nicht seine Sache, wie sie es in ihre Ehe einbaute, und er wollte jetzt, während er, die Tasse in der linken Hand, über Algier las, nicht daran denken. Aber auch Algier war nicht seine Sache, und er hatte jetzt das Bedürfnis zu zahlen. Schon nach einer Viertelstunde war er wie alle andern in dieser Bar, nichts in ihm, was ihn auszeichnete, was ihn wie eine Auszeichnung vor allen andern verwirrte, und als er gezahlt hatte, ging er nicht mehr auf Fußspitzen, und es wunderte ihn nicht mehr, daß es Dienstag war, Dienstag der soundsovielte. Es stand fest, daß er heute weiterreiste. Die fremde Zeitung vor dem Mund, da er plötzlich gähnen mußte, schlenderte er hinaus und winkte einem Taxi, um ins Hotel zu fahren. Er wollte jetzt schlafen, ein Bad nehmen und schlafen... Schon daß er ihren Namen weiß, ist zuviel... Im fahrenden Taxi, die Hand in der schäbigen Schlaufe, versucht er Ordnung zu machen in seinem Gedächtnis: – Es war gestern, Nachmittag in einer Bar, es regnete, er wartete auf jemand, Begegnung mit der Frau dieses jemand, ihr gelbes Kostüm und ihr nasses Haar, Gingerale, das Spiel dieses fremden Herrn, das ihn langweilt, das er kennt, das nichts mit ihm zu tun hat, der Riß zwischen ihm und diesem fremden Herrn; er wollte seines Weges gehen ... Das war gestern.

Es gibt einen Dämon, so schien ihm heute, und der Dämon duldet kein Spiel, ausgenommen sein eignes, er macht unser Spiel zu dem seinen, und wir sind das Blut und das Leben, das keine Rolle ist, und das Fleisch, das stirbt, und der Geist, der blind ist in Ewigkeit, Amen ... Aus dem fahrenden Taxi heraus, die Hand in der schäbigen Schlaufe, sah er die Welt: Fassaden von gestern, Plätze von gestern, unverändert, die gleichen Straßen und Kreuzungen wie gestern, die monströse Reklame einer Fluggesellschaft, die ihm gestern schon aufgefallen war. Alles unverändert: nur ist es nicht gestern, sondern heute. Warum ist es immer heute? Die müßige Frage, ob es denn hatte sein müssen, belästigte ihn wie das nasse Taschentuch in der Hose. Er kurbelte das Fenster hinunter, um während der Fahrt, unauffällig, wenigstens das nasse Taschentuch wegzuwerfen; er getraute sich nicht. Es belästigte ihn keineswegs die Untreue, die sie begangen hatten, beide, daran brauchte er noch nicht zu denken; es belästigte ihn einfach, daß es jetzt eine Tatsache ist, die sich gleichsetzt mit allen übrigen Tatsachen der Welt. Er staunte ein wenig. Ein Mann von mittlerer Erfahrenheit, was hatte er denn erwartet. Schon vor acht Uhr morgens, während sie noch schlief mit ihrem offenen Haar, war die Welt, in einer Nacht der Umarmungen namenlos versengt, wieder vorhanden, wirklicher als ihre Umarmungen. Eine Welt unverändert mit grünschmutzigen Autobussen und Reklamen, monströs, mit Straßennamen und Denkmälern und mit Datum, das er sich nicht merken wollte. Und trotzdem bleibt eine Tatsache, wie belanglos auch immer; unsichtbar; nicht wegzuwerfen wie ein nasses Taschentuch. Es reute ihn nichts. Das keineswegs. Es verwirrte ihn nur, daß heute nicht gestern ist. Man sieht es der Stadt nicht an. Er war froh darum. Er ist sich selbst. Eigentlich war er sehr froh. Es hat keinen Sinn, daß man sich wiedersieht, und er möchte sie wiedersehen, aber er wird sie nicht anrufen, nicht einmal vom Flugplatz aus, weil er weiß, daß es keinen Sinn hat ... Er fuhr nicht zum Hotel, sondern ließ stoppen, zahlte, stieg aus; er wollte ins Museum gehen. Um nicht in der Welt zu sein. Allein und jenseits der Zeit wollte er sein. Aber das Museum war um diese Stunde noch geschlossen, und da stand er nun, nachdem das Taxi verschwunden war, auf einer Freitreppe (...)

FREMDE/FREIHEIT

Basel, im März 1946

Eine Stunde droben beim Münster; die Vögel auf den einsamen Bänken, die kühle und vornehme Stille des alten Platzes, dessen Fassaden in einer dünnen Morgensonne stehen; das plötzliche Gefühl von fremder Stadt; der Rhein, wie er in silbernem Bogen hinauszieht, die Brükken, die Schlote im Dunst, die beglückende Ahnung von flandrischem Himmel –

Wie klein unser Land ist.

Unsere Sehnsucht nach Welt, unser Verlangen nach den großen und flachen Horizonten, nach Masten und Molen, nach Gras auf den Dünen, nach spiegelnden Grachten, nach Wolken über dem offenen Meer; unser Verlangen nach Wasser, das uns verbindet mit allen Küsten dieser Erde; unser Heimweh nach der Fremde –

Isidor 1955/57

Isidor war Apotheker, ein gewissenhafter Mensch also, der dabei nicht übel verdiente, Vater von etlichen Kindern und Mann im besten Mannesalter, und es braucht nicht betont zu werden, daß Isidor ein getreuer Ehemann war. Trotzdem vertrug er es nicht, immer befragt zu werden, wo er gewesen wäre. Darüber konnte er rasend werden, innerlich rasend, äußerlich ließ er sich nichts anmerken. Es lohnte keinen Streit, denn im Grunde, wie gesagt, war es eine glückliche Ehe. Eines schönen Sommers unternahmen sie, wie es damals gerade Mode war, eine Reise nach Mallorca, und abgesehen von ihrer steten Fragerei, die ihn im stillen ärgerte, ging alles in bester Ordnung. Isidor konnte ausgesprochen zärtlich sein, sobald er Ferien hatte. Das schöne Avignon entzückte sie beide; sie gingen Arm in

Arm. Isidor und seine Frau, die man sich als eine sehr liebenswerte Frau vorzustellen hat, waren genau neun Jahre verheiratet, als sie in Marseille ankamen. Das Mittelmeer leuchtete wie auf einem Plakat. Zum stillen Ärger seiner Gattin, die bereits auf dem Mallorca-Dampfer stand, hatte Isidor noch im letzten Moment irgendeine Zeitung kaufen müssen. Ein wenig, mag sein, tat er es aus purem Trotz gegen ihre Fragerei, wohin er denn ginge. Weiß Gott, er hatte es nicht gewußt; er war einfach, da ihr Dampfer noch nicht fuhr, nach Männerart ein wenig geschlendert. Aus purem Trotz, wie gesagt, vertiefte er sich in eine französische Zeitung, und während seine Gattin tatsächlich nach dem malerischen Mallorca reiste, fand sich Isidor, als er endlich von einem dröhnenden Tuten erschreckt aus seiner Zeitung aufblickte, nicht an der Seite seiner Gattin, sondern auf einem ziemlich dreckigen Frachter, der, übervoll beladen mit lauter Männern in gelber Uniform, ebenfalls unter Dampf stand. Und eben wurden die großen Taue gelöst. Isidor sah nur noch, wie die Mole sich entfernte. Ob es die hundsföttische Hitze oder der Kinnhaken eines französischen Sergeanten gewesen, was ihm kurz darauf das Bewußtsein nahm, kann ich nicht sagen; hingegen wage ich mit Bestimmtheit zu behaupten, daß Isidor, der Apotheker, in der Fremdenlegion ein härteres Leben hatte als zuvor. An Flucht war nicht zu denken. Das gelbe Fort, wo Isidor zum Mann erzogen wurde, stand einsam in der Wüste, deren Sonnenuntergänge er schätzen lernte. Gewiß dachte er zuweilen an seine Gattin, wenn er nicht einfach zu müde war, und hätte ihr wohl auch geschrieben; doch Schreiben war nicht gestattet. Frankreich kämpfte noch immer gegen den Verlust seiner Kolonien, so daß Isidor bald genug in der Welt herumkam, wie er sich nie hätte träumen lassen. Er vergaß seine Apotheke, versteht sich, wie andere ihre kriminelle Vergangenheit. Mit der Zeit verlor Isidor sogar das Heimweh nach dem Land, das seine Heimat zu sein den schriftlichen Anspruch stellte, und es war – viele Jahre später – eine pure Anständigkeit von Isidor, als er eines schönen Morgens durch das Gartentor trat, bärtig, hager wie er nun war, den Tropenhelm unter dem Arm, damit die Nachbarn seines Eigenheims, die den Apotheker längstens zu den Toten rechneten, nicht in Aufregung gerieten über seine immerhin ungewohnte Tracht; selbstverständlich trug er auch einen Gürtel mit Revolver. Es war ein Sonntagmorgen, Geburtstag seiner Gattin, die er, wie schon erwähnt, liebte, auch wenn er in all den Jahren nie eine Karte geschrieben hatte. Einen Atemzug lang, das unveränderte Eigenheim vor Augen, die Hand noch an dem Gartentor, das ungeschmiert war und girrte wie je, zögerte er. Fünf Kinder, alle nicht ohne Ähnlichkeit mit ihm, aber alle um sieben Jahre gewachsen, so daß ihre Erscheinung ihn befremdete, schrien schon von weitem: Der Papi! Es gab kein Zurück. Und Isidor schritt weiter als Mann, der er in harten Kämpfen geworden war, und in der Hoffnung, daß seine liebe Gattin, sofern sie zu Hause war, ihn nicht zur Rede stellen würde. Er schlenderte den Rasen hinauf, als käme er wie gewöhnlich aus seiner Apotheke, nicht aber aus Afrika und Indochina. Die Gattin saß sprachlos unter einem neuen Sonnenschirm. Auch den köstlichen Morgenrock, den sie trug, hatte Isidor noch nie gesehen. Ein Dienstmädchen, ebenfalls eine Neuheit, holte sogleich eine weitere Tasse für den bärtigen Herrn, den sie ohne Zweifel, aber auch ohne Mißbilligung, als den neuen Hausfreund betrachtete. Kühl sei es hierzulande, meinte Isidor, indem er sich die gekrempelten Hemdärmel wieder heruntermachte. Die Kinder waren selig, mit dem Tropenhelm spielen zu dürfen, was natürlich nicht ohne Zank ging, und als der frische Kaffee kam, war es eine vollendete Idylle, Sonntagmorgen mit Glockenläuten und Geburtstagstorte. Was wollte Isidor mehr! Ohne jede Rücksicht auf das neue

Dienstmädchen, das gerade noch das Besteck hinlegte, griff Isidor nach seiner Gattin: »Isidor!« sagte sie und war außerstande, den Kaffee einzugießen, so daß der bärtige Gast es selber machen mußte. »Was denn?« fragte er zärtlich, indem er auch ihre Tasse füllte. »Isidor!« sagte sie und war dem Weinen nahe. Er umarmte sie. »Isidor!« fragte sie, »wo bist du nur so lange gewesen?« Der Mann, einen Augenblick lang wie betäubt, setzte seine Tasse nieder; er war es einfach nicht mehr gewohnt, verheiratet zu sein, und stellte sich vor einen Rosenstock, die Hände in den Hosentaschen. »Warum hast du nie auch nur eine Karte geschrieben?« fragte sie. Darauf nahm er den verdutzten Kindern wortlos den Tropenhelm weg, setzte ihn mit dem knappen Schwung der Routine auf seinen eigenen Kopf, was den Kindern einen für die Dauer ihres Lebens unauslöschlichen Eindruck hinterlassen haben soll, Papi mit Tropenhelm und Revolvertasche, alles nicht bloß echt, sondern sichtlich vom Gebrauch etwas abgenutzt, und als die Gattin sagte: »Weißt du, Isidor, das hättest du wirklich nicht tun dürfen!« war es für Isidor genug der trauten Heimkehr, er zog (wieder mit dem knappen Schwung der Routine, denke ich) den Revolver aus dem Gurt, gab drei Schüsse mitten in die weiche, bisher noch unberührte und mit Zuckerschaum verzierte Torte, was, wie man sich wohl vorstellen kann, eine erhebliche Schweinerei verursachte. »Also Isidor!« schrie die Gattin, denn ihr Morgenrock war über und über von Schlagrahm verspritzt, ja, und wären nicht die unschuldigen Kinder als Augenzeugen gewesen, hätte sie jenen ganzen Besuch, der übrigens kaum zehn Minuten gedauert haben dürfte, für eine Halluzination gehalten. Von ihren fünf Kindern umringt, einer Niobe ähnlich, sah sie nur noch, wie Isidor, der Unverantwortliche, mit gelassenen Schritten durch das Gartentor ging, den unmöglichen Tropenhelm auf dem Kopf. Nach jenem Schock konnte die arme Frau nie eine Torte sehen, ohne an

Isidor denken zu müssen, ein Zustand, der sie erbarmungswürdig machte, und unter vier Augen, insgesamt etwa unter sechsunddreißig Augen, riet man ihr zur Scheidung. Noch aber hoffte die tapfere Frau. Die Schuldfrage war ja wohl klar. Noch aber hoffte sie auf seine Reue, lebte ganz den fünf Kindern, die von Isidor stammten, und wies den jungen Rechtsanwalt, der sie nicht ohne persönliche Teilnahme besuchte und zur Scheidung drängte, ein weiteres Jahr lang ab, einer Penelope ähnlich. Und in der Tat, wieder war's ihr Geburtstag, kam Isidor nach einem Jahr zurück, setzte sich nach üblicher Begrüßung, krempelte die Hemdärmel herunter und gestattete den Kindern abermals, mit seinem Tropenhelm zu spielen, doch dieses Mal dauerte ihr Vergnügen, einen Papi zu haben, keine drei Minuten. »Isidor!« sagte die Gattin, »wo bist du denn jetzt wieder gewesen?« Er erhob sich, ohne zu schießen, Gott sei Dank, auch ohne den unschuldigen Kindern den Tropenhelm zu entreißen, nein, Isidor erhob sich nur, krempelte Hemdärmel wieder herauf und ging durchs Gartentor, um nie wiederzukommen. Die Scheidungsklage unterzeichnete die arme Gattin nicht ohne Tränen, aber es mußte ja wohl sein, zumal sich Isidor innerhalb der gesetzlichen Frist nicht gemeldet hatte, seine Apotheke wurde verkauft, die zweite Ehe in schlichter Zurückhaltung gelebt und nach Ablauf der gesetzlichen Frist auch durch das Standesamt genehmigt, kurzum, alles nahm den Lauf der Ordnung, was ja zumal für die heranwachsenden Kinder so wichtig war. Eine Antwort, wo Papi sich mit dem Rest seines Erdenlebens herumtrieb, kam nie. Nicht einmal eine Ansichtskarte. Mami wollte auch nicht, daß die Kinder danach fragten; sie hatte ja Papi selber nie danach fragen dürfen ...

Das Atelier des verschollenen Stiller – wie Frau Sibylle, die Gattin meines Staatsanwaltes, es schildert – muß ein großer, lichter Raum gewesen sein, ein Dachboden irgendwo in dieser Altstadt, ein Raum, der durch den Mangel an Möbeln, selbst an nützlichen, wo Sibylle etwa Hut und Tasche hätte ablegen können, wohl noch größer wirkte, als er war. Ihre Schätzung: zehn auf fünfzehn Meter! dürfte übertrieben sein, wie genau Sibylle sich im übrigen an dieses Atelier scheint erinnern zu können. Man ging auf alten girrenden Tannenbrettern, die Äste hatten, dazwischen ausgetreten waren, und unter einer Dachschräge, wo sie mehr als einmal den Kopf angeschlagen hatte, muß es so etwas wie eine Küche gegeben haben, Schüttstein aus rotem Terrazzo, Gasherdchen, Schrank mit allerlei kunterbuntem Geschirr. Auch eine Couch war wohl da; denn Stiller wohnte ja im Atelier; ferner ein Büchergestell, wo Sibylle, Tochter aus bürgerlichem Haus, zum erstenmal das Kommunistische Manifest sah, daneben Tolstoi mit Anna Karenina, etwas von dem vielgenannten Karl Marx, dann Hölderlin, Hemingway, auch Gide, und Sibylle schenkte dann ebenfalls noch das eine und andere, was zur Buntscheckigkeit dieser Bibliothek beitrug. Teppiche gab es wohl keine. Hingegen erinnert sich Sibylle an alle fünf Windungen eines langen Ofenrohrs, das sehr romantisch gewesen sein soll. Und das allerschönste: mit einem wakkeren Schritt (als Dame mußte sie wohl den engen Rock etwas emporziehen) konnte man aufs Dach hinaustreten, auf eine Zinne mit rostigem Geländer, mit vermoostem Kies und Teer, der an den weißen Schuhen klebte, und abermals mit viel Romantik: mit gurrenden Tauben in der Dachrinne, mit Giebeln ringsum, mit Lukarnen und Kaminen und Brandmauern, mit Katzen, mit Höfen voll wilder Teppichklopferei, mit Geranien, mit flatternder

Wäsche und Geläute vom Münster. Ein Lehnsessel, dereinst im Brockenhaus der Heilsarmee gekauft, war leider damals schon nicht mehr zu benutzen; das Tuch war morsch, und man setzte sich besser auf den Kehrichteimer, was für Sibylle, die Gattin meines Staatsanwaltes, offenbar gleichfalls von einem ganz besonderen Reiz war. Jedenfalls hat man den Eindruck, sie erinnere sich trotz allem nicht ungern an jenes Atelier. Drinnen gab es einen großväterlichen Schaukelstuhl, wo man sich wippen lassen konnte, was ja unweigerlich eine Stimmung des Übermuts, des gelassenen Übermuts erzeugt, und alles, was es hier gab, hatte für Sibylle, wenn sie aus ihrem ordentlichen Haushalt kam, den Zauber des Provisorischen. Der Schlauch am Wasserhahn war stets nur mit einer Schnur befestigt, ein Vorhang hing an Reißnägeln, dahinter stand ein alter Koffer mit schweren Scharnieren, jetzt als Wäschetruhe verwendet. Wohin man blickte, hatte man in diesem Atelier das erregende Gefühl, jederzeit aufbrechen und ein ganz anderes Leben beginnen zu können, also genau das Gefühl, das Sibylle damals brauchte.
Ihr erster Besuch war ein Überfall gewesen.
»Ich komme nur auf einen Sprung!« sagte sie und hätte selber nicht geglaubt, daß sie dann bis Mitternacht bleiben würde. »Ich muß doch einmal sehen, wo du eigentlich arbeitest und wohnst...« Stiller war unrasiert, infolgedessen etwas verlegen. Er gab ihr einen Cinzano. Und während er sich hinter dem Vorhang am Schüttstein rasierte, guckte Sibylle sich an, was so an den Wänden hing: eine afrikanische Maske, das Bruchstück eines keltischen Beils, ein Bildnis von Josef Stalin (das später verschwand) und ein berühmtes Plakat von Toulouse-Lautrec, ferner zwei verblaßt-bunte Banderillas aus Spanien. »Was ist denn das?« fragte sie. »Das brauchen sie beim Stierkampf«, erklärte er kurz, nach wie vor mit seinem Bart beschäftigt. »Ach ja«, sagte Sibylle beiläufig, »du bist ja einmal in

Spanien gewesen. Sturzenegger erzählte uns so eine tolle Geschichte von dir...« Sie saß im Schaukelstuhl und lachte: »Du mit einem russischen Gewehr!« Seine Schweigsamkeit zeigte, daß sie ihn verletzt hatte, was ihr natürlich leid tat. »Sturzenegger ist ein Idiot«, sagte er hinter seinem Vorhang, »überall hausiert er mit dieser blöden Geschichte.« – »Ist sie denn nicht wahr?« – »Jedenfalls nicht so, wie Sturzenegger sie erzählt«, antwortete er mißmutig genug, so daß Sibylle sich nicht weiter nach der Geschichte mit dem russischen Gewehr erkundigte. Sie wollte ablenken, indem sie sagte: »Aber in Spanien bist du doch gewesen –« Sibylle ärgerte sich über sich selbst; man hätte wahrhaftig meinen können, sie wäre gekommen, um Stiller über Spanien auszuforschen... Man hatte sich auf einem sogenannten Künstler-Maskenball kennengelernt, damals namenlos, infolgedessen frei von allerlei Hemmungen, man hatte Zärtlichkeiten ausgetauscht, und das war kaum drei Wochen her, Zärtlichkeiten, die später, da man sich in der Wirklichkeit begegnete, fast unglaubhaft erschienen, kaum anders als heimliche Erinnerungen an einen Traum, wovon der andere nichts weiß. Nachdem nämlich Sturzenegger, sein Freund, ihren Namen verraten hatte, war ein Wiedersehen schon aus Gründen der Neugier, wie das geküßte Gesicht ohne Larve aussehen würde, unvermeidbar gewesen; man hatte sich zu einem Apéritif getroffen; man hatte in der Folge davon, daß man sich ohne Larven noch viel mehr zu sagen hatte, einen Spaziergang gemacht, und das wiederum war kaum eine Woche her, auch dieser Spaziergang, scheint es, hatte zu Zärtlichkeiten geführt, die jetzt, da Sibylle in seinem Atelier stand, fast unglaublich erschienen, kaum anders als ihre Erinnerung an den Maskenball, also wie eine heimliche Erinnerung an einen Traum, wovon der andere nichts weiß. Daher eben diese Befangenheit, diese Verlegenheit des Gesprächs!... »Hier also arbeitest du?« fragte Sibylle und fand es selber eine blöde, eigentlich überflüssige Frage. Sie schlenderte zwischen Skulpturen umher, nicht ohne Bangnis gefaßt darauf, daß Stiller gelegentlich seine Werke vorführen würde. »Du weißt«, sagte sie, »daß ich nichts von Kunst verstehe?« – »Mein Glück«, sagte er hinter dem Vorhang und lenkte selber ab. »Du bedienst dich, nicht wahr? Der Cinzano ist zum Trinken gemeint.« Sibylle bediente sich. Sie stand mit dem Gläslein in der Hand vor irgendeinem Gips, als Stiller, nunmehr rasiert, hervortrat und sagte: »Das ist meine Frau.« Es war ein Kopf auf einem langen, säulenhaften Hals, eher eine Vase als eine Frau, seltsam, und Sibylle war froh, daß keine Äußerungen von ihr erwartet wurden. »Ist das nicht furchtbar für deine Frau?« fragte sie immerhin, »ich fände es furchtbar, wenn du mich so in Kunst verwandeln würdest!« Und damit war das Gespräch über seine Arbeit eigentlich erledigt, ohne daß sich ein anderes ergab; sie standen nun, als wären sie da, um Cinzano zu kosten, nichts weiter, beide um einige Grade blöder, als sie in Wirklichkeit waren, und all dies vermutlich nur aus begreiflicher Furcht, daß sie bei der leisesten Berührung neuerdings in Zärtlichkeiten verfallen würden, ohne einander wirklich kennenzulernen. »Warum interessiert dich das«, fragte Stiller, »das mit dem russischen Gewehr?« Es interessierte Sibylle nicht mehr und nicht weniger als irgend etwas aus seiner unbekannten Vergangenheit. Es war Stiller, der nicht von Spanien loskam, scheint es, von den verblaßt-bunten Banderillas mit ihren spitzen Widerhaken. Um nicht die Geschichte mit dem russischen Gewehr erzählen zu müssen, die ihm offenbar peinlich war, hatte Stiller nun begonnen, einen spanischen Stierkampf zu schildern, und zwar genau, er stellte seinen Cinzano irgendwohin, um freie Hände zu haben. Die beiden gekreuzten Banderillas nahm er übrigens nicht von der Wand; er schien sie zu fürchten. »Jaja«, sagte Sibylle ab und zu, »ich verstehe –!« Stiller schien von der Stierkämpferei sehr fasziniert zu sein, und Begeisterung, fand Sibylle, stand ihm vortrefflich, besser als jede Larve. »Und jetzt«, erklärte Stiller, »jetzt kommt der Matador –!« Für Sibylle war der Stier schon lange tot. »Wieso erst jetzt?« meinte sie, »wenn der Stier tot ist?« Sie hatte nicht aufgepaßt, jedenfalls nicht auf den Stierkampf, sondern nur auf sein Gesicht; Stiller mußte die ganze Reportage von vorn beginnen. Warum war es so unerläßlich, daß Sibylle sich einen spanischen Stierkampf vorzustellen vermochte? »Paß auf!« sagte Stiller, »– ich bin der Stier.« Er stellte sich mitten ins Atelier, und Sibylle mußte sich aus dem Schaukelstuhl erheben, um die Rolle des Torero zu übernehmen. Sie lachte über diese Rollenverteilung. Sibylle hatte gar kein Bedürfnis, einen Stier zu töten. Stiller fand sie durchaus in Ordnung, diese Verteilung der Rollen; Sibylle brauchte nicht einmal ihr Hütchen abzulegen, im Gegenteil, ein Torero kann nicht zierlich genug sein. Also erstens: Der Stier kommt in die Arena, und Sibylle mußte sich vorstellen: ringsum die blendende Helle des besonnten Sandes, Leben und Tod, Helle und Schatten teilen die Arena, ringsum Arkaden voll Volk, bunt wie ein Beet und schwirrend von Stimmen, die nun verstummen, denn nun tritt Sibylle, der Torero, etwas näher. Eigentlich sind es mehrere, die den Stier mit ihren roten Tüchern reizen, doch Stiller begnügt sich jetzt mit Sibylle. Der Stier, schwarz wie Pech, steht in der Mitte wie in einem riesenhaften Trichter, und der Kampf beginnt spielerisch, geradezu balletthaft, die geschwenkten Tücher übrigens sind nicht sehr rot, vielmehr von der Sonne gebleicht und eher rosa, aber kurz und gut, der Stier weiß nicht recht, was er soll, und wehrt sich nur beiläufig, stößt mit seinen Hörnern ins Leere, stoppt plötzlich seinen Lauf, so daß Staub aufwölkt. Bis hierher war's eine Neckerei, nichts weiter, ein Flirt, und ebensogut könnte man aufhören, der schwarze Stier ist unverletzt und könnte irgendwo einen Pflug über andalusische Äcker ziehen. Sibylle fand es scheußlich, als er von den Picadores erzählte, die nun auf ihren erbärmlichen Schindmähren kommen und ihre Lanze in den Nacken des Stieres bohren, um seine Kampfwut auszulösen. Sibylle zog unwillkürlich ihren Hut ab; die Fontäne von pulsendem Blut, von purpurnem Blut, das nun über das schwarze Fell des keuchenden Tieres strömt und glänzt, machte sie ganz nervös. Sibylle versicherte, sie könnte sich nie einen wirklichen Stierkampf ansehen. Aber das änderte für Stiller, den ehemaligen Spanienkämpfer, nichts daran, daß der verwundete Stier nun angriff, und als die alte Schindmähre, die der wütende Stier auf seine Hörner genommen hat, mit aufgeschlitztem Bauch und mit einer nachgezogenen Girlande von Gedärmen aus der Arena geschleift wird, mußte Sibylle sich setzen. »Hör auf!« sagte sie mit beiden Händen vor dem Gesicht. Aber nun, meinte Stiller, kommt ja die unvergleichlich schöne und elegante Phase mit eben diesen bunten Banderillas, wonach Sibylle sich erkundigt hatte, und da Sibylle auf der Couch sitzenblieb, mußte Stiller wohl die Rolle wechseln, überließ den Stier nun ihrer Vorstellung, um die Verwendung dieser Banderillas zu demonstrieren. Stiller nahm die Spießlein aber nicht von der Wand, wie gesagt, er schien sie zu fürchten, als hätte er persönlich schon die Erfahrung eines Stiers gemacht. Er demonstrierte also ohne Requisit; nämlich: beide Arme empor, so graziös als möglich, den gestreckten Körper ganz auf die Fußspitzen gestellt, um eine Höhe zu haben, Bauch eingezogen, damit der anlaufende Stier mit seinen spitzen Hörnern ihn nicht erwischt und nicht aufschlitzt, und dann, jetzt mußte Sibylle genau hinsehen, dann wie ein Blitz hinein mit den beiden bunten Spießlein, hinein in den Nacken, nicht einfach in den Stier hinein, sondern genau in den Nacken, graziös, präzis. Sibylle hatte Mühe, seine Bewunderung zu teilen; er sagte immer: »Das ist schon etwas!« und ließ keine Ruhe, bis sie wenigstens mit Nicken anerkannte, daß Grazie angesichts der Todesgefahr schon eine Leistung sei. »Und der Stier?« fragte sie mit einem parteiischen Unterton. »Und der Stier?« Der hat nun wohl gemerkt, daß es auf Leben und Tod geht und daß er keine andalusischen Äcker mehr pflügen wird; von Blut überströmt, im Nacken eine baumelnde Garbe von sechs solchen Banderillas, die mit Widerhaken in seinem Fleisch hängen, steht der Stier mit ersten Anzeichen von Ermattung und wehrt sich gegen seinen Schmerz, schüttelt seine Garben von bunten Spießen, aber vergeblich. Stiller zeigte ihr die Widerhaken an den beiden Banderillas. »Und das soll schön sein?« fragte sie. Stiller nannte es nicht ›schön‹, aber etwas daran, schien es, faszinierte ihn, etwas Schmerzliches auch, fast etwas Persönliches. Er nahm, im Gegensatz zu der Dame, betontermaßen keine Partei; aber er erlebte es sehr von der Seite des Stiers, griff einmal an seinen Nacken, als hätte er diese Garbe von bunten Banderillas erfahren. Und so, meinte er sachlich, geht es in die letzte Runde. Sibylle sah sie sich von der Couch aus an, unfähig, ihre lange schon zwischen die Lippen gesteckte Zigarette anzuzünden. »Danke dir«, sagte sie und zeigte ihr Dunhill-Silber, »ich habe schon Feuer.« Also die letzte Runde! Stiller etikettierte sie: Grazie gegen rohe Kraft, Licht gegen Finsternis, Geist gegen Natur. Der Geist erscheint als silbern-weißer Matador, die blanke Klinge unter dem roten Tuch, nicht um zu töten, o nein, sondern um zu siegen, um die Figuren äußerster Todesgefahr zu bestehen, eine nach der andern, ohne je einen Schritt zurückzuweichen, Eleganz ist alles, Feigheit ist schlimmer als Tod, es geht um einen Sieg des Geistes über das tierische Leben, und dann erst, wenn er seine Gefahren bestanden hat, dann erst darf er seine Klinge gebrauchen; Stille füllt die Arena, der Stier mit aller Wut der Erschöpfung erkennt nochmals das rote Tuch, nimmt einen Lauf, der silber-weiße Matador bleibt stehen, und die

Klinge, ja, sie steckt, das Volk tobt vor Beifall, und der Stier steht mit gespreizten Beinen, wartet, plötzlich knickt er vornüber oder bricht zur Seite, um zu sterben; seine Augen verdrehen sich, seine Beine strecken sich, der Rest ist ein regloser Klumpen, eine schwarze Masse, Hüte wirbeln in die Arena hinunter, Blumen, Damenhandschuhe, Zigarren, Korbflaschen, Orangen... Dann endlich brauchte Sibylle ihr silbernes Dunhill-Feuerzeug, und das Gespräch war wieder offen –

Zu Zärtlichkeiten kam es nicht.

»Deine Frau ist Tänzerin?« fragte Sibylle irgendwann einmal, ohne viel zu erfahren von dieser Frau, die Stiller in eine Vase verwandelt hatte, ja, nach seinem Verhalten zu schließen, handelte es sich wirklich nur um eine schöne, seltsame, tote Vase, womit Stiller verheiratet war, um ein Etwas, das nur vorhanden war, wenn er daran dachte, und Stiller hatte zur Zeit gar keine echte Lust, daran zu denken. Ob es anderseits viel ergiebiger war, was Sibylle von ihrem Rolf erwähnte? Jedenfalls meldete sie eines nicht: daß Rolf, ihr Mann, an jenem Abend in London weilte und erst am nächsten Tage heimkehren würde. Wozu sollte sie Stiller damit irritieren! Es irritierte sie selber schon genug, um diese ›Freiheit‹ zu wissen... »Hat dir Sturzenegger einmal unsere Pläne gezeigt?« fragte sie, und damit, siehe da, kam es plötzlich zu einem vernünftigen Gespräch, denn Stiller entpuppte sich als ein leidenschaftlicher Anhänger moderner Architektur, wußte auch einiges, jedenfalls genug, um Sibylle zum erstenmal an ihrem eigenen Bau zu interessieren, ja begeistert zu machen, begeistert von ihrem künftigen Haus. Es war (so sagt sie) ein dermaßen schönes, sachliches, vernünftiges Gespräch, daß Stiller ohne weiteres sagen konnte: »Du bleibst doch zum Abendessen?« Eigentlich, versteht sich, hatte Sibylle nie und nimmer daran gedacht, zum Abendessen zu bleiben, höchstens mit der Möglichkeit gerechnet, daß man irgendwo in der Stadt zusammen essen würde. »Kann ich dir etwas helfen?« fragte sie etwas verlegen, als Stiller bereits eine Pfanne mit Wasser füllte, nach wie vor von Architektur sprechend, und dann diese Pfanne auf den altertümlichen Gasherd stellte. »Magst du Reis?« erkundigte er sich nebenbei, Feuer zündend. Natürlich war Sibylle entschlossen, spätestens gegen neun oder zehn Uhr, allerspätestens, aufzubrechen. »Reis?« antwortete sie endlich, »das ist ja wunderbar!« Die Zutaten zu einem einigermaßen spanischen Reis, und zu Ehren des Stierkampfes kam nur ein spanischer in Frage, mußte Stiller allerdings noch beschaffen; es eilte, sonst würden ihm die Läden vor der Nase geschlossen. Nach einem kurzen Blick in sein Portemonnaie, das offenbar nicht jederzeit gefüllt war, entfernte sich Stiller, ließ seine Besucherin allein im Atelier... Sibylle war es in dieser halben Stunde etwas seltsam zumute. Was wollte sie? Und was wollte sie nicht? Nun hatte sie ja Bedenkzeit. Sie stand am großen Fenster, wo man auf das Großmünster sah, und rauchte, versuchte sich zu erinnern, wo sie ihren Wagen, Rolfs Wagen, geparkt hatte, und konnte sich nicht erinnern, so viel anderes ging ihr durch den Kopf. Lächerlich! Ein Abendessen in einem Atelier, was war denn dabei? Sibylle war damals achtundzwanzigjährig. Zweimal in ihrem Leben hatte sie geliebt, nicht mehr und nicht weniger, und jedesmal war es ein Einbruch in das Leben gewesen, in das Leben des andern. Der erste Mann, den sie liebte, ein Professor, dem sie ihre Maturität verdankte, ließ sich scheiden, und der zweite Mann heiratete sie. Zu bloßer Spielerei war sie nicht begabt. Oder ließ sich das lernen? Ein kreuzfideler Maskenball-Pierrot, so wie sie Stiller vor drei Wochen erlebt hatte, dazu ein Künstler, also ein Mensch ohne besondere Moral, ein voraussichtlich recht erfahrener Keckling mit so viel Kultiviertheit immerhin, daß er später keine Namen nennt, mag sein, das wäre just das Richtige gewesen, um Rolf, ihrem selbstsicheren Gatten, einmal den lange schon nötigen Schrecken einzujagen. Nur: Stiller war alles andere als ein Keckling, schien es. Je näher sie ihn kennenlernte, um so scheuer war er, um so sympathischer, und in Wirklichkeit, hier in seinem Atelier, war von einem kreuzfidelen Pierrot nicht mehr viel zu merken. Stiller war ein witziger, doch heimlich sehr bedrückter Mann, einer, der unsichtbare Banderillas im Nacken hatte und blutete. Auch war er verheiratet. Warum wohnten sie nicht zusammen, Stiller und diese Balletteuse? Es war alles sehr unklar. War das nun eine gescheiterte Ehe oder eine vollkommene? Keinesfalls war es einfach. Was würde geschehen, wenn Sibylle ihn wirklich liebte? Und diese Gefahr bestand. Dann wieder sagte Sibylle zu sich selbst: Unsinn! und stellte die Gasflamme etwas kleiner, da das Wasser mit Reis bereits kochte. Wie verschieden Männer sein können! Es war Sibylle noch nicht vorgekommen, daß ein Mann für sie einkaufte und kochte, all dies ohne im mindesten zu fragen, was er einkaufen und wie er kochen sollte. Einmal klingelte übrigens das Telefon. Natürlich nahm sie nicht ab. Das Klingeln hatte Sibylle unverhältnismäßig erschreckt. War es seine Frau gewesen? Sibylle hatte keinen Grund, sich seiner Frau nicht in aller Unbefangenheit vorzustellen. Lächerlich! Sibylle wünschte es geradezu, daß jetzt seine Frau eintreten würde. Oder war's eine Geliebte, die da geklingelt hatte, so schrill, so hartnäckig geklingelt hatte? Seine Spachtel auf dem großen Tisch, die vollen Aschenbecher allenthalben, die Sibylle gerne geleert hätte, allerlei unbekanntes Werkzeug, die nicht gerade sauberen Küchentüchlein, Zeitungen überall, eine Krawatte an der Türe, all dies war sehr männlich, seine Bibliothek eher jünglingshaft, verglichen mit Rolfs akademischen Bücherwänden, und Josef Stalin nicht ganz so erschreckend wie sonst, immerhin fremd, nicht ihr Typ. Sibylle war froh um alles, was sie befremdete. Und fremder noch als Josef Stalin erschienen ihr (glaube ich) seine Skulpturen. Ob Stiller ein wirklicher Künstler war? Sie gab sich zu: in einer Ausstellung würde sie an solchen Sachen vorbeigehen. Sie zwang sich, nicht daran vorbeizugehen, sondern sich ein Urteil zu machen, das sie vor Liebe bewahrte. Das fiel ihr nicht schwer; sie liebte auch Picasso nicht, damals noch nicht. Und so ähnlich waren auch diese Dinger. Sibylle konnte sich nicht erinnern, seinen Namen je in der ›Neuen Zürcher Zeitung‹ gelesen zu haben; aber auch dann, wenn Stiller kein wirklicher Künstler war, bewahrte es sie denn davor, ihn zu lieben? Es lockte sie schon sehr, da und dort eine Schublade aufzuziehen; natürlich tat sie's nicht. Statt dessen blätterte sie in einem Skizzenbuch, bestürzt im Gefühl, sich in einen Meister verliebt zu haben, nach seinen Skizzen zu schließen. Warum kam er übrigens so lange nicht? Hoffentlich war ihm nichts zugestoßen. Eine Schublade, ohnehin schon beinahe offen, enthielt allerlei, doch keine Aufschlüsse über Stillers innerstes Wesen; es war so ein sympathischer, fast etwas bubenhafter Krimskrams: Muscheln, eine verstaubte Tabakpfeife, Sicherungen fürs Elektrische, Draht, Pfeifenputzer, die ihr kleiner Hannes so gerne gehabt hätte, und allerlei Münzen, Quittungen, Mahnungen, ein getrockneter Seestern, ein Schlüsselbund, so daß man an Blaubart hätte denken können, eine Glühbirne, ein Dienstbüchlein, Flickzeug fürs Velo, Schlafpulver, Kerzen, eine Gewehrpatrone, ferner ein altes jedoch tadellos erhaltenes Messing-Schildchen mit der Aufschrift: Stiller-Tschudy ... Als Stiller eintrat, Papiersäcke im Arm, stand Sibylle gerade vor einem Akropolis-Photo mit schönen Gewitterwolken. »Bist du auch in Griechenland gewesen?« fragte sie. »Noch nicht!« antwortete er munter, »aber wir können hinfahren, jetzt sind die Grenzen ja wieder einmal offen.« Er hatte seine Büchsen-Krabben bekommen, auch Paprika, statt Kaninchen etwas Geflügel, Tomaten, Erbsen, Sardinen statt andrer kleiner Fische, und die Kocherei konnte beginnen. Sibylle durfte den Tisch decken, Gläser spülen, Teller wärmen. Auch den Salat mußte er selber zubereiten; Sibylle durfte nur kosten, begeistert sein und den Holzteller abwaschen. Als wieder das Telefon klingelte, nahm Stiller nicht ab, und eine Weile lang schien seine Munterkeit verloren zu sein. Als der valencianische Reis auf dem Tisch stand und duftete, wusch Stiller sich die Hände, trocknete sie mit männerhafter Gelassenheit, als wäre kein Anlaß zu festlicher Aufregung. Man setzte sich zum ersten gemeinsamen Mahl. »Wie schmeckt es?« fragte er, und Sibylle erhob sich, wischte sich den Mund und gab ihm den verdienten Kuß für seine männliche Kochkunst. (Rolf konnte sich nicht einmal ein Rührei machen!) Sie stießen an. »Also Prosit!« sagte er etwas verlegen. Es folgte ein sachliches Gespräch über den doch beträchtlichen Unterschied zwischen Büchsen-Krabben und frischen Krabben –

Usw.

Als es vom nahen Großmünster herab zehn Uhr schlug, laut genug, so daß Sibylle es nicht überhörte, war trotz aller Vorsätze an Aufbruch nicht zu denken – »Du darfst nicht vergessen«, sagte Stiller gerade, »ich war wahnsinnig jung. Eines Tages erwachst du und liest es in der Zeitung, was die Welt von dir erwartet. Die Welt! Genau besehen ist es natürlich nur ein freundlicher Snob, der das geschrieben hat. Aber plötzlich bist du eine Hoffnung! Und schon kommen die Arrivierten, um dir die Hand zu schütteln, weißt du, liebenswürdig, aus lauter Furcht wie vor einem jungen David. Es ist lächerlich. Aber da stehst du nun mit deinem Größenwahn – bis endlich, Gott sei Dank, so ein Spanischer Bürgerkrieg losgeht!« Sibylle verstand. »Irun«, erzählte er, »das war die erste Dusche. ich werde diesen kleinen Kommissär nie vergessen. Für den war ich nun gar keine Hoffnung! Er sagte es nicht, aber er blickte mich an wie eine Niete. Was ich unter Marxismus verstand, war Lyrik. Immerhin: ich hatte schon eine Rekrutenschule hinter mir, Ausbildung im Handgranatenwerfen, Kenntnis des Maschinengewehrs. Und dann hatte ich noch einen Freund, einen Tschechen, der für mich bürgte –« Stiller erzählte sehr langsam, füllte sein Glas mit Chianti und hielt es, ohne zu trinken. »Zaragoza«, fuhr er fort, »das war die zweite Schlappe. Ich meldete mich als Freiwilliger, wir waren abgeschnitten, und jemand mußte versuchen, durch das feindliche Feuer zu kommen. Ich meldete mich als Erster. Aber sie nahmen mich nicht! Da stehe ich nun, ein Freiwilliger, den man stehen läßt... Kannst du dir vorstellen, wie mir zumute war?« – »Warum nahmen sie dich nicht?« – »Sie zögerten herum, bis ein andrer sich meldete, mein Freund, der Tscheche, das war einer, der nicht seinen Tod suchte, sondern ein wirklicher Kämpfer... Das ist es ja doch«, meinte Stiller, »eigentlich suchte ich damals bloß meinen Tod. Ohne zu wissen, mag sein; aber man roch es mir an. Bei Fliegerangriffen war ich's, der nicht in Deckung ging, und hielt es für Mut! Und drum ist es dann auch so gekommen, siehst du, damals am Tajo –« Nun hoffte Sibylle natürlich, die eigentliche Geschichte zu hören, aber vergeblich. Dann ging Stiller jedesmal um den Brei herum, verzögerte sich in Nachträgen und Ergänzungen, dann wieder in einer umständlichen Topographie von Toledo, ein andermal in politischen Glossen. »Kurz und gut«, sagte er, »da lagen wir also in diesem öden Tälchen – wir Banditen, wie eure Zeitungen uns damals nannten. Rebellen und Banditen! Man vergißt ja so leicht, wie's in Wirklichkeit gewesen ist, wie unsere liebe Schweiz damals getönt hat, unsere bürgerliche Presse. Welche Heldenverehrung für die Faschisten!« – »Wirklich?« fragte Sibylle ohne Interesse, »daran kann ich mich nicht erinnern. Damals ging ich noch in die Töchterschule!« – »Aber du kannst es mir glauben«, lächelte Stiller, »ich habe eure

Schweiz kennengelernt, damals in Spanien. Reden wir nicht davon! Übrigens wird es immer wieder so sein, sie sekundieren dem Faschismus, wie jede Bourgeoisie, offen oder heimlich. Heute entrüsten sie sich über Buchenwald und Auschwitz und diese Sachen; wir wollen sehen, wie lange! Heute waschen sie ihre Hände in schweizerischer Unschuld, speien auf Deutschland und haben es schon immer gewußt. Schon zur Zeit des Spanischen Bürgerkrieges, als wir die Banditen waren, zusammen mit Casals und Picasso und einigen anderen, die sie heute bejubeln, schon immer war die Schweiz gegen den Faschismus! Warten wir ab...« lachte Stiller, erhob sich, um den übervollen Aschenbecher zu leeren, und Sibylle wunderte sich über seinen Ton. »Nimmst du noch einen Kaffee?« fragte er zwischenhinein. »Es ist komisch«, fand Sibylle, »wie böse du jedesmal wirst, wenn du von der Schweiz redest!« Sie war gleichfalls aufgestanden, um ihm näher zu sein, gerade weil sie das Gefühl hatte, daß es Stiller zu dieser Kaffeekocherei nur drängte, um sich von ihr entfernen zu können. »Warten wir ab«, sagte er und stellte die Wasserpfanne auf, »bis Deutschland, unser tüchtiger Nachbar, wieder das große Geschäft ist! Und wenn die es nochmals mit Faschismus versuchen, an der Schweiz wird's nicht fehlen, sie wird sekundieren. Glaub mir! Es ist ja klar; ein Land, das aufrüstet, ist anfänglich für seine Nachbarn immer ein herrliches Geschäft. Dann halte den Mund! Und glaube, was in unseren Zeitungen steht; sie lehren dich schon, wer die Banditen sind. Genau wie damals! Bis der freundliche Nachbar unseren Käse nicht mehr frißt oder unsere Uhren nicht braucht, weil die Zeit fortan nach seinen Uhren geht, dann das große Geschrei, o ja, das Ende der Freiheit, das Ende des Geschäftes, dann plötzlich sind wir wieder der ewige Hort der Humanität, wie immer, die Inhaber des Friedens, die Priester des Rechts – zum Kotzen«, sagte Stiller, »du entschuldigst, aber es ist so.« In seinem Grimm vergaß er ganz und gar, die Gasflamme anzuzünden, Sibylle bemerkte es, ohne ihn zu unterbrechen, denn sie wollte gar keinen Kaffee. »Wir sind eine Saubande«, sagte er, und seine Schimpferei dauerte noch fast eine halbe Stunde; Sibylle war froh darum, scheint es, wie um alles, was sie an diesem Mann befremdete und ernüchterte. »Kurz und gut«, sagte er gelegentlich, »da lagen wir also in diesem felsigen Tälchen, ich hatte Gefangene zu bewachen. Mehr trauten sie mir wohl nicht zu. Vorne ging es um den glorreichen Alcazar, weißt du, und ich stand in diesem heißen Tälchen, um Gefangene zu bewachen, kleine Gruppen. Zum Glück hatte ich damals Anja –« Stiller füllte wieder einmal sein Glas mit Chianti. »Wer ist Anja?« fragte sie, und wieder kam es nicht zur Fähre am Tajo, diesmal aber zu einem Exkurs, der Sibylle unmittelbar interessierte. »Anja«, sagte er, »das war meine erste Liebe. Eine Polin. Sie war unsere Ärztin, Studentin der Medizin, ich meine, sie arbeitete als Ärztin ...« Stiller trank, sein Glas in der rechten Hand, in der linken Hand eine lange schon erloschene Zigarette, so saß er und erzählte einiges von dieser Polin, er schilderte sie als eine Person, die ihm nicht durch Schönheit, aber sonst noch immer imponierte: ein klarer Verstand, dabei ein volles Temperament, etwas Tatarenblut, eine Kämpferin von Geburt, dabei ein Mensch mit Humor, was unter Revolutionären, wie Stiller erklärte, eine Rarität ist, Tochter aus gebildeter Familie, die erste Kommunistin in ihrer Familie, eine Samariterin, die selber unverwundbar zu sein schien, außerdem unwahrscheinlich begabt in Sprachen, Dolmetscherin für Spanisch, Russisch, Französisch, Englisch, Italienisch, Deutsch, wobei sie alles mit dem gleichen Akzent, jedoch mit fehlerloser Grammatik und beträchtlichem Wortschatz zu reden verstand, übrigens auch eine hinreißende Tänzerin. »– das war Anaj«, brach er ab, »mich nannte sie bloß ihren deutschen Träumer.« Das schien für Stiller noch heute, nach seiner Miene zu schließen, eine bittere Pille zu sein, nach zehn Jahren noch nicht verdaut. »Liebte sie dich?« fragte Sibylle. »Nicht mich allein«, antwortete Stiller und erschrak nun plötzlich, »was ist denn eigentlich mit deinem Kaffee!« – »Vergessen!« lachte sie. »Vor lauter Wut über unsere Schweiz!« Stiller entschuldigte sich ausführlich. »Laß doch«, bat sie, »ich will gar keinen Kaffee!« – »Wein trinkst du auch nicht«, sagte Stiller, »was möchtest du denn?« – »Deine Geschichte mit dem russischen Gewehr!« antwortete sie, und Stiller, der sich wegen der Kaffeekocherei schon erhoben hatte und stand, zuckte die Achsel. »Da ist nicht viel zu erzählen«, sagte er. »Mein russisches Gewehr war tadellos, versteht sich, ich hätte bloß abdrücken müssen ...« Es folgte, dies als letzter Exkurs, eine ebenso sachliche wie überflüssige Schilderung der taktischen Lage, die Sibylle sowieso nicht begriff. »– nun ja«, brach er ab, »das Weitere hat dir Sturzenegger ja erzählt.« Unterdessen war es elf Uhr geworden, man hörte wieder den Glockenschlag, der Sibylle nun schon beinahe vertraut war. Sie begriff nicht, warum diese Geschichte für Stiller eine solche Last war, spürte nur, daß diese Stunde für ihn (so sagt sie) eine Beichte bedeutete, die übrigens nicht Sibylle, sondern Stiller selber gewollt hatte. »Ich begreife nicht«, sagte Sibylle endlich; doch Stiller unterbrach sie sogleich: »– warum ich nicht geschossen habe?« Das hatte Sibylle nicht gemeint. Er lachte: »Weil ich ein Versager bin. Ganz einfach! Ich bin kein Mann.« – »Weil du damals am Tajo nicht geschossen hast?« – »Es war ein Verrat«, sagte Stiller mit unduldsamer Entschiedenheit, »daran gibt es nichts zu deuten! Ich hatte einen Auftrag, ich hatte mich sogar darum beworben, ich hatte den Befehl, die Fähre zu bewachen, einen vollkommen klaren Befehl. Was weiter! Es ging nicht um mich, es ging um tausend andere, um eine Sache. Ich hatte zu schießen. Wozu war ich in Spanien? Es war ein Verrat«, schloß er, »eigentlich hätten sie mich an die Wand stellen sollen.« – »Davon verstehe ich zu wenig«, meinte Sibylle, »was sagte denn Anja dazu, deine Polin?« Darauf antwortete Stiller nicht sogleich, sondern schilderte, wie er sich später mit dem Schwindel, das Gewehr hätte nicht funktioniert, vor dem Kommissär herausgeschwatzt hatte. »Was Anja dazu sagte?« lächelte er nun, drehte eine Zigarette, bis fast kein Tabak mehr in der Hülle war, und zuckte die Achsel: »Nichts. Sie pflegte mich noch, bis ich die Heimreise antreten konnte. Sie verachtete mich.« – »Sie hat dich geliebt, behauptest du?« – »Es war ein Verrat«, beharrte Stiller, »da ist mit Liebe nichts zu ändern. Es war ein Versagen!« Sibylle ließ ihn sprechen, sich mit anderen und dann mit den gleichen Worten wiederholen, bis er neuerdings sein Glas füllte und trank. »Du hast noch nie mit jemand darüber gesprochen?« fragte sie, »auch mit deiner Frau nicht?« Stiller schüttelte kurz den Kopf. »Warum denn nicht?« fragte sie weiter, »du schämst dich vor ihr?« Stiller wich aus: »Wahrscheinlich kann eine Frau nicht verstehen, was das heißt. Ich war ein Feigling!« – Nun war die Flasche leer, eine Chianti-Liter-Flasche; Stiller wirkte gar nicht betrunken, er schien die Trinkerei gewöhnt zu sein. Ob diese Trinkerei nicht auch mit dieser Tajo-Geschichte zusammenhing? Natürlich ging es nicht an, daß Sibylle ihn jetzt einfach umarmte; Stiller wäre sich unverstanden vorgekommen wie alle Männer, wenn man ihrem Ernst einen anderen entgegensetzt, ja, Stiller schien es schon gespürt zu haben, daß Sibylle sich eigene Gedanken gestattete, und wiederholte mit apodiktischer Melancholie: »Es war ein Versagen.« – »Und du hast erwartet«, lächelte Sibylle, »daß du in deinem Leben nie versagen würdest?« Sie mußte sich genauer erklären: »Du schämst dich, daß du so bist, wie du bist. Wer verlangt von dir, daß du ein Kämpfer bist, ein Krieger, einer, der schießen kann? Du hast dich nicht bewährt, findest du, damals in Spanien.

Wer bestreitet es! Aber vielleicht hast du dich als jemand bewähren wollen, der du gar nicht bist –« Darauf ging Stiller nicht ein, »ich sagte es schon«, meinte er, »wahrscheinlich kann eine Frau das nicht verstehen.« Und Sibylle dachte: vielleicht besser, als es dir lieb ist. »Ihr Männer«, lachte sie nur, »warum wollt ihr immer so großartig sein! Nimm es mir nicht übel, aber –« Unwillkürlich faßte sie doch seine Hände, was Stiller, scheint es, mißverstand; jedenfalls blickte er sie mit einer heimlichen Geringschätzung an, dünkte sie, nicht unnett, aber Stiller nahm sie nicht ernst; er nahm sie als eine verliebte Person, die auf Zärtlichkeiten wartete und nichts weiter. Sie war ihm lästig, o ja. Er strich ihr übers Haar, der unverstandene Mann mit seiner Tragik, und nun konnte Sibylle, unter seiner zärtlichen Herablassung wie gefroren, überhaupt nichts mehr sagen. Stiller gefiel sich (so sagt sie) in seiner Verwundung; er wollte nicht damit fertig werden. Er verschanzte sich. Er wollte nicht geliebt werden. Er hatte Angst davor. »Nun weißt du's«, schloß er und räumte die Gläser weg, »warum ich nicht geschossen habe. Wozu diese Anekdote! Ich bin kein Mann. Jahrelang habe ich noch davon geträumt: ich möchte schießen, aber es schießt nicht – ich brauche dir nicht zu sagen, was das heißt, es ist der typische Traum der Impotenz.« Dieser Ausspruch, den er drüben in der Küchennische gemacht hatte, kränkte Sibylle, und sie stand auf. Sie bereute, daß sie in sein Atelier gekommen war. Sie fühlte eine Traurigkeit, die sie verbarg, und gleichzeitig tat Stiller ihr leid. Warum wollte er nicht geliebt werden, nicht wirklich geliebt werden? Es blieb ihr nur noch, die Rolle zu spielen, die Stiller ihr aufzwang, und zu plaudern wie eine Neugierig-Verständnislos-Muntere, bis Stiller einmal hinausgehen mußte.

Sie wollte Stiller nie wiedersehen.

Herr Dr. Bohnenblust, mein amtlicher Verteidiger, hat natürlich recht: – wenn ich ihm hundertmal erzähle, wie der Brand eines kalifornischen Redwood-Sägewerks sich ausnimmt, wie die amerikanische Negerin sich schminkt oder welches etwa die Farbigkeit von Neuyork ist bei abendlichem Schneegestöber mit Gewitter (das gibt es) oder wie man es im Hafen von Brooklyn anstellen muß, um ohne Papiere an Land zu kommen, es beweist nicht, daß ich dort gewesen bin. Wir leben in einem Zeitalter der Reproduktion. Das allermeiste in unserem persönlichen Weltbild haben wir nie mit eigenen Augen erfahren, genauer: wohl mit eigenen Augen, doch nicht an Ort und Stelle; wir sind Fernseher, Fernhörer, Fernwisser. Man braucht dieses Städtchen nie verlassen zu haben, um die Hitlerstimme noch heute im Ohr zu haben, um den Schah von Persien aus drei Meter Entfernung zu kennen und zu wissen, wie der Monsun über den Himalaja heult oder wie es tausend Meter unter dem Meeresspiegel aussieht. Kann heutzutage jeder wissen. Bin ich deswegen je unter dem Meeresspiegel gewesen; bin ich auch nur beinahe (wie die Schweizer) auf dem Mount Everest gewesen? Und mit dem menschlichen Innenleben ist es genau so. Kann heutzutage jeder wissen. Daß ich meine Mordinstinkte nicht durch C. G. Jung kenne, die Eifersucht nicht durch Marcel Proust, Spanien nicht durch Hemingway, Paris nicht durch Ernst Jünger, die Schweiz nicht durch Mark Twain, Mexiko nicht durch Graham Greene, meine Todesangst nicht durch Bernanos und mein Nie-Ankommen nicht durch Kafka und allerlei Sonstiges nicht durch Thomas Mann, zum Teufel, wie soll ich es meinem Verteidiger beweisen? Es ist ja wahr, man braucht diese Herrschaften nie gelesen zu haben, man hat sie in sich schon durch seine Bekannten, die ihrerseits auch bereits in lauter Plagiaten erleben. Was für ein Zeitalter! Es heißt überhaupt nichts mehr, Schwertfische gesehen zu haben, eine Mulattin geliebt zu haben, all dies kann auch in einer Kulturfilm-Matinée geschehen sein, und Gedanken zu haben, ach Gott, es ist in diesem Zeitalter schon eine Rarität, einen Kopf zu treffen, der auf ein bestimmtes Plagiatprofil gebracht werden kann, es zeugt von Persönlichkeit, wenn einer die Welt etwa mit Heidegger sieht und nur mit Heidegger, wir andern schwimmen in einem Cocktail, der ungefähr alles enthält, in nobelster Art von Eliot gemixt, und überall wissen wir ein und wieder aus, und nicht einmal unsere Erzählungen von der sichtbaren Welt, wie gesagt, heißen etwas; es gibt für uns heutzutage (ausgenommen Rußland) keine terra incognita mehr. Wozu also die Erzählerei! Es heißt nicht, daß einer dabeigewesen ist. Mein Verteidiger hat recht. Und doch! –

Ich schwöre:

Es gibt eine Mulattin namens Florence, Tochter eines Dockarbeiters, ich habe sie täglich gesehen und einige Male mit ihr geplaudert über einen allerdings sehr trennenden, aus alten Teertonnen verfertigten und von Brombeeren umwucherten Zaun hinweg. Es gibt sie, diese Florence mit dem gazellenhaften Gang. Ich träumte von ihr, gewiß, die wildesten Träume; aber am andern Morgen gab es sie trotzdem in aller Wirklichkeit. Ein Geklapper von Stöckelschuhen auf der hölzernen ›porch‹, und schon trat ich hinter die löcherigen Vorhänge meiner Schindelhütte, um Florence zu sehen, meistens schon zu spät; dann aber wartete ich, bis sie abermals mit einem Wassereimer herauskam, die Brühe gegen meinen Zaun goß, nickte, denn in diesem Augenblick trat ich in blinder Leidenschaft hervor; sie sagte: Hallo! Und ich sage: Hallo! Und ich wage ihr weißes Lächeln in dem braunen Gesicht nicht zu beschreiben; auch dieses Lächeln kennt man ja aus Kulturfilmen, aus Zeitschriften oder sogar aus einem Varieté

in diesem Städtchen hier, ich weiß, und ihre seltsame Stimme gibt es auf Platten, fast ihre Stimme ... Dann, wenn ich nicht ganz aus Zufall ebenfalls gerade in meinem Garten war, sagte Florence: What about your cat? Einmal nämlich, vor Monaten schon, hatte ich Florence nach meiner verhaßten Katze gefragt, nach jenem grazilen Biest, das ich eines Abends, ihres vorwurfsvollen Fauchens halber, in meinen Eisschrank sperrte; die Geschichte habe ich wohl schon einmal erwähnt. Von diesem Eisschrank-Intermezzo wußte Florence freilich nichts, ahnte aber wohl meine inneren Kämpfe mit dieser schwarzen Katze (sie war grau, ›Little Grey‹ genannt, aber in den Nächten vor meinem geschlossenen Fenster war sie schwarz) und fand, ich sollte ihr mehr Liebe erweisen, dieser Katze. Meine Liebe aber galt Florence; das fühlte sie ganz genau, die Katze. Und Florence wohl auch ... Wenn Florence nicht zu Hause war, ihre sonderbare Stimme nicht zu hören, ging ich im Quartier von Bar zu Bar, um sie zu finden, oft genug ohne Erfolg. Einmal aber fand ich sie wirklich.
Man weiß, wie Neger tanzen. Ihr Partner war gerade ein halbdunkler US-Army-Sergeant. Es bildete sich ein Kreis von Zuschauern um die beiden, so tanzten sie, und die Begeisterten im Kreis begannen mit den Händen zu klatschen in immer rascheren Rhythmen, ja schließlich bis zur Raserei. Der US-Army-Sergeant, ein großer Kerl mit den schmalen Hüften eines Löwen, mit zwei Beinen aus Gummi und mit dem halboffenen Mund der Lust, mit den blicklosen Augen der Ekstase, ein Kerl, der den Brustkorb und die Schultern eines Michelangelo-Sklaven hatte, er konnte nicht mehr; Florence tanzte allein. Ich hätte jetzt einspringen können; wenn ich gekonnt hätte. Florence tanzte noch immer allein; jetzt kam ein anderer, um sie zu drehen, kaum ihre Finger berührend, und sie zu umkreisen, dann sie mit der flachen Hand zu fassen und im Schwung fast aufs Parkett zu senken, jetzt aber an den

Hüften zu packen und emporzuheben, so daß ihr Kopf fast gegen die niedrige Saaldecke stieß; dazu machte Florence eine so königliche Gebärde mit dem Arm, eine Gebärde so seligen Triumphes, daß man sich in seiner körperlichen Ausdruckslosigkeit wie ein Krüppel vorkam, und landete auf dem Parkett wie ein Vogel ohne Schwere, jetzt hörte man nur noch eine dumpfe Trommel aus dem Urwald, ein klangloses Beben, eine Art rasender Stille, während sie weitertanzte. Ein dritter Tänzer wurde verbraucht, ein vierter. Und dann plötzlich, ohne im mindesten erschöpft zu sein, lachte Florence und brach ab; unbefangen wie ein Kind, ein sehr glückliches Kind, das auf dem Karussell hat fahren dürfen und noch voll Seligkeit strahlt, wand sie sich zwischen den Tischlein hinaus, wohl um ihren Puder nachzutupfen, und sah mich, sagte: Hallo! und ich sagte: Hallo! und sie sagte sogar: Nice to see you! und es tröstete mich fast über das Bitterschöne meiner Verwirrung; denn ich wußte sehr wohl, daß ich diesem Mädchen nie genügen könnte.

Um so sehnsüchtiger war ich.

Und dann, eines heißen Sonntags, hörte ich wieder das lange vermißte Geklapper ihre Stöckelschuhe, trat hinter die Vorhänge und sah: – ihr Vater, der Dockarbeiter in schwarzem Anzug, so daß er halb wie ein Kellner und halb wie ein Priester aussah, ging mit dem Besen umher, pützelte da und dort den Hintergarten, und die Sträucher waren schon mit bunten Bändern verziert, auch mein Teertonnenzaun mit bunten Bändern verziert, auch Florence in einem übertriebenen Abendkleid, farbig wie ein Papagei, schleppte Sessel aus dem Haus. Ein Gartenfest schien stattzufinden. Die Mutter von Florence, auch so eine Mutter Erde, kam mit einer riesenhaften Torte, stellte sie auf den Tisch mit weißem Tuch, darüber einen schwarzen Regenschirm, damit die Torte nicht an der Sonne verging, dann Blümlein rings um die Torte. Ich hinter meinen Vorhängen teilte ihre Aufregung. Während es dem Dockarbeiter nur darum ging, eine saubere Treppe und kein Fetzchen in seinem Garten zu haben und keinen dürren Zweig und schon gar nicht eine alte Büchse (er warf sie über meinen Zaun) und nicht einmal ein Streichholz, kurzum, während der Vater ausschließlich im Dienste seines Besens stand, hatten Mutter und Tochter alle vier Hände voll zu tun; eine große Schüssel voll Bowle kam auf den Tisch und ebenfalls unter den Regenschirm, Gläser jeder Art und Größe und nach und nach kamen auch schon die Gäste, Familien mit Kindern jeglichen Alters, alles Weibliche in bunten Abendtoiletten, so daß der Hintergarten bald wie eine Voliere aussah, alles Männliche aber in Schwarz, versteht sich, mit weißem Hemd. Einer fuhr mit einem Nash vor, aber kein Modell aus dem vorletzten Jahr; der trug auch eine Hornbrille. Es war sehr heiß. Über die erste Begrüßung hinaus, schien es, hatte die Sippe sich wenig zu sagen. Der US-Army-Sergeant stand auch so herum. Sogar die kleinen Knirpse mit ihrem Kruselhaar und ihren großen Augen im Kopf, die Buben in weißen Hemden, die Mädchen mit bunten Bändern an ihren kurzen Zöpfchen, alle verhielten sich so brav und musterhaft. Die Erwachsenen setzten sich, verschränkten die Beine; einige rauchten Zigarren. Neben einigen Damen, die der Farbe nach schon keine Negerinnen mehr waren, als Negerinnen bloß noch erkennbar an der Plastik ihres Gesichtes, an den Zähnen auch, an den unwahrscheinlich schlanken Fesseln, vor allem jedoch an der tierhaften Grazie ihrer Bewegungen – nie bewegt sich die Hand, ohne daß die Bewegung aus dem Arm fließt, und nie dreht sich der Kopf, ohne daß die Bewegung aus dem Rücken aufsteigt, sich ausstrahlt in die Schultern; ob langsam oder geschwind, immer ist es vollkommene Bewegung, unbewußt und ohne Gezappel, ohne Erstarrungen in einem anderen Teil des Körpers, sie fließt oder schnellt oder ruht, immer stimmt sie mit sich selbst überein – kurzum, neben Mädchen wie Florence, die das Kruselhaar schon überwunden haben, standen in dieser Sippe auch andere, Afrikaner mit grau-schwarzer Haut und grau-violetten Lippen, mit Händen wie Boxhandschuhe, Väter, die ihren entkruselten Töchtern gar peinlich waren. Der mit dem neuen Nash gab wohl den Ton an; es war sehr heiß, wie gesagt, aber keiner hätte seinen schwarzen Rock ausgezogen, und das Langweilig-Konventionelle, das Umherstehen mit Zigarren und Redensarten, die Artigkeit der zahlreichen Kinder, die mich an Dressurnummern im Zirkus erinnerte, die Steifheit verwandtschaftlicher Freundlichkeiten, das Ereignislose im übrigen, das Unfreie und eine freudlose Bemühtheit und die unterschiedliche Könnerschaft in der familiären Demonstration, daß man sich auf feines Benehmen versteht, diese vollkommene Karikatur einer weißen Kleinbürgerlichkeit, die von Afrika keine blasse Ahnung hat, das war für sie just das Ereignis, glaube ich; jetzt benahmen sie sich wirklich wie Weiße. Als es bei mir klingelte und der Dockarbeiter-Vater mich zur Bowle einlud, ging ich hinüber, versteht sich, nicht ohne ebenfalls ein weißes Hemd und das dunkelste an Jacke angezogen zu haben. Alle sagten: Nice to see you! und im näheren Gespräch: How do you like America? Der US-Army-Sergeant mit den schmalen Lenden eines Löwen und mit den Schultern eines Michelangelo-Sklaven, erfuhr ich, war nur auf Urlaub hier, sonst in Frankfurt, damit die Russen nicht zu nahe an Amerika herankommen; ich fragte zurück: How do you like Frankfurt? und aus seiner beflissenen Lobpreisung merkte ich, daß er uns Europäer allesamt in einen Topf wirft. Dann aber, endlich, kam meine herrliche Florence hinzu, gab mir ein Glas Bowle und sagte:

»This is Joe, my husband –!«

Ich gratulierte.

»And what about your cat?«

Sie hatten sich an jenem Sonntag vermählt, und Joe blieb noch drei volle Wochen auf Urlaub, will sagen. drei weitere Wochen war Florence nicht im Hause ihres Vaters zu sehen... Verliebt, wie ich war, konnte ich diese Wochen nicht hingehen lassen, ohne Florence wenigstens im Gottesdienst zu sehen; nämlich ich wußte jetzt, welcher Kirche sie angehörte. Sie nannte sich Second Olivet Baptist Church und stellte sich als eine Baracke dar, die von anderen Lagerschuppen kaum zu unterscheiden war, jedoch mit einer Fassade aus hölzerner Gotik, etwa aus den zwanziger Jahren, schätze ich, unseres Jahrhunderts. Auf der Bühne drinnen, links und rechts vom Mikrophon, hingen zwei große Flaggen, die amerikanische und eine weiße, und im übrigen, ausgenommen noch ein schwarzes Klavier, war es kahl wie in einer Turnhalle. Die große Gemeinde murmelte seltsam, und ganz vorne stand ein Neger im hellen Sonntagsanzug, Fragen sprechend, die jedesmal das Wort ›Sünde‹ enthielten, die Leute nickten, einzelne riefen: O yes, my Lord, o yes! Die Fragen, im gelassenen Alltagston begonnen, wiederholten sich mit geringen Veränderungen, tönten dabei, ohne daß die Stimme lauter wurde, von Wiederholung zu Wiederholung immer dringender. Irgendwo rief eine junge Frau: I know, my Lord, I know! Die meisten murmelten, einige blickten teilnahmslos in die Luft, die Frau aber schrie hellauf und begann ganze Sätze zu rufen, zu stöhnen, man glaubte ihr zu Hilfe kommen zu müssen. Der Frager im hellen Sonntagsanzug, unentwegt in der Wiederholung seiner Fragen, war schon keine Person mehr, sondern nur noch menschliches Gefäß einer Stimme, die sich über die Gemeinde ausgoß, seine Fragen wurden Rufe, Gesang, schließlich Geschrei, das mir durch Mark und Bein ging, laut und wehe. Wie aus der Ferne, einem Echo ähnlich, antwortete die murmelnde Gemeinde mit gesenkten Häuptern, andere mit den Händen vor dem Gesicht. Die Frau, die stöhnte, war von ihrer Bank aufgesprungen, eine junge Negerin mit damigem Hütchen, mit weißen Handschuhen, die sie gegen den Himmel streckte, und mit einer roten Handtasche daran. My Lord! kreischte sie, my Lord, my Lord! und dann, von niemand gehindert, brach sie in die Knie, entschwand meinem Blick, wimmerte, wie vielleicht in der Folterkammer gewimmert wird, Laute äußerster Qual, die von Lauten der Wollust nicht mehr zu unterscheiden waren; ihre Stimme zerschmolz in Weinen. Das Gebet aber, das allgemeine, vollendete sich, indem die Stimme des Fragers, nachdem sie immer noch dringender und dringender geworden, endlich ins Selig-Stimmlose einfach verlorenging – dann ein Augenblick der Atemlosigkeit, der Erschöpfung; dann die Entspannung, die Häupter vor mir tauchten wieder empor, eine Matrone am Klavier spielte ein paar lockere Rhythmen, Kirchendiener gingen umher und verteilten bunte Fächer, die, wie darauf zu lesen stand, ein Coiffeur (around the corner) gestiftet hatte, und jedermann fächelte sich ... Florence sah ich nicht, jedoch Joe in seiner Uniform; Joe stand an der Wand, die Arme verschränkt, unberührt, als blickte er von Frankfurt herab auf dieses Volk. Es war entsetzlich heiß. Ein vergnügter Priester am Mikrophon erinnerte in dieser Pause daran, daß der Lord seinerzeit auch die armen Kinder Israels errettet habe und daß der Lord sehr wohl wisse, wie schwer sich heutzutage ein Dollar verdient, darum zürne der Lord nicht über die Zögernden, denn der Lord habe Geduld ohne Ende, darum gebe man den Zögernden nochmals die Gelegenheit, etwas in die Schale zu werfen. Unterdessen plauderte die Gemeinde munter und ungezwungen wie eine Gesellschaft, die sich wohlfühlt. Als es mit der Sammlerei soweit war, daß der Lord sich für heute damit abfinden konnte, spielte die Matrone am Klavier einen elektrisierenden Auftakt, als käme man in ein Dancing, dämpfte dann die Töne, sobald die Stille im Saal gewonnen war, und begleitete die

Predigt mit einem kaum hörbaren, fast klanglosen, nur als Rhythmus vorhandenen Jazz, der unmerklich, aber wirksam aussetzte, wenn der Prediger zu feierlichen Botschaften kam: Der Lord weiß, daß wir arme Leute sind, aber der Lord wird uns führen in das Gelobte Land, der Lord wird uns beschützen vor dem Kommunismus... Ringsum wedelten die Fächer, die der Coiffeur als Reklame gestiftet hatte, und in den Sonnenstreifen tanzte der Staub. Es roch nach Gasoline, nach Schweiß, nach Parfüm. In der Sonne schmorend, die durch einen zerrissenen Store blendete, saß ich neben einer Dame in schwarzer Seide, neben einem alten Neger mit Aschenhaar, einem Onkel Tom, der mit zitternder Hand ein lebhaftes Enkelkind behütete, das sich mit mir, dem Fremdling, so ohne weiteres nicht abfinden konnte. Vor mir saß ein junger Arbeiter; er hörte auf die Predigt wie ein Soldat auf die letzten Meldungen von der Front. Ferner blickte ich gerade auf einen braunen, ziemlich hellen und sehr schönen Mädchenhals mit einer Unmenge von weißem Puder darauf. (Ach, diese Sehnsucht, weiß zu sein, und diese Sehnsucht, glattes Haar zu haben, und diese lebenslängliche Bemühung, anders zu sein, als man erschaffen ist, diese große Schwierigkeit, sich selbst einmal anzunehmen, ich kannte sie und sah nur eine eigene Not einmal von außen, sah die Absurdität unserer Sehnsucht, anders sein zu wollen, als man ist!)... Nach dem Gebet, als wir uns wieder setzten, öffnete sich die Seitentüre, und aus dem Hof, wo das leidige Gasoline hereinstank, erschien der Chor der Engel, etwa zwanzig Negerinnen in weißen Kleidern. Florence dabei, dazu etwa zwanzig Neger in weißen Hemden und schwarzen Krawatten, alle mit einem schwarzen Buch in der Hand. Jetzt war die Bühne voll. Mit einem Triumph, als wäre man soeben im Gelobten Land eingetroffen, setzte es ein, das Klavier und dann die Stimmen: leise zuerst, summend wie ein heißes Sommerfeld, wie aus der Ferne hörte man einen uralten Strom von Klage, dumpf und eintönig wie Wellen, ein langsames Anschwellen dann, das mit der Zeit alles überflutet, ein Tosen von Stimmen, halb Zorn und halb Jauchzen, ein gewaltiger Gesang, der wieder versinkt und verrinnt, ohne wirklich aufzuhören, ein endloser Strom von Sehnsucht, breit wie der Mississippi, eine Männerstimme tönt noch einmal wie eine helle Fanfare darüber hinaus, laut und einsam hart, selig in Hoffnung, dann bleibt das seltsame Schwirren, das stimmlose Summen wie über einem glühenden Sommerfeld, die Hitze im Saal, der tanzende Staub in der Sonne, die durch den zerrissenen Store blendet, der Geruch von Gasoline und Schweiß und Parfüm.

Nach drei Wochen verschwand Joe.

Wieder hörte ich das Geklapper der Stöckelschuhe, Florence war da, wenn auch vermählt, und sie rief sogar zu meinem Fenster hinauf, ich sauste die steile Treppe hinunter, wunderbarerweise ohne zu stolpern, wennschon ich den Geländerpfosten ausriß, und hinaus an den Teertonnenzaun, wo Florence schon jenseits der Brombeeren stand.

»What about your cat?« fragte sie.

Sie hatte das Biest sogar auf ihrem Arm.

»D'you know she's hurt?« sagte sie, »awfully hurt!«

Das war die Wunde an der Schnauze.

»And you don't feel any pity for her?« sagte sie, »you are cruel, you don't love her.«

Und damit bot sie mir das Biest herüber.

»You should love her!«

»Why should I?«

»Of course, you should!«

Das war mein Verhältnis zu der Mulattin namens Florence, und heute noch, wenn ich Stöckelschuhe höre, denke ich an Florence; leider fällt mir dabei auch immer die Katze ein.

Der Neger und der Major 1947

Abfahrt von Lichterfelde.
Ein amerikanischer Major weigert sich, im gleichen Abteil zu schlafen mit einem Neger, der ebenfalls die amerikanische Uniform trägt. Der deutsche Schaffner, ein Schwabe, soll dafür sorgen, daß der schwarze Sieger anderswo verstaut wird. Der Schaffner nickt, wie wenn man sagt: Verstehe, verstehe, darüber müssen wir nicht reden! dann pirscht er durch den Korridor, nicht ohne ein schadenfrohes Grinsen, das er uns nicht verheimlicht, es richtet sich nicht gegen den Neger. Nur so; Rassenfrage, Umerziehung. Der Neger, ein junger Sergeant, steckt sich unterdessen eine Zigarette an, um etwas zu begründen, warum er draußen im Korridor steht. Er starrt durch die verregnete Scheibe, obschon es draußen Nacht ist, nichts als Nacht. Als der schwäbelnde Schaffner zurückkommt und ihm bedeutet, wo er schlafen dürfe, nickt er, ohne den Schaffner, der die Nummer wiederholt, anzusehen. Er bleibt stehen, raucht weiter, blickt in die schwarze Scheibe ...
(Die Weltgeschichte ist noch nicht zu Ende.)

Im Weißen Haus 1970

Der Offizier, der wachsam im Vorraum sitzt, zeigt sich freundlich wie ein Concierge, dem unsere Pässe genügen; wir sind angemeldet. Der schwarze Taxi-Fahrer war eher mürrisch, als wir ihm unser Ziel nannten. Wir müssen warten. Der Offizier scheint sich zu langweilen, Mütze auf dem Tisch, Revolver am Gurt. Ich merke, daß ich mich nicht setzen kann; ich bin nervös, obschon an Ort und Stelle die Neugierde geringer ist, als ich sie mir eingeredet habe. Eine

Sekretärin geht auf die Toilette; ein alter Neger leert die Aschenbecher im Korridor. Kein Zeichen von Alarm. Ab und zu gehen junge Männer hemdärmlig durch den Korridor, um sich ein Coca-Cola aus dem Automat zu holen; ihr small-talk dabei. Die Stimmung im Haus ist keineswegs nervös. Administration. Alltag bei der Weltmacht –

Seit vorgestern US-Einmarsch in Kambodscha, heute im Fernsehen die üblichen Bilder: Tanks von hinten, Helikopter in Schwärmen, Soldaten mit schiefen Helmen und mit schwerer Packung, Material, Waffen, Munition, Material; sie arbeiten oder stehen etwas verloren in der Gegend, warten auf Order, wohin in den Dschungel. Laut Sprecher wissen sie noch nicht, daß sie eine Grenze überschritten haben; das sieht man der Vegetation nicht an; als sie's von dem Sprecher erfahren, zeigt sich in ihren Mienen keinerlei Regung. Erst auf die Frage, was sie dazu meinen, sagt einer ins Mikro: »This is a mistake, I'm sure.« Ein anderer: »We're going to make history, that's all I know.«

Wir warten im Korridor, der eng ist, nicht zu vergleichen mit einem Korridor bei IBM. Weder Chrom noch Leder. Man sitzt in gepolsterter Kleinbürgerlichkeit. Keine Spur von Reichskanzlei. Es könnte das Wartezimmer eines Zahnarztes sein, abgesehen von den Fotos: Nixon in Hawaii mit einem Blumenkranz um den Hals, er lacht, Nixon mit den Männern von APOLLO 13 nach der gemeisterten Havarie, er lacht und winkt; Nixon mit Gattin auf einer Treppe, er winkt und lacht; Nixon beim Verlassen seines Flugzeuges, er winkt; Nixon im Garten als Haupt einer Familie, er winkt nicht, aber lacht; dann wieder Nixon öffentlich, er schüttelt Kinderhände; Nixon bei einem Gala-Dinner mit Negern links und rechts, lauter Onkel Tom, alle in Smoking; dasselbe Gala-Dinner nochmals –

Niemand kann angeben, wie groß die BLACK PANTHER PARTY ist. »The BLACK PANTHER PARTY regards itself as a socialist organisation and believes that means of production should be in the hands of the people. They declare that men only live creatively when free from the oppression of capitalism.« Man soll nicht mehr nach Harlem gehen als Weißer; wir fahren trotzdem nach Harlem und gehen zufuß; als einzige Weiße im Apollo-Theater. Keinerlei Belästigung; auch auf der Straße keine feindseligen Blicke, wenn man als Weißer nicht gafft. Ungefähr dieselben Konsum-Güter, dazu dieselbe Sprache: aber ein anderer Kontinent. Keine Kampf-Parolen an den Mauern. Es ist schwer zu sagen, was sich in 20 Jahren verändert hat; aber sehr viel. Im Kino: Gelächter über den weißen Helden.

Unser Gastgeber läßt sich entschuldigen, daß er noch einige Minuten beschäftigt ist, was wir leicht verstehen: seit vorgestern ein neuer Kriegsschauplatz. Ich wundere mich noch immer über diesen Korridor; abgesehen von den Nixon-Fotos, die in ebenso billigen wie geschmacklosen Rahmen hängen, brächte mich nichts auf die Idee, daß man sich in der Firma befindet, die Milliarden umsetzt in Krieg. Erst als ich die Toilette suche, finde ich in einem Seitengang auch ein Foto von Nixon in Vietnam: Soldaten bei der Entgegennahme seines väterlichen Ernstes –

Ich bin als Tourist im Land, hauptsächlich um die amerikanische Malerei zu sehen in ihrer Umwelt, Ateliers in der Lower East Side. Unterwegs kommt man in Demonstrationen: Fahnen des Vietcong wehen vor der Public Library, Lautsprecher, ein dicker Helikopter kreist über dem Park, wo sie auf dem Boden hocken oder auf Balustraden, andere liegen unter den Bäumen, Jugend mit Guerilla-Bart und Jesus-Haar, lauter Jugend, männlich und weiblich, Gruppen mit Gitarre, die Polizei steht um den Park, die Jungen rufen: PEACE NOW, PEACE NOW, die Polizei schweigt und schaut niemand an, ihre Knüppel hängen mit einer Schlaufe an ihrer Hand, PEACE NOW, PEACE NOW, PEACE NOW. Niemand wird bedroht, die Polizei wirkt überflüssig, die Wolkenkratzer ringsum brauchen keinen Schutz. Einige rufen: REVOLUTION NOW, aber sie berufen sich auf die Verfassung. Es geschieht nichts; nur die Heilslehre, die Krieg führt, verfängt nicht mehr. Einige rufen: ALL POWER TO THE PEOPLE, dazu das Zeichen mit den zwei Fingern, dann rufen plötzlich fünfzehntausend: PEACE, PEACE NOW, PEACE, PEACE, PEACE.

Henry A. Kissinger, unser Gastgeber, begrüßt uns herzlich und bittet in sein Vorzimmer. Wir kennen ihn aus Harvard; damals als Professor für politische Wissenschaft war er gelegentlich schon Berater von Präsident Kennedy. Heute gehört er vollamtlich zum Weißen Haus, Berater für Militär-Politik. Er ist Mitte 40, untersetzt, auf eine weltmännische Art unauffällig; Akademiker nach deutscher Tradition, auch wenn er seine Hände in die Hosentaschen steckt. Der Anruf, der ihn nochmals eine Weile aufhält, kommt von Nelson Rockefeller, und also warten wir nicht nur verständnisvoll, sondern verlegen im Bewußtsein, wie kostbar seine Zeit ist. Zwei Sekretärinnen sitzen in seinem Vorzimmer und essen gerade ihren hot-dog. Auch hier ein Foto von Nixon: der Präsident, wie er Henry A. Kissinger, seinen stehenden Berater, im Sitzen anhört, umgeben von Flaggen; Szene wie aus einem Kipphardt-Stück – Henry A. Kissinger, jetzt dienstfrei, stellt uns eine Dame vor, die nicht zum Weißen Haus gehört, eine Schauspielerin; dabei scherzt er mit Bezug auf Siegfried Unseld: »my friend and leftwing-publisher«. Auch hier ein Foto von Nixon, Porträt mit Widmung an Henry A. Kissinger: »grateful for ever«, das Datum kann ich nicht lesen, da Henry A. Kissinger sich erkundigt, was ich zurzeit arbeite: Roman oder Drama? Sehr hungrig ist eigentlich niemand, aber es gibt noch andere Gründe für einen Lunch; schon das Bestellen ist ein willkommener Aufschub der Fragen, die unumgänglich sind, Fragen zur amerikanischen Invasion in Kambodscha. Wir einigen uns auf Mineral-Wasser. Nachdem der Weiß-Haus-Kellner uns verlassen hat, eröffnet Henry A. Kissinger mit einem Bericht zur persönlichen Situation: täglich Briefe mit Morddrohung. Der Mann vom Secret Service, der ihn infolgedessen beschattet, ist aber nicht zu sehen. Ist es der Kellner oder sind wir vollkommen vertrauenswürdig? Dann zum Generationen-Konflikt: es sei unsere Schuld, das Versagen der Väter und Lehrer, die jeder leeren Drohung nachgeben, resignieren, kapitulieren usw., statt zu vertreten, was sie als richtig erkennen, und Leitbilder zu geben. Henry A. Kissinger erzählt, wie er in einer Universität, zur Diskussion mit Studenten bereit, als »Kriegsverbrecher« angesprochen wird; ungefähr die Hälfte der versammelten Studenten stimmt dieser Beschuldigung zu, indem sie sich von den Sitzen erhebt und stehen bleibt; als er, Henry A. Kissinger, trotzdem zu einer akademischen Diskussion bereit ist, fällt wieder das Wort »Kriegsverbrecher«, daraufhin verläßt er den Hörsaal. Nicht wenige von den Jungen, sagt er, haben ihm brieflich für seine Haltung gedankt und sich für den Vorfall entschuldigt.

WAR CRIMES AND INDIVIDUAL RESPONSIBILITY, ein Memorandum von Richard A. Falk behandelt das Massaker von Song-My am 16. 3. 1968, wobei mehr als 500 Zivilisten niedergemacht worden sind: »The U.S. prosecutor at Nuremberg, Robert Jackson, emphazised that war crimes are war crimes no matter which country is guilty of them.« Die Charta des Nürnberger Tribunals bezeichnet als Verbrechen nicht allein Massaker, Deportation, Folter usw., sie enthält auch einen Artikel VI: *»Crimes against peace: Planning, preparation, initiation or waging of a war of aggression in violation of international treaties, agreements or assurances.«*

Was die Invasion von Kambodscha betrifft, sind wir nicht nur Laien, sondern uns dessen auch bewußt; Henry A. Kissinger hat seit Jahrzehnten theoretisch auf dem Gebiet gearbeitet, das der Laie schlichthin als Krieg bezeichnet, daher seine Gelassenheit zwei Tage nach der Invasion von Kambodscha. Das Essen: familiär-ordentlich, es lenkt also nicht ab. Was sollte ich denn erzählen: bloß um Henry A. Kissinger nicht die Frage zu stellen, die Millionen amerikanischer Bürger stellen? Er ist freundlich, vielleicht froh um einen Lunch mit Laien, fragt meinen Verleger nach seinem Verlag; aber Siegfried Unseld, sonst in jeder Lebenslage bereit, sofort und gründlich über die Pläne seines Verlages zu berichten, macht es kurz, um seinerseits eine Frage zu stellen, die Henry A. Kissinger (sie duzen einander aus der Zeit des Harvard-Seminars) leicht beantwortet; die Kambodscha-Aktion werde 14 Tage dauern, dann Regenzeit. Auch der Versuch unseres Gastgebers, das Gespräch auf Ehen zu bringen, gelingt nicht. Wieder entsteht eine Pause. Wer Präsident Nixon berät, hat es schwerer als ein Verleger oder ein Schriftsteller; er kann nicht, um von seinem Beruf zu schweigen, auf ein allgemeineres und wichtigeres Thema wechseln, zum Beispiel auf Krieg. Das ist ja sein Beruf, und da hilft auch keine persönliche Bescheidenheit, kein Takt unsererseits. Henry A. Kissinger sagt, daß ihnen der Kambodscha-Entscheid natürlich keine Freude macht. Man hat das kleinere Übel zu wählen (kleiner für wen?), und offenbar habe ich nicht richtig gehört: das kleinere Übel wird höchstens sechs Wochen dauern. Henry A. Kissinger, der seine Diät hält, spricht ohne Eifer und nicht viel; es drängt ihn nicht.

Der Präsident weilt heute in seinem Landhaus. Um etwas zu sagen, könnte ich berichten, wie die Amerikaner, die ich getroffen habe, darüber denken; aber Henry A. Kissinger errät es, bevor ich es sage: das sind Studenten, Professoren, Maler, Schriftsteller, Intellektuelle. Er sagt: »Cynicals have never built a cathedral.« Der Protest im Land kann die Verantwortlichen nicht verwirren; sie allein kennen die Fakten, die geheim sind. Henry A. Kissinger ist ein Intellektueller, der Verantwortung übernommen hat, wobei er sich darauf beruft, daß nicht »wir« diesen Krieg in Vietnam begonnen haben; er meint: nicht die Regierung Nixon. Ein undankbares Erbe. Was nochmals die Invasion von Kambodscha betrifft: die USA haben überhaupt kein Interesse an Kambodscha, es geht lediglich darum, eine Position für Verhandlungen zu schaffen. Er fragt, was wir zum Nachtisch wünschen. Meinungsforschung hat ergeben, daß heute 63 % die Kambodscha-Invasion gutheißen, 25 % sind dagegen. (Die New York Times ist dagegen.) Ich bestelle also Fruchtsalat und bin froh, daß ein Hemdärmliger kommt mit der leisen Meldung: »The President is calling.« Wir, eine Viertelstunde allein, löffeln unsern Nachtisch schweigsam; was unser Gastgeber uns sagen kann, hat Nixon schon im Fernsehen gesagt: –

Keine Verletzung der Neutralität von Kambodscha, denn diese Neutralität hat der Vietcong schon verletzt. Keine Aggression gegen Kambodscha, denn im vorgesehenen Bezirk befindet sich keine Bevölkerung, nur Vietcong, dessen Stützpunkte zerstört werden. Die Regenzeit wird sechs Monate lang verhindern, daß der Vietcong diese Stützpunkte wieder erstellt. Keine Eskalation des Krieges, im Gegenteil, es handelt sich um eine Vorbereitung für den Abzug der amerikanischen Truppen; nach der Regenzeit werden die südvietnamesischen Truppen allein imstande sein usw.

Das Restaurant im Weißen Haus: traulich-gediegen wie eine Zunftstube, Gemütlichkeit in dunklem Holz, man könnte sich am Bodensee befinden. Hier kein Foto von Nixon, dafür vier Ölgemälde von alten Schiffen; drei davon in Seenot ... »The President ist calling« ... Ich esse Fruchtsalat, wo Millionen amerikanischer Bürger nicht zum Wort kommen. Was ist komisch daran? Ein Gastgeber unter täglicher Morddrohung; er zeigt keine Angst, auch keine Empörung darüber. Berufs-Risiko. Vielleicht schmeichelt es ihm sogar; es erinnert etwas an Caesar. Was sie jetzt am Telefon wohl sprechen? Ich stelle mir vor: Henry A. Kissinger, die rechte Hand in der Hosentasche, stehend, während wir Fruchtsalat essen. Ich überlege, warum ich einem Mann, der unter Mordrohung steht, ungern widerspreche: als schütze es ihn, wenn ich schweige, was immer er sagt: »Intellectuals are cynical and cynicals have never built a cathedral.« So denken auch Männer in unseren Behörden; es paßt zu dieser bräunlichen Zunftstube.

Professoren von Harvard besuchen Henry A. Kissinger wenige Tage später, um ihre bisherige Zusammenarbeit zu kündigen; sie bezeichnen die Kambodscha-Invasion als unverantwortbar und die Art, wie der Entscheid gefällt worden ist, als antidemokratisch.

Natürlich möchten wir das Weiße Haus besichtigen, aber es könnte uns ja irgendeiner führen, dessen Zeit weniger kostbar ist; offenbar möchte unser Gastgeber, nachdem der Kaffee getrunken ist, kein weiteres Kambodscha-Gespräch am Tisch, und wir nehmen's als Ehre, daß Henry A. Kissinger uns jetzt die Residenz zeigt. (Zu gewissen Zeiten kann jedermann sie besichtigen.) Die Palastwache, nicht zahlreicher als Wächter in einem Museum, grüßt nicht militärisch; unser Gastgeber mit der linken oder rechten Hand in der Hosentasche grüßt kurz-familiär, sodaß die Uniformen, gerade im Begriff sich zu erheben, sich schon wieder setzen. Das gibt auch uns eine leichte Aura des Familiären. Trotzdem wage ich nicht die gestopfte Pfeife anzuzünden, halte sie in der Hand oder im Mund, ohne zu rauchen. Wände weiß, Teppich rot. Ich bin unsicher, was ich denken soll ... Hier also haust die Macht. Sie gibt sich als ein Wesen, das Ruhe liebt, Sauberkeit, die beim Aschenbecher anfängt; ein Wesen mit Tradition; ein Wesen, das die stillen Parke liebt, die grünen Rasen und Blumen je nach Jahreszeit; wahrscheinlich liebt es keine Straßenschlachten, auch wenn die Opfer selber schuld sind, und Massaker wie in Song-My müssen ihm ein Greuel sein. Schon den gewöhnlichen Straßenverkehr mag es nicht. Überhaupt keinen Lärm, der seine Meditation stören könnte; es schätzt den Blick auf einen fernen Obelisk, das Geräusch eines Springbrunnens. Wer zum Haus der Macht gehört, ob als Militär-Berater oder als Wächter, geht ohne Hast, offensichtlich ohne Sorge, sodaß man nur mit einem Lächeln an die Rufe denken kann: REVOLUTION NOW. Lincoln und andere sind erschossen worden, zuletzt Kennedy; was hat das erschüttert? Ihre Porträts in Öl schaffen jene Stimmung, daß man als Besucher sofort leise spricht; selbst das Porträt von L. B. Johnson, der noch nicht aus dem Jenseits auf uns blickt, gibt uns das Gefühl, daß uns Bescheidenheit ansteht. Nur Henry A. Kissinger, der weniger erläutert als die gewöhnlichen Fremdenführer, nimmt einfach die Hände nicht aus den Hosentaschen, um ohne Worte zu versichern, daß es im Haus der Macht vollkommen natürlich zugeht, zivil, human, nämlich unsteif. Er macht sogar einen Witz über die Jacqueline, das darf man. Vorallem ist die Macht, so scheint es, immer aus guter Familie, ein Wesen, das Geschmack hat; Geschmack beispielsweise an Porzellan und Stil-Möbeln. Das verleiht allem, was hier geschieht, etwas Aristokratisches. Jeder Präsident hat sein Porzellan, das später, wenn er nicht mehr im Amt ist, in Vitrinen ausgestellt wird; so achtet jeder das persönliche Porzellan seiner Vorgänger, und alle sind verbunden durch ihren Sinn für Porzellan. Wir gehen, ohne viel zu fragen, nicht eigentlich in Andacht, aber schicklich; wenn wir die Marmor-Treppe hinaufgehen, lege ich beispielsweise meine Hand nicht aufs Geländer. Die Malerei, die zur Möblierung der Macht gehört, hält sich an das vorige Jahrhundert; kein Rothko oder Roy Lichtenstein oder Stella oder Jim Dine, kein Calder usw. Bedürfnis nach Tradition, aber sie beginnt mit Lincoln und Washington; daher keine Ritterrüstungen. Nixon liebt vorallem Vögel. Es gibt keine Gobelins, die militärische Siege darstellen, oder ich habe sie nicht gesehen; man protzt hier nicht militärisch und überhaupt nicht. Die Macht gibt sich als dezentes Wesen, das niemand erschrecken möchte; kolossal ist nur die Realität, aber nicht die Villa, wo dieses Wesen wohnt und empfängt. Wieder ein Blick auf den Park; schon ein Jumbo-Jet, den man gerade hört, paßt eigentlich nicht dazu. Hier geht Historie auf Spannteppich. Nichts erinnert an Erdöl, nichts an die Computer im Pentagon, nichts an die CIA, nichts an die United Fruit Company usw. Hier steht ein großer Tisch, und ich nehme die Pfeife aus dem Mund: Hier also – ich glaub's – arbeitet der Präsident, zur Zeit Richard Nixon. Hinter dem leeren Sessel steht das Sternenbanner, zur Seite die Flaggen aller Waffengattungen. Der Arbeitstisch ist leer und aufgeräumt, aber authentisch. Der einzige Gegenstand, der glaubhaft macht, daß von diesem Platz historische Verfügungen ausgehen, und zugleich der einzige, der nicht antiquarisch ist: ein Telefon-Apparat, weiß. Und so stehen wir denn wie in Escorial, wenn man sich sagen muß: Hier also –!

Nixon vor der Presse (8. 5.) zur US-Invasion in Kambodscha: »Decisions, of course, are not made by a vote in the Security Council or in the Cabinet. They are made by the President with the advice of those, I, as Commander in Chief, I alone am responsible . . . I made the decision. I take the responsibility for it. I believe it was right decision. I believe it works out. If it doesn't then I am to blame.«

Um nicht zu fragen: Was haben im Fall einer Katastrophe, Bürgerkrieg oder Weltkrieg, die Opfer davon, daß Richard Nixon, Commander in Chief, persönlich die Verantwortung übernimmt und sich allenfalls umbringt wie Hitler? frage ich seinen Berater, welcher Art die Intelligenz des Präsidenten sei. Sie sei groß, so höre ich, größer als bei Kennedy oder Johnson. Aber welcher Art? Ich höre, daß es eine analytische Intelligenz sei; die Besichtigung geht weiter . . .

Zwei Tage später, 4. 5. 1970, werden in der Universität Ohio, Kent State, bei einer anti-war-demonstration vier Studenten erschossen von der National Guard, die aus Notwehr gehandelt habe, so heißt es, gegen Heckenschützen, was von sämtlichen Augenzeugen bestritten wird; die Fotos hingegen (LIFE) zeigen die National Guard, wie sie aus 30 Meter Entfernung, also nicht einmal von Steinwürfen bedroht, in die Menge schießt. Ohne Warnung. Sie hatten die Nerven verloren, so heißt es, weil ihr Vorrat an Tränengas zu Ende ging. Nixon sagt dazu: »The needless death should remind us all once more that when dissent turns to violence it invites tragedy«, wozu die NEW YORK TIMES bemerkt: »which of course is true, but turns the tragedy upside down by placing the blame on the victims instead of the killers.« Nixon schreibt persönliches Beileid an die Eltern.

Als nächstes besichtigen wir ein kleines Zimmer, wo der Präsident sich ausruhen kann, nicht größer als die Garderobe eines Schauspielers; eine schmale Couch, Sessel und Schrank, Waschbecken. Was hier fehlt: der Schminktisch. Ich sehe: Hier also ruht Nixon zwischen seinen Auftritten... Langsam verliert sich meine Befangenheit; was wir sehen, hat nichts mit der Realität zu tun. Wozu besichtigen wir's eigentlich? So groß ist das Weiße Haus nicht; trotzdem das Gefühl, unser Gang sei endlos. Wände weiß, Teppich rot, es gibt den Korridoren etwas Heiteres; es ist fast schade, wenn unser Gastgeber unterbricht: Hier ist zum Beispiel gerade Bundeskanzler Willy Brandt empfangen worden. Dabei bin ich noch immer bei seinem Satz, der beim Lunch gefallen ist: Was in Kambodscha geschieht, wenn wir Vietnam verlassen, das ist nicht unser Problem! Ich nicke: Hier also mußte Willy Brandt speisen. Gegenüber einem Mitarbeiter, dem er uns vorstellt, wieder der scherzhafte Ton: »my friend and leftwing publisher«. Ich weiß jetzt, daß in diesem Haus ein offener Geist lebt. Wie die jungen Herren, die wir im Warteraum gesehen haben, ist auch dieser Mitarbeiter hemdärmlig-adrett-lässig; die ersten Nachrichten aus Kambodscha scheinen erfreulich zu sein, wie nicht anders erwartet. (Damals in Harvard, 1963, konnte Henry A. Kissinger noch offener sein, ein Intellektueller, der nicht die große Verantwortung trägt; damals redete er besorgter.) Eigentlich hätte ich eine Frage, aber es kommt nicht dazu; wir besichtigen einen Salon, wo Henry A. Kissinger und der Botschafter der UdSSR zu sitzen pflegen. Ich nicke, als bedürfe es meiner Bestätigung. Der Salon erinnert mich an das Kurhaus Tarasp: viele Fauteuils in kleinen Gruppen, alle unbequem, aber gediegen, Stil, vermutlich sind es echte Antiquitäten. Jetzt hat Henry A. Kissinger beide Hände in den Hosentaschen, um zu zeigen, daß er für die Innen-Architektur nicht verantwortlich ist. Das ist auch Nixon nicht. Die Wohnung, die der jeweilige Präsident sich nach eigenem Geschmack einrichtet, befindet sich ein Stockwerk höher;

wir sehen lediglich die Staatsräume, die, wie gesagt, jeder amerikanische Bürger besichtigen kann zu gewissen Zeiten. Demokratie kennt kein Geheimnis vor den Wählern ... Hier also (jetzt nicke ich schon, bevor ich weiß, was es zu bestätigen gilt) versammelt sich das Kabinett. Ein überzeugender Saal. Um einen langen und breiten und schweren Tisch stehen Sessel aus Leder, nicht allzu prunkvoll, gerade richtig: Sessel, die zum aufrechten Sitzen verpflichten. Hier ließe sich verhandeln, ob Kambodscha überfallen werden soll oder nicht. Es sei aber, so höre ich, nicht oft der Fall, daß das Kabinett hier zusammenkommt, und dann sei es nur langweilig. Henry A. Kissinger lächelt; er wollte uns nur den Saal zeigen. Die Entscheidungen fallen nicht hier, sagt er –

Walter J. Hickel, Interior Secretary, beklagt in einem veröffentlichten Brief, daß ihn der Präsident in einem Jahr nur dreimal konsultiert hat; er schreibt: »Permit me to suggest that you consider meeting, on an individual and conversational basis, with members of your Cabinet. Perhaps through such conversations we can gain greater insight into the problems confronting us all –«

Meine Frage wäre gewesen, was Nixon mit der Macht eigentlich will. Es gibt Ziele, die man nur verwirklichen kann, indem man an die Macht gelangt. (Abschaffung der Armut im reichsten Land der Welt, Integration der Neger, Frieden ohne Ausbeutung anderer Völker usw.) Was ist das Ziel dieses Richard Nixon? – aber meine Frage erübrigt sich; es war sein Ziel, Präsident der Vereinigten Staaten zu werden, und er hat sein Ziel erreicht, indem er kein anderes hatte, Macht als Ziel der Macht, und daß Nixon durchaus den Frieden will, wenn es kein anderes Mittel gibt, um an der Macht zu bleiben, glaube ich ohne Frage –

Alles nimmt überhand: der Kehricht, die Jugend, das Haar, die Drogen, die Neger, die Unruhen, die Studenten, der Protest auf der Straße, die Angst vor Amerika. Die neuen Wolkenkratzer, auch die Gitarre nimmt überhand. Im Herbst, als sie wieder einmal nach Washington zogen, soll es eine Viertelmillion gewesen sein, die sich um das Weiße Haus versammelte, PEACE NOW, STOP THE WAR, PEACE NOW, es gab keine Toten; Präsident Nixon ließ sein Fenster schließen und schaute (wie er selber bekanntgab) Baseball im Fernsehen. Ein halbes Jahr später, 9. 5. 1970, lagern sie wieder um den Park, OUT OF CAMBODIA, diesmal nur Hunderttausend, viele glauben nicht mehr, daß sie gehört werden, aber Nixon hat eine schlaflose Nacht, laut Presse: in der Morgenfrühe begibt der Präsident sich zum Capitol, wo er mit einigen Studenten spricht und verlangt, daß sie ihn verstehen müssen, denn er trägt die Verantwortung dafür, daß die Vereinigten Staaten die führende Macht bleiben. Die Studenten sagen: Dann redete er über Sport. Laut Presse: Der Präsident frühstückte Schinken mit Ei. Gegen Krise hilft Krieg, aber was hilft gegen die Jugend, die überhand nimmt? 400 Universitäten treten in Streik wegen der erschossenen Studenten von Kent State.

Im Park, der, wie wir durchs Fenster schon mehrmals bemerkt haben, sehr schön ist, aber keine Frage beantwortet, sagt Henry A. Kissinger, er werde nicht allzu lange in seinem Amt bleiben; er habe kaum noch ein privates Leben. Das Weiße Haus jetzt von außen: wie man es von Bildern kennt. Hier im Freien zünde ich endlich meine Pfeife an, während wir gehen und nur unsere Schritte im Kies hören. Was reden? Ein sommerlicher Tag. Wer Entscheidungen fällt oder zu Entscheidungen rät, die Millionen von Menschen betreffen, kann sich nachträgliche Zweifel, ob die Entscheidung richtig ist, nicht leisten; die

Entscheidung ist gefallen, das weitere abzuwarten. Man könnte jetzt durchaus einen Witz erzählen, aber es fällt mir keiner ein.

Heute früh in Jimmy's Coffee-shop: das Gespräch mit dem munteren Kellner, der mich für einen Deutschen hält und daher sagt, daß er nicht für Hitler sei, aber auch nicht gegen Hitler, »but perhaps we have to see that Hitler was a great philosopher«. Da er mein Zögern sieht, wechselt er auf McCarthy, »who was considered to be a fool«, aber heute sieht man es: hätte man damals auf McCarthy gehört, »we would not have all the trouble with Vietnam«. Er selber, der Kellner, ist eigentlich Grieche, Patriot auch dort; er findet Pattakos schon richtig, »only some communists can't stand him«. Wir sind übrigens nicht allein; der Mann, der nebenan Tabak verkauft, ist für Hitler. Warum? Hitler hatte einen großen Glauben. Nämlich? »He believed that the Germans are a superior race.« Er selber, der Tabakmann, ist Puertoricaner mit Kruselhaar, übrigens der Meinung, die Vereinigten Staaten hätten nach dem Krieg eben Europa besetzen sollen. Das erinnert mich an ein Gespräch in einem kalifornischen Motel, 1952, der Wirt versicherte: »depression is worse than war«, wobei er allerdings einen Krieg im alten Europa meinte. Warum in Europa? »because they are used to have wars over there«.

Im Park ist nichts zu besichtigen und Schweigen umso auffälliger; ich bin froh, daß Siegfried Unseld jetzt von seinem Verlag berichtet. Jede Firma hat ihre Probleme. Henry A. Kissinger, bescheiden wie meistens die außerordentliche Intelligenz, fast eitel-bescheiden, ein Fachmann, der alle Möglichkeiten mit Vernichtungswaffen durchdacht hat und das beste will, nämlich die allergeringste Vernichtung der Welt, er weiß, was in dieser Stunde nur wenige in der Welt wissen (erst die Historiker werden's einmal wissen), und hört lieber einem andern zu, wenn auch etwas geistesabwesend. Ich habe noch keinen Mann getroffen, dessen möglicher Irrtum ein entsprechendes Ausmaß annehmen könnte; ein Chirurg, der einmal pfuscht, ein Lokomotiv-Führer, ein Bundesrat sogar, der versagt, ein Polizei-Chef, der sich irrt, ein Pilot mit 160 Passagieren oder ein Herbert Marcuse, ein Verleger usw., das alles sind ja Verantwortungen, die einer übernehmen kann. Aber Berater eines Weißen Hauses? Ich verstehe immer mehr, daß Henry A. Kissinger, so oft es nur geht, seine Hände in die Hosentaschen steckt; seine Verantwortung steht in keinem Verhältnis mehr zur Person, die einen Anzug trägt wie wir. Je mörderischer der Irrtum sein kann, umso weniger kann einer dafür. Ohne daß ich ein Wort durchlasse, sagt Henry A. Kissinger, er ertrage Verantwortung lieber als Ohnmacht. Einen Nachsatz, zur andern Seite gesprochen, habe ich nicht genau gehört. Wir gehen sehr langsam. Was er machen wird nach seinem Rücktritt aus dem Weißen Haus, weiß Henry A. Kissinger noch gar nicht. Zurück zur Universität? Das dürfte, meint er, kaum möglich sein. Unser Gang über Kies wird bald zu Ende sein, und es scheint, daß es nichts mehr zu fragen gibt. Warum ist Henry A. Kissinger, vor der Wahl noch ein erklärter Gegner von Richard Nixon, trotzdem dessen Berater geworden? Schicklich hingegen ist die Frage meiner Frau: wie hat seine wissenschaftliche Theorie sich bewährt oder verändert durch Praxis? Das sei eine Frage, sagt Henry A. Kissinger, die er oft zu hören bekomme; er habe keine Zeit, um darüber nachzudenken. Ein schrecklicher Satz, aber wir befinden uns gerade in einer Pendeltüre; ich höre nur noch: Wenn man einmal auf dem Seil steht, gibt es kein Zurück – nach der Pendeltüre: – keine Politik ohne das Risiko einer Tragödie. Tragödie für wen?

Gorki, 20. 6.

Gestern bei der Ankunft wartet eine russische Studentin, die mündlich-persönlichen Rat sucht für ihr Examen; ein kindliches, etwas zu großes Gesicht mit kugelrunden und sehr hellen Augen. Sie ist von Moskau hierher gekommen. Aufwand ihrer Reise voll Erwartung; ich stehe mit Schüttelfrost und Pfingstrosen. Warum habe ich ihr nicht wenigstens die Pfingstrosen gegeben? Sofija hat sie nach Moskau verwiesen; das Mädchen gehört nicht ins Programm. (...)

22. 6.
Stadtrundfahrt mit dem Oberbaumeister der Stadt Gorki. Es wird viel gebaut, aber ich hätte Fragen. Stattdessen wird dasselbe und nochmals dasselbe gezeigt und nochmals. Ich sehe: Wohnblock neben Wohnblock wie Kisten für Bienen, alles fünfstöckig, eine gigantische Öde. Ich frage: Wie sind Ihre Erfahrungen mit Hochhäusern? Aber ja, aber sicher, aber natürlich: Hochhäuser sehr gut. Warum sehe ich keins? Als Entgegenkommen gestehe ich, daß ich in einem Hochhaus wohne und darin nicht glücklich bin; es bleibt der Verdacht, daß ich, Gast aus dem kapitalistischen Westen, dem Sozialismus wohl keine Hochhäuser zutraue. Also: viele Hochhäuser in der Sowjetunion, aber ja, Hochhäuser sehr viel. Dazwischen ein Werk unseres Oberbaumeisters: eine Schule; er hat's noch immer mit Pilastern und Baalbek-Säulen. Weitere Belehrung: Hochhäuser bieten Vorteil, nämlich mehr freie Sicht bei gleicher Wohndichte. Das weiß ich, das ist im Westen auch so, aber ich sage nichts. Wozu! Ein schöner Blick auf die Wolga, während schon am vierten Beispiel erläutert wird, was man seit Jahrzehnten begriffen hat:

Vorfabrikation der Elemente. Es ist ärgerlich. Beim ersten Beispiel habe ich genickt, um dem Mann nicht die Freude zu nehmen; beim zweiten Beispiel mit der unveränderten Erläuterung habe ich genickt, um ihm eine dritte Erläuterung zu sparen; beim dritten Beispiel lasse ich durch den Übersetzer daran erinnern, daß ich einmal Architektur studiert habe. Übrigens sind es keine Varianten der bekannten Bauweise, sondern genaue Wiederholungen, was der Oberbaumeister zeigt: als Errungenschaft des Sozialismus. Beim vierten Beispiel schaue ich nach der andern Seite: zur Wolga: Ich nicke, ich nicke. Ich bin nicht erpicht auf alte Kirchen, aber da ist eine, und sie wird gezeigt auch von innen; man ist stolz auf die schönen alten russischen Kirchen. Zu Recht. Wir fahren weiter: Siedlungen wie gehabt, Siedlungen im Bau, ich schaue und schaue, wie es sich gehört, und schweige und sollte gelegentlich etwas sagen. Ich schwitze. Was ich sehe, ist leider nicht zu loben: stur und scheußlich und ohne Einfall, ungenügend für eine Diplom-Arbeit, aber ausgeführt. Ich lobe die Bäume an der Straße und vernehme, sie wurden gepflanzt, alle gepflanzt. Einmal eine große Fabrik: hier werden also die Wolga-Autos hergestellt. Man zeigt auf ein Gebäude: Laboratorium! und da ich nicht verwundert bin, noch einmal: Laboratorium! Ich erfahre, daß die sowjetischen Ingenieure, bevor ein Auto in der Serie hergestellt wird, viele Versuche machen und Berechnungen und so. Als sie auf der Rückfahrt wieder sagen: Laboratorium! bin ich verlegen; Schweigen wird als Mißtrauen empfunden, wenn nicht als verstockter Neid. Ich frage, was ein Wolga-Auto kostet. 5200 Rubel. Da man Verblüffung erwartet, wieviel billiger die Wagen sind als im kapitalistischen Westen, beginne ich zu rechnen. Nach dem schwarzen Kurs: 6000 Franken, also ein Volkswagen. Aber dieser Kurs, ich weiß, kommt nicht in Frage. Nach dem offiziellen Kurs: 22 000 Franken, also ein Porsche; aber ich kenne den Wolga-

Wagen, wir fahren in einem Wolga-Wagen, ich gestehe meine Verblüffung, wie teuer er ist, wenn ich die Löhne bedenke: 100 bis 170 Rubel im Monat. Aber dafür, so höre ich, ist das Benzin viermal billiger als im Westen –

(...)

Moskau, 23./26. 6.

Die Studentin, die nach Gorki gereist ist, taucht wieder auf; sie hat Deutsch im Selbstunterricht erlernt, viel gelesen, ihre Fragen sind genau und klug, somit schwierig. Leider ist Sofija dabei, aber es stört die Studentin überhaupt nicht, wenn Sofija mit einer Miene der Mißbilligung dolmetscht; Sofija ist nicht dumm von Natur, nur geschult: Fragen zu Kierkegaard oder zum Bildnis-Gebot oder zu Pirandello sind in ihrem Raster nicht unterzubringen, der Name Sartre ist nicht genehm. Offenbar hört die Studentin immer wieder, daß ich Eile habe, was aber, wie sie sieht, nicht der Fall ist. Im Gegenteil; man könnte zusammen einen Tee trinken. Aber wo? Natascha (so heißt die Studentin) könnte, auf Taille gekleidet, bei Tschechow vorkommen: eine seiner russischen Seelen, die warten und verkümmern.

(...)

Novosibirsk, 27./29. 6.

Der sibirische Schriftsteller, der mich trotz Morgenfrühe am Flughafen abholt, ist schwerhörig, drum seine überlaute Stimme, wenn er, ohne mich je anzublicken, Angaben macht über West-Sibirien: Größe des Landes, Länge und Breite der Ströme, Höhe der Berge, Temperatur im Winter, Temperatur im Sommer, Bevölkerungszunahme, Bodenschätze, Länge und Breite und Tiefe und Inhalt von

Stausee usw. Es ist alles sehr enorm. Breite des Ob im Norden: 45 km. Meine Antwort auf seine kurze Zwischenfrage, wie breit Flüsse in Schweiz, braucht Sofija nicht zu übersetzen: das Lächeln eines Geschlagenen. Einmal überqueren wir zwei Geleise, denen man nichts ansieht, aber das sind sie: die Geleise der Transsibirischen Bahn. Fortsetzung des Unterrichts, der mir willkommen ist; der Akzent liegt auf der Quantität wie überall bei Pionieren. Hotelzimmer wie ein Tanz-Salon. Frühstück (ich kämpfe gegen Schlaf) mit Wodka und Ablösung der Eskorte, dann Fahrt hinaus zur Stadt der sowjetischen Forscher. Industrie-Landschaft am Ob; Eindruck, daß hier der Himmel noch weiter sei als an der Wolga. Meine neue Kollegen-Eskorte: zwei sibirische Lyriker, ein älterer und ein junger, den offensichtlich das Ehrenamtliche noch freut, beide in dunklem Anzug mit weißem Hemd und Kravatte, der Junge mit einem blonden Vogelgesicht, immer genau senkrecht, ob er sitzt oder geht, immer fröhlich und liebenswürdig-wortkarg. Stausee (Länge 200 km) in blassem Morgenblau, Ufer mit Birken oder Föhren; wie ich mir die skandinavische Landschaft vorstelle. Militär-Lastwagen. Der ältere Lyriker erkundigt sich, wie lang man Militär-Dienst leistet in meinem Land. Er ist der erste, der nach unsern Verhältnissen fragt –

Heimatgefühle 1970

Heimatgefühle im COOPERATIVO, Restaurant an der Militärstraße; das Haus wird demnächst abgerissen... Hier verkehrte Lenin, bis er nach Rußland abreiste. Später speiste hier unter italienischen Arbeitern auch Mussolini: als Sozialist. Ein Bildnis von Mateotti, den der faschistische Mussolini ermorden ließ, und über der braunen Täfelung an der verrauchten Wand ein frisches Plakat der Sozialdemokratischen Partei der Schweiz; der Text liest sich wie eine Selbstverständlichkeit, die allerdings noch immer nicht verwirklicht ist. Eine juke-box zeigt an, daß wir uns in der zweiten Hälfte des Jahrhunderts befinden, und die jungen Männer tragen wieder Bärte. Über der juke-box in glänzendem Rahmen das verblichene Foto-Porträt von dem bärtigen Urahn: CARLO MARX. Arbeiter essen an den langen Tischen mit weißem Tischtuch, bedient von Kellnern in weißen Kitteln. Die Kost ist italienisch. Hier wurden damals antifaschistische Zeitungen redigiert, die man nach Italien schmuggelte. Wir trinken ein Bier unter der verrauchten Büste von Dante. Ein familiäres Lokal, dabei ein hoher Raum, ein Ort historischer Hoffnungen –

VERHÖR IV

A. Einmal angenommen: eine Gruppe von Leuten, die sich auf die Handhabung von Waffen verstehen, besetzen die Fabriken in Oerlikon und drohen mit Sprengung der Anlagen des Bührle-Konzerns, falls das Geschäft mit dem Krieg nicht verboten wird – was würdest du dazu sagen?

B. Leo Tolstoj verurteilt jede Anwendung von Gewalt – also auch den Krieg, den er als Verbrechen bezeichnet. Ich denke nicht, daß der Bührle-Konzern sich auf Tolstoj berufen könnte.

A. Hältst du Herrn Bührle für einen Verbrecher?

B. Ich sehe, daß diese Frage weder vom Gericht noch von der Öffentlichkeit gestellt wird; das Recht auf Geschäfte mit dem Krieg, sofern sie ohne Urkundenfälschung auskommen, steht außer Frage.

A. Du hast die Strafanträge gelesen?

B. Die Delikte, nämlich fortgesetzte Urkundenfälschung und Waffenschmuggel im Betrag von 90 Millionen, sind erwiesen. Der Bundesanwalt verlangt Gefängnisstrafen – bedingt erlassen – dazu Geldstrafen, die für keinen der betroffenen Herren ins Gewicht fallen. Das ist der Strafantrag, der einige Leute im Land entrüstet.

A. Dich nicht?

B. Gesetz ist Gesetz, wir sind ein Rechtsstaat, ich würde sogar sagen, ein Muster von Rechtsstaat: auch der mächtige Mann, Herr Dr. Dietrich Bührle, der ein deklariertes Einkommen von 3,4 Millionen und ein deklariertes Vermögen von 125 Millionen hat, kann hierzulande vor Gericht kommen.

A. Wird er ins Gefängnis kommen?

B. Herr Dr. Dietrich Bührle, Chef des Konzerns, ist Oberst im Generalstab der schweizerischen Armee.

A. Was willst du damit sagen?

B. Wie der Bundesanwalt betont, genießt der Bührle-Konzern das besondere Vertrauen unseres Bundesrates, weswegen dem Bundesrat diese fortgesetzten Urkundenfälschungen peinlich sind, obschon es sich, wie die Verteidiger betonen, lediglich um ein Kavaliersdelikt handelt, da das 90 Millionen-Geschäft keineswegs aus Gewinnsucht getätigt wurde, sondern aus Vorsorge für die schweizerische Landesverteidigung, für die schweizerische Wirtschaft usw. Wie Herr Dr. Dietrich Bührle selbst gesteht, kann er sich bei einem Umsatz von 1,7 Milliarden nicht um alles kümmern. Zwar hat er seinerzeit davon gewußt, sonst könnte er nicht, wie die Verteidigung hervorhebt, zu seinem langjährigen Mitarbeiter gesagt haben, »daß solche illegalen Geschäfte künftig nicht mehr getätigt werden dürfen«. Ich halte mich an den Satz: »Es besteht kein Anlaß, die Glaubwürdigkeit von Dr. Dietrich Bührle irgendwie in Frage zu stellen.« Ich habe lediglich sagen wollen: wenn es anders wäre, so könnte der Angeklagte nicht Oberst im Generalstab sein.

A. Und sein Vize-Direktor?

B. Ich kenne die Herren nicht, ich verlasse mich auf die Berichterstattung der bürgerlichen Presse. Herr Dr. Lebedinsky ist nicht Oberst. Wie die Verteidigung sagt, war der Gewissenskonflikt für den langjährigen Mitarbeiter ganz bedeutend, obschon es sich nur um 7 % des Umsatzes mit Kriegsmaterial handelt. »Er hat im bestgemeinten Interesse seiner Arbeitgeberschaft die zur Beurteilung stehenden Taten begangen oder gebilligt.« Dafür bezieht er trotz Entlassung weiterhin sein Jahresgehalt. Auch Herrn Dr. Gelbert muß man verstehen: »Wie die andern leitenden Persönlichkeiten der WO stand er vor dem Dilemma, ob man die behördlichen Erlasse streng beachten soll oder ob man im Interesse der Wahrung bewährter geschäftlicher Beziehungen zu retten versuche, was zu retten war«, nämlich den Profit des Bührle-Konzerns.

A. Wir sind ein Rechtsstaat –

B. Ja.

A. Es gibt ein Volksbegehren auf Verbot der Waffenausfuhr. Ich nehme an, du hast ebenfalls deine Unterschrift dazu gegeben. Wenn es zu einer Volksabstimmung kommt, so kannst du für ein Verbot des schweizerischen Waffenhandels stimmen. Das ist ein rechtsstaatliches Verfahren.

B. Ohne Zweifel.

A. Was ist also nicht in Ordnung?

B. Der Mann, der heute mit seinen langjährigen Urkundenfälschern vor dem Bundesgericht in Lausanne sitzt, ist ein großer Arbeitgeber: der Bührle-Konzern, der ja nicht nur Waffen herstellt, beschäftigt 14 000 Arbeitnehmer. Der Bührle-Konzern, wie gesagt, macht ja nicht nur Zwillingsgeschütze und Munition dazu, man darf nicht übertreiben. Geschütze und Munition verkauft er nur, um unserem Land eine eigene Waffenindustrie zu erhalten, was der Bundesrat zu schätzen weiß. Wir nötigen die andern nicht zum Krieg; wir verkaufen ihnen die Waffen nur, weil sie die Waffen sonst anderswo kaufen. Sie könnten unsere Geschütze und unsere Munition, wenn sie bezahlt sind, auch verrosten lassen. Um zu zeigen, daß die Schweiz sich in die Kriege der andern nicht einmischt, beliefern wir Israel und Ägypten zugleich. Das war übrigens immer schon so. Im Zweiten Weltkrieg, der uns nahe ging, schossen sich in Tobruk die Deutschen und die Engländer mit der gleichen Oerlikon-Kanone ab. Unser Waffenhandel, ganz abgesehen davon, daß er auch mit Entwicklungshilfe verbunden ist, bedeutet keinesfalls eine Einmischung in Nigeria oder Südafrika; es ist ein reines Geschäft im Sinn des freien Marktes. Hätte der Bundesrat, besorgt um die Glaubwürdigkeit der schweizerischen Neutralität, damals kein Waffen-Embargo verfügt, so hätte das reine Geschäft auch keiner Urkundenfälschungen bedurft. Das sagt der Verteidiger vor dem Bundesstrafgericht... Was das Volksbegehren betrifft, so muß man bedenken, daß Herr Dr. Dietrich Bührle sich nicht alles gefallen lassen wird: er könnte seinen Konzern jederzeit ins Ausland verlegen, so daß seine Steuern verloren gehen, seine Kunstsammlung auch. Ich verstehe, daß Herr Dr. Dietrich Bührle mit größtem Respekt behandelt wird; er durfte vor Gericht, im Gegensatz zu dem Schwindler v. Däniken, nicht fotografiert werden. Im Grunde hat man diesem Mann dankbar zu sein. Eine Verstaatlichung der Waffen-Industrie würde alles nur erschweren.

A. Wieso?

B. Dann wäre der Bundesrat verantwortlich, das Parlament. Herr Dr. Dietrich Bührle nimmt uns diese Verantwortung ab; als freier Unternehmer liefert er nach seinem Gewissen, unser Land ist am Profit beteiligt durch Steuern, aber nicht moralisch: wir sammeln für Biafra und schicken Krankenschwestern, die von Bührle-Munition getroffen werden. Caritas ist Caritas, Industrie ist Industrie –

A. Soeben wurde das Urteil gesprochen.

B. Es kann nur ein Urteil betreffend Urkundenfälschung sein. Es steht nichts anderes in Frage. Der Tatbestand erwerbsmäßiger Beihilfe zum Völkermord ist nicht verfassungswidrig. Daher sind die Herren des Bührle-Konzerns im Sinne unserer Gesellschaft keine Verbrecher.

A. Entgegen dem Antrag des Bundesanwaltes, der nur bedingte Strafen verlangt hat, müssen ins Gefängnis: Herr Dr. Lebedinksy, Herr Dr. Gelbert, übrigens Ritter der Ehrenlegion, sowie Herr Meili, wobei das Gericht auch die Strafzeit verlängert hat. Man kann also nicht sagen: Ein mildes Urteil. Einzig der Konzern-Herr muß nicht ins Gefängnis: 8 Monate bedingt, dazu ist die Buße auf 20 000 Franken herabgesetzt, da ihm Gewinnsucht nicht nachzuweisen ist.

B. Ich verstehe sein pralles Lachen.

A. Der Tatbestand erwerbsmäßiger Beihilfe zum Völkermord, wie du's als Laie nennst, steht nicht zur Diskussion. Daher kann dich das Urteil des Bundesgerichts nicht verwundern.

B. Nein.

A. Es verwundert dich auch nicht, daß das Bundesgericht, übrigens durch besondere Maßnahmen der Polizei geschützt, zwar den Tatbestand fortgesetzter Urkundenfälschungen verurteilt aber in keinem einzigen Fall genau aufzuklären vermag, wie diese Urkundenfälschungen zustande gekommen sind, welche Mittelsleute sie ermöglicht haben und welche Bundesbeamten, die solche Urkunden prüfen, jahrelang nichts gemerkt haben?

B. Nein.

A. Das verwundert dich nicht?

B. Unserem Volk, das an seinen Rechtsstaat glaubt, genügen drei oder vier Schuldige, im übrigen geht es um die Wahrung bewährter Beziehungen zwischen Wirtschaft und Behörden und Vaterland.

A. Hältst du unser Volk für dumm?

B. Ich halte mich für dumm, wenn ich das pralle Lachen des Konzern-Herrn auf dem Presse-Foto betrachte. Er hat recht. Die gerichtliche Geldbuße, die er auf freiem Fuß zu bezahlen hat, ist unter Spesen zu verrechnen, übrigens eine Lappalie im Vergleich zu den Schmiergeldern, die der Konzern schon bezahlt hat – Spesen für die Rechtsstaatlichkeit, die ihn schützt vor jeder Gewalt.

Zürich

Kleine Demonstration, Besammlung beim Kunsthaus (da hat Bührle einmal eine Million gestiftet), Marsch durch die Bahnhofstraße zur Börse; dann und wann Zuschauer mit einem mitleidigen Lächeln, Kopfschütteln; eine Frau sagt: Bravo! aber sie schließt sich nicht an; ein Mann sagt unentwegt: Ihr tut mir leid, Ihr tut mir leid! Die meisten, wenn sie die Transparente lesen, gehen sofort weiter; ein junger Mann sagt: Kommunisten, so geht doch nach Moskau! Etwa tausend Marschierer.

Ehrenwort

Sir, wo möchten Sie denn leben? Erstens bin ich kein Sir, zweitens sage ich: Nehmen Sie bitte diese Hand weg! Ich kenne den Mann nicht. Sir! sagt er, hält jetzt eine längere Rede, ohne die Hand von meinem Mantelkragen zu nehmen, in mehreren Sprachen durcheinander und nach einer Weile, da er mich hinreichend verwirrt hat, plötzlich in Mundart. Ein Landsmann also. Wo auf der Welt ich am liebsten leben möchte? Die Frage, so sagt er, stelle sich nämlich nur einem Sir. 97 von 100 Erdenbewohnern haben keine Wahl, wo sie leben, und ziehen daraus ihre fortpflanzende Kraft unter jeglichen Umständen. Das ist richtig; ich denke an tschechische Freunde, an griechische Flüchtlinge, an Millionen von Indern. Als ich sage, ich sei gerne, wo ich grad bin, schüttelt er mich in meinem Regenmantel herum, spricht im Gangster-Ton: Come on, man, come on! und das auf der Helmhaus-Brücke in Zürich. Wir behindern den Verkehr. Was ihn das überhaupt angehe, frage ich, ohne nochmals an seine Hand zu fassen; sonst schüttelt er mich wieder. Schon sind wir nicht mehr allein; ein paar Leute, einer mit Aktentasche, aber auch einfache Leute, die zuerst mit der Miene von Helfern stehengeblieben sind, stimmen ein, als er fragt: Warum leben Sie denn nicht in Moskau, warum nicht in Havanna usw.? Ich sei hier geboren, sage ich mit einer Kopfbewegung, hier in dieser Gegend. Es tönt linkisch. Um glaubwürdig zu sein, gebe ich den Namen des Quartiers, beginne mich zu verteidigen: Habe ich denn gesagt, daß ich nicht gerne hier lebe? Wenigstens hat er inzwischen seine Hand von meinem Mantelkragen genommen, als genüge jetzt seine Frage: Warum nicht in Havanna, warum nicht in Peking usw.? Wir stehen jetzt, um den Verkehr nicht zu stören, am Straßenrand, während ich den Kragen meines Regenmantels ordne, ohne mich nach Helfern umzusehen; sie finden die Frage nur berechtigt, und ich weiß natürlich, welche Antwort ich der Mehrheit schulde. So viele sind es gar nicht, aber sie haben die Physiognomie der Mehrheit. Was ich jetzt rede, wird von Satz zu Satz unglaubwürdiger: Ehrenwort, ich möchte nicht anderswo leben, Ehrenwort, ich bin hier geboren und aufgewachsen und zur Schule gegangen, ferner lebe ich ja hier. Soll ich gar meinen Paß zeigen? Soll ich die Nummer meiner Altersversicherung angeben oder die ungefähre Anzahl meiner Armeedienst-tage ohne Auszeichnung und ohne Strafe? Da es keine Schlägerei geben wird, bleiben nur wenige. Warum schon zum drittenmal: Ehrenwort! Es dauert noch eine Weile, bis ich zugebe, daß ich mir die Frage, wo in der Welt ich leben möchte, tatsächlich schon selber gestellt habe. Das genügt, so scheint es, das genügt. Ich kann gehen.

In Habana 1955/57

Was ich in Habana zu tun hatte: – das Flugzeug wechseln, weil ich keinesfalls über New York fliegen wollte, KLM von Caracas, Cubana nach Lissabon, ich blieb vier Tage. Vier Tage nichts als Schauen –
El Prado:
Die alte Straße mit den alten Platanen, wie die Rambla in Barcelona, Corso am Abend, die Allee der schönen Menschen, unglaublich, ich gehe und gehe, ich habe nichts anderes zu tun –
Die gelben Vögel, ihr Krawall bei Dämmerung.
Alle wollen meine Schuhe putzen –
Die Neger-Spanierin, die mir ihre Zunge herausstreckt, weil ich sie bewundere, ihre Rosa-Zunge im braunen Gesicht, ich lache und grüße – sie lacht auch, ihr weißes Gebiß in der roten Blume ihrer Lippen (wenn man so sagen kann) und ihre Augen, ich will nichts von ihr.
»How do you like Habana?«
Mein Zorn, daß sie mich immer für einen Amerikaner halten, bloß weil ich ein Weißer bin; die Zuhälter auf Schritt und Tritt:

»Something very beautiful! D'you know what I mean? Something very young!«
Alles spaziert, alles lacht.
Alles wie Traum –
Die weißen Polizisten, die Zigarren rauchen; die Soldaten der Marine, die Zigarren rauchen: – Buben, ihre Hüften in den engen Hosen.
Castillo del Morro (Philipp II.).
Ich lasse meine Schuhe putzen.
Mein Entschluß, anders zu leben –
Meine Freunde –
Ich kaufe Zigarren, zwei Kistchen.
Sonnenuntergang –
Die nackten Buben im Meer ihre Haut, die Sonne auf ihrer nassen Haut, die Hitze, ich sitze und rauche eine Zigarre, Gewitterwolken über der weißen Stadt: schwarz-violett, dazu der letzte Sonnenschein auf den Hochhäusern.
El Prado:
Die grüne Dämmerung, die Eisverkäufer; auf der Mauer unter den Laternen sitzen die Mädchen (in Gruppen) und lachen.
Tamales:
Das ist Mais, eingewickelt in Bananenblätter, ein Imbiß, den sie auf den Straßen verkaufen – man ißt im Gehen und verliert keine Zeit.
Meine Unrast? Wieso eigentlich?
Ich hatte in Habana gar nichts zu tun.
Meine Rast im Hotel – immer wieder – mit Duschen, dann kleiderlos auf dem Bett, Ventilator-Wind, ich liege und rauche Zigarren. Ich schließe meine Zimmertür nicht ab; draußen das Girl, das im Korridor putzt und singt, auch eine Neger-Spanierin, ich rauche pausenlos.
Meine Begierde –
Warum kommt sie nicht einfach!
Meine Müdigkeit dabei, ich bin zu müde, um mir einen

Aschenbecher zu holen; ich liege auf dem Rücken und rauche meine Zigarre, so daß ihre weißliche Asche nicht abfällt, senkrecht.

Partagas.

Wenn ich wieder auf den Prado gehe, so ist es wieder wie eine Halluzination: – lauter schöne Mädchen, auch die Männer sehr schön, lauter wunderbare Menschen, die Mischung von Neger und Spanier, ich komme nicht aus dem Gaffen heraus: ihr aufrechter und fließender Gang, die Mädchen in blauen Glockenröckchen, ihr weißes Kopftuch, Fesseln wie bei Negerinnen, ihre nackten Rücken sind gerade so dunkel wie der Schatten unter den Platanen, infolgedessen sieht man auf den ersten Blick bloß ihre Röcke, blau oder lila, ihr weißes Kopftuch und das weiße Gebiß, wenn sie lachen, das Weiß ihrer Augen; ihre Ohrringe blinken –

The Caribbean Bar.

Ich rauche schon wieder –

Romeo y Julieta.

Ein junger Mann, den ich zuerst für einen Zuhälter halte, besteht darauf, meinen Whisky zu zahlen, weil er Vater geworden ist:

»For the first time!«

Er umarmt mich, dazu immer wieder:

»Isn't it a wonderful thing?«

Er stellt sich vor und will wissen, wie man heißt, wieviel Kinder man hat, vor allem Söhne; ich sage:

»Five.«

Er will sofort fünf Whiskys bestellen.

»Walter«, sagt er, »you're my brother!«

Kaum hat man angestoßen, ist er weg, um den andern einen Whisky zu zahlen, um zu fragen, wieviel Kinder sie haben, vor allem Söhne –

Alles wie verrückt.

Endlich das Gewitter: – wie ich allein unter den Arkaden

sitze in einem gelben Schaukelstuhl, ringsum rauscht es, ein plötzlicher Platzregen mit Wind, die Allee ist plötzlich ohne Menschen, wie Alarm. Knall der Storen, draußen die Spritzer über dem Pflaster: wie ein plötzliches Beet von Narzissen (vor allem unter den Laternen) weiß –
Wie ich schaukle und schaue.
Meine Lust, jetzt und hier zu sein –
Ab und zu duscht es unter die Arkaden, Blüten-Konfetti, dann der Geruch von heißem Laub und die plötzliche Kühle auf der Haut, ab und zu Blitze, aber der Wasserfall ist lauter als alles Gedonner, ich schaukle und lache, Wind, das Schaukeln der leeren Sessel neben mir, die Flagge von Cuba.
Ich pfeife.
Mein Zorn auf Amerika!
Ich schaukle und fröstle –
The American Way of Life!
Mein Entschluß, anders zu leben –
Licht der Blitze; nachher ist man wie blind, einen Augenblick lang hat man gesehen: die schwefelgrüne Palme im Sturm, Wolken, violett mit der bläulichen Schweißbrenner-Glut, das Meer, das flatternde Wellblech; der Hall von diesem flatternden Wellblech, meine kindliche Freude daran, meine Wollust – ich singe.
The American Way of Life:
Schon was sie essen und trinken, diese Bleichlinge, die nicht wissen, was Wein ist, diese Vitamin-Fresser, die kalten Tee trinken und Watte kauen und nicht wissen, was Brot ist, dieses Coca-Cola-Volk, das ich nicht mehr ausstehen kann –
Dabei lebe ich von ihrem Geld!
Ich lasse mir die Schuhe putzen –
Mit ihrem Geld!
Der Siebenjährige, der mir schon einmal die Schuhe geputzt hat, jetzt wie eine ersoffene Katze; ich greife nach seinem Kruselhaar –

Sein Grinsen –
Es ist nicht schwarz, sein Haar, eher grau wie Asche, braungrau, jung, wie Roßhaar fühlt es sich an, aber kruselig und kurz, man spürt den kindlichen Schädel darunter, warm, wie wenn man einen geschorenen Pudel greift.
Er grinst nur und putzt weiter –
Ich liebe ihn.
Seine Zähne –
Seine junge Haut –
Seine Augen erinnern mich an Houston, Texas, an die putzende Negerin, die in der Toilette, als ich meinen Schweißanfall mit Schwindel hatte, neben mir kniete, das Weiß ihrer großen Augen, die überhaupt anders sind, schön wie Tier-Augen. Überhaupt ihr Fleisch!
Wir plaudern über Auto-Marken.
Seine flinken Hände –
Es gibt keine Menschen mehr außer uns, ein Bub und ich, die Sintflut ringsum, er hockt und glänzt meine Schuhe mit seinem Lappen, daß es nur so klatscht –
The American Way of Life:
Schon ihre Häßlichkeit, verglichen mit Menschen wie hier: ihre rosige Bratwurst-Haut, gräßlich, sie leben, weil es Penicillin gibt, das ist alles, ihr Getue dabei, als wären sie glücklich, weil Amerikaner, weil ohne Hemmungen, dabei sind sie nur schlaksig und laut – Kerle wie Dick, die ich mir zum Vorbild genommen habe! – wie sie herumstehen, ihre linke Hand in der Hosentasche, ihre Schulter an die Wand gelehnt, ihr Glas in der andern Hand, ungezwungen, die Schutzherren der Menschheit, ihr Schulterklopfen, ihr Optimismus, bis sie besoffen sind, dann Heulkrampf, Ausverkauf der weißen Rasse, ihr Vakuum zwischen den Lenden. Mein Zorn auf mich selbst!
(Wenn man nochmals leben könnte.)
Mein Nacht-Brief an Hanna –
Am andern Tag fuhr ich hinaus an den Strand, es war

wolkenlos und heiß, Mittag mit schwacher Brandung: die auslaufenden Wellen, dann das Klirren im Kies, jeder Strand erinnert mich an Theodohori.
Ich weine.
Das klare Wasser, man sieht den Meeresgrund, ich schwimme mit dem Gesicht im Wasser, damit ich den Meeresgrund sehe; mein eigener Schatten auf dem Meeresgrund: ein violetter Frosch.
Brief an Dick.
Was Amerika zu bieten hat: Komfort, die beste Installation der Welt, ready for use, die Welt als amerikanisiertes Vakuum, wo sie hinkommen, alles wird Highway, die Welt als Plakat-Wand zu beiden Seiten, ihre Städte, die keine sind, Illumination, am andern Morgen sieht man die leeren Gerüste, Klimbim, infantil, Reklame für Optimismus als Neon-Tapete vor der Nacht und vor dem Tod –
Später mietete ich ein Boot.
Um allein zu sein!
Noch im Badkleid sieht man ihnen an, daß sie Dollar haben; ihre Stimmen (wie an der Via Appia), nicht auszuhalten, ihre Gummi-Stimmen überall, Wohlstand-Plebs.
Brief an Marcel.
Marcel hat recht: ihre falsche Gesundheit, ihre falsche Jugendlichkeit, ihre Weiber, die nicht zugeben können, daß sie älter werden, ihre Kosmetik noch an der Leiche, überhaupt ihr pornografisches Verhältnis zum Tod, ihr Präsident, der auf jeder Titelseite lachen muß wie ein rosiges Baby, sonst wählen sie ihn nicht wieder, ihre obszöne Jugendlichkeit –
Ich ruderte weit hinaus.
Hitze auf dem Meer –
Sehr allein.
Ich las meine Briefe an Dick und an Marcel und zerriß sie, weil unsachlich; die weißen Fetzchen auf dem Wasser; mein weißes Brusthaar –

Sehr allein.
Später wie ein Schulbub: ich zeichne eine Frau in den heißen Sand und lege mich in diese Frau, die nichts als Sand ist, und spreche laut zu ihr –
Wildlingin!
Ich wußte nicht, was anfangen mit diesem Tag, mit mir, ein komischer Tag, ich kannte mich selbst nicht, keine Ahnung, wie er vergangen ist, ein Nachmittag, der geradezu wie Ewigkeit aussah, blau, unerträglich, aber schön, aber endlos – bis ich wieder auf der Prado-Mauer sitze (abends) mit geschlossenen Augen; ich versuche mir vorzustellen, daß ich in Habana bin, daß ich auf der Prado-Mauer sitze. Ich kann es mir nicht vorstellen, Schrecken.
Alle wollen meine Schuhe putzen –
Lauter schöne Menschen, ich bewundere sie wie fremde Tiere, ihr weißes Gebiß in der Dämmerung, ihre braunen Schultern und Arme, ihre Augen – ihr Lachen, weil sie gerne leben, weil Feierabend, weil sie schön sind.
Meine Wollust, zu schauen –
Meine Begierde –
Vakuum zwischen den Lenden –
Ich existiere nur noch für Schuhputzer!
Die Zuhälter –
Die Eisverkäufer –
Ihr Vehikel; Kombination aus alten Kinderwagen und Buffet, dazu ein halbes Fahrrad, Baldachin aus verrosteten Jalousien; Karbid-Licht; ringsum die grüne Dämmerung mit ihren blauen Glockenröcken.
Der lila Mond –
Dann meine Taxi-Geschichte: es war noch früh am Abend, aber ich ertrug es nicht länger als Leiche im Corso der Lebenden zu gehen und wollte in mein Hotel, um ein Schlafpulver zu nehmen; ich winkte einem Taxi, und als ich die Türe aufreiße, sitzen bereits die zwei Damen darin, eine schwarze, eine blonde, ich sage: Sorry! schlage die Wagen-

tür zu, aber der Driver springt heraus, um mich zurückzurufen: Yes, Sir! ruft er und reißt die Wagentüre wieder auf: For you, Sir! ich muß lachen über soviel »service«, steige ein –

Unser kostbares Souper!

Dann die Blamage –

Ich habe gewußt, daß es einmal so kommen wird, später liege ich in meinem Hotel – schlaflos, aber gelassen, es ist eine heiße Nacht, ab und zu dusche ich meinen Körper, der mich verläßt, aber ich nehme kein Schlafpulver, mein Körper taugt gerade noch, um den Ventilator-Wind zu genießen, der hin und her schwenkt, Wind auf Brust, Wind auf Beine, Wind auf Brust.

Mein Hirngespinst: Magenkrebs.

Sonst glücklich –

Krawall der Vögel im Morgengrauen, ich nehme meine Hermes-Baby und tippe endlich meinen Unesco-Rapport, betreffend die Montage in Venezuela, die erledigt ist.

Dann Schlaf bis Mittag.

Ich esse Austern, weil ich nicht weiß, was tun, meine Arbeit ist erledigt, ich rauche viel zu viel Zigarren.

(Daher meine Magenschmerzen.)

Die Überraschung abends:

Wie ich mich auf der Prado-Mauer einfach zu dem fremden Mädchen setze und sie anspreche, meines Erachtens dieselbe, die vorgestern die Rosa-Zunge herausgestreckt hat. Sie erinnert sich nicht. Ihr Lachen, als ich sage, daß ich kein American bin.

Mein Spanisch zu langsam –

»Say it in English!«

Ihre langen und dünnen Hände –

Mein Spanisch reicht für berufliche Verhandlungen, die Komik: ich sage nicht, was ich will, sondern was die Sprache will. Ihr Lachen dazu. Ich bin das Opfer meines kleinen Wortschatzes. Ihr Staunen, ihre geradezu lieben

Augen, wenn ich manchmal selber staune: über mein Leben, das mir selber, so gesagt, belanglos vorkommt.
Juana ist achtzehn.
(Noch jünger als unser Kind.)
Suiza: sie meint immer Schweden.
Ihre braunen Arme als Stützen rückwärts gespreizt, ihr Kopf an der Gußeisen-Laterne, ihr weißes Kopftuch und das schwarze Haar, ihre unglaublich schönen Füße; wir rauchen; meine beiden weißen Hände um mein rechtes Hosenknie gespannt –
Ihre Unbefangenheit.
Sie hat Cuba noch nie verlassen –
Das ist mein dritter Abend hier, aber alles schon vertraut: die grüne Dämmerung mit Neon-Reklame darin, die Eisverkäufer, die gescheckte Rinde der Platanen, die Vögel mit ihrem Zwitschern und das Schattennetz auf dem Boden, die rote Blume ihrer Münder.
Ihr Lebensziel: New York!
Der Vogelmist von oben –
Ihre Unbefangenheit:
Juana ist Packerin, Freudenmädchen nur übers Wochenende, sie hat ein Kind, sie wohnt nicht in Habana selbst.
Wieder die jungen Matrosen schlendernd.
Ich erzähle von meiner Tochter, die gestorben ist, von der Hochzeitsreise mit meiner Tochter, von Korinth, von der Aspisviper, die über der linken Brust gebissen hat, und von ihrem Begräbnis, von meiner Zukunft.
»I'm going to marry her.«
Sie versteht mich falsch:
»I think she's dead.«
Ich berichtige.
»Oh«, lacht sie, »you're going to marry the mother of the girl, I see!«
»As soon als possible.«
»Fine!« sagt sie.

»My wife is living in Athens –«
Ihre Ohrringe, ihre Haut.
Sie wartet hier auf ihren Bruder –
Meine Frage, ob Juana an eine Todsünde glaubt, beziehungsweise an Götter; ihr weißes Lachen; meine Frage, ob Juana glaubt, daß die Schlangen (ganz allgemein) von Göttern gesteuert werden, beziehungsweise von Dämonen.
»What's your opinion, Sir?«
Später der Kerl mit gestreiftem Hollywood-Hemd, der jugendliche Zuhälter, der mich auch schon angesprochen hat, ihr Bruder. Sein Handschlag: »Hello, camerad!«
Es ist nichts dabei, alles ganz munter, Juana legt ihre Zigarette unter den Absatz, um sie zu löschen, und ihre braune Hand auf meiner Schulter:
»He's going to marry his wife – he's a gentleman!«
Juana verschwunden –
»Wait here!« sagt er und blickt zurück, um mich festzuhalten. »Just a moment, Sir, just a moment!«
Meine letzte Nacht in Habana
Keine Zeit auf Erden, um zu schlafen!
Ich hatte keinen besonderen Anlaß, glücklich zu sein, ich war es aber. Ich wußte, daß ich alles, was ich sehe, verlassen werde, aber nicht vergessen: – die Arkade in der Nacht, wo ich schaukle und schaue, beziehungsweise höre, ein Droschkenpferd wiehert, die spanische Fassade mit den gelben Vorhängen, die aus schwarzen Fenstern flattern, dann wieder das Wellblech irgendwo, sein Hall durch Mark und Bein, mein Spaß dabei, meine Wollust, Wind, nichts als Wind, der die Palmen schüttelt, Wind ohne Wolken, ich schaukle und schwitze, die grüne Palme ist biegsam wie eine Gerte, in ihren Blättern tönt es wie Messerwetzen, Staub, dann die Gußeisen-Laterne, die zu flöten beginnt, ich schaukle und lache, ihr zuckendes und sterbendes Licht, es muß ein beträchtlicher Sog sein, das wiehernde Pferd kann die Droschke kaum halten, alles will

fliehen, das Schild von einem barber-shop, Messing, sein Klingeln in der Nacht, und das unsichtbare Meer spritzt über die Mauern, dann jedesmal Donner im Boden, darüber zischt es wie eine Espresso-Maschine, mein Durst, Salz auf den Lippen, Sturm ohne Regen, kein Tropfen will fallen, es kann nicht, weil keine Wolken, nichts als Sterne, nichts als der heiße und trockene Staub in der Luft, Backofenluft, ich schaukle und trinke einen Scotch, einen einzigen, ich vertrage nichts mehr, ich schaukle und singe. Stundenlang. Ich singe! Ich kann ja nicht singen, aber niemand hört mich, das Droschkenpferd auf dem leeren Pflaster, die letzten Mädchen in ihren fliegenden Röcken, ihre braunen Beine, wenn die Röcke fliegen, ihr schwarzes Haar, das ebenfalls fliegt, und die grüne Jalousie, die sich losgerissen hat, ihr weißes Gelächter im Staub, und wie sie über das Pflaster rutscht, die grüne Jalousie, hinaus zum Meer, das Himbeer-Licht im Staub über der weißen Stadt in der Nacht, die Hitze, die Fahne von Cuba – ich schaukle und singe, nichts weiter, das Schaukeln der leeren Sessel neben mir, das flötende Gußeisen, die Wirbel von Blüten. Ich preise das Leben!

Samstag, 13. VII., Weiterflug.

Morgen auf dem Prado, nachdem ich auf der Bank gewesen bin, um Geld zu wechseln, die menschenleere Allee, glitschig von Vogelmist und weißen Blüten –

Die Sonne –

Alles an die Arbeit.

Die Vögel –

Dann ein Mann, der mich um Feuer bittet für seine Zigarre, geschäftig, er begleitet mich trotzdem, um zu fragen:

»How do you like Habana?«

»I love it!« sage ich.

Wieder ein Zuhälter, seine Teilnahme.

»You're happy, aren't you?«

Er bewundert meine Kamera.
»Something very beautiful! D'you know what I mean? Something very young!«
Als ich ihm sage, daß ich verreise, will er wissen, wann ich im Flughafen sein müsse.
»Ten o'clock, my friend, ten o'clock.«
Sein Blick auf die Uhr.
»Well«, sagt er, »now it's nine o'clock – Sir, that's plenty of time!«
Ich schlendere nochmals zum Meer.
Weit draußen die Fischerboote –
Abschied.
Ich sitze nochmals auf den Uferblöcken und rauche nochmals eine Zigarre – ich filme nichts mehr. Wozu! Hanna hat recht: nachher muß man es sich als Film ansehen, wenn es nicht mehr da ist, und es vergeht ja doch alles – Abschied.

Auf Akrokorinth 1955/57

Vor vierundzwanzig Stunden (es kam mir wie eine Jugenderinnerung vor!) saßen wir noch auf Akrokorinth, Sabeth und ich, um den Sonnenaufgang zu erwarten. Ich werde es nie vergessen! Wir sind von Patras gekommen und in Korinth ausgestiegen, um die sieben Säulen eines Tempels zu besichtigen, dann Abendessen in einem Guest-House in der Nähe. Sonst ist Korinth ja ein Hühnerdorf. Als sich herausstellte, daß es keine Zimmer gibt, dämmert es bereits; Sabeth fand es eine Glanzidee von mir, einfach weiterzuwandern in die Nacht hinaus und unter einem Feigenbaum zu schlafen. Eigentlich habe ich's als Spaß gemeint, aber da Sabeth es eine Glanzidee findet, ziehen wir wirklich los, um einen Feigenbaum zu finden, einfach querfeldein. Dann das Gebell von Hirtenhunden, Alarm ringsum, die Herden in der Nacht; es müssen ziemliche Bestien sein, nach ihrem Gekläff zu schließen, und in der Höhe, wohin sie uns treiben, gibt es keine Feigenbäume mehr, nur Disteln, dazu Wind. Von Schlafen keine Rede! Ich habe ja nicht gedacht, daß die Nacht in Griechenland so kalt sein würde, eine Nacht im Juni, geradezu naß. Und dazu keine Ahnung, wohin er uns führen wird, ein Saumpfad zwischen Felsen hinauf, steinig, staubig, daher im Mondlicht weiß wie Gips. Sabeth findet: Wie Schnee! Wir einigen uns: Wie Joghurt! Dazu die schwarzen Felsen über uns: Wie Kohle! finde ich, aber Sabeth findet wieder irgend etwas anderes, und so unterhalten wir uns auf dem Weg, der immer höher führt. Das Wiehern eines Esels in der Nacht: Wie der erste Versuch auf einem Cello! findet Sabeth, ich finde: Wie eine ungeschmierte Bremse! Sonst Totenstille; die Hunde sind endlich verstummt, seit sie unsere Schritte nicht mehr hören. Die weißen Hütten von Korinth: Wie wenn man eine Dose mit Würfelzucker ausgeleert hat! Ich finde etwas anderes, bloß um unser Spiel weiterzumachen. Eine letzte schwarze Zypresse. Wie ein Ausrufzeichen! findet Sabeth, ich bestreite es; Ausrufzeichen haben ihre Spitze nicht oben, sondern unten. Wir sind die ganze Nacht gewandert. Ohne einen Menschen zu treffen. Einmal erschreckt uns Gebimmel einer Ziege, dann wieder Stille über schwarzen Hängen, die nach Pfefferminz duften, Stille mit Herzklopfen und Durst, nichts als Wind in trockenen Gräsern: Wie wenn man Seide reißt! findet Sabeth, ich muß mich besinnen, und oft fällt mir überhaupt nichts ein, dann ist das ein Punkt für Sabeth, laut Spielregel. Sabeth weiß fast immer etwas. Türme und Zinnen einer mittelalterlichen Bastion: Wie Kulissen in der Opéra! Wir gehen durch Tore und Tore, nirgends ein Geräusch von Wasser, wir hören das Echo unsrer Schritte an den türkischen Mauern, sonst Totenstille, sobald wir stehen. Unsere Mondschatten: Wie Scherenschnitte! findet Sabeth. Wir spielen stets auf einundzwanzig Punkte, wie beim Pingpong, dann ein neues Spiel, bis wir plötzlich, noch mitten in der Nacht, oben auf dem Berg sind. Unser Komet ist nicht mehr zu sehen. In der Ferne das Meer: Wie Zinkblech! finde ich, während Sabeth findet, es sei kalt, aber trotzdem eine Glanzidee, einmal nicht im Hotel zu übernachten. Es ist ihre erste Nacht im Freien gewesen. Sabeth in meinem Arm, während wir auf den Sonnenaufgang warten, schlottert. Vor Sonnenaufgang ist es ja am kältesten. Dann rauchen wir zusammen noch unsere letzte Zigarette; vom kommenden Tag, der für Sabeth die Heimkehr bedeuten sollte, haben wir kein Wort gesprochen. Gegen fünf Uhr das erste Dämmerlicht: Wie Porzellan! Von Minute zu Minute wird es heller, das Meer und der Himmel, nicht die Erde; man sieht, wo Athen liegen muß, die schwarzen Inseln in hellen Buchten, es scheiden sich Wasser und Land, ein paar kleine Morgenwolken darüber: Wie Quasten mit Rosa-Puder: findet Sabeth, ich finde nichts und verliere wieder einen Punkt. 19:9 für Sabeth! Die Luft um diese Stunde: Wie Herbstzeitlosen! Ich finde: Wie Cellophan mit nichts dahinter. Dann erkennt man bereits die Brandung an den Küsten: Wie Bierschaum! Sabeth findet: Wie eine Rüsche! Ich nehme meinen Bierschaum zurück, ich finde: Wie Glaswolle! Aber Sabeth weiß nicht, was Glaswolle ist – und dann die ersten Strahlen aus dem Meer: Wie eine Garbe, wie Speere, wie Sprünge in einem Glas, wie eine Monstranz, wie Fotos von Elektronen-Beschießungen. Für jede Runde zählt aber nur ein einziger Punkt; es erübrigt sich, ein halbes Dutzend von Vergleichen anzumelden, kurz darauf ist die Sonne schon aufgegangen, blendend: Wie der erste Anstich in einem Hochofen! finde ich, während Sabeth schweigt und ihrerseits einen Punkt verliert... Ich werde nie vergessen, wie sie auf diesem Felsen sitzt, ihre Augen geschlossen, wie sie schweigt und sich von der Sonne bescheinen läßt. Sie sei glücklich, sagt sie, und ich werde nie vergessen: das Meer, das zusehends dunkler wird, blauer, violett, das Meer von Korinth und das andere, das attische Meer, die rote Farbe der Äcker, die Oliven, grünspanig, ihre langen Morgenschatten auf der roten Erde, die erste Wärme und Sabeth, die mich umarmt, als habe ich ihr alles geschenkt, das Meer und die Sonne und alles, und ich werde nie vergessen, wie Sabeth singt!

SPIEGEL/SPIEL

Von Molchen und Göttern 1949

Die Affen im Zoo – Eindruck: die hocken gerade an der Grenze, wo die Langeweile beginnt. Plötzlich halten sie inne, blicken in die Luft, einen Augenblick lang haben sie die ganze Melancholie, die den Menschen auszeichnet; nur können die Affen nicht ins Konzert, ins Theater, sie können noch keine Kunst daraus machen, sie lausen sich, zur Wissenschaft fehlt ihnen die Vernunft, sie spielen mit Nüssen oder mit ihrem Geschlecht, weiter reicht es noch nicht. Aber sie spielen bereits! Die Molche spielen nicht; die liegen auf dem Bauch, atmen und verdauen; die haben von Langeweile noch nicht einmal eine Ahnung. Ein Mensch von Geist, sagt man hin und wieder, könne sich nicht langweilen. Geist ist die Voraussetzung der Langeweile! Neulich habe ich wieder von den griechischen Göttern gelesen; wie die sich langweilen! Sie stiften Mord und Krieg, nur damit sie sich unterhalten in ihrer Unsterblichkeit ... Die Götter, von keinem Ende bedroht, und die Molche, die auf dem Bauch liegen und atmen, ich möchte weder mit den Molchen noch mit den Göttern tauschen. Das Bewußtsein unsrer Sterblichkeit ist ein köstliches Geschenk, nicht die Sterblichkeit allein, die wir mit den Molchen teilen, sondern unser Bewußtsein davon; das macht unser Dasein erst menschlich, macht es zum Abenteuer und bewahrt uns vor der vollkommenen Langeweile der Götter ...

Männer 1939

Es kommt also vor, daß auch eine junge Dame, der man auf hundert Schritte den überlegenen und innerlich vornehmen Menschen ansehen kann, mitten auf der Straße angesprochen wird: einfach darum, weil sie nach ihrem

Kleid, nach ihrem Hut, nach ihrer Gestalt eine junge Frau ist, und gerade der Umstand, daß sie zugleich noch ein anderes ist, hat offenbar auf einen Mann einen zwingenden Zauber, einen Reiz, den sie gar nicht will, den sie scheut und doch nicht vermeiden kann –

Einmal aber, als es wieder geschieht, bleibt die junge Frau wirklich stehen und blickt den Herrn an, ganz unbefangen, ohne Schreck und Röte, ohne Zorn, ohne Spott:

»Gewiß dürfen Sie mich begleiten«, sagt sie: »Wenn Sie mir erzählen, was ein Herr in Ihrer Lage eigentlich will, was Sie sich denken und versprechen?«

Dabei, weiß der Himmel, war es durchaus keine vorbedachte Antwort. Im Gegenteil. Sie war in einem eher verwirrten Zustand, die junge Frau. Am Morgen, beim ersten Erwachen, hatte sie das drängende Gefühl, daß sie an diesem Tage etwas leisten, etwas helfen oder überwinden müßte. Man hat manchmal solche Gefühle. Am Mittag dann, nach ihrer täglichen Arbeit, hatte sie eine Bekannte aufgesucht, deren Art sie manchmal fast erdrückte, schon seit Jahren war es ein verdrehtes Verhältnis, eine verzwackte Freundschaft, die nicht mehr weiterging, wie ein Ast im Bach. So oder so! einmal mußte man die Sache durchbrechen. Aber dann fand sie die Bekannte nicht zuhause, auch abends nicht, und zum zweiten Mal ging sie unverrichteter Dinge zurück... Auf diesem Wege war es, wo sie angesprochen wurde.

»Ich weiß sehr gut«, sagt der Herr; »Sie sind nicht eine Frau, die man auf der Straße anspricht –«

»Warum tun Sie es dennoch?« lacht sie: »Warum?«

Sie gehen wirklich nebeneinander her. Er ist sehr gut, sehr gediegen gekleidet. Er weiß, wie man neben einer Dame geht. Einmal wird er gegrüßt, so daß er den Hut lüpft, und der andere sagt:

»Guten Abend, Herr Doktor!«

Noch nie hat ihn jemand gefragt, warum er die Frauen auf

der Straße anspricht. Warum eigentlich? Er weiß es wirklich nicht. Er hat sich selber, wie er gesteht, die Frage noch niemals gestellt.
»Sie mögen jetzt über mich lachen«, sagt er –
»Ach, ich lache gar nicht!« meint sie: »Ich bin gar nicht in dieser Stimmung, sehen Sie. Ich staune nur: ein Mann wie Sie, der seinen Beruf hat, wahrscheinlich verheiratet und Vater von einer Familie – dazu glaube ich nicht einmal, daß Sie ein grober Mensch sind, oder ein dummer Mensch, oder ein wirklich leidenschaftlicher Mensch.«
Er blickte sie nur an...
»Wissen Sie, das sind ganz andere Männer, die eine junge Frau auf der Straße ansprechen, ganz andere, die daran glauben können.«
»Woran?« fragt er unsicher.
»Sie tun es nur, weil Sie nicht fertig werden mit sich. Oder nicht? Weil Sie meinten, es könnte Ihnen jemand die innere Öde abnehmen... Aber im Grunde glaubten Sie es vor einer Viertelstunde so wenig wie jetzt.«
»Was?« fragt er nochmals: »Was glaube ich nicht?«
»Eben! Daß ich für Ihre innere Öde da sei, – nur weil ich gerade eine junge Frau bin.«
Als sie noch eine Straße lang nebeneinander gegangen waren, sozusagen wortlos, blieb sie stehen, da sie nun vor ihrer Haustüre war; er aber zog den Handschuh ab, da sie ihm ihre Hand bot, – und bedankte sich.

Hartlack 1966

In einer kleinen Wirtschaft (Wolfbächli) bringe ich den jüngeren Mann gegenüber, der Spiegeleier ißt, langsam ins Gespräch. Malermeister mit sechs Angestellten, Aufträge genug, heute Nachtarbeit. Über allerlei Umwege (Tarife für Nachtarbeit, Sport, die Herren Architekten, Spritzverfahren, die Fremdarbeiter usw.) endlich zum Punkt: Welche Arbeit macht Ihnen am meisten Lust? Ich würde lieber eine Wand malen als Fensterrahmen, lieber bunt als das fade Ton-in-Ton. Wie ist das? Er versteht die Frage nicht. Renovationen oder Neubauten, was macht er lieber? Man macht eben beides, heute nacht eben eine Renovation. Graust ihm vor Nachtarbeit? Das muß eben sein. Da er der Boß ist und somit wählen kann, was er selber macht, frage ich: Welchen Teil der Arbeit wählen Sie? Grundieren denke ich mir langweilig, das Ablaugen alter Farbe noch langweiliger. Was macht mehr Lust, Streichen mit Pinsel oder Spritzverfahren? Seine Spezialität, sagt er, ist Hartlack; dabei komme er auf seine Rechnung. Also zurück zu den heutigen Tarifen; nach und nach erfahre ich seinen Jahresumsatz, sogar sein eignes Einkommen im Durchschnitt, nachdem ich geschworen habe, daß ich kein Steuerspitzel bin. Sein Einkommen ist nicht großartig, aber anständig; er hat seine festen Kunden; aber Arbeiter zu finden, die eine saubere Arbeit liefern, ist heutzutage schwer, und dann haut einer wieder ab oder macht einen blauen Montag, alles nicht leicht, die Termine, die Preise fürs Material, wenn gepfuscht wird usw. Zurück zu meiner Frage: Was in Ihrem Beruf macht Ihnen manchmal Lust? Seine Auskunft: Spritzverfahren ist einträglicher, Renovationen bringen wenig, Tarife für Fenster sind einfach zu niedrig, dagegen mit Hartlack kommt er auf seine Rechnung, schließlich hat er auch eine Familie, Nachtarbeit ist einträglich. Meine Frage nebenbei: Verdrießt es Sie nicht, wenn Farben gegen Ihren persönlichen Geschmack verlangt werden? Natürlich arbeitet er, um sein Leben zu verdienen, das verstehe ich; trotzdem meine Frage: Hätten Sie nicht manchmal Lust, eine andere Farbe zu wählen? Man legt doch Muster an und kann verdutzt sein, wenn das ganze Treppenhaus gestrichen ist; ich meine:

Sind Sie gespannt, wie es zum Schluß aussieht? Er weiß nicht, was ich mit dieser Fragerei eigentlich will; sein Einkommen hat er mir gesagt. Hätten Sie manchmal Lust auf einen andern Beruf? Das ist klar: wenn eine Arbeit sich nicht auszahlt, weil die Tarife teilweise einfach zu niedrig sind, ausgenommen bei Hartlack, der seine Spezialität ist, kann sich das Einkommen verringern. Also Hartlack macht Lust? Das kann er nicht sagen; Hartlack ist ein Verfahren, das nicht alle können, daher sind die Tarife etwas günstiger... Zum Schluß (eigentlich müßte er gehen, damit seine Arbeiter nicht lungern, aber ich bestelle gerade noch zwei Bier) frage ich, ob er glaube, daß die Arbeiter weniger lungern würden, wenn es ihr eigner Laden wäre, d. h. wenn sie am Gewinn und an seinen verständlichen Sorgen beteiligt wären, d. h. ob er glaube, daß ein sozialisierter Betrieb auch funktionieren könnte, und wenn nicht, warum nicht. Was das wäre, fragt er, ein sozialisierter Betrieb? Kurze Erklärung, die ihm vorallem zeigt, daß ich von Flachmalerei nichts verstehe: einer muß doch die Aufträge beschaffen, einer muß doch die Buchhaltung führen, und davon verstehen die Arbeiter überhaupt nichts, es kümmert sie gar nicht, einer muß doch die Termine halten, damit man nicht die Kunden verliert, und darauf achten, daß trotzdem nicht gepfuscht wird, denn sobald der Unternehmer nicht aufpaßt, wird ja gepfuscht. So ist das eben. Und deswegen muß er jetzt gehen, ohne die Hand zu geben, unlustig –

Der Todesgang der Camilla Mayer

Frankfurt, April 1948

Vor dem alten Römer: Hohes Seil über Trümmern, Maste aus Eisen, unverbogen, unverrostet, jeder in einer Garbe von Kabeln, die ihn nach allen Seiten verankern, man denkt nicht sogleich an Seiltänzer, eher an Kranen, wenn die bunten Wimpel nicht wären, oder an die Takelage eines versunkenen Schiffes, versunken nicht in die Wogen eines Meeres, sondern in Wogen von Schutt, von vergrasendem Backstein ... Immer grüner, ländlicher, blühender zieht der Frühling in deutsche Städte ... Am Abend aber, wenn die Ruinen im Scheinwerfer stehen, ist alles noch märchenhafter; das milchige Licht, das sich in die grünliche Finsternis spreizt, manchmal ein glitzernder Falter darin, und im Hintergrund, jenseits der blinkenden Trapeze, steht der Dom, ein flacher Umriß, ein Scherenschnitt, eine gewichtlose Blässe von rotem Sandstein, körperlos hinter einem Gitter von kreuzenden Scheinwerfern. Und darüber auch noch der Mond, der volle, der gerade im Netz der Seiltänzer liegt; der Mond, Lampion der Verliebten, Laterne der Strolche, Kleinod der Dilettanten, Trost in der Fremde, Gong der Erinnerung, vor allem aber die Garantie, daß das All nicht ohne Poesie ist, das All, die Nacht, der Tod, nicht ohne Poesie, nicht ohne Gemüt ... Das Trikot der Artisten, die jetzt dreißig Meter über unsrer Erde schweben, erscheint in seinem Licht wie wirkliche Seide.

»Meine Herrschaften!« sagt der etwas blecherne und hallende Lautsprecher: »Auch der Artist will nichts anderes als Sie, auch der Artist will leben! Was Sie als nächste Nummer sehen –.«

Ein Handstand auf wankender Fahnenstange – unwahrscheinlich, was der Mensch alles macht, um zu leben. Schon sind es drei und fünf und sieben Menschen, die am

Kiefer eines jungen Mannes hangen, an der Geistesgegenwart eines Kindes, das gerade gestern, wie der Lautsprecher unterrichtet, seinen zehnten Geburtstag hatte... Kalte wolkenlose Nacht, Frühling, der dritte Abend in einer fremden Stadt, die nicht mein Ziel ist; wenn man sich zuweilen wundert: wieso sitze ich gerade hier und nicht anderswo in der Welt, hier in nächtlicher Ruine und Gotik, die zum munteren Tingeltangel wird, halb Bar, halb Kirmes –.

»Was Sie als sechste Nummer sehen«, sagt der hallende Lautsprecher: »das hat auf dieser Welt noch kein menschliches Auge erblickt! Wir sind stolz darauf, daß es junge deutsche Artisten sind –.«

Zwei Burschen, jeder auf einem glitzernden Velo, nehmen eine weiße Stange von Schulter zu Schulter; auf diese Stange kommt ein drittes Velo, nicht minder glitzernd; aber nicht genug, daß sie mit dieser Pyramide über das hohe Seil fahren: der Oberste, um den Rest unseres Atems auszuschalten, läßt auch noch die Lenkstange los, hebt sich zum Handstand auf dem Sattel, während die beiden Unteren radeln – dreißig Meter über unserer Erde, das heißt, über Backsteinen mit verbogenen Eisen, über Resten eines romanischen Tores, über Unkraut in einer verrosteten Badewanne...

»Meine Herrschaften«, sagt der Lautsprecher: »die Künstler danken für Ihren großen Beifall. Folgen Sie bitte unserem Scheinwerfer, richten Sie jetzt Ihren freundlichen Blick hinüber auf die Nikolaikirche.«

Wir richten unsern Blick hinüber. Plötzlich rattert ein Motorrad, erst unsichtbar, dann aber plötzlich fährt es empor auf einem Seil, das in der Nacht nicht zu erkennen ist, empor gegen den erleuchteten Kirchturm, rattert, pufft, knallt, bis es nicht mehr weiter kommt, langsam rollt es zurück in die Ruine des Kirchenschiffes. Die Nummer ist mißlungen, der Lautsprecher bittet um Nachsicht,

der Motor hat versagt. Doch die nächste Nummer ist schon bereit: drüben am Dom, ganz oben im gotischen Zierat, erkennt man zwei weiße Menschlein; ein Seil, fünfhundert Meter lang, spannt sich vom Dom hinunter an den Main. Leider bittet mich eine Dame um Feuer; als mein Feuerzeug endlich schnappt, hat die sausende Fahrt bereits begonnen: – an einer Rolle, die ein dünnes zischendes Geräusch hinterläßt, wie wenn man Seide zerreißt, hängt wieder einmal ein Trapez, am Trapez hangen die drei Artisten, Kopf nach unten, Arme zur Seite, drei weiße menschliche Kreuze, so sausen sie über die fehlenden Dächer, stets vom Scheinwerfer verfolgt, verschwinden zuweilen hinter einem schwarzen Zickzack, werden noch einmal sichtbar, das Publikum erhebt sich von den Bänken, um sie länger zu sehen. Vorbei. Der Lautsprecher bittet, den Beifall freundlich aufzusparen, bis die drei Künstler, die unterdessen am Main gelandet sind, zum alten Römer zurückkommen... Unterdessen ein Swing, unterdessen die Bewandtnis mit der letzten Nummer:
»Camilla Mayer, die verehrte und unvergeßliche Gründerin unsrer Truppe, hat als Erste dieses einzigartige Wagnis vollbracht. Eines Abends ist sie vor unseren Augen zu Tode gestürzt, aber an ihrer Bahre haben wir geschworen, daß wir dieses Meisterwerk der Artistik, der sie ihr Leben geopfert hat, immer und immer wieder vollbringen werden. Und für immer soll es ihren Namen tragen, den Namen unsrer verehrten und unvergeßlichen: Camilla Mayer!«
Alle Scheinwerfer zusammen auf ein schräges Seil, ein bisher unbemerktes, das an der Spitze der Nikolaikirche befestigt ist und mit gelassenem Schwung irgendwo in den Trümmer verschwindet, achtzig Meter lang; die Steigung schätze ich auf zwanzig Grad –
Musik bricht ab.
»Der Todesgang der Camilla Mayer!«

Es ist ein ganz junges Mädchen, das den großen Schwur an die Verstorbene nicht nur einmal, sondern Abend für Abend erfüllt. Langsam steigt sie aus den rötlichen Trümmern, eine weiße Stange in den Händen, langsam, Fuß vor Fuß steigt sie hinauf in die Nacht. Ohne ein Netz unter dem Seil; das ist das Einzigartige. Wenn sie fehlt und fällt: lautlos, ein dumpfer Schlag im Schutt, fast nicht hörbar, ein sprödes Krachen der zersplitternden Stange, sonst nichts, ein dünner und ungläubiger Aufschrei von tausend Zuschauern, die teilweise sich erheben, teilweise sitzen bleiben, ein freundlicher Bericht in der Presse, Bericht mit Bild, eine sonderbare lebenslängliche Erinnerung für einzelne, ein guter Tod, ein einzelner Tod, ein eigener Tod, besser als der Tod im Lager, besser als die Erschießung ohne Augenzeugen, besser als das langsame Verhungern und Vereitern in einem bewachten Bergwerk, ein persönlicher Tod, ein spielerischer Tod, ein menschlicher Tod! – aber sie stürzt nicht... Sie bleibt auf dem weichen und lautlosen Wippen des Seiles, man sieht ihre bloßen Schenkel, die prall und kräftig sind, ihr Röcklein wie ein Fallschirm. Ein Degas von unten. Hin und wieder eine Anweisung an die Scheinwerfer, damit sie die Künstlerin nicht blenden. Achtzig Meter sind lang! Das Mädchen hat etwa die halbe Höhe; auch der Rückzug ist kein Trost mehr. Totenstille. Einmal ein schweres amerikanisches Flugzeug, das drei bunte Lichtlein durch den Sternhimmel fliegt. Natürlich wird das Seil gegen oben immer steiler, das Gelöbnis immer schwerer. Noch zehn Meter! Ein Scheinwerfer faßt bereits den Turm; wieder die wunderbare Farbe seines Sandsteines, sein sprödes Terrakotta vor einer grünlichen Nacht. Auf dem Gesims wartet bereits ein andrer Artist, um dem Mädchen, wenn es soweit ist, die weiße Stange abzunehmen. Sechs Meter! Fünf Meter! Neben mir sitzt ein junger Neger in Uniform, vier Striche am Ärmel, das sind zwei Jahre Europa; vor uns erheben sich die Leute bereits, um nicht ins Gedränge zu kommen. Zwei Meter! Ein Meter! Schon steht sie auf dem Gesims, wo sonst nur Vögel sind, sie hält sich an einem Zierat, ihr Flitter glitzert im Scheinwerfer, sie winkt der Menge, die klatscht, der Lautsprecher spielt einen Marsch. Es ist kalt. Der junge Neger sitzt immer noch auf seinem Platz. Ohne zu klatschen. Gelegentlich greift er in sein oberes Täschlein, nimmt eine Zigarette, die er ansteckt...

Ein Nachtrag zu Marion 1947

Etliche, als der Puppenspieler sich erhängt hat, nennen ihn einen Ästheten, weil er so sehr des Spieles bedurfte, der Form, um leben zu können – weil er so nahe am Chaos wohnte.

Anmerkungen zur Hölle 1960/64

Gestern, in Gesellschaft bei Burri, redete man einmal mehr über Kommunismus und Imperialismus, über Cuba, jemand redete von der Berliner Mauer, Meinungen, Gegenmeinungen, leidenschaftlich, ein Schach auch so, Zug und Gegenzug, ein Gesellschaftsspiel, bis einer, bisher stumm, erzählte von seiner Flucht. Ohne Meinung. Einfach so: Handlung mit Schüssen, die seinen Genossen treffen, und mit einer Braut, die zurückblieb. Später befragt, was er von seiner Braut wisse, schwieg er. Wir alle verstummten – ich frage mich dann selbst, im stillen meine kalte Pfeife saugend, angesichts jeder wirklichen Geschichte, was ich eigentlich mache: – Entwürfe zu einem Ich!...

– wieder einmal erwacht, noch ungekämmt, aber geduscht und angekleidet, wenn auch noch ohne Jacke und ohne Krawatte, so vermute ich, denn die ersten Verrichtungen sind mechanisch. Ohnmacht der Gewohnheit, ich weiß bloß, daß ich wieder einmal auf dem Rand eines Bettes sitze, ja, wieder einmal erwacht, aber noch von Träumen umlauert, die bei genauem Hinsehen, so fürchte ich, durchaus keine Träume sind, sondern Erinnerung, aber nicht Erinnerung an diese Nacht, sondern Erinnerung überhaupt, Bodensatz der Erfahrung, dabei bin ich erwacht, wie gesagt, sogar gewaschen und frei von Gefühl, vielleicht sogar pfeifend, ich weiß es nicht genau, unwichtig, und wenn ich in diesem Augenblick leise pfeife, dann nur, um nicht sprechen zu müssen, auch nicht mit mir selbst, ich habe mir jetzt nichts zu sagen, ich muß zum Flugplatz, Herrgottnochmal, es ist höchste Zeit, so vermute ich und habe dennoch keine Eile, als wäre dies schon gewesen, lang ist's her, es wundert mich, daß kein Preßluftbohrer knattert, ich horche, Stille, es gackern auch keine Hühner, ich horche, kein Tingeltangel ist zu hören, Erinnerung, Gedampf und Gepuffer aus einem nächtlichen Güterbahnhof, das war einmal, Pfiffe und Echo der Pfiffe, ich halte den Atem an, Stille, einen Atemzug lang reglos wie eine Skulptur, so sitze ich, Pose des Dornausziehers, aber ich ziehe keinen Dorn aus, sondern einen Schuh an, übrigens schon den zweiten, ab und zu ein Liftgeräusch, aber ich bin nicht einmal sicher, ob nicht auch dieses Liftgeräusch nur aus der Erinnerung kommt, Erinnerung an eine Nacht, eine andere, es stört mich nicht, ich sehe nur, daß doch meine Krawatte noch drüben am Sessel hängt, hingegen die Uhr habe ich am Arm, ja, es ist Zeit, so vermute ich, Zeit wie immer, Zeit, um aufzubrechen in die Zukunft, ich bin entschlossen und rasiert, eigentlich munter, ohne es gerade zu zeigen, wieder einmal erwacht, frei von Sehnsucht, frei, offenbar habe ich mir inzwischen eine

Zigarette angesteckt, jedenfalls muß ich blinzeln wegen Rauch, und wenn nicht ich es bin, der da raucht, so weiß ich nicht, wer raucht, ich weiß nur, wann mein Flugzeug fliegt, eine Caravelle, hoffe ich, ja, das Wetter, es wird sich zeigen, sobald ich dieses Zimmer verlassen habe, nur jetzt nichts vergessen, jetzt auch keine Worte, die liegenbleiben, keine Gedanken, ich sitze auf dem Rand eines Bettes und schnüre meinen rechten Schuh, mich dünkt, seit einer halben Ewigkeit schon ... einen Augenblick, jetzt bevor ich den Fuß auf den Teppich stelle, halte ich inne: – immer wieder, ich weiß es ja schon und doch erschrecke ich reglos, bin ich Enderlin, ich werde noch sterben als Enderlin.

Also ich fahre zum Flugplatz.

Im Taxi, die Hand an der schäbigen Schlaufe, sehe ich draußen die Welt, Fassaden, Reklamen, Denkmäler, Autobusse –

Déjà vu!

Ich versuche irgend etwas zu denken.

Zum Beispiel:

Was ich neulich in unserem Gespräch über Kommunismus und Kapitalismus, über China, über Cuba, über Atomtod und über die Ernährungslage der Menschheit, falls sie sich verzehnfacht, hätte sagen können, insbesondere über Cuba, ich war einmal auf Cuba – aber jetzt bin ich hier, befragt nach der Anzahl meiner Koffer, während ich den Paß von Enderlin zeige, eine grüne Karte bekomme, *Flight number seven-o-five*, die Maschine habe Verspätung, höre ich, wegen Nebel in Hamburg, während hier die Sonne scheint.

Ob sie es ihrem Mann gestehen wird?

Enderlin ist nicht der einzige, der hier wartet. Und ich versuche ihn zu unterhalten, was aber nicht leicht ist, da er insgeheim an die Nacht denkt, und dazu fällt mir nichts ein –

Ein vorbildlicher Flughafen!

Ich kaufe Zeitungen:
Wieder ein Experiment mit Atombomben!
– dazu fällt Enderlin nichts ein.
Ob er es jemand gestehen wird?
Ich versuche irgend etwas zu denken – dieses Liebesinnenleben, offen gestanden, ist mir zu langweilig, zu bekannt – zum Beispiel: wie diese Halle konstruiert ist, Eisenbeton, die Form ist überzeugend, schwungvoll, leicht und schwebend. Schön. Betreffend die Konstruktion: in der Fachsprache nennt sich das, glaube ich, Dreigelenkbogen... aber Enderlin hat kein Interesse dafür, sehe ich, Enderlin möchte fliegen. Je rascher, umso lieber. Enderlin vertreibt sich die Zeit, die auf Erden ihm gegeben ist, wieder einmal mit Kaffee, später mit Cognac. Sein Gepäck ist aufgegeben, und so bin ich frei und ledig, abgesehen von seiner Mappe, die ich auf die Theke stelle; ich sehe mich um: andere fliegen jetzt nach Lissabon, andere nach London, andere kommen von Zürich, Lautsprecher dröhnen: *This is our last call*, aber nicht für Enderlin. Ich beruhige ihn, ich habe es genau gehört. Enderlin ist nervös, ich bin nur gelangweilt, da man sich mit Enderlin wirklich nicht unterhalten kann. Ich achte darauf, daß ich seine Mappe nicht vergesse. Enderlin kauft Parfum, um nicht mit leeren Händen heimzukommen, Chanel 5, ich kenne das. Ob Enderlin wirklich an zuhause denkt? Also Chanel 5. Andere werden aufgerufen für Rom-Athen-Kairo-Nairobi, während in Hamburg offenbar noch immer Nebel ist, ja, es ist langweilig...
Ich stelle mir die Hölle vor:
Ich wäre Enderlin, dessen Mappe ich trage, aber unsterblich, so, daß ich sein Leben, meinetwegen auch nur einen Teil seines Lebens, ein Jahr, meinetwegen sogar ein glückliches Jahr, beispielsweise das Jahr, das jetzt beginnt, noch einmal durchzuleben hätte mit dem vollen Wissen, was kommt, und ohne die Erwartung, die allein imstande ist,

das Leben erträglich zu machen, ohne das Offene, das Ungewisse aus Hoffnung und Angst. Ich stelle es mir höllisch vor. Noch einmal: euer Gespräch in der Bar, Geste für Geste, seine Hand auf ihrem Arm, ihr Blick dazu, seine Hand, die zum ersten Mal über ihre Stirne streicht, später ein zweites Mal, euer Gespräch über Treue, über Peru, das er als Land der Hoffnung bezeichnet, alles Wort für Wort, euer erstes Du, vorher das Gerede über die Oper, die ihr dann versäumt, die Pfiffe aus einem nächtlichen Güterbahnhof, Pfiffe und Echo der Pfiffe, und es läßt sich nichts überspringen, kein Geräusch, kein Kuß, kein Gefühl und kein Schweigen, kein Erschrecken, keine Zigarette, kein Gang in die Küche, um Wasser zu holen, der euren Durst nicht löschen wird, keine Scham, auch nicht das Ferngespräch aus dem Bett, alles noch einmal, Minute um Minute, und wir wissen, was folgt, wir wissen und müssen es noch einmal leben, sonst Tod, leben ohne Hoffnung, daß es anders kommt, die Geschichte mit dem Schlüssel im Briefkasten, Ihr wißt, es wird klappen, nachher die öffentliche Waschung am Brunnen, die Arbeiter-Bar, Sägemehl auf dem steinernen Boden, keine Minute ist anders, als ich es schon weiß, keine Minute ist auszulassen und kein Schritt und kein Espresso und nicht die vier Brötchen, das nasse Taschentuch in der Hose, Enderlin winkt, es ist dasselbe Taxi, aber ich weiß, daß er später aussteigen wird, um Tauben zu füttern, all das noch einmal, auch der Schreck mit dem Zettel, der Irrtum, die Wehmut, der Schlaf unter Preßluftbohrern, die draußen den besonnten Belag einer Straße aufreißen, und später das Warten auf dem Flugplatz *Flight number seven-o-five*, Nebel in Hamburg, und was folgt: Abschied in Hoffnung, daß es keine Geschichte wird, Wiedersehen, Schluß und Umarmung, Abschied, Briefe und Wiedersehen in Straßburg, Schwierigkeiten allerenden, Leidenschaft, Zauber ohne Zukunft, ja, ohne Zukunft – aber ich weiß die Zukunft: Das Glück in Colmar (nach Besichtigung des Isenheimer Altars und auf dem Weg nach Ronchamp) ist weder euer letztes, wie Ihr fürchtet, noch euer höchstes; trotzdem muß es noch einmal gelebt werden, genau so, inbegriffen der Abschied in Basel, der Abschied auf immer, genau so, ja, aber mit dem Wissen, was folgt. Alle Geschenke, die man einander gemacht hat, müssen noch einmal geschenkt werden, noch einmal eingepackt und mit Schleife verschnürt, noch einmal aufgeschnürt und bewundert, mit Entzücken verdankt. Auch Mißverständnisse, die eine halbe Reise verderben, müssen noch einmal gemacht werden, Zerwürfnisse, worüber man erst später lachen kann, alles muß noch einmal gedacht und empfunden werden, jedes Gespräch noch einmal gesprochen, obschon ich weiß, wie oft es sich noch wiederholen wird, und noch einmal sind die gleichen Briefe aus dem Kasten zu nehmen, aufzureißen mit klopfendem Herzen, und noch einmal sind alle Pläne zu planen mit dem Wissen, wie alles anders kommt, wochenlang sucht Ihr ein Grundstück, Ihr verhandelt, Ihr kauft und macht euch Sorgen, die sich erübrigen, Hoffnungen, die euch beseligen, ich weiß, daß nie gebaut wird, trotzdem ist das Grundstück auszumessen, alles für die Katz, aber am Schicksal ist nichts zu ändern, obschon Ihr's kennt, und noch einmal gehe ich an die Tür, um herzlich zu begrüßen den Mann, der dazwischen kommt, noch einmal frage ich, was er wünsche, Whisky oder Gin, noch einmal meine Witze, mein Argwohn, meine Großmut, mein ahnungsloser Sieg, noch einmal eure Fahrt mit der Panne, meine sorgenreiche Nacht, noch einmal die trauten Zeiten des Gleichmuts, ich schreibe ihm noch einmal meinen Gruß auf die Ansichtskarte, jenen launigen Gruß, den ich ohne Wissen schrieb, genau so, aber ich weiß, und noch einmal kocht der Kaffee, um kalt zu werden nach deinem Geständnis, ich weiß, ich weiß, trotzdem habe ich noch einmal zu fluchen und durchs Zimmer zu laufen und zu fluchen genau so, noch einmal das Glas, das an der Wand zerknallt, die Scherben, die ich aufwische, genau so, ja, aber alles mit dem Wissen, wie es weitergeht: ohne die Neugierde, wie es weitergeht, ohne die blinde Erwartung, ohne die Ungewißheit, die alles erträglich macht –

Es wäre die Hölle.

Enderlin, eine Zeitung blätternd, tut, als höre er nicht zu; die Lage ist gespannt; er genießt es, nicht zu wissen, was morgen in der Zeitung stehen wird, nicht mit Gewißheit zu wissen –

Es wäre die Hölle.

Erfahrung ist ein Vorgeschmack davon, aber nur ein Vorgeschmack; meine Erfahrung sagt ja nicht, was kommen wird, sie vermindert nur die Erwartung, die Neugierde –

Flight number seven-o-five.

Die Maschine sei soeben gelandet, höre ich, Weiterflug in einer halben Stunde, und nun bin ich dennoch neugierig, was Enderlin tut; ob er wirklich fliegt, ohne sie nochmals anzurufen, ohne sie wiederzusehen.

Ihr wollt keine Geschichte.

Keine Vergängnis.

Keine Wiederholung.

Enderlin, sehe ich, zahlt jetzt seinen Cognac, es waren drei, der Barmann weiß es, Enderlin tut, als habe er Eile, dabei dauert es nochmals eine halbe Stunde, bis man einsteigen kann, und Eile kann auch der Unentschlossene haben ... Ich sehe die Maschine, eine Caravelle, die eben getankt wird. Eine schöne Maschine. In zwei Stunden wird Enderlin zuhaus sein, wenn er wirklich fliegt. Was heißt zuhaus? Jedenfalls wird die Maschine getankt, Zeit genug, um sich nochmals zu setzen, die Beine zu verschränken, sogar die Mappe aufzumachen und ein Buch hervorzunehmen. Ein gutes Buch; jedenfalls der Anfang ist gut, finde ich. Ein Fachbuch, das Enderlin jedenfalls lesen müßte, ja, er wird es auch lesen, kein Zweifel, vielleicht im Flugzeug, wenn

Enderlin wirklich fliegt, und zuhause wartet Post auf ihn, kein Zweifel, vielleicht sehr angenehme Post ...

Hoffentlich schreibt sie nie!

Jetzt, so stelle ich mir vor, liegt auch sie nicht mehr in jenem Bett, sondern hat sich angezogen, ein Kleid, das Enderlin nie gesehen hat, Hosen vielleicht; sie ist überzeugt, daß Enderlin schon über allen Wolken schwebt, und fällt ihrerseits aus allen Wolken, als sein Anruf kommt.

»Wo bist du?«

»Hier«, sagt er, »am Flugplatz.«

Draußen dröhnt es, Düsenlärm, dazu die Lautsprecher, die aber nicht Enderlin rufen, man hat Zeit zu reden, vielzuviel Zeit; es gibt nichts zu reden ...

Ich habe es gewußt.

Als Enderlin die gläserne Kabine verläßt, entschlossen zu fliegen, sehe ich, daß unsere Caravelle noch immer getankt wird; die weißen Mechaniker sind noch immer auf der Maschine, und das Puppengesicht mit blauer Krawatte und mit himbeerroten Lippen und mit blauem Mützchen auf silberblondem Haar, eine Stewardeß, bei der Enderlin sich erkundigt, kann es nicht ändern, daß es in der Tat (ich habe es gewußt) unsere Caravelle ist, die noch immer getankt wird. Eben wird das Gepäck auf einem Rollband verladen. Entschlossener denn je, sie nicht wiederzusehen, die Frau, die er fühlt, ist Enderlin der erste, der sich aufstellt vor *Gate Number Three*, allein, Blick auf seine Armbanduhr, die er mit den öffentlichen Uhren in der Halle vergleicht, als komme es auf eine halbe Minute an – wie auf einer Flucht ...

Ich verstehe seine Flucht vor der Zukunft.

Hütet euch vor Namen!

Früher oder später kommt der Tag, wo Ihr wißt, was reden, und sei es auch nur, daß man erzählt, wen man gestern getroffen hat, einen Bekannten, dessen Namen man nennt, weil er keine Rolle spielt. Noch seid Ihr die einzige Wirklichkeit weit und breit, die andern Menschen sind Marionetten eurer Laune; noch habt Ihr die Fäden in der Hand, und wer stören würde, tritt in eurem Gespräch einfach nicht auf oder so, daß er nicht stört. Noch seid Ihr sorgsam und sagt: Ein Pole, ein Flüchtling, der seinerzeit bei uns gewohnt hat und der Freund meiner Schwester war. Oder: mein erster Mann. Oder: ein Kollege von mir; eine Tante von mir; ein junges Mädchen, das ich einmal an der Via Appia getroffen habe. Alles namenlos. Das geht eine Zeitlang, dann wird es zu umständlich, und der Arzt, der mein Freund ist, heißt also Burri. Warum sollte ich seinen Namen verschweigen? Das ist der Mann, der immer zu einem Schach kommt. Es geht weiter, Namen sind wie Unkraut, sie versamen sich nach allen Winden, und der Dschungel wächst, noch seht Ihr es nicht; Ihr redet weiter, bis dieser Burri plötzlich eine frühere Frau hat. Anita? Ihr lacht: Wie klein doch die Welt ist! Ihr liegt auf dem Rücken und plaudert über Anita, die jetzt die Geliebte von Scholl ist, und Scholl ist der erste Mensch, den Ihr beide kennt, Hannes Scholl, der nach Bagdad ging. Ihr liegt auf dem Rücken und raucht. Wie es Scholl wohl in Bagdad geht? Es hat euch noch nie gekümmert, aber es ist ein Anlaß, um zu reden, und daß es plötzlich in der Welt, wenn auch ferne von hier, wo Ihr nebeneinander auf dem Rücken liegt, einen Menschen gibt, der euch beide kennt, ohne im mindesten zu wissen, daß Ihr ein Paar seid, ist seltsam. Was Scholl dazu sagen würde! Es ist seltsam, wie oft Ihr fortan über diesen Scholl redet: bis er eines Tages aus Bagdad schreibt, daß er demnächst nach Europa komme. Er schreibt es euch beiden, jedem von euch, da er ja euch beide kennt und beide sehen möchte. Muß das sein? Es geht weiter, die Einkreisung ist nicht zu vermeiden; am besten wäre es, Ihr bleibt liegen und schweigt, aber das geht ja nicht. Ab und zu geht Ihr auf die Straße, und es begrüßt euch ein Herr namens Hagen. Woher kennst du diesen Hagen? Er ist ein Freund ihres Bruders. Du hast einen Bruder? Man müßte fliehen. Wohin? Ibiza ist auch nicht mehr, was es einmal war. Wann warst du in Ibiza? Man müßte schon nach Afrika. Ihr lacht! Ich kenne einen Mann, der eine Farm hat bei Nairobi und vor den Mau-Mau zittert, er heißt Ramsegger, du hast es erraten, James Ramsegger. Woher kennst du seinen Namen? Seine Frau wollte nicht nach Nairobi, was Ihr nachfühlen könnt, und lebt jetzt in London mit einem Polen, der in euren Gesprächen auch schon vorgekommen ist; jetzt heißt er Wladimir, und da er auch Ballett macht, kann es nur derselbe Wladimir sein, den ich durch die Löwbeer kenne. Ist das nicht lustig? Ich erwähne die Löwbeer nicht; aber eine Schneiderin, um sich zu rühmen, erzählt euch, daß sie auch für die Löwbeer arbeite. Muß das sein? Unversehens hängt alles ineinander, und die Zukunft entpuppt sich als Vergangenheit; Ihr liegt auf dem Rücken und raucht, um keine Namen zu nennen. Vergeblich! In Wien findet ein Hauskonzert statt; die erste Geige spielt ihr Bruder, und ich werde ihm vorgestellt. Muß das sein? In Straßburg, als Ihr euch zu einem heimlichen Wochenende trefft, tritt aus dem Lift, der euch in euer Zimmer bringen soll, die Löwbeer. Nichts bleibt aus. Sogar Burri, der Verschwiegene, tritt jetzt in den Dienst der Dämonen; plötzlich in einer Gesellschaft trifft er die Frau, die Enderlin liebt, und spricht ihr von Enderlin, seinem Freund. Warum muß das sein? Ihr liegt auf dem Rücken und raucht und erzählt einander eure Vergangenheit, bloß damit die Welt, die keine Ahnung hat von euch, darüber nicht mehr weiß, als Ihr selbst; das fördert weitere Namen zutage. Schade! Die Dämonen lassen kaum eine Woche vergehen, ohne euch abzufangen: Scholl, von Bagdad zurück, zwingt euch zu einem ersten Mittagessen zu Dritt. Weiter: der Professor, der soeben den halben Nobelpreis für Chemie erhalten hat und aus allen Zeitungen blickt, ist ihr Vater. Weiter: anläß-

lich einer Vernissage, die unvermeidlich ist, werdet Ihr endlich in aller Öffentlichkeit einander vorgestellt; ihr Mann, der keine Ahnung hat, ist ebenfalls dabei; die Löwbeer, die Immermuntere, kommt später hinzu –
usw.
Die Menschheit scheint eine Familie zu sein, sobald man ein Paar ist; alle andern kennen einander auf diese oder jene Weise, und nur das Paar, das aus der Umarmung kommt, kennt sich noch nicht von außen; noch lächelt Ihr, da niemand, der euch kennt, eine Ahnung hat; noch geht Ihr auf Sohlen, die den Boden nicht berühren. Wie lang? Jeder Dritte kreist ein; jeder Traum wird geschleift.
Flight seven-o-five.
Enderlin (ich sehe ihn, wie er hinausschaut durch die Scheibe, sein Gesicht in der blauen Spiegelung der Scheibe) wartet jetzt nicht mehr als einziger; ein ganzes Rudel, alle mit grünen oder roten Karten in der Hand, drängt sich vor dem Puppengesicht der Stewardeß, die noch nicht öffnen darf; Enderlin schon nicht mehr der Vorderste –
Noch hat er die Wahl.
Ich bin für Fliegen.
Endlich öffnet sich die Tür, und das Rudel bewegt sich, einige hasten, andere winken zurück, das Puppengesicht wiederholt:
Flight seven-o-five.
Ich kann mir beides vorstellen:
Enderlin fliegt.
Enderlin bleibt.
Langsam habe ich es satt, dieses Spiel, das ich nun kenne: handeln oder unterlassen, und in jedem Fall, ich weiß, ist es nur ein Teil meines Lebens, und den andern Teil muß ich mir vorstellen; Handlung und Unterlassung sind vertauschbar; manchmal handle ich bloß, weil die Unterlassung, genauso möglich, auch nichts daran ändert, daß die Zeit vergeht, daß ich älter werde...

Also Enderlin bleibt.
Ich nicht...
Wieso er und nicht ich?
Oder umgekehrt:
Wieso ich?
So oder so:
Einer wird fliegen –
Einer wird bleiben –
Einerlei:
Der nämlich bleibt, stellt sich vor, er wäre geflogen, und der nämlich fliegt, stellt sich vor, er wäre geblieben, und was er wirklich erlebt, so oder so, ist der Riß, der durch seine Person geht, der Riß zwischen mir und ihm, wie ich's auch immer mache, so oder so: – es sei denn, daß die Caravelle, die jetzt freie Piste hat und anzieht, aus unerforschlichen Gründen explodiert und die Leichen identifiziert werden; aber unsere Caravelle, sehe ich, steigt und steigt...

Das Leben geht weiter 1960/64

Als er wieder einmal heimwärts flog, einer, der nicht mehr hinausguckt, wenn die Maschine draußen auf der Piste steht und auf die Starterlaubnis wartet, und der seine Zeitung schon vor dem Start entfaltet, las er in einem heimatlichen Morgenblatt, das, im fremden Flughafen gekauft, natürlich etwas veraltet war, zufällig seine eigene Todesanzeige. Niemand hatte ihm seinen Hinschied mitgeteilt; niemand hatte gewußt, wo er sich in diesen Tagen befand, nicht einmal seine Frau. Er selbst, kaum hatte er seine Todesanzeige wahrgenommen, guckte nun doch zu dem runden Fenster hinaus; aber an Aussteigen war nicht mehr zu denken, die Piste flitzte vorbei, und eben hob sich die Maschine vom Boden steil auf. Noch sah er Wiesen, Gehöfte von oben, Kiefernwald mit Straßen, ein Fuhrwerk auf einer Straße, kurz darauf einen Bahnhof mit Geleisen, aber schon wie ein Spielzeug. Dann Nebel. Ein Glück, daß niemand neben ihm saß; er hätte sich kaum getraut das Morgenblatt nochmals aufzuschlagen. Nicht bloß der Name, schwarz umrahmt, war genau der seine; auch die Namen der Hinterbliebenen stimmten. Offenbar erbleichte er trotz besseren Wissens. Die Stewardeß lächelte, als sie fragte, ob sie irgend etwas für ihn tun könnte, und schraubte an der Zuluftdüse über ihm. Er ließ sich einen Fruchtsaft geben. Das Morgenblatt war von vorgestern, seine Todesanzeige darin dreifach, als wollten sie jeglichen Zweifel ausschließen: eine im Namen der Familie, eine im Namen des Verwaltungsrates, eine im Namen eines Berufsverbandes. Gott kam nur in der Anzeige der Familie vor, hingegen waren alle sich einig inbezug auf die Todesursache: Ein tragischer Unfall. Genaueres war aus dem Morgenblatt nicht zu erfahren, wie oft er es auch wiederlas, seinen Fruchtsaft trinkend. Vielleicht hat, wie schon einmal, ein Strolch seinen Wagen genommen, diesmal um gegen einen Tanker zu fahren und sich aufs Unkenntlichste zu verbrennen. Begräbnis heute. Das heißt, es reichte dem Mann, wenn das Flugzeug keine Verspätung haben sollte, gerade noch zu seinem Begräbnis –

Nie flog ein Jet so langsam.

Sein Leben zu bedenken, das er auf Erden geführt hatte, vielleicht versuchte er's, während man über den besonnten Wolken flog; aber es gelang ihm nicht, und als sie das Tablett brachte, die Hosteß mit ihrem unentwegten Lächeln, schüttelte er nur den Kopf; er konnte nicht essen, eigentlich auch nicht denken, nur immer wieder auf seine Uhr blicken – während die Witwe jetzt ihren schwarzen Schleier über das verweinte Gesicht zog...

Endlich krächzte der Lautsprecher.
NO SMOKING.
Die Maschine, von Böen geschüttelt, so daß die Flügel wippten, kreiste noch mindestens zwanzig Minuten im Nebel; zum ersten Mal hatte er Angst.
Wie erwartet:
sein Wagen war einfach nicht mehr da; der Parkwärter, dem er sein Park-Ticket zeigte, konnte es nicht ändern und verwies ihn an die Polizei –
Er nahm ein Taxi.
Ohne sein Gepäck einzulösen.
Er war der erste auf dem Friedhof; natürlich hatte er sofort, kaum gelandet, zuhause angerufen, aber vergeblich, die Trauernden waren schon unterwegs. Ein Gärtner, der das faule Laub von den Wegen rechte, sonst war noch niemand auf dem Friedhof. Er las die Schleifen an den Kränzen. Ein regnerischer Tag. Vielleicht waren gewisse Schleifen, die er vermißte, drinnen auf dem Sarg; aber einzutreten in das Krematorium, um nachzusehen, wagte er nicht, zumal er einen hellen Regenmantel trug. Natürlich wollte er die Sache aufklären, das war seine Pflicht. Als er sich bei einem Wärter nach dem Namen des Dahingegangenen erkundigte, nahm er seine Pfeife aus dem Mund, etwas ratlos, dann immer verwirrter, als kurz darauf die ersten Wagen vorfuhren. Er trat, als sei er fehl am Platz, hinter eine Zypresse, etwas erschüttert war er schon: alle in Schwarz, ihr langsamer Gang in stummen Gruppen oder einzeln, es kamen ziemlich viele, und manche kannte er gar nicht, Leute, die vermutlich eine Gilde oder Firma vertraten, auch Kinder aus der Nachbarschaft, Freunde, die er lang nicht mehr gesehen hatte, alle in Schwarz, während er, als einziger in einem hellen Regenmantel, hinter der Zypresse stand, seine Pfeife in der Hand. Der Augenblick, um vorzutreten, war eigentlich schon verpaßt. Soviele waren es schon, einige weitherge-

reist. Übrigens brauchte er sich nicht besonders zu verstecken, da alle, wenn sie auf dem knirschenden Kies vorbeigingen, auf den Boden blickten, Trauernde und solche, die Trauer spielten. Die einander kannten, nickten nur verhalten. Und niemand rauchte, natürlich nicht, so daß auch er unwillkürlich seine erloschene Pfeife in die Tasche versteckte. Das war schlecht; denn damit anerkannte er die Veranstaltung, noch bevor die verschleierte Witwe gekommen war, und konnte nur noch zuschauen, wie alles seinen Gang nahm, ohnmächtig. Die Rührung, die ihn beim Lesen der verregneten Schleifen beschlichen hatte, war vorbei; jetzt empfand er das Ganze als eine Verschwörung. Die Witwe kam, wie erwartet, unter einem schwarzen Schleier, gestützt von zwei Schwägern, die dabei aufrecht gingen und würdig-nüchtern und sie vor Grüßen schützten, indem sie, stellvertretend, dahin und dorthin sparsam nickten. Zu hören war nichts als das Knirschen der anfahrenden Wagen im Kies, das Klappen der Wagentüren, dazwischen das Tropfen von der Zypresse herab. Und jetzt vorzutreten in einem hellen Regenmantel, wer wagt das schon. Auch hörte man kurz darauf schon die Orgel. Als letzter zu folgen, eigentlich blieb dem Mann nichts andres übrig, wenn die Veranstaltung schon nicht mehr aufzuhalten war: als letzter zu folgen, um die Trauerrede zu hören, das wäre durchaus gegangen; in einem Krematorium sehen die Leute sich nicht um, wenn sie in den Bänken einmal Platz genommen haben, und der Verstorbene, wenn er sich nur ruhig verhält, könnte durchaus an der Tür stehen. Er wartete nur noch die letzten Nachzügler ab. Der Wagenpark, die Orgel, all das ließ ihn nicht gleichmütig; vor allem die Orgel. Es kamen immer noch mehr, in der Tat, mehr als es Sitzplätze gab; manche mußten in der Türe stehen, Hut in der Hand, sogar draußen. Es ging also nicht; sie hätten ihn gesehen, wenn er sich durch die Türe gedrängt hätte, um die Trauerrede zu hören. Jetzt war die Orgel verstummt. Er aber hörte nur das Tropfen von der Zypresse herab, jetzt wieder die Pfeife im Mund, allerdings ohne zu rauchen, und wußte nicht recht, was man in seinem Fall jetzt tun sollte. Ins Kino gehen oder nachhaus? Er erkundigte sich bei einem Fahrer, wohin die Trauergemeinde nachher zu fahren gedenke, und ging zu Fuß, Hände in den Hosentaschen, einer, der plötzlich zuviel Zeit hat, lungernd und müßig, während ein Pfarrer, der ihn nie gekannt hatte, seine Biographie verlas; ein Mann im hellen Regenmantel. Einmal blieb er stehen; er schaute zu, wie Buben Fußball spielten zwischen Schrebergärten, und wartete auf einen Ball, der über den Zaun fliegen würde. Das hätte ihn gelockt, Fußballspielen am Tag seines Begräbnisses. Es kam aber kein Ball für ihn, und als er weiterschlenderte, trat er eine leere Konservenbüchse, so daß sie wie ein Fußball flog, dann über eine Böschung kollerte, scheppernd, während die Trauergemeinde mit gesenkten Häuptern, neuerdings von der Orgel getröstet, seiner gedachte. Halb war er froh, daß er seine Biographie nicht hatte anhören müssen, halb verdroß es ihn, daß er nichts dazu sagen konnte. Jetzt stand er in der Wirtschaft, wo die Trauergemeinde sich nachher zu versammeln gedachte, und trank einen Grappa, dann ein Bier, dann einen zweiten Grappa, ohne seinen Mantel abzulegen. Ein unmögliches Etablissement, fand er, ein Café im Heimatstil. Für den Leichenschmaus war das obere Stockwerk bestellt. Es dauerte lang, bis der Strolch eingeäschert war unter seinem Namen. Was immer ihm einfiel, beispielsweise daß er im obern Stockwerk sitzen könnte, wenn die Trauergemeinde kommt, ging natürlich nicht aus Rücksicht auf die Witwe, die in diesen letzten drei Tagen wirklich etwas durchgemacht hatte. Auch war ihm selbst, offengestanden, nicht witzig zumute. Er war wirklich ratlos. Vermutlich machte er sich Vorwürfe, daß er nichts von seiner Flugreise gesagt hatte, und bestellte noch einen Grappa, blätterte in Zeitungen von heute, ohne jedoch einen Nachruf zu finden; schließlich wechseln die Zeitungen von Tag zu Tag. Als die Leute, eben noch als Trauergemeinde angesprochen, in beruflichen Gruppen und in familiären Gruppen oder auch durch den Anlaß unvereinbar-vermischt die Treppe hinaufgingen, redeten sie mit alltäglichen Stimmen, jedoch wenig. Jeder wollte allen andern die Türe halten. Sicherlich waren auch zwei oder drei wirkliche Freunde dabei, denen er diesen Leichenschmaus gern erspart hätte, diese schwarze Peinlichkeit, die sie nicht ihm zuliebe, sondern seiner Familie zuliebe auszustehen sich verpflichtet fühlten. Warum kamen sie nicht ins untere Stockwerk! Es machte ihn traurig. Als er später, offenbar betrunken, an die Juke-Box gegangen war, um eine schmetternde Schnulze loszulassen, dauerte es nicht lang, bis der Wirt, übrigens auch in Schwarz, herunterkam und ihn zurechtwies, begreiflicherweise. Aber die Juke-Box, einmal in Betrieb gesetzt, war nicht abzustellen; sie mußten die Schnulze doch zu Ende hören. Wie es im obern Stock zuging, konnte er sich denken: würdig, ein Tisch in Hufeisenform, die Witwe jetzt ohne Schleier, aber verweint, ein schlichter Imbiß, Schinken und Clevner-Beerli, dazu Erinnerungen persönlicher Art. Einigen wird man schon fehlen, andern wiederum weniger als sie meinen. Eine Frau, die sich auch in der Erinnerung nie mit ihm versöhnen wird, war sicherlich nicht dabei, und das erleichterte ihn, überhaupt hatte die Gesellschaft da oben wenig mit seinem Leben zu tun, konnte ihm gleichgültig sein, gleichgültiger als man es zu Lebzeiten zeigen darf. Als er auf die Toilette gehen mußte, die sich im obern Stockwerk befand, war zum Glück niemand im Vorraum. Er mußte sich übergeben. Als dann jemand kam, war seine Türe verriegelt. Der Trauernde entfernte sich. Plötzlich fühlte er sich sehr elend, der Mann hinter der verriegelten Tür, fürchtete, daß er die Tür nicht

mehr öffnen könnte, wollte aber nicht rufen. Sicherlich plauderten sie jetzt im Saal schon ganz natürlich, nur die Witwe schwieg, was jedermann verständlich war, aber die Stimmung dämpfte. Einmal hörte er Stimmen draußen im Vorraum, zwei Männer nebeneinander vor der Schüssel, sie redeten über Berufliches, was auch den Mann hinter der Tür interessierte, und wuschen sich ausführlich die Hände, trockneten sich ausführlich die Hände, um länger über Berufliches reden zu können, endlich ein Witz auf der Schwelle – nicht über den Toten, versteht sich, sondern weitab davon ... Der Mann war froh um den Witz, den er zwar schon kannte. Jetzt hätte er in den Saal treten können: Das Leben geht weiter. Im Saal wäre jetzt die richtige Stimmung dafür gewesen. Aber er war zu elend, leider, und es blieb ihm nur die Straße, wo es regnete.
Sein Gepäck lag noch im Flughafen.
So fühlte er sich ledig.
Gegen Mitternacht, nachdem er sich in einem Wartsaal ausgeschlafen hatte und nüchtern war, wurde er nochmals traurig. Obdachlos in der Vaterstadt, das geht an die Nerven. Zwar hätte er in ein Hotel gehen können, Zimmer mit Bad; ohne Gepäck, aber mit Geld. Und mit einem Paß. Als wüßte jeder Concierge, wer heute eingeäschert worden ist, scheute er sich. Die Kinos waren aus. So hockte er auf einer öffentlichen Bank hutlos im Regen, erschöpft, fröstelnd, langsam belustigt darüber, daß er lebte, und plötzlich bereit zu einem Fest, ja, zu einem ganz verrückten Fest. Aber mit wem? Hutlos im Regen allein, nachdem er die Einladung einer Straßendame höflich ausgeschlagen hatte, entdeckte er, daß er die wenigen Menschen, die nach diesem Tag noch als Freunde in Frage kämen, seit Jahr und Tag vernachlässigt hatte, und es ging nicht, daß man sie jetzt, kurz nach Mitternacht, heimsuchte wie ein Geist aus dem Grabe. Vielleicht hätte der eine oder andere sich gefreut. Er gedachte ihrer mit Reue. Aber Reue war kein

Ort, um sitzen zu bleiben, und irgend etwas mußte geschehen. Als er schließlich in eine Kabine trat und zuhause anrief, nahm niemand ab; wahrscheinlich schlief die Witwe bei den Schwägern, das heißt, bei ihren Brüdern, die nie viel übrig hatten für diesen Schwager. Man kann's ihnen nicht verargen. Der Mann im hellen Regenmantel, der jetzt in der öffentlichen Kabine stand, paßte nie richtig in die Familie; er wußte es selbst. Sie hatten diese Heirat nie ganz verstehen können. Erschüttert von ihrer Trauer – der eigentliche Zusammenbruch kommt meistens erst nach dem Begräbnis – sagten sie wahrscheinlich auch jetzt nicht, was sie schon all die Jahre gedacht hatten, sondern trösteten die Unglückliche. Zum Glück waren da keine Kinder. Sie trösteten, indem sie die Unglückliche verstanden; sie widersprachen nicht, als sie schluchzte und schluchzte und redete wie die Portugiesische Nonne: nicht von ihm, sondern von ihrer Liebe ...

Jedenfalls nahm niemand ab.

Der Mann im hellen Regenmantel, als er den Hörer schließlich aufgehängt und die wieder herausfallende Münze eingesteckt hatte, versicherte sich, ob er die Hausschlüssel habe, und nahm ein Taxi, fuhr nachhaus. Er wollte schlafen. Die Wohnung war dunkel; er machte Licht und stand da ... es war komisch: – die sieben Teetassen auf dem Tisch, ihre letzte Stärkung vor dem Begräbnis, dazu die Blumen überall, eine Schachtel voll Beileidskarten und Briefe mit schwarzem Rand. Einige las er, ohne sich zu setzen, mit schrägem Kopf. Jemand hatte seine schwarze Melone vergessen. Sonst alles wie immer, abgesehen von den offenen Schubladen; man hat Dokumente gebraucht, versteht sich, ein Testament gesucht und gefunden. Um dann trotzdem einen Pfarrer sprechen zu lassen. Nun gut. Er machte Licht im Schlafzimmer: das Doppelbett, ihr schwarzer Schleier darauf. Er löschte das Licht. Eine Katze, die in ihrem Korb schlief, war das einzige Lebewesen zuhaus. Er machte Licht in der Küche, nahm sich ein Glas aus dem Schrank und füllte es mit Wasser, trank, füllte es nochmals. Wieder im Wohnzimmer, das Glas in der Hand, blickte er sich nochmals um, ohne seinen Regenmantel auszuziehen, die andere Hand in der Hosentasche, um nicht einzugreifen in seine eignen Sachen, die da aus der Schublade geräumt waren: Bündel von Briefen, Quittungen, ein Sportabzeichen von einst, Steuerbelege, eine Police der Unfallversicherung, Fotos, eine Ehrenurkunde. Plunder. Verwundert über all diese Zeugnisse einer Anstrengung, die plötzlich überholt ist, trank er sein Wasser, verwundert auf eine angenehme Weise. Als die Katze, inzwischen aufgewacht, ins Zimmer schlich, erschrak er; dann lachte er ein wenig, gab der Katze ein Biskuit vom Teetisch der Leidtragenden. Er blieb nicht lange in der Wohnung, hatte hier nichts zu bestellen, schien ihm, nichts anzurühren. Erst als er einen Zinnbecher sah mit sieben Pfeifen drin, konnte er's nicht lassen und suchte die beste heraus, steckte sie in seine Manteltasche, nicht ohne die Pfeife, die er bisher in der Manteltasche hatte, dafür in den Zinnbecher zu stecken. Und damit hatte es sich eigentlich. Dann nochmals ein Rundblick über alles, dann löschte er das Licht. Im Treppenhaus meinte er etwas gehört zu haben, versteckte sich sofort in einer Nische, eine Weile atemlos, Schritte treppauf! Aber dann hörte er eine Tür im untern Stock, dann Stille. Wie ein Liebhaber auf Fußspitzen, besorgt nach jedem Girren der Treppe, erreichte er die Haustür ungesehen; er öffnete sie behutsam. Der Regen hatte aufgehört. Er stülpte seinen Regenmantelkragen auf, schaute an der Fassade empor, ging – Außer daß er in der Küche versehentlich das Licht hatte brennen lassen, fand man keine Spuren von ihm; das Wasserglas auf dem Schreibtisch war nicht auffällig; sein Hausschlüssel lag im Briefkasten, was unerklärlich blieb ...

Ich werde mir neue Kleider kaufen, dabei weiß ich: es hilft nichts, nur im Schaufenster erscheinen sie anders. Schon wenn der Verkäufer sie in die Umkleidekoje bringt und dann taktvoll verschwindet, damit ich probiere, weiß ich wie alles aussehen wird in einem Vierteljahr. Aber man kann ja nicht nackt durch die Welt gehen; also zwinge ich mich, drehe mich vor den verstellbaren Spiegeln, um den Schnitt zu prüfen, der mir im Schaufenster einigermaßen gefallen hat. Eigentlich kaufe ich nur dem Verkäufer zuliebe, der entzückt ist, während ich meinen Hinterkopf sehe, der nicht zu ändern ist; ich kaufe in Hast und jedesmal dasselbe. Schon die Minuten, während der Schneider mit dem Stecknadelkissen am Arm sich dienerisch in die Hocke läßt und fachmännisch mit Kreide markiert; wieweit ich von der Konfektion abweiche, sind Pein. Ob billig oder teuer, englisch oder italienisch oder einheimisch, bleibt einerlei; immer entstehen die gleichen Falten am gleichen Ort, ich weiß es.

Ein anderes Leben –?
Ich stelle mir vor:
Ein Mann hat einen Unfall, beispielsweise Verkehrsunfall, Schnittwunden im Gesicht, es besteht keine Lebensgefahr, nur die Gefahr, daß er sein Augenlicht verliert. Er weiß das. Er liegt im Hospital mit verbundenen Augen lange Zeit. Er kann sprechen. Er kann hören: Vögel im Park vor dem offenen Fenster, manchmal Flugzeuge, dann Stimmen im Zimmer, Nachtstille, Regen im Morgengrauen. Er kann riechen: Apfelmus, Blumen, Hygiene. Er kann denken, was er will, und er denkt ... Eines Morgens wird der Verband gelöst, und er sieht, daß er sieht, aber schweigt; er sagt es nicht, daß er sieht, niemand und nie.

Ich stelle mir vor:
Sein Leben fortan, indem er den Blinden spielt auch unter vier Augen, sein Umgang mit Menschen, die nicht wissen, daß er sie sieht, seine gesellschaftlichen Möglichkeiten, seine beruflichen Möglichkeiten dadurch, daß er nie sagt, was er sieht, ein Leben als Spiel, seine Freiheit kraft eines Geheimnisses usw.
Sein Name sei Gantenbein.

Ich probiere Geschichten an wie Kleider!

(...)

Der Anfang wäre leicht:
Ich trete ein, Vormittag, ich trete einfach in den Laden und stehe da. Sie wünschen? Ich tue, als verstünde ich kein Schweizerdeutsch. Ich sehe mich um: Brillen, Lupen, Fernrohre, Brillen aller Art, Zwicker, Operngucker, aber vor allem Brillen. Was ich wünsche, liegt im Schaufenster an der Fraumünsterstraße (vorn rechts) schon seit Wochen. Übrigens ist das weiße Fräulein, das die mundartliche Frage nach meinen Wünschen vorerst ins Amerikanische, dann ins Hochdeutsche übersetzt, noch gar nicht frei, und es genügt vorderhand mein Nicken als Zeichen, daß ich Geduld habe, mindestens Manieren. (Ich halte es für besser, meine Rolle auf Hochdeutsch anzutreten. Ich habe stets ein Gefühl von Rolle, wenn ich Hochdeutsch spreche, und damit weniger Hemmungen. Mein Englisch wäre zu dürftig; es reicht immer nur so weit, um im großen und ganzen einverstanden zu sein. Und Französisch kommt noch weniger in Frage; ich fühle mich jedem Franzosen unterlegen, solang er nur seine eigne

Sprache versteht.) Also da stehe ich, während das Fräulein sich mit einer Dame befaßt, die jedesmal, wenn man ihr eine neue Brille aufs Gesicht schiebt, ihren Hals streckt wie ein Vogel, der Wasser schluckt, und ich hoffe bloß, daß jetzt niemand in diesen Laden kommt, der mich kennt. Die Dame, Amerikanerin, ist jedesmal enttäuscht, wenn sie mit der nächsten Brille vor den Spiegel tritt, und kann sich nicht entschließen, scheint es, so auszusehen, wie der Spiegel sie zeigt, und das kann noch lange dauern. Ich habe Zeit, um nochmals mein Unternehmen zu bedenken, aber bleibe entschlossen. Als das Fräulein mich schließlich bedient, geschieht es ohne Unfreundlichkeit gegenüber der Amerikanerin, indem sie jederzeit zeigt, daß sie den Einheimischen nur nebenher bedient. Ich wünsche also – warum stotternd? – eine Sonnenbrille. Bitte sehr! Ich sehe, während sie mir eine Sonnenbrille entgegenstreckt und gleichzeitig mit der Amerikanerin plaudert, eine ganze Lade, ein Arsenal von Sonnenbrillen, die ebenfalls nicht in Frage kommen. Wie sag ich's? Das Fräulein in Weiß, eine schlichte Verkäuferin, aber als Wissenschaftlerin verkleidet, behauptet, etwas Dunkleres gebe es nicht; sonst sehe man nämlich überhaupt nichts mehr, und was der Herr draußen im Schaufenster gesehen habe, sei eben keine Sonnenbrille, sagt sie, sondern eine Blindenbrille. Ich bitte darum. Ihre Verwunderung – unterdessen hat die Amerikanerin sich entschlossen und muß zur Tür geleitet werden, da sie nichts gefunden hat, mit besondrer Höflichkeit – ihre Verwunderung über meinen Wunsch ist schon verflogen, als sie mich, jetzt als einzigen Kunden, weiter bedient; sie weigert sich nicht ausdrücklich, Blindenbrillen zu verkaufen, aber tätlich, indem sie weiterhin, als hätte der Herr nur gescherzt, Sonnenbrillen anbietet, einige sogar auf mein Gesicht schiebt, bis ich ungeduldig werde und schlichterdings verlange, was ich will, nichts andres als eine schwarze Blindenbrille. Bitte sehr! Hoffentlich kommt jetzt nicht der Boß heraus, um sich des Sonderfalles anzunehmen. Wer weiß, ob man nicht ein ärztliches Zeugnis braucht! Endlich nach meinem Wunsch bedient und unterrichtet, daß Blindenbrillen nur Attrappen sind, um die blinden Augen zu verbergen, drum so dunkel, erkundige ich mich nach dem Preis. Ob die Brille denn richtig halte, fragt das Fräulein in Weiß: jetzt grau wie Asche, lila-grau, und sie greift an meine Schläfen, so daß ich plötzlich ihr Gesicht aus nächster Nähe sehe, ihre vollen weichen Lippen, jetzt violett wie reife Pflaumen, und plötzlich ist es Abend geworden, Dämmerung, Zwielicht, Sonnenfinsternis. Dabei ist es Vormittag, ich höre es; so tönen die Stimmen nur am hellichten Vormittag. Ich sehe jetzt die Sonne wie in fernen Bubenzeiten, wenn man sie durch eine verrußte Glasscherbe beobachtet hat: matt, viel kleiner als vermutet, ohne Strahlenkranz, gelblich bis grau-weiß, Farbe von unreifen Aprikosen oder so, aber metallig. Die Brille, sage ich, halte vortrefflich. Sie prüft nochmals, so daß ich nochmals ihre Pflaumenlippen sehe. Zum Küssen nahe. Ich werde nie wieder küssen, denke ich; der Stoff, aus dem Lippen gemacht sind, ist zu fremd. Ich rieche ihr Parfum und sehe ihr nahes Haar, grün-schwarzblau wie Hahnenfedern, und ihre Herbstzeitlosenhaut. Mich selbst im Spiegel zu sehen zögere ich, nehme die Brille ab; keine Spur von Dämmerung, es ist Vormittag, draußen die Straße, Leute, das bunte Blech der Autos, Sonne, Schaufenster, die Straße in der Sonne, alles wie gewohnt, das Fraumünster im Elfuhrgeläute mit Möwen. Zum Glück kommt ein nächster Kunde; als das Fräulein in Weiß sich für eine Weile entschuldigt, um zu bedienen, setze ich nochmals die Brille auf. Ich sehe meine Hand, mein Fleisch wie Marzipan, das nicht zur Zeit gegessen worden ist, mürbe und grau. Im Spiegel, ja, ich sehe gerade noch, daß es keine Tür ins Freie ist, sondern ein Spiegel, sehe ich einen Mann von meiner Gestalt, ohne zu wissen, ob der

Mann im Spiegel, dessen Augen nicht zu sehen sind, mich gleichfalls erkennt. Als ich näher trete, um seine Augen zu sehen, kommt der Andere auf mich zu wie ein Blinder, der nicht ausweicht, so, als wolle er durch mich hindurchgehen – schon habe ich die Brille aus dem Gesicht genommen. Bitte! sage ich und zahle...

Der Anfang wäre gemacht.

Wie weiter?

Natürlich brauche ich auch einen Stock –

Ich stelle mir vor:

Gantenbeins erster Ausgang, den er nicht ohne Herzklopfen antritt, führt nicht weit; schon der erste Zeitgenosse, dem Gantenbein, ausgestattet mit der dunklen Brille und mit einem schwarzen Stöcklein, das er nach Blindenart hin und wieder am Randstein klöppeln läßt, auf schnurgerade Weise nicht aus dem Weg geht, verdutzt ihn mit der groben Frage, ob er denn keine Augen im Kopf habe, und Gantenbein, statt froh zu sein über diese erste Bestätigung, steht sprachlos vor Ärger über den Flegel, nicht ohne sich nach dem Flegel umzuschauen. Ein Blinder, der sich umschaut! der erste Schnitzer. Sein Vorsatz, ohne Ansehen der Person niemand aus dem Weg zu gehen, mag richtig sein; aber er ist zu forsch gegangen. Zu vorsätzlich. Im Anfang übertreibt man immer. Eine Weile bleibt Gantenbein stehen; er muß lockerer werden, bevor er weitergeht mit dem klöppelnden Stock am Randstein. Natürlich hat er eine Gegend gewählt, die er kennt. Kreuzplatz, Zeltweg, Heimplatz, das war einmal sein täglicher Schulweg, das kennt er auswendig. Auf der Hohen Promenade, allein in der Allee, nimmt er seine Brille ab: Zürich ist eine blaue Stadt, nur meine Brille macht sie aschgrau, so daß man Angst bekommt, aschgrau mit einem Stich ins Lila. Ein Gefühl von Abschied, als er die Brille wieder aufsetzt, ist nicht zu vermeiden. Also weiter. Auch die Wahl der Tageszeit mag richtig sein, Mittagspause, wenn die Leute nicht beobachten, sondern zum Essen wollen. Als später, beim Helmhaus, dennoch ein Herr sich seiner annimmt, indem er ihn über die Straße führt, kommt er sich wie ein Schwindler vor; daran wird Gantenbein sich gewöhnen müssen. Storchengasse, Weinplatz, Rennweg, langsam geht es schon besser; das Klöppeln mit dem Stock darf auch nicht übertrieben werden, ein Hinundwieder genügt, denke ich. Wichtiger vor allem: daß man sich, was immer man gerade sieht, innerlich aller Urteile enthält. Warum wirken Blinde nicht traurig, sondern versöhnlich? Nach und nach, so denke ich, beginnt Gantenbein es zu genießen, bis hinter ihm – seine Brille gestattet kein Rot – plötzlich gestoppte Reifen quietschen, genau hinter ihm. Vor Schreck, ohne im mindesten angefahren worden zu sein, hat er seinen Stock verloren; er liegt, Gantenbein sieht es sofort, zwischen den gestoppten Reifen auf dem Asphalt, und schon ist der zweite Schnitzer geschehen: der Blinde hat nicht warten können, sondern sich gebückt, um seinen Stock selber aufzunehmen. Hat er sich schon verraten? An Augenzeugen fehlt es nicht, das Quietschen der stoppenden Reifen hat viele zum Stehen gebracht, er sieht sie, Lemuren, einige kommen heran, blau vor Neugierde oder Vorwurf, während in einem violetten Sportwagen (Karmann) eine entsetzlich verfärbte Blondine sitzt, die den Kopf schüttelt, eine Undine mit grünlichem Haar, mit Pflaumenlippen auch die. Ob er eigentlich blind sei? Ihr Pelzmantel hat die Farbe von fauligem Tang. Ob er blind sei? – er sagt, er sei, ja, zum ersten Mal sagt er der Welt, er sei blind, jawohl, und sieht sich um, ob man ihm glaubt...

Ich liege am Strand, eine fremde Zeitung lesend, allein inmitten fremder Leute, es ist ein heißer Mittag, panisch, Sonnenschirme, links dudelt ein Radio, rechts liegt ein Paar, das nicht miteinander spricht: (...) Er sitzt im heißen Sand und ölt sich die Schultern; sie liegt bäuchlings auf der Decke, ihr Gesicht nach der andern Seite gedreht. Gelegentlich gehe ich schwimmen, wobei ich übrigens beinahe ertrinke. – Als ich an meinen Platz zurückkomme, ist das schweigsame Paar nicht mehr da, nur ihr bunter Plunder. Es ist dem Mann gelungen, scheint es, die Frau zu bewegen; sie spielen jetzt mit einem Ball, der aber zu leicht ist, Wind krümmt seine Bahn, und der Ball rollt zu mir. Ich gebe ihn zurück. Sie bedankt sich (italienisch) mit einem Gesicht so liebenswürdig-munter, daß sie kaum wiederzuerkennen ist. Eigentlich eine sehenswerte Frau. Wenigstens für diesen Augenblick, da jemand sie beachtet, fast mädchenhaft; sie schüttelt ihr offnes Haar um den Nacken, damit ich's sehe, und hüpft, und ihr Ballwurf, bisher linkisch-müde, ist plötzlich graziös-linkisch. Sie ist gar nicht müde, nur verdrossen nach der andern Seite. Eigentlich eine entzückende Frau, oder wie man's nennen mag, die Munterkeit in Person. Wenn er nicht wäre! Zwar wirft er den Harlekin-Ball gar sorgsam, damit sie ihn sollte fangen können, wie sie ihn von mir gefangen hat, aber vergeblich; sie paßt nicht auf, schüttelt ihr sehenswertes Haar, wenn er wirft, und dann rollt der Ball halt ins Meer, was verdrießlich ist. Um das Paar nicht durch Beobachtung zu belästigen, schaue ich gradaus: am Horizont raucht ein schwarzer Frachter, Meer wie Stanniol, die Sonne gleißt weiß über der dampfenden Küste. Als sie kurz darauf an ihren Platz zurückkommen, beide stumm, hinkt die Frau; ihre Bewegung, als sie sich setzt, macht deutlich, daß nur er daran schuld ist. Wer sonst hat sie zum Ballspiel

genötigt? Ich lege mich auf den Rücken und schließe meine Augen, aber ich höre:
»Natürlich tut's weh!«
Später:
»Was machst du mit dem Sonnenschirm?«
»Schatten.«
»Ich friere«, sagt sie, »entschuldige!«
»Ich dachte, du hast Sonnenbrand.«
Später:
»Lieber«, sagt sie, »sei so lieb und gib mir das Sonnenöl, und wenn du so lieb sein willst, Lieber, und mir den Rükken einreiben kannst, aber so daß es nicht wehtut«, sagt sie, »du mit deinen Händen!« sagt sie. »Au!«
Später:
»Sei nicht bös«, sagt sie, »aber jetzt habe ich wieder deinen ganzen Rauch in meinem Gesicht«, sagt sie, »die ganze Zeit.«
Später:
»Ich bitte dich«, sagt sie, »kannst du nicht aufpassen?«, und da er nicht weiß was los ist, »immer wirfst du Sand auf mich«, sagt sie, und als er bewiesen hat, daß es niemand anders als der Wind gewesen sein kann, der die liegende Dame belästigt hat, und als er den bösen Sand von ihrer Schulter blasen will, »Laß das«, sagt sie. »Warum gehst du denn nicht schwimmen?«

Eine Geschichte für Camilla 1960/64

Ali, wie der Name schon sagt, war ein Araber, ein junger Schafhirt am oberen Euphrat, und es kam die Zeit, da er sich beweiben wollte. Aber Ali war arm. Ein anständiges Mädchen kostete in jener Gegend damals 15 Pfund, viel Geld für einen Schafhirten. Ali hatte einfach nur 10 Pfund. Als er hörte, im Süden seien die Bräute billiger, zögerte er nicht lang, nahm seinen Esel, füllte die Schläuche mit Wasser und ritt gegen Süden viele Wochen lang. Es war einfach Zeit, daß er sich beweiben sollte, er war jung und gesund. So ritt er voller Hoffnung, 10 Pfund in der Tasche, am Euphrat hinunter, wie gesagt, viele Wochen lang, indem er sich von Datteln nährte. Als Ali endlich in die gelobte Gegend kam, fehlte es nicht an Töchtern, die ihm gefielen, nicht an Vätern, die verkaufen wollten; aber auch im Süden hatten die Bräute unterdessen aufgeschlagen, und für 10 Pfund war nichts zu heiraten, nicht einmal ein häßliches Mädchen. 12 Pfund war der Tageskurs, 11 Pfund eine einmalige Occasion; Ali handelte tagelang, jedoch erfolglos, 10 Pfund war kein Angebot, sondern eine Beleidigung, und als Ali erkannte, daß nichts zu bestellen war, nahm er wieder seinen Esel, füllte die Schläuche mit Wasser und ritt gegen Norden, zu Tode betrübt mit seinen 10 Pfund in der Tasche, denn er hatte nichts davon verbraucht, als glaubte er noch immer an ein Wunder. Und natürlich blieb das Wunder nicht aus, das Ali verdiente, wenn er es erkannte. Es war halbwegs zwischen Süd und Nord, als Ali an einem Brunnen, wo er seinen traurigen Esel und sich selbst labte, ein Mädchen erblickte wie noch keines zuvor, schöner als alle, die er für seine 10 Pfund nicht hatte bekommen können, ein blindes Mädchen. Das war schade. Das Mädchen war aber nicht nur schöner als alle, sondern auch lieber, da es blind war und in keinem Brunnen je gesehen hatte, wie schön es war, und als Ali es ihr sagte, wie schön sie sei, mit allen Worten, die einem arabischen Schafhirten geläufig sind, liebte sie ihn auf der Stelle und bat ihren Vater, daß er sie an Ali verkaufte. Sie war billig, ihrer Blindnis wegen wollte der Vater sie los sein, erschreckend billig: 6 Pfund. Denn keiner am ganzen Euphrat wollte eine blinde Braut. Aber Ali nahm sie, setzte sie auf seinen gelabten Esel und nannte sie Alil, während er selber zu Fuß ging. In den Dörfern, wo immer

Ali mit seiner Alil erschien, trauten die Leute ihren eigenen Augen nicht, niemand hatte je ein schöneres Mädchen gesehen oder auch nur geträumt; nur war es leider blind. Aber Ali hatte noch 4 Pfund in der Tasche, und als er nachhause kam, führte er sie zu einem Wunderarzt und sagte: Hier sind 4 Pfund, jetzt mach, daß Alil ihren Ali sieht. Als es dem Wunderarzt gelungen war und als Alil sah, daß ihr Ali, verglichen mit den andern Schafhirten ringsum, gar nicht schön war, liebte sie ihn trotzdem, denn er hatte ihr alle Farben dieser Welt geschenkt durch seine Liebe, und sie war glücklich, und er war glücklich, und Ali und Alil waren das glücklichste Paar am Rande der Wüste ...

Camilla ist enttäuscht.

»Nun ja«, sagt sie, ohne aufzuschauen und ohne die Manicure zu unterbrechen, »das ist aber ein Märchen.«

Camilla will nicht weiterhören.

»Warten Sie!« sage ich. »Warten Sie!«

Camilla feilt.

... das Märchen dauerte ein Jahr, da war's aus; der Umgang mit Alil hatte ihn angesteckt, so daß Ali langsam aber sicher erblindete, und es kam eine böse Zeit, denn kaum war Ali erblindet, konnte er nicht mehr glauben, daß sie ihn liebte, und jedesmal wenn Alil aus dem Zelt ging, wurde er eifersüchtig. Es nützte nichts, daß sie ihm schwor. Vielleicht ging sie wirklich zu den andern Schafhirten, das weiß man nicht. Ali konnte es ja nicht sehen, und da er solche Ungewißheit nicht aushielt, begann er sie zu schlagen. Das war schlimm. Sonst rührte er seine Alil nicht mehr an. So ging es lange Zeit, bis Ali sich rächte, indem er ein anderes Mädchen umarmte, das öfter und öfter in sein Zelt schlich. Aber auch das machte ihn nicht gesund, im Gegenteil, es wurde immer schlimmer. Wenn er wußte, daß es seine Alil war, die jetzt in seinem Zelt lag, schlug er sie, und sie weinte, daß man es draußen hörte,

und Ali und Alil waren das unglücklichste Paar am Rande der Wüste. Das war bekannt. Als der Wunderdoktor davon hörte, erbarmte es ihn und er kam, um Ali zu heilen, obschon dieser kein einziges Pfund mehr zahlen konnte. Ali konnte wieder sehen, aber er sagte es seiner Alil nicht, daß er wieder sehen konnte, denn er wollte ihr nachschleichen, und das tat er auch. Aber was sah er? Er sah Alil, wie sie weinte, da er sie im Zelt geschlagen hatte, und er sah, wie sie ihr Gesicht wusch, um in sein Zelt zu schleichen als das andere Mädchen, damit der blinde Ali sie umarme –
»Nein«, sagt Camilla, »wirklich?«
Die Manicure ist zu Ende.
»Im Ernst«, fragt sie, indem sie die Scherchen und Feilchen zusammenpackt, »das ist eine wahre Geschichte?«
»Ja«, sage ich, »ich finde.«

Gantenbeins Alltage 1960/64

Ich stelle mir vor:
mein Leben mit einer großen Schauspielerin, die ich liebe und daher glauben lasse, ich sei blind; unser Glück infolgedessen.
Ihr Name sei Lila.

Die Welt hält es für einen schlichten Wahnsinn, als wir, um zu heiraten, im Blitzlicht stehen, eine Schauspielerin und ein Blinder; man gibt dieser Ehe (ich sehe es an ihren Glückwunschmienen) einen knappen Sommer bestenfalls, und ungewiß erscheint ihnen dabei nur, wer von den beiden, Lila oder Gantenbein, eigentlich das Mitleid verdiene.

Wir sind glücklich wie kaum ein Paar.
Ich stelle mir vor:
Lila betrügt mich (um dieses sehr dumme Wort zu gebrau-

chen) von Anfang an, aber sie weiß nicht, daß ich es sehe, und freut sich wie ein Kind, wenn ich sie draußen am Flughafen abhole, jedes Mal. Ich warte auf der Zuschauerterrasse, gestützt auf mein schwarzes Stöcklein, die Brille im Gesicht, versehen mit der gelben Armbinde. Sie winkt nicht, wenn sie dann im geführten Rudel der Passagiere über das weite Betonfeld geht, und natürlich winke ich auch nicht. Um nicht aus der Rolle zu fallen vor Freude. Ich sehe einen Herrn, der ihr den Mantel trägt, und Lila, während sie Ausschau hält, hängt ihm ein. Jetzt hat sie mich gesehen! Ich seh's. Und dann verschwinden sie unten in der Zollhalle. Nie werde ich fragen, wer dieser Herr gewesen ist. Denn Lila erwähnt ihn ja nie, und ich könnte nicht erklären, wieso ich von seiner Existenz überhaupt weiß, nicht ohne meine Rolle dadurch aufzugeben. Frage ich, wie meine Lila denn ihren ganzen Kram, Taschen und Mäntel, Schirm, Magazine und was alles zu ihr gehört, auf ihrer Reise zu schleppen gedenke, versichert sie, daß immer jemand da sei, der einer Dame hilft. Ich brauche mir darüber keine Sorge zu machen. Manchmal dauert es in der Zollhalle sehr lang, Lila kann nichts dafür. Ich liebe das Warten auf Flugplätzen, gern sehe ich die Düsenflugzeuge, ob es regnet oder nicht, und gern höre ich die hallenden Lautsprecher, die Welt ist voller Ziele: Wien, Kairo, Stuttgart, Athen, Beirut, Bangkok, Tokio, Stockholm, Lissabon, Caracas, Prag, London, New York... Bevor ich mich zur Zollhalle begebe, versichere ich mich natürlich, ob alles in Ordnung ist, trete vor einen Spiegel und verschiebe meine Krawatte etwas nach links oder rechts, damit Lila nach dem ersten Überschwang der Begrüßung sie wieder zurechtrücken kann.

Sicherlich habe ich Herzklopfen.

Die andern, die mit Lila auf die Zollabfertigung warten, gleichfalls von ihren Gatten oder Gattinnen erwartet, winken durchs Glas und versuchen sich in der Taubstummensprache, die wir, Lila und ich, nicht nötig haben. Endlich kommt auch Lila an die Reihe. Der Herr, der ihren schweren Mantel trägt, ist stets derselbe, auch dann, wenn Lila erst einen Tag später hat fliegen können als vorgesehen. Was schüttelt er den Kopf? Das fehlte noch, daß sie das Gepäck verwechseln, diese Zollburschen. Ein Glück, daß jemand sich für meine Lila wehrt! Alle andern Herren kümmern sich bloß um ihre eigne Bagage. Jetzt trennen sie sich, ich sehe: kußlos. Ob sie doch an meiner Blindheit zweifelt? Und dann geht der Herr an mir vorbei, während Lila, nunmehr beladen mit Mantel und Taschen und Magazinen, langsamer geht als er. Da er stets, wenn er an mir vorbei geht, nach der andern Seite blickt, weiß ich über sein Gesicht nichts zu sagen. Wie sie sich schleppt! Und ich kann ihr nicht einmal entgegengehen, sondern stehe wie eine Schaufensterpuppe, bis mich ihr Kuß trifft, dann sage ich: Lila? und greife nach ihren Siebensachen. Was hat sie denn vergessen? Lila hat nicht einmal Zeit, meine schiefe Krawatte zurechtzurücken. Sucht sie ihren Gepäckträger? Er geht zehn Schritte hinter uns, und um sie darauf hinzuweisen, frage ich, ob sie schon einen Gepäckträger habe. Das ist's aber nicht. Meine Frage, wie die Filmerei gegangen sei, ist verfrüht. Davon später. Sie bittet mich einen Augenblick zu warten, nicht von der Stelle zu gehen, sonst findet sie mich wieder nicht. Eine Zeitung, sagt sie, sie wolle nur eine Zeitung. Also rühre ich mich nicht von der Stelle, eine Schaufensterpuppe, versehen mit ihrem Mantel und ihrem Schirm, allen Leuten im Weg. Offenbar hat sie etwas vergessen; er wird seinen Bus verpassen, denke ich, und daß der Herr mit unserm Wagen fährt, ist nicht Brauch. Ich sehe, wie er erschrickt, dann in seine Taschen greift, links, rechts, kopfschüttelnd, weiter suchend, ich weiß nicht was. All dies sehe ich wie einen Film: nicht ohne Spannung, nicht ohne jenen Vorschuß an Teilnahme, wie man sie zu Beginn eines Films hat, hoffend, es werde sich schon aufklären, was da vor sich geht. Und wie im Film: die Leute auf der Leinwand sind allein, obschon ich sie sehen kann, ohne mich; ich kann nur nachfühlen, aber ich bin draußen, frei davon, daher gelassen. Vielleicht hat er noch ihren Paß? Ich bin geduldiger als der Gepäckträger. Richtig! Jetzt lachen sie. Natürlich ist ihr Paß (warum hat Lila mich nicht gefragt?) in ihrer eignen Handtasche. Ebenfalls zu lachen kommt mir nicht zu. Ich erkundige mich beim Gepäckträger nach dem Wetter, um seine Blicke abzulenken für den Fall, daß Lila und der Herr, der jetzt tatsächlich seinen Bus verpaßt hat, aus purer Erleichterung wegen des Passes einander doch einen Kuß geben. Noch bin ich so frei nicht, wie ich sein möchte; es könnte mich verstimmen, wenn dieser Gepäckträger (die Gesellschaft) meinen möchte, er sehe mehr als ich. Jetzt ist Lila, frei von Nervosität, wieder an meinem Arm, ich fühle es, ganz die meinige. Hast du deine Zeitung bekommen? frage ich ohne Unterton, aber jetzt antwortet sie auf meine Frage, wie es in Geiselgasteig gegangen sei. Ach! Wir suchen jetzt ihren Wagen, den ich sehe, doch Lila erinnert sich ganz genau, daß sie ihn weiter drüben abgestellt habe, und ich zanke nicht. Ich gehe hin, ich gehe her, der mürrische Gepäckträger hat nichts zu lachen. Da! sagt sie, da steht er ja! Ich sage nicht: Siehst du! Es sind die kleinen Rechthabereien, die eine große Liebe zermürben. Im Wagen dann, während Lila steuert, weiß ich, daß ich der glücklichste Liebhaber bin.

Hoffentlich gibt Gantenbein nie seine Rolle auf, die darin besteht, daß er glaubt. Wie zärtlich ist Lila jedesmal, wenn sie von ihren Gastspielen kommt! Sie sitzt auf seinem Knie, unbefangen in dem Grad, als er es ist, und überströmend von Zuneigung, weil da kein Blick ist, der sie trotzig und lügnerisch macht; glücklich wie noch nie mit einem Mann, frei von Heuchelei, da sie sich von keinem Verdacht belauert fühlt. Dann nimmt sie meine dunkle Brille ab, um Gantenbein auf die Augen zu küssen, und ihre Liebe ist wahr, ich fühl's, da sie vor Gantenbein nicht lügen muß. Wie liebesmunter sie sein kann! Sie möchte mit keinem andern Mann leben, sagt Lila, und ich glaub's. Nicht immer wird es leicht sein, aber es lohnt sich; man kann einen Blinden nicht hinters Licht führen.

(...)

Ich stelle mir vor:
Manchmal haben wir Gesellschaft, und das ist schwieriger – weil die andern beobachten – beispielsweise wenn Lila nicht sieht, daß die Aschenbecher endlich geleert werden müssen, daß zum schwarzen Kaffee leider der Zucker fehlt, daß unser Hund (ich denke wir haben einen Hund) mit seinem Schnarchen unter dem Tisch nichts beiträgt zu der Frage, ob Ernst Jünger eine Wandlung durchgemacht habe, dann muß ich aufpassen, daß ich mich nicht verrate, nicht einfach aufstehe, um endlich die übervollen Aschenbecher zu leeren. Jemand wechselt auf Joyce. Ich streichle also den schnarchenden Hund (Dackel oder Dogge?) und sehe, wie unsere Gäste nach Zucker schielen, meinerseits schweigsam, dank meiner Blindenbrille erlöst von der Heuchelei, daß auch ich Finnegans Wake gelesen habe. Wann werden die Aschenbecher geleert? Jemand wechselt auf Benn, was mich nicht verwundert; Kafka ist schon an der Reihe gewesen. Lila mit ihren blauen offenen schönen großen blauen Augen! Sie sieht nicht, daß der unerbittliche Herr, der jetzt in jedem Gespräch mit dem großen Vorbild von Brecht aufkreuzt, das gleiche Gesicht trägt wie ein Herr, der bis zuletzt in der Reichsschrifttumskammer gewesen ist, und natürlich tue ich, als sehe ich es auch nicht. Derlei ist mühsam. Gelegentlich erhebe ich mich und leere die Aschenbecher ... Meine Angst, ich könnte mich durch solche Handreichungen verraten, ein

Blinder, der sieht, daß die Aschenbecher geleert sein wollen, bezieht sich nicht auf Lila; Lila ist schon so daran gewöhnt; nur die Gäste, die mich noch nicht kennen, sind eine gewisse Gefahr für mich, und in der Küche, als ich die Aschenbecher leere, klopft mir das Herz. Ich höre von draußen:

»Sagen Sie, Lila, ist er wirklich blind?«

»Er gibt sich eine Riesenmühe«, sagt Lila, »daß man's nicht merken soll. Ich tu ja auch immer, als merkte ich nichts.«

»Wie blind ist er eigentlich?«

»Erstaunlich«, sagt jemand, »wie er merkt, wenn man ihn beobachtet. Nur wenn er selber spricht, hat man wirklich das Gefühl, daß er blind sei. Nicht wahr? Wenn er sich ereifert wie vorhin.«

(– über Little Rock.)

»Sie haben recht«, sagt der Herr, der jetzt Brecht entdeckt hat, »es ist erstaunlich, wenn er so dasitzt und seinen Hund streichelt, man hat stets das Gefühl, man werde beobachtet.«

»Nicht wahr?«

»Seit wann ist er blind?«

»Seit wir uns kennen«, sagt Lila schlicht. »Zuerst habe ich gemeint, er mache einen Witz.« Pause. »Habe ich Ihnen das nie erzählt?«

»Nein!«

Und dann erzählt Lila unsere Geschichte, drolliger von Mal zu Mal, ich höre sie gern, sie erzählt umso genauer, je weniger sie stimmt, diese immer bezwingende Anekdote von unsrer ersten Begegnung: – wie Gantenbein in ihre Garderobe kommt, ein Herr mit den üblichen Blumen der Begeisterung, Lila nicht willens zu empfangen, wenn die alte Garderobiere nicht beteuern würde, er sei ein Blinder, Lila gerade beim Abschminken, angetan nur mit Unterwäsche und einem offnen Morgenrock darüber. Ein Blinder? Sie sieht (so sagt Lila immer) wie eine Hexe aus, ölig. Wieso ein Blinder? fragt sie, aber noch bevor sie sich darüber, wieso ein Blinder von ihrem Spiel begeistert sein könne, einen entschiedenen Gedanken gemacht hat, steht Gantenbein schon in der Türe, unaufhaltsam wie Blinde ja sein können, er sieht nicht die Unmöglichkeit, nicht einmal die entgeisterte Miene der Garderobiere. Steht einfach da, Rosen in der Hand, drei Stück, und sagt, wie begeistert er sei. Man muß ihm glauben. Dabei ist Lila gerade an jenem Abend (auch das sagt sie immer) schlechter gewesen als sonst, geradezu katastrophal. Er weiß nicht, wohin mit den Rosen. Lila vor dem Schminkspiegel, ölig, wie gesagt, eine Hexe mit offenem Haar, sie bietet einen leider wackligen Sessel an, und die Garderobiere nimmt ihm die drei Rosen ab, wobei er die Hand der Garderobiere küßt (das erzählt Lila nur, wenn ich beim Erzählen nicht zugegen bin) und seinen Mißgriff nicht merkt, irgendwie erschütternd, und wie er auf dem wackligen Sessel dann über Ionesco spricht, hintergründig, der erste Besucher in ihrer Garderobe, der nicht seine Blicke schweifen läßt, sondern ausschließlich die Kunst im Auge hat, während Lila sich kämmt und später sich ankleidet in seiner Gegenwart, ja, schon nach einer Viertelstunde kommt man sich wie verheiratet vor mit einem Blinden. – Jemand lacht blöd ... Jetzt bringe ich die sauberen Aschenbecher. Schweigen. Ich sehe ihr Staunen, wenn Gantenbein die sauberen Aschenbecher auf den Tisch legt, einen hier, einen dort, ohne ihre Tassen oder Gläser umzustoßen. Warum trinkt ihr denn nicht? fragt er und füllt die leeren Gläser, man schaut ihm zu, ich merke es genau, ob da ein Zweifel lauert oder nicht. Wo einer zweifelt, fülle ich sein Glas, bis es überläuft. Solche Kniffe sind immer seltener vonnöten. Jemand wechselt auf Musil.

(...)

Unser Alltag ist lustig.
Im Konzert sehe ich, daß Madame Stoffel an der Treppe auf uns lauert, und sage mitten in unser Gespräch hinein: Weißt du übrigens, was die Stoffel macht? Das ist nun das allerletzte, was Lila bekümmert. Hoffentlich ist die nicht hier! sage ich bloß, und kurz darauf zupft Lila mich am Ärmel. Du wirst lachen, sagt sie, da drüben steht sie! Und ich lache, als glaube ich's nicht, während wir die andere Treppe nehmen.
Lila glaubt an meinen sechsten Sinn.
Sie hat gelesen, daß ein Blinder sich in seinem Haus auskenne wie keiner, der sich auf die Augen verlassen muß; nie greife ein Blinder neben die Klinke oder neben den Wasserhahn; kraft eines Raumgefühls, das sich um keinen Zentimeter täuscht, wandle er wie ein Engel, der keine Scherben macht. Dies, wenn auch in wissenschaftlicheren Worten, stand in einem amerikanischen Magazin, geschrieben von einem Professor, der über tausend Tests gemacht hat. Lila hat es mir vorgelesen. Und ich halte mich daran. Nur einmal, als ein Kurzschluß unsre Wohnung verdunkelt, habe ich Mühe wie einer, der sieht, beziehungsweise eben nicht sieht, weil es stockfinster ist. Aber da es stockfinster ist, kann auch Lila nicht sehen, wie ich Mühe habe, und als ich endlich mit einer rettenden Kerze erscheine, bin ich wieder wie ein Engel für sie.

Ich stelle mir vor:
Lila beim Kleiderkauf, Gantenbein muß sie begleiten, es erleichtere ihr die Entschlüsse, und so sitze ich denn nachmittagelang als einziger Mann in dem kleinen, aber teuren, von Kennerinnen aus aller Welt geschätzten Laden, umhängt von Kostümen, von Spiegeln umstellt; wo ich hinschaue: Gantenbein mit dem schwarzen Stöcklein zwischen den Knien, die finstere Brille im Gesicht. Ich sehe: Gantenbein ist eleganter geworden, seit ich mich aushal-

ten lasse; ich schulde es Lila; ein blinder Herr von Welt. Lila probiert jetzt das nächste Modell, das fünfte, das seinem Urteil unterworfen werden soll. Ich bin ja gespannt; nicht auf das Modell, aber auf das Urteil von Gantenbein. Die Dame, die den geschätzten Laden führt, keine Verkäuferin, sondern Künstlerin und Freundin dazu, ihrerseits etwas zu dicklich, um es mit ihren Kundinnen aufnehmen zu können an Eleganz, aber auch eine Dame von Welt, die Lila durchaus nicht als Kundin behandelt, sondern als Schwester sozusagen, als Kennerin, als Mensch, als jemand, der ihre Begeisterungen nachzufühlen vermag, und die eigentlich, wie sie immer wieder durchblicken läßt, nichts andres wünscht als Verständnis für ihre uneigennützige und spontane Freude gerade an diesem Modell, das Lila jetzt anziehen wird, diese Dame also, die ich nicht mag, ist entzückt von Gantenbein. Nicht jeder Herr, ob Gatte oder Liebhaber, nehme sich soviel Zeit. Dann sind wir, Lila und ich, stets etwas verlegen über die Offenkundigkeit unsrer Liebe. Die Dame zieht jetzt den Vorhang; zugleich ist sie überzeugt, ich sei blind für die Preise, die Lila jedesmal mit Büscheln von Noten bezahlt, ungesehen, wie sie beide meinen, und da sie trotz der Menschenkenntnis, die sie sich zuschreibt, keine Ahnung hat, wer hier wen aushält, bin ich in ihren Augen nicht nur der geduldigste, sondern auch der großherzigste Herr, der je ihren kleinen, aber teuren, natürlich nicht als Laden, sondern als Atelier oder boutique bezeichneten Laden verraucht. Solange Lila in der Koje ist, tut die Verkäuferin immer, als wäre ich nicht blind. Sie werden sehen! sagt sie und läßt einen Kaffee über die Straße holen, damit meine Begeisterungsfähigkeit nicht nachlasse: Sie werden ja sehen! Das sind nun einmal ihre Redensarten. Aber auch Lila hinter dem Vorhang tut, als wäre die ganze Veranstaltung ausschließlich zu meinem Vergnügen. Kaffeetrinkend sitze ich wie ein Pascha, der einkauft für einen ganzen Harem; Lila nur das

Modell für einen ganzen Harem. Eine ganze Bibel mit Seidenmustern, was soll ich damit? Man zweifelt nicht an meiner Blindnis, im Gegenteil; aber man möchte mir das Gefühl geben, trotzdem ernstgenommen zu werden. Natürlich nehme ich meine Brille nie ab. Wenn es draufankommt, sehe ich die Stoffarbe, indem ich seitwärts aus der Brille schiele. Lang mache ich das nicht, sonst wird mir schwindlig. Ich schiele nur im entscheidenden Augenblick.

»Du«, sagt Lila, »ich bin entschlossen.«

»Fein.«

»Ich bin sicher«, schwatzt die Dame, »Sie werden es nicht bereuen. Wie gesagt, ich habe das Kostüm bei Dior gesehen und sofort an Sie gedacht, Madame Gantenbein –«

Jetzt schiele ich.

»Wer soll das tragen dürfen«, höre ich, »wenn nicht Sie, Madame Gantenbein! Nur der Kragen, wie gesagt –«

Ich finde es unmöglich.

»Du«, sagt Lila, »– ich bin entschlossen!«

Ihre Wiederholung zeigt an, daß sie unsicher ist, hilfsbedürftig. Lila hat Geschmack, aber wie jeder Mensch auch eine Herkunft. Gesetzt den Fall, Lila wäre die Tochter eines Bankiers: natürlich scheut sie sich vor jedem Kragen, der sie zu damenhaft macht, und fällt immer wieder auf alles Schlichte herein. Oder aber, Lila wäre die Tochter eines elsässischen Kurzwarenhändlers: ob es ihr steht oder nicht, sie verfällt allem Großdamigen, und darüber wird sie farbenblind im entscheidenden Augenblick. Ich muß ihr helfen. Ob Herr Dior sie liebt, der gerade dieses Modell wie für Lila geschaffen hat, weiß ich nicht. Ich liebe Lila, ob sie die Tochter eines Bankiers ist oder die Tochter eines Kurzwarenhändlers oder die Tochter eines puritanischen Pfarrers – was ebenfalls denkbar wäre. Ich sage:

»Fein.«

»Wir müssen es nur noch abstecken, weißt du –«

Lila wird abgesteckt.

»Ist es das gelbe?« frage ich.
»Nein«, sagt sie, »das weinrote.«
Die Dame und Schwester und Künstlerin, die jetzt in die Hocke gehen muß, um den Saum abzustecken – in der Hocke, ich sehe, platzt ihr fast ihr eigener Rock – findet es unglaublich, wie es meiner Lila steht, und ich sehe, wie Lila, die sich jetzt vor Stecknadeln kaum rühren kann, bemüht ist, indem sie den Kopf zum nächsten Spiegel dreht, trotz aller Stecknadeln an das Unglaubliche zu glauben.
»Weinrot?« frage ich. »Wie Burgunder?«
»Sozusagen.«
»O ja«, sage ich, »das steht dir.«
Schwierig mit einem blinden Mann!
»Wie Burgunder?« frage ich, »oder wie?«
Gantenbein, der Blinde, erinnert sich an mancherlei Rot. Auch ein Lachsrot würde ihr stehen, meint er, sogar ein trockenes Ziegelrot, vielleicht auch ein dunkles Rot, wie welkende Rosen es zeigen, ein Scharlachrot oder so. Er liebt Rot. Er erinnere sich an ein einziges Rot, was ihr nicht stehen würde: so ein seichtes, falsches, chemisches, ein Limonadenrot. Pause. Er erinnert sich: Rot ist das Blut, rot ist die Farbe des Alarms, die Fahne bei Sprengungen beispielsweise, rot ist der Mund der Fische, der Mond und die Sonne bei Aufgang und Untergang, rot ist das Feuer, das Eisen im Feuer, manchmal ist die Erde rot und der Tag hinter geschlossenen Lidern, rot sind Lippen, rot ist ein Kopftuch auf den braunen und grünen und grauen Landschaften von Corot, rot sind die Wunden, der Mohn, die Scham und der Zorn, vieles ist rot, der Plüsch im Theater, die Hagebutten, der Papst, die Tücher beim Stierkampf, der Teufel soll rot sein, und Rot erwacht aus Grün, ja Rot ist die Farbe vor allen Farben – für Gantenbein.
Ihr Kleid ist abgesteckt.
»Du«, sagt sie, »das ist kein Limonadenrot.«

Ich rauche und warte.
»Nein«, sagt die Dame, »weiß Gott nicht!«
Ich rauche und warte.
»Oder finden Sie«, fragt Lila, indem sie in den Spiegel blickt, hinunter zu der Hockenden, »daß es limonadenrot ist –«
»Ach wo!«
Im Spiegel sehe ich, wie Lila stutzt.
»Sie können beruhigt sein«, sagt die Verkäuferin herüber zu mir, ungeduldig, sie hält alle Männer für blind, »Sie können beruhigt sein«, sagt sie und wendet sich zu Lila, »– der Herr wäre entzückt, wenn er Sie sehen könnte.«
Als Blinder nicht verpflichet, entzückt zu sein, stelle ich weitere Fragen, die Lila mit einer Zuversicht beantwortet, der sie im Spiegel nicht standhält; zum Beispiel:
»Ist es auch nicht zu schlicht?«
Es ist bombastisch.
»Nein«, sagt Lila, »das nicht.«
Ich rauche.
»Ich bitte«, sagt Lila halblaut, »daß wir nochmals das gelbe probieren –«

Vielleicht weiß Lila schon lang, daß ich nicht blind bin, und sie läßt mir meine Rolle nur aus Liebe?

Ich stelle mir vor:
Lila, im Mantel, geht über die Bühne, Proben, Lila probt die Lady Macbeth, ich sitze im Dunkel einer Loge, meine Beine auf das Polster des Vordersessels gebettet, und kaue spanische Nüßchen, die ich, um keine Spreu zu hinterlassen, im Dunkel meiner Jackentasche aufknacke, blindlings also; die Spreu bleibt in meiner Tasche, und in dieser Spreu jeweils ein Nüßchen zu finden wird immer spannender. Die Direktion hat meine Anwesenheit bewilligt, wenn auch ungern; sie mußte wohl, um Lila, die in diesem Haus alles

durchsetzt, etwas anderes abschlagen zu können. Wahrscheinlich fragt sich die Direktion, wieso ich, ein Blinder, zu den Proben kommen muß. Lila wünscht es. Ich sei ihr eine Hilfe, sagt sie ... Also: Lila geht über die Bühne, Lila im Mantel, grüßend und begrüßt, als wäre sie nicht verspätet. Wie sie das macht, weiß ich nicht; wir sind miteinander ins Theater gekommen und beinahe zur Zeit, da Lila wieder einmal ihre Uhr nicht hat finden können, und ich habe sie ihr heute nicht zugespielt, damit wir einmal zur Zeit sind. Sie muß es, am Bühneneingang angekommen, gespürt haben. Vielleicht ein Gespräch auf der Treppe oder ein Brief beim Pförtner, ich weiß es nicht, jedenfalls ist die Lila-Verspätung wiederhergestellt; wir warten, Stille vor der Probe, Hammerschläge auf der Hinterbühne, Stille, der Regisseur am Pult bespricht mit seinem Assistenten, was nicht dringlich ist, aber nötig, um sich und den wartenden Schauspielern nicht das Gefühl zu geben, man warte lediglich auf Lila. Sie wird jeden Augenblick kommen, sie ist ja über die Bühne gegangen, sie ist schon in ihrer Garderobe. Stille, dann Flüche des Regisseurs, die ich in der Loge verstehe. Es ist keine Absicht von Lila, Menschen warten zu lassen, sondern eine Gabe. Sie warten. Wenn ich ihr später sagen würde, was ich gehört habe, würde Lila es nicht glauben; sie hat noch nie solche Flüche gehört, im Gegenteil, man wird bezaubert sein, entwaffnet, wenn Lila kommt, bezaubert. Also ich warte und kaue meine spanischen Nüßchen, da man in der Loge nicht rauchen darf, und warte ...

Auftritt Lady Macbeth.

Im Pullover; aber man glaubt ihr –

Freilich kann Gantenbein, wenn der Regisseur eine unselige Idee hat, sich nicht einmischen; kein Regisseur läßt sich von einem Blinden etwas sagen. Ich bin ihr trotzdem eine Hilfe. Insgeheim. Nach der Probe.

Zum Beispiel:

Der Regisseur, sonst ein visueller Mann, hat die Idee, Lila ganz an die Rampe zu führen, wenn sie das geträumte Blut von ihren Händen wischen will. Einmal anders, ja, aber schlecht. Ich staune, daß er's nicht sieht, und kaue wieder meine spanischen Nüßchen, während Lila ganz willig ist, also ganz an der Rampe ... Später dann, beim Mittagessen nach der Probe, frage ich, warum der Arzt und die Amme, die Shakespeare für diese berühmte Szene aufgeboten hat, gestrichen worden sind; eine Frage, die auch einem Blinden gestattet ist, denn ich habe den Arzt und die Amme, die zwar nicht viel zu sagen haben, aber daneben stehen, während die Lady spricht in ihrem rasenden Traum, nicht gehört. In der Tat, vernehme ich, sind sie gestrichen, eben weil sie nicht viel zu sagen haben. Was ich dazu denke, ist einfach; wie aber soll Gantenbein (ohne zu verraten, daß er sieht, was jedermann sehen könnte) seinen Eindruck an den Mann bringen, der, blind vor Ideen, gerade sein Filet Mignon ißt? Um jetzt nicht zu verraten, daß ich sehe, frage ich den Kellner, ob es ein Filet Mignon gebe ... Bei der nächsten Probe, als wieder meine Lady auftritt und den Kerzenleuchter an die Rampe stellt, ihre Hände waschend nicht vor dem Arzt und der Amme, die Shakespeare als versteckte Zuschauer erfunden hat, sondern allein vor dem Publikum, schließe ich die Augen, um meinen Eindruck zu prüfen. Ich höre den Unterschied. Als Lila zuhaus gelernt hat, nicht wissend, daß Gantenbein, versteckt wie die Amme und der Arzt, sie hörte, tönte sie wie ein Mensch in der Einsamkeit seiner Angst, und ich fand's erschütternd. Jetzt nicht. Jetzt kaue ich meine spanischen Nüßchen dazu. Derselbe Text, dieselbe Stimme; trotzdem nicht dasselbe. Weil sie an der Rampe steht, nicht belauscht von Arzt und Amme, die sie in ihrem Wahnsinn nicht sieht, sondern allein an der Rampe; belauscht von Kritik und Publikum. Ich muß es ihr sagen. Du tönst wie eine Dame von der Oxford-Gruppe, die ihre Seelennot als gesellschaftliche Nummer liefert, sage ich in einer Pause, zum Gähnen, und als der Regisseur hinzutritt, um Lila zu trösten, frage ich ihn, ob er nicht auch finde, sie töne wie eine Dame von der Oxford-Gruppe, eine Exhibitionistin, es töne, als stehe sie geradezu an der Rampe, ja, als stehe sie geradezu an der Rampe – Manchmal ändern sie.

Ohne es Gantenbein zu sagen: um sein Gehör auf die Probe zu stellen... Nach der Probe warte ich immer beim Bühnenausgang, gestützt auf mein schwarzes Stöcklein, tue, als kenne ich die berühmtesten Schauspieler nicht, und in der ersten Zeit sind sie auch immer vorbeigegangen, ohne zu nicken, nicht unfreundlich; aber was hätte ein Blinder davon, daß man nickt. Höchstens sagte einer: Ihre Frau kommt sogleich! Indem er vorbeiging. Was soll ein Schauspieler reden mit jemand, der ihn nie gesehen hat? Mit der Zeit beginnen sie zu nicken, worauf ich leider, um nicht aus meiner Rolle zu fallen, keineswegs eingehen kann; ich starre dann wie eine Vogelscheuche, grußlos, nicht ohne zu sehen, daß ihre Achtung zunimmt. Achtung vor meinem Gehör. Einmal spricht einer mich an und will wissen, ob die Verschwörung im dritten Akt, jetzt da sie nicht mehr sieben Meter auseinanderstehen, eher wie eine Verschwörung töne. Offenbar hat Lila geplaudert. Er stellt sich vor: »Ich bin Macduff.«

»Ja«, sage ich, »heute tönte es anders.«

»Siehst du«, sagte Macduff.

»Finden Sie nicht auch«, sagt ein andrer, und ich sehe, daß er sich ausschließlich an den blinden Gantenbein wendet, »daß es besser kommt, viel besser, daß es einfach richtiger ist, wenn Er« – dabei zeigte er auf einen Dritten – »die Hexen nicht anschaut, da sie sozusagen nur eine Version von mir sind?«

Ich bin sprachlos.

»Oder finden Sie nicht?« fragt er und erinnert sich, daß ich ihn ja nicht sehen kann: »Ich bin Macbeth.«

Ich stelle mich ebenfalls vor:
»Gantenbein«.
Sie nehmen meine Blindenhand.
»Ich bin Banko», sagt der Dritte.
»Sehr erfreut«, sage ich.
Lila kommt immer als letzte heraus.

Ich stelle mir vor:
Ab und zu habe ich es satt, Gantenbein zu spielen, und begebe mich in die Natur. Nachmittag im Grunewald. Sammle Kieferzapfen und schleudere sie, soweit ich vermag, hinaus in die Krumme Lanke, und Patsch, unser Hund, springt in das bräunliche stille blasige Wasser. Ich sehe den schwimmenden Kieferzapfen, er aber nicht, blind vor Eifer, paddelnd. Ich werfe einen zweiten. Zeige mit ausgestrecktem Arm, damit er nicht ins Leere schwimmt, und jetzt schnappt er, dreht. Zwei Ohren und eine Schnauze mit dem Kieferzapfen, zwei Augen über Wasser... Ich mag diese Havelseen sehr, Erinnerungen, und wie es um Berlin wirklich steht, braucht Gantenbein nicht zu sehen; es herrsche ein reges Leben, höre ich... Zwei Augen über Wasser, während seine vier Beine unsichtbar strampeln, das ist Patsch, kein ausgebildeter Blindenhund; ich muß ihn erst dazu erziehen, und natürlich ist das nur möglich, wenn weit und breit kein Mensch ist, beispielsweise vormittags im Grunewald, während Lila im Theater probt. Viel Arbeit dort und hier. Die Szene, wie Patsch das schwarze Stöcklein seines blinden Herrn findet, geht noch immer nicht. Ob er zu dumm ist oder zu klug? Jetzt kommt er an Land, unsern Kiefernzapfen in der Schnauze. Und dann pirscht er durchs Ufergebüsch, wedelnd, keuchend, da steht er vor dem Kieferzapfen im Sand, schüttelt sich einen kurzen Regenschauer aus dem Fell. Brav, Patsch, brav! Noch ist es nicht soweit, daß ich mit meinem Hund ganze Gespräche führe. Im Weitergehen

– kein Mensch ist weit und breit! – benutze ich meinen schwarzen Blindenstock, um eine Art Baseball zu spielen mit Kieferzapfen. So: Kieferzapfen in die linke Hand, Blindenstock in die rechte, jetzt werfe ich den Zapfen in die Luft – schlage mit dem Blindenstock. . . Sieben Treffer auf zehn Schläge, immerhin, und Patsch rennt durch den märkischen Sand, um den Treffer zu suchen. Ein entspannendes Spiel. Ich brauche das von Zeit zu Zeit. Ein Katholik hat die Beichte, um sich von seinem Gedächtnis zu erholen, eine großartige Einrichtung; er kniet und bricht sein Schweigen, ohne sich den Menschen auszuliefern, und nachher erhebt er sich, tritt wieder seine Rolle unter den Menschen an, erlöst von dem unseligen Verlagen, von Menschen erkannt zu werden. Ich habe bloß meinen Hund, der schweigt wie ein Priester, und bei den ersten Menschenhäusern streichle ich ihn. Brav, Patsch, brav! Und wir nehmen einander wieder an die Leine. Schluß mit Kieferzapfenspiel! Patsch versteht, und nachdem ich das Taschenbuch (ich lese, um die Menschen an ihren Urteilen zu erkennen) in den ersten Papierkorb gesteckt habe, gehen wir wieder, wie es sich gehört, ein Blinder und sein Hund. Bei Onkel-Toms-Hütte nehmen wir die U-Bahn.
Kaffee am Kürfürstendamm:
Journalisten, Schauspieler, Kameramänner, ein Doktor, Verehrer in allen Geisteslagen, manchmal habe ich Anwandlungen von Ungeduld, von Wut geradezu, daß sie mich für blind halten, bloß weil ich ihr Mann bin; wenn ich höre, wie sie mich glauben unterrichten zu müssen:
»Lila ist eine wunderbare Frau!«
Ich streichle den Hund.
»Sie wissen nicht«, sagt einer, »was für eine wunderbare Frau Sie haben –.«
Pause.
Was soll Lila dazu sagen?
Und was soll ich dazu sagen?

Lila rückt meine Krawatte zurecht.
Ich sehe:
Lila, umworben von allen, die Augen im Kopf haben, und ihre Augen werden dabei glasiger als ihre Hornbrillen, Lila ist wehrlos, so daß sie ihr die Hand halten oder den Arm, und dabei, ich weiß es, mag Lila das gar nicht. Wie soll ich's den Herren sagen? Ich könnte jetzt, ohne Aufsehen zu erregen, eine Zeitung lesen; so sicher sind sie vor mir. Warum sehen Männer, wenn sie verliebt sind, eher dumm aus? Ich erhebe mich. Was denn los sei, fragt Lila, die Umschwärmte, so, daß die Umschwärmer ebenfalls den Kopf drehen. Nichts! Ihr Mantel ist vom Sessel gerutscht, niemand hat's gesehen, ich sage: Sie entschuldigen, Doktor, Sie treten der Dame immer auf den Mantel. Oh! sagt dieser und zieht sofort seinen Schuh zurück, aber keinerlei Schluß daraus. Er entschuldigt sich bei Lila. Die schlichte Annahme, daß der Gatte blind sei, ist unerschütterlich.
Manchmal finde ich es nicht leicht.
Aber die Vorteile, sage ich mir dann, die Vorteile, du darfst die Vorteile deiner Rolle nie vergessen, die Vorteile im großen wie im kleinen; man kann einen Blinden nicht hinters Licht führen. . . Ein andrer spielt die Rolle eines Schriftstellers, dessen Name auf dem monatlichen Seller-Teller unaufhaltsam emporrückt, eigentlich die Spitze hält, da man die andern Titel, unter uns gesprochen, nicht ernstnehmen kann; sein Name schwebt gerade da, wo man noch nicht von Bestsellerei reden kann, genau an der obersten Grenze von literarischem Ereignis. Er kann aber nicht wissen, daß ich den Seller-Teller gesehen habe, und ist der einzige am Tisch, der sich an den blinden Gantenbein wendet, ich wiederum der einzige, der sein Werk zu kennen nicht verpflichtet ist. Ich behandle jeden, der es nötig hat, als berühmten Mann.
»Sehen Sie«, sagt der Berühmte –
Ich sehe, während ich Patsch, der vor dem Allzumensch-

lichen immer ausreißen möchte, an der Leine halte, ich sehe, wie seine Augen, während er mit dem blinden Gantenbein spricht von sich, immer wieder Ausschau halten, ob sonst wirklich niemand zuhört; ich sehe: der Mann nimmt mich ernst, weil Gantenbein nicht widersprechen kann, und da er, der mich ernstnimmt, zurzeit berühmt ist, plötzlich nehmen auch die andern mich ernst. Plötzlich soll Gantenbein sagen, wie er die deutsche Zukunft sieht, ja, ausgerechnet Gantenbein. Ich erschrecke. Ich möchte nicht ernstgenommen werden, aber gerade die Blinden nehmen sie so ernst.

»Wie sehen Sie denn die ganze Lage?«

Ich tue, als habe ich den Westen nie gesehen, und über den Osten weiß man Bescheid. . . Im Wagen dann, als Lila wieder ihr Schlüsselchen sucht, gebe ich ihr die Handtasche, sie hat sie auf dem Sessel liegen lassen, ich hab's gesehen, und wir können fahren, um bei dem hingerissenen Doktor einen Sekt zu trinken, ich verstehe, sozusagen unter vier Augen: Lila und der Doktor und ich. Der Hingerissene, der hinten sitzt, redet unentwegt, als wäre ich nicht nur blind, sondern auch stumm. Ich sitze neben Lila und sehe eine Hand auf ihrer Schulter, eine Hand, die von hinten kommt als Verständnis für Lila und sie tröstet über eine blöde Kritik in der Presse. Es wäre hartherzig, wenn ich ganz und gar dazu schweigen würde; die Kritik war wirklich sehr ungerecht-witzig, und ich lege meine Hand, die blinde, auf die andere Hand, die schon seit der Gedächtniskirche auf ihrer schwachen Schulter liegt, und sage: Mach dir nichts draus! Wir fahren schweigsam.

Usw.

(. . .)

Hoffentlich falle ich nie aus der Rolle. Was hilft Sehen! Es mag sein, daß Gantenbein, der Größe seiner Liebe nicht

gewachsen, gelegentlich die Blindenbrille vom Gesicht reißt – um sofort die Hand vor seine Augen zu legen, als schmerzten sie ihn.
»Was hast du?«
»Nichts«, sage ich, »mein Liebes –«
»Kopfschmerzen?«
Wenn Lila wüßte, daß ich sehe, sie würde zweifeln an meiner Liebe, und es wäre die Hölle, ein Mann und ein Weib, aber kein Paar; erst das Geheimnis, das ein Mann und ein Weib voreinander hüten, macht sie zum Paar.

(. . .)

Ich stelle mir vor:
Gantenbein steht in der Küche, Lila ist verzweifelt, sie kann es nicht sehen, daß Gantenbein, ihr Mann, immer in der Küche steht. Lila ist rührend. Sie kann es einfach nicht glauben, daß keine saubere Tasse mehr in der Welt ist, nicht eine einzige. Gehn wir aus! sagt sie, um den Heinzelmännchen eine Gelegenheit zu geben. . . Also man geht aus. . . Lila kann Schmutz nicht sehen, der Anblick von Schmutz vernichtet sie. Wenn du sehen könntest, sagt Lila, wie es in dieser Küche wieder aussieht! Manchmal geht Lila in die Küche, um ein Glas zu waschen oder zwei, einen Löffel oder zwei, während Gantenbein, besserwisserisch wie die meisten Männer, findet, in der Serie geht es flinker. Eine Stunde in der Küche, pfeifend oder auch nicht, wäscht er sämtliche Löffel und sämtliche Tassen und sämtliche Gläser, um frei zu sein für einige Zeit. Er weiß, es wird immer wieder vorkommen, daß man einen Löffel braucht oder ein Glas, meistens ein Glas, wenn möglich eins, das nicht klebrig ist, und wenn Lila in die Küche geht, so ist Gantenbein auch nicht frei; er weiß, wie unpraktisch sie es macht. Und mehr als das; er weiß, man soll einer Frau keine praktischen Ratschläge erteilen, es verletzt sie bloß

und ändert nichts. Was tun? ein Mann, der bei einer Frau, die er liebt, eine gewisse Tüchtigkeit vermißt, wirkt immer lieblos; es gibt einen einzigen Ausweg: daß er darin ihren eigentlichen und besonderen Charme sieht, obschon das so besonders nicht ist. Aber was tun? Solang keine Haushälterin vom Himmel fällt, hilft es nichts, daß es Lila in der Seele kränkt, wenn sie sieht, wie Gantenbein in der Küche steht, eine Schürze umgebunden, und wie er täglich die Mülleimer holt, die leeren Flaschen entfernt und die verknitterten Zeitungen, die Drucksachen, die Paketschnüre, die ekligen Schalen einer Orange voller Lippenstiftzigarettenstummelchen –

Ich glaube, ich habe die Lösung!

Da Lila wirklich nicht will, daß Gantenbein, ihr Blinder, das Geschirr wäscht, nur weil es sich nicht selber wäscht, ja, es trägt sich nicht einmal selber in die Küche, und da Lila jedesmal, wenn in der Küche alles blitzblank ist wie in einem Küchenfachgeschäft, traurig wird wie über einen heimlichen Vorwurf, ist Gantenbein dazu übergegangen, nie wieder die ganze Küche zu putzen. In der Tat, ich geb's zu, ist meistens eine kleine männliche Schadenfreude dabei gewesen, eine schnöde Lust aus männlichem Selbstmitleid, was die Küche auf Hochglanz gebracht hat. Soll nie wieder vorkommen! Gantenbein wäscht jetzt keinen Teller und keinen Löffel mehr, wenn Lila zuhaus ist, sondern nur noch insgeheim, dann immer nur soviel, daß es nicht auffällt. Die Küche sieht aus, als kümmere sich niemand drum, und doch, siehe da, findet man stets noch ein paar Gläser, ein paar saubere Messer, immer gerade genug, und die Aschenbecher sind nie so blank, daß sie wie ein Vorwurf blitzen, nur die Asche wächst nicht zu Bergen an, die ekligen Dattelkerne darin sind verdunstet, ebenso die klebrigen Ringe von Weingläsern auf dem marmornen Tischlein; die Drucksachen, die Magazine von der letzten Woche sind verschwunden, als hätten sie ihre vergilbte Überholtheit

endlich selber eingesehen – Gantenbein aber sitzt im Schaukelstuhl, eine Zigarre rauchend, wenn Lila nachhaus kommt, und Lila ist erleichtert, daß er sich nicht mehr glaubt um die Küche kümmern zu müssen.
»Siehst du«, sagt sie, »es geht auch so.«
Alltag ist nur durch Wunder erträglich.

Ich liebe die Septembermorgen, tau-grau-blau, Sonne wie hinter Rauch, die ländlichen Häuser erscheinen wie in Seidenpapier, der See blinkt, das andere Ufer verdunstet, Herbst, ich stehe zwischen den gläsernen Gewächshäusern, Patsch an der Leine, zwischen den Beeten einer ländlichen Gärtnerei – brillenlos, um die Farben der Blumen richtig zu sehen, und die gelbe Armbinde habe ich in die Hosentasche versteckt, damit der freundliche Gärtner nicht meint, er könne Welkes verkaufen. Sein Messer blinkt wie der See. Rittersporn, ja, oder was das nun ist, ich nicke, und jeder Stiel, den ich mit Nicken begrüße, kommt ans Messer und fällt mit einem leisen Knack, Blumen für Lila, Knack, Knack, Knack, ein ganzer Gärtnerarm voll blauem Rittersporn, knack, bis ich sage: Genug! Ich möchte noch etwas Gelbes dazu, nein, etwas Blasseres, nicht zuviel, dazu einige Dolden in Rot, Astern, ja, auch Dahlien, ja, Burgunderrot, viel. . .
Heute kommt Lila von Gastspielen zurück.
Wüßte sie, wie Gantenbein die lodernden oder glimmenden Farben dieser Welt genießt, wenn sie auf Reisen ist, und wie er sie betrügt mit jeder Blume, die er sieht!
Ihre Maschine kommt um 15.40.
Jetzt, zuhause, büschle ich die Blumen in die Vase, büschle, trete zurück mit schiefem Kopf, brillenlos, um das Zusammenspiel der Farben prüfen zu können, büschle abermals, ich habe ja Zeit, Tage der Sehnsucht sind lang, die Stunden noch länger, ich tue das gern, dieses Büscheln und Warten und Umbüscheln, und obschon ich weiß, daß Lila nie frü-

her kommt als versprochen, manchmal später, aber nie früher, bin ich doch nervös. Weg mit dieser Wolke von knisterndem Seidenpapier, weg mit den Stielen, weg damit! Als ich bereit bin, schlägt es elf Uhr, ein letzter Blick ohne Brille: ich bin entzückt, man soll sich nicht selber loben, aber ich bin entzückt über meinen Geschmack, untätig jetzt, da es nichts mehr zu büscheln gibt, ich pfeife vielleicht, zu unruhig, um mich setzen und eine Zeitung lesen zu können, also stehend, zwei oder drei Mal bücke ich mich noch, um eine abgefallene Blüte vom Teppich zu nehmen, dann ist auch das vollbracht. Ich weiß, daß Lila jetzt noch nicht einmal im Flugzeug sitzt, und bücke mich noch ein viertes und fünftes Mal, weil wieder eine blaue Blüte abgefallen ist, ein ungeduldiger Rittersporn, wahrscheinlich liegt Lila sogar noch im Bett, und ich denke: Hoffentlich verpaßt sie ihr Flugzeug nicht! und stehe, eine Zigarette im Mund, die ich anzuzünden vergesse, weil ich einmal auf die Uhr, einmal auf die Blumen blicke, immer noch ist da ein Zweig, eine Dolde, eine Farbe, die mich stört, es sieht nicht nach blindem Zufall aus, und das soll es unbedingt, meine ich, unbedingt, ich möchte, daß Lila später, nicht sogleich bei ihrer Heimkehr, aber später, wenn dieses Zimmer bereits wieder voller Handtaschen und Magazine und Handschuhe ist, sich freuen kann, ohne Gantenbein loben zu müssen, im Gegenteil, sie soll mir erzählen, wie schön der Zufall aussieht, ja, oft brauche ich Stunden, bis es soweit ist – ich büschle schon wieder, immer wieder flattert eine Blüte nieder, schön auch auf dem Teppich, Flocken gelb und blau, tauig noch immer, natürlich habe ich die Blindenbrille stets zur Hand, falls Lila früher kommt, zeitweise halte ich sie mit den Zähnen, meine Blindenbrille, wenn ich beide Hände brauche für den Strauß, ich lausche wie ein Kind, das nascht, zitternd im Grund meiner Seele. . . Ich glaube, ich liebe sie wirklich.

Am andern Tag, als ich das Telegramm (ANKOMME ERST FREITAG 10.45) dahin gedeutet habe, daß die letzte Filmaufnahme im Freien wahrscheinlich wegen Herbstnebel hat verschoben werden müssen, hat mein Strauß leider an Frische eingebüßt; ich wische nochmals die Blüten vom Teppich, die er über Nacht verloren hat, vor allem die Dahlien, die schwerköpfigen, neigen sich bedenklich. Ich büschle den Rest noch einmal – vergeblich. . . Ich sehe: mein Strauß, indem er zeigt, daß er von gestern ist, steht jetzt wie ein Vorwurf in der Vase, stumm, Lila wird verstimmt sein, obschon ich nichts sagen werde, nichts fragen. Es ist, man sieht's einfach, kein spontaner Strauß mehr. So werfe ich ihn weg, bevor ich zum Flughafen hinaus fahre; natürlich nicht in den Mülleimer, wo Lila ihn sehen könnte, sondern in den Keller, wo er, von alten Magazinen bedeckt, ungesehen welken kann. Es soll aussehen, als habe ich einfach nicht an Blumen gedacht. Das heißt, die Vase muß auch noch gewaschen werden, bevor ich zum Flughafen hinaus fahre –

Lila ist bereits gelandet.

Beinah wäre Gantenbein zu spät gekommen (auch das Treppenhaus mußte im letzten Augenblick noch von gelben und blauen Blüten gereinigt werden), und ich sehe gerade noch: der Herr, der ihre Siebensachen zum Zoll trägt, ist immer noch derselbe. Patsch winselt, als der fremde Herr und Lila, seine Herrin, sich fünf Meter vor seinem blinden Herrn verabschieden; ich muß ihn mit aller Kraft an der Leine halten, meinen dummen Köter.

Hoffentlich werde ich nie eifersüchtig!

Einmal habe ich die Eifersucht bis zum Rande erlebt, gräßlich, habe eine Waffe gekauft und im Wald, nach einem zehnstündigen Marsch, Probeschüsse veranstaltet. Bisher kannte ich nur das Schießen mit Gewehr und Haubitze; dagegen hatte die Handwaffe etwas Flinkes, Lustiges, Persönliches, etwas Sportliches. Im übrigen war es mir natürlich sehr ernst. Es war November, Vollmond, Nebel über den Feldern. Um Mitternacht, bevor die Wirtschaften geschlossen würden, betrank ich mich nochmals in einem Dorf, wanderte dann weiter, bis ich vor Erschöpfung erbrechen mußte. Das war im Morgengrauen. Etwas leichter war mir schon, leichter als in all den vergangenen Wochen, deren Abende ich oft als Wachposten verbracht hatte. Ich wusch mich an einem kalten Brunnen auf offenem Feld, das Lächerliche war mir sehr bewußt, dennoch war das Ganze, worüber man nach Jahren ein etwas billiges Lächeln hat, alles andere als eine Schnurre. Nüchtern in jedem Sinn, zu müde für jede Pose, entsicherte ich nochmals die erprobte Waffe, ging weiter auf der morgengrauen Straße, bis ich etwas Lebendiges erspähte, eine Krähe, die auf einem elektrischen Mast hockte. Ich schoß. Die Krähe, aufflatternd, verließ die Isolatoren, deren einen ich, nach dem Geklirr zu schließen, getroffen hatte, und landete nach einer kurzen Schleife, als ginge die Geschichte sie nichts an, gelassen auf einem kleinen kahlen Birnbaum, näher als zuvor. Ich schoß. Die Krähe, aufflatternd wie zuvor, taumelte auf den Acker. Also getroffen. Als ich hinzutrat, flatterte sie neuerdings mit wilden Schlägen, flog, als wäre nichts gewesen, mindestens hundert Meter, bis sie in die Weiden eines angrenzenden Sumpfes taumelte. Ich stapfte auch dorthin. Stacheldraht, Gräben, Umwege. Meine Schuhe waren Lehmklumpen, meine Hose klatschnaß, bis ich das Biest, das immer wieder einmal auf dem

Boden umherwirbelte, endlich hatte, so, daß ich meinen Fuß auf seinen verschmutzten Flügel setzen und ihm die dritte Patrone geben konnte, die letzte, die ich hatte. Auf der Landstraße erschien der erste Radfahrer, ein Arbeiter mit Rucksack. Damit war die Geschichte erledigt. Indem ich die tote Krähe, die, an den Flügelspitzen ergriffen, eine überraschende Spannweite zeigte, ihrem Totsein überließ und auf die Straße zurückstapfte, erinnerte ich mich zwar sofort wieder an die Geschichte; aber sie erschien bereits in großer Ferne, nicht von heute, eine Erinnerung. Den Mann, dem sie plötzlich den Vorzug gegeben, habe ich nicht gekannt; ich wußte nur, daß er erheblich älter war. . . Ein nächstes Mal, könnte ich mir denken, wird er erheblich jünger sein. . . Jedenfalls wird er immer eine Eigenschaft haben, die wir ihm um nichts in der Welt streitig machen können und es wird immer, wenn es so weit ist, ein satanischer Schmerz sein.

Wenn es so weit ist: wenn der Blick zweier Augen, der Glanz eines vertrauten Gesichtes, den du jahrelang auf dich bezogen hast, plötzlich einem andern gilt; genau so. Ihre Hand, die dem andern in die Haare greift, du kennst sie. Es ist nur ein Scherz, ein Spiel, aber du kennst es. Gemeinsames und Vertrautes, jenseits des Sagbaren, sind an dieser Hand, und plötzlich siehst du es von außen, ihr Spiel, fühlend, daß es für ihre Hand wohl keinen Unterschied macht, wessen Haar sie verzaust, und daß alles, was du als euer Letzteigenes empfunden hast, auch ohne dich geht; genau so. Obschon du es aus Erfahrung weißt, wie auswechselbar der Liebespartner ist, bestürzt es dich. Nicht allein daß es nicht weitergeht, es bestürzt dich ein Verdacht, alles Gewesene betreffend, ein höhnisches Gefühl von Einsamkeit, so als wäre sie (du denkst sie auch schon ohne Namen) niemals bei dir gewesen, nur bei deinem Haar, bei deinem Geschlecht, das dich plötzlich ekelt, und als hätte sie dich, sooft sie deinen Namen nannte, jedesmal betrogen...

Anderseits weißt du genau:

Auch sie ist nicht die einzigmögliche Partnerin deiner Liebe. Wäre sie nicht gewesen, hättest du deine Liebe an einer anderen erfahren. Im übrigen kennst du, was niemanden angeht, nur dich: deine Träume, die das Auswechselbare bis zum völlig Gesichtslosen treiben, und wenn du nicht ganz verlogen bist, kannst du dir nicht verhehlen, daß alles, was man gemeinsam erlebt und als ein Letzt-Gemeinsames empfunden hat, auch ohne sie gegangen wäre; genau so. Nämlich so, wie es dir überhaupt möglich ist, und vielleicht, siehe da, ist es gar nicht jenes Auswechselbare, was im Augenblick, da ihre Hand in das andere Haar greift, einen so satanischen Stich gibt, im Gegenteil, es ist die Angst, daß es für ihre Hand vielleicht doch einen Unterschied macht. Keine Rede davon: Ihr seid nicht auswechselbar, du und er. Das Geschlecht, das allen gemeinsame, hat viele Provinzen, und du bist eine davon. Du kannst nicht über deine Grenzen hinaus, aber sie. Auch sie kann nicht über die ihren hinaus, gewiß, aber über deine; wie du über die ihren. Hast du nicht gewußt, daß wir alle begrenzt sind? Dieses Bewußtsein ist bitter schon im stillen, schon unter zwei Augen. Nun hast du das Gefühl wie jeder, dessen Grenzen überschritten werden und dadurch sozusagen gezeigt, das Gefühl, daß sie dich an den Pranger stellt. Daher bleibt es nicht bei der Trauer, hinzu kommt die Wut, die Wut der Scham, die den Eifersüchtigen oft gemein macht, rachsüchtig und dumm, die Angst, minderwertig zu sein. Plötzlich, in der Tat, kannst du es selber nicht mehr glauben, daß sie dich wirklich geliebt habe. Sie hat dich aber wirklich geliebt. Dich! – aber du, wie gesagt, bist nicht alles, was in der Liebe möglich ist...

Auch er nicht!

Auch sie nicht!

Niemand!
Daran müssen wir uns schon gewöhnen, denke ich, um nicht lächerlich zu werden, nicht verlogen zu werden, um nicht die Liebe schlechthin zu erwürgen –.

Philemon und Baucis 1960/64

Ich stelle mir vor:
Philemon und Baucis, als sie nach einer Woche wieder nachhause kommen, werden von etlichen Briefen erwartet, aber Philemon kümmert sich nur um die seinigen, Philemon wieder ein Mann von Geist. . .
Und Baucis?
Sie hat eine Schublade mit einem antiken Schloß, das stets geschlossen ist. Woher ich das weiß? Ich habe die Schublade nie zu öffnen versucht. Wie käme ich dazu! Ich sehe bloß, daß Baucis jedesmal mit einem Schlüsselchen öffnet, wenn sie etwas aus dieser Schublade braucht, und sage jedesmal zu Philemon, daß ihn diese Schublade einfach nichts angeht. Wir sind uns einig. Nur die Sorgsamkeit, wie sie das Schlüsselchen verschwinden läßt, belustigt ihn mehr und mehr, und eines Morgens will es der Zufall, daß diese Schublade offensteht, ein Versehen offensichtlich. Oder will sie ihn auf die Probe stellen? Er hat, weiß Gott, anderes zu tun. Soll er hingehen und die Schublade zuschieben, damit Baucis nachher nicht erschrickt? Das geht auch nicht, finde ich und bin dafür, daß Philemon sich an die verdammte Steuererklräung setzt, oder was nun die Forderung des Tages gerade ist.Eben hat sie angerufen, sie sei beim Coiffeur und komme später. Ich weigere mich zu denken, daß es eine Finte sei. Daß Philemon hingeht und beim Coiffeur anruft, um sicher zu sein, daß Baucis vor zwei Stunden nicht zurückkommt, verbietet

sich. Das ist nicht der Stil zwischen Philemon und Baucis. Und wenn er es später dennoch tut, so nur, weil er wegen der Steuererklärung tatsächlich eine Auskunft braucht, die sie unter der Dauerwellenhaube natürlich nicht zu geben vermag. Jedenfalls ist Baucis also wirklich beim Coiffeur. Hat Philemon daran gezweifelt? Er kann nicht vorbeigehen, ohne es zu sehen: eine Schublade voller Briefe. Er könnte sie lesen zwei Stunden lang. Briefe vom Einhorn? Nun gibt es zweierlei: er tut es oder er beherrscht sich. Natürlich tut er's nicht. Aber es verstimmt ihn gegen Baucis, daß er sich beherrschen muß. Er hat, wie gesagt, eigentlich andres zu tun. Und kurz und gut, er tut es nicht. Ich bin erleichtert.
Es ist nichts dabei, daß eine Schauspielerin, von Millionen gesehen auf dem Fernsehschirm, Briefe bekommt. Es ist klar; nicht ohne weiteres klar, warum so viele Briefe mit dänischen Marken kommen. Die Dänen scheinen ein besonders fernsehfreudiges Volk zu sein und einen einzigen Typ von Schreibmaschine zu besitzen. Nicht ohne weiteres klar: warum unter allen Briefen, die Baucis oft wochenlang umherliegen läßt, nie ein Brief mit dänischen Marken ist. Nicht darauf zu achten, das ist das einzige, was ich dem guten Philemon raten kann. Ob er denn schlechte Post habe, fragt sie beim Frühstück, indem sie den Brief mit dänischen Marken (Philemon erkennt jetzt die dänischen Marken bereits auf eine Entfernung von drei bis vier Metern) in ihren Morgenrock steckt, ohne ihn zu lesen, damit der Toast nicht anbrennt. Seine Frage: Was gibt es Neues? bezieht sich ausschließlich auf Briefe ohne dänische Marken, und so wird sie von Baucis auch beantwortet. Im Durchschnitt kommen zwei bis drei Briefe in der Woche, dänische, alle ohne Absender. Natürlich schämt Philemon sich selber, daß er sie zählt, und ich brauche ihm nicht zu sagen, daß er, gelinde gesagt, ein Narr ist. Kümmern wir uns um anderes!

Zum Beispiel:
das geteilte Deutschland, wobei man sich fragen muß, unter welchen Voraussetzungen die wirklich oder scheinbar geforderte Wiedervereinigung nicht eine Gefahr für Europa darstellte, eine Bedrohung des Friedens; warum tun wir nicht alles, um Voraussetzungen zu schaffen –
Oder:
die Verhältnisse in Spanien –
Oder:
die Verschlammung unsrer Seen –
Kümmern wir uns darum!
Was Philemon und Baucis betrifft, so weiß man, daß Eifersucht, begründet oder unbegründet, noch selten durch die Würde stiller Beherrschung getilgt worden ist, eher schon durch eine eigene Untreue, auch wenn die klassische Mär von Philemon und Baucis sie verschweigt und mit Recht; es genügt, daß Philemon es weiß. Er hat nicht gewußt, wie unbefangen er lügen kann; er staunt. Philemon hat zu lang nicht mehr gelogen; das hat ihn so empfindlich gemacht. Nur im ersten Augenblick, als er seine Baucis sieht ist er befangen; er meint, ihre Lippen müßten es merken. Aber Baucis merkt nicht, was ihre Lippen merken, und ist glücklich, Philemon wieder ein munterer Mann, und als er sagt, er liebe sie, ist es wahr, obschon er vor drei Stunden eine andere Frau geliebt hat; er staunt, wie wahr es ist, o ja, wahr wie sein Geheimnis.
So weit, so gut.
Es ist eine pure Fopperei, als Philemon die dänischen Briefe, die trotz allem nicht ausbleiben, einmal eine Woche lang einfach nicht aushändigt. Ich weiß nicht, was er sich davon verspricht. Ein pure Fopperei. Vielleicht will er mir nur zeigen, wie übermütig er jetzt dieser Sache gegenübersteht. Er fragt: was gibt's Neues? und Baucis köpft das Ei oder gießt Tee ein, ohne auch nur zu fragen: Habe ich keine Post? Nach einer Woche ist es Philemon, der unruhig wird;

nämlich nun sind es schon drei Briefe, die er in seiner Brusttasche trägt, Briefe mit dänischen Marken. Zum Glück kümmert sich Baucis nicht um seine Anzüge. Wie stünde er da! Ein beiläufiges Wort von ihr, auch nur eine Miene, die Unruhe bekennt, und sofort würde Philemon in die Brusttasche greifen, sich für seine Vergeßlichkeit entschuldigen und die dänischen Briefe aushändigen. Unversehrt! Stattdessen kommt ein Eilbrief, eingeschrieben, vom Boten überbracht, so daß Baucis ihn persönlich in Empfang nimmt. Sie liest, ohne deswegen den Toast zu vergessen, und fragt mit keinem Wort, ob er Briefe, mindestens drei, unterschlagen habe. Kein Wort. Philemon streicht Butter, Blick in die Morgenzeitung. Ich frage mich: Was jetzt mit den drei Briefen? Einen Augenblick lang, als er bereits in seinem Wagen sitzt und den Anlasser bedient, überlegt sich Philemon, ob er nicht ins Haus zurückgehen soll, um Baucis, dieses Erzweib von einer Schauspielerin, rundheraus zur Rede zu stellen. Philemon! sage ich und bleibe mit meiner Hand am Anlasser. Ist es denn nicht eine Ehre für ihn, daß diese Briefe so unverhohlen ins Haus kommen? Ich versuche ihn zu beschwichtigen. Heißt das denn nicht, daß sie ihn mindestens nicht für kleinlich halten? Ich sage: Fahr ab! Der Motor läuft schon lange, und ich bin erleichtert, daß er endlich seine Handschuhe anzieht: nur sein Gesicht im Rückspiegel macht mir noch Sorge. Warum so grimmig? Er sagt nicht, was er denkt, wahrscheinlich überhaupt nichts. Ich denke: Bisher hat Philemon sich tadellos gehalten. Bisher! Wenn zwei dänische Briefe auf einmal gekommen sind, hat er sie einfach neben die Serviette gelegt, ohne zu lächeln, und Baucis, sonst so unbefangen, hat sich mürrisch gegeben, gelangweilt, unwillig, belästigt. Was will man mehr? Ich verstehe: Philemon will die drei Briefe loswerden. Ohne sie zu lesen! Das wollen wir hoffen. Warum verdutzt es ihn, daß seine Baucis, wie aus dem dänischen Blarin zu schließen ist, offenbar auch ihrerseits mindestens zwei Mal in der Woche schreibt? Es verdutzt ihn tatsächlich. Hat er denn gemeint, ein Däne könne Pingpong spielen mit Bällen, die nicht zurückkommen? Ich muß noch einmal daran erinnern, daß Philemon sich bisher tadellos verhalten hat; nie hat er, was taktlos gewesen wäre, die dänischen Briefe obenaufgelegt. Was ihn ärgert, ist dieser eingeschriebene Eilbrief, ihr überlegenes Schweigen dazu, daß Briefe vermißt werden. Soll er vielleicht hinaufgehen und sich entschuldigen? Endlich sein erster Gedanke: Ich fahre jetzt zur Hauptpost und werfe die drei unterschlagenen Briefe einfach nochmals ein. Punktum. Ich fürchte nur, daß die Post, ordentlich wie sie ist, nochmals ihren Stempel dazugeben wird, Stempel mit Datum. Was dann? Es gibt nur eins: daß Philemon, obschon er wahrhaftig andres zu tun hätte, in den Wald hinauffährt, um die drei Briefe zu verbrennen.

Also Philemon fährt.

Ich sehe nicht ein, warum so weit!

Philemon möchte nicht gesehen werden, auch nicht von Waldarbeitern. Es regnet, Vormittag, sonst ist kein Mensch im Wald. Es ist schade, daß man nicht öfter in den Wald geht, wenn's regnet, und sich Zeit nimmt, um durch das grüne Farnkraut zu stapfen, knietief in nassen Wedeln, oder um unter einer Buche zu stehen, trocken wie in einem Zelt, während man ringsum die grüne Regenharfe hört: ein Ameisenhaufen im Regen, ein Hügel aus Tannennadeln, braun und naß, oder Moos, schwärzlich und schwammig, Schwämme je nach Jahrenszeit, Stämme, und es tropft, man scheut sich vor Büschen, jeder Zweig ist eine Dusche, kein Vogel rührt sich, Stille unter grünen Schirmen, reglos, Spinnweben, aber ohne Spinne, Wurzeln, die schwarz sind und glänzen vor Nässe, manchmal ist es glitschig, dann wieder trocken wie ein Teppich, es regnet irgendwo in der Höhe, ein Rauschen, das nicht ankommt, in den Wegen sind braune Tümpel, dort kommt's an, man sieht es, Spritzer, und an den Zweigen rollen langsam die dicken Tropfen, Holz in Klaftern, dort wohnen die Käfer tropfenlos, das Holz ist vielmals getrocknet, die Rinde moosig, die runden Stammschnitte leuchten spiegeleiergelb, sonst ist die Welt ein grauer Dampf zwischen nassen Säulen mit grünem Filigran, und der Himmel darüber, der regnet, ist lila. . . Es ist ein Jammer, daß Philemon von alledem nichts sieht, ängstlich vor Waldarbeitern, die er eben gesehen hat, Männer in Stiefeln, die wie Kobolde unter einer Blache hocken; aber das ist zwei oder drei Kilometer von hier, ja, genau dort, wo er die Briefe hat verbrennen wollen. Inzwischen hat Philemon überlegt, wie es wäre, wenn man zur Bank führe und die Briefe in ein Safe gäbe. Vorteil: sie wären, sollten sie je erwähnt werden, jederzeit auslieferbar. Nachteil: sie blieben jederzeit lesbar, ausgenommen die Sonn- und allgemeinen Feiertage. Ich bin für Verbrennen, aber rasch. Ich möchte an die Arbeit. Warum nicht in dieser Kiesgrube? Ich bin ungeduldig, ja, und Philemon ist zerstreut; als er aussteigt, vergißt er den Scheibenwischer abzustellen. Die Tümpel in der Kiesgrube, mag sein, erinnern an das dänische Wattenmeer. Also her mit den Briefen! Der Ort ist günstig, eine kahle und verlassene Kiesgrube mit einer verrosteten Tafel *Zutritt bei Polizeibuße verboten*, einmal ein dröhnendes Flugzeug über dem Wald, Vampire, vielleicht gerade über der Kiesgrube, niedrig, aber in Regenwolken unsichtbar, dann wieder die tropfende Stille; Philemons schwarzer Wagen, verspritzt vom Durchfahren vieler Tümpel, steht schief drüben am Weg mit pendelnden Scheibenwischern; jetzt ein Eichelhäher, der aus dem Unterholz aufflattert und in den Lüften kräht, aber das ist es nicht, weswegen Philemon zögert. Die Briefe, nicht für den Regen bestimmt, sondern für die Schublade, sehen wie verheult aus. Ob sie überhaupt noch brennen werden? Es ist vorauszusehen, daß die Briefe,

ungeöffnet, nur anbrennen, und nachher liegen sie dann da, Papier mit braunen Rändern, die bestenfalls glimmen und sich in Asche krümmen, und Philemon wird noch knien müssen, um zu blasen, um auf den Knien ein paar unverkohlte Wörter zu lesen, die ihn nichts angehen, Reste eines Satzes, in einem höhnischen Grad nichtssagend, so daß er auch noch die Asche entziffert, Wörter, die, da er sich den Zusammenhang selbst ersinnen muß, in seinem Hirn unvergeßlich weiterbrennen. Er wird es bereuen, die Briefe nicht wirklich gelesen zu haben, und wenn er sie gelesen hat, so wird er's auch bereuen. Ob es nicht besser wäre, einfach ein Loch zu machen und die Briefe zu begraben? Ich sehe, wie er einen Ast sucht, um damit ein Loch zu graben. Aber der Ast bricht; Lehm ist Lehm. Ein zweiter bricht ebenso; Kies ist Kies. Ich sehe, wie er vor Zorn errötet, ja, vor Zorn auf euch. Jetzt regnet es richtig, er fühlt es, ihr macht euch lustig über Philemon. Ihr! Das aber ist die Eröffnung der Eifersucht, daß ich denke: Ihr, das Paar, Ihr! Jetzt reißt er die Briefe tatsächlich auf, alle drei, unhastig, wie ich sehe, aber entschieden. Ich kann es nicht hindern. Ich denke bloß, dazu hätte man nicht in den nassen Wald fahren müssen. Wie Philemon jetzt aussieht, seine Hosen, seine lehmigen Schuhe! Als er zum Wagen geht, um die Briefe wenigstens im Trockenen zu lesen, sage ich nochmals: Philemon? Die Briefe mit den dänischen Marken sind aufgerissen, ich seh's, aber noch ungelesen. Was kann schon drin stehen? Er zögert –
Ich kann es ihm sagen:
– Kopenhagen im Frühling, Paris des Nordens, aber menschenleer (nach diesen Briefen zu schließen) wie der Mond, keine einzige Dänin kommt vor, ein Leben in Kopenhagen muß unerträglich sein, unerträglich ohne Baucis, aber Hauptsache, daß sie sich wieder erholt hat, Kopenhagen auch regnerisch, kein Wort über Philemon, hingegen viel Liebes über Lila, eine Reise nach Hamburg verschoben

aus Verständnis, Ausrufzeichen, Hoffnung auf Gastspiel in München, Fragezeichen, Hotel Vier Jahreszeiten, manchmal huscht durch das Kopenhagen dieser Briefe und verliert sich, ehe sie zu Wort kommt, doch eine Person, ein Gespenst, das sich das Leben nehmen will, daher Deckadresse, kommt Zeit, kommt Rat, inzwischen Erfolge im Beruf, leichthin erwähnt, versteht sich, eigentlich nicht der Rede wert, viel Kluges über Filme, Einverständnisse über tausend Meilen, Kopenhagen ist eine Millionenstadt, aber der einzige Mensch, der versteht, ist nicht in Kopenhagen, und der Weg zum Hauptpostamt, wo schon seit Tagen nichts zu finden ist, scheint von keinen Häusern gesäumt zu sein, sondern von Erinnerungen an den Jungfernstieg, dabei gibt es in Kopenhagen sehr hübsche Wohnungen gerade für Frauen, die selbständig leben wollen, Dank für das Foto, eben fliegt ein Flugzeug über das Haus, und so vergeht die Zeit, die Zeit, nochmals Dank für das Foto, Sehnsucht nach einem kalten Whisky im heißen Bad usw.

Also:

Philemon hat die Briefe nicht gelesen, er schiebt den ersten Gang hinein und löst die Bremse, es fehlt jetzt nur noch, daß er euretwegen nicht aus diesem Graben kommt; die Räder spulen im Lehm, aber dann gelingt es doch, und der Wagen ist längst aus dem Graben heraus, aber Philemon noch immer im Lehm seiner Gefühle, seine Gedanken spulen und spulen, ohne von der Stelle zu kommen –

Und so den ganzen Tag!

Die unbefangene Alltagsherzlichkeit von Baucis, ihre leichte und vorwurfslose Frage, woher so spät, ihre zufriedene Bemerkung darüber, daß er sich endlich ein Paar neue Schuhe gekauft hat und daß auch der Wagen wieder einmal gewaschen ist, diese durchaus natürliche und wirkliche und keineswegs gespielte Unbefangenheit, womit Baucis ihren Philemon begrüßt, ist himmelschreiend – ich

geb's zu – unter der Voraussetzung, daß in den drei dänischen Briefen ungefähr steht, was ich vermute; ich kann es aber nicht beschwören!. . . Der Wagen ist gewaschen, ja aber er hat eine Beule; irgendwo muß er einen Baumstrunk gestreift haben, wahrscheinlich als er aus dem glitschigen Graben herausfuhr, eine sehr deutliche Beule. Das nebenbei.
Philemon lügt:
»Ach«, sagt er, »die ist alt.«
Das hat jetzt noch gefehlt, daß er, Philemon, ein schlechtes Gewissen haben muß, ja, daß er es ist, der dem andern nicht in die Augen blicken kann –
Philemon trinke zuviel Whisky.
Sie sagt nicht, er sei nicht mehr so jung, ein Mann seines Alters müsse sich langsam schonen. Kein Wort davon! Aber er hört es –
Philemon arbeite zuviel.
»Ja«, sagt er, »gehen wir ins Kino.«
»Da gibt es jetzt einen Film«, sagt sie, »der außerordentlich sein soll, stilistisch ganz außerordentlich, sagt man –«
»Wer sagt das?«
»Hast du keine Lust?«
»Was heißt stilistisch?«
»Ein Film«, sagt sie, »der überhaupt keine story hat, verstehst du, das einzige Ereignis ist sozusagen die Kamera selbst, es geschieht überhaupt nichts, verstehst du, nur die Bewegung der Kamera, verstehst du, die Zusammenhänge, die die Kamera herstellt –«
»Wer sagt das?«
Einen Augenblick sieht es aus, als wolle er sie zur Rede stellen, weil sie von einem Film, der hierzulande zum ersten Mal gespielt wird, bereits nicht bloß die fehlende story kennt, sondern weiß, wie er stilistisch sich anstellt –
»Ich habe darüber gelesen.«
Gelesen!

»Ja«, sagt sie, »gestern in der Zeitung.«
Also weiter:
Er wirft die drei Briefe, die aufgerissenen, in eine Straßendole, als Baucis zugegen ist; sie beachtet es aber nicht, obschon er noch drei Mal, einmal für jeden Brief, mit der Fußspitze nachhelfen muß; sie sieht, daß es Briefe sind, aber sie kümmert sich nicht um seine Post.
So weit, so gut.
Sehnsucht nach einem kalten Whisky im warmen Bad, das hätte ich natürlich nicht sagen sollen, ich weiß ja nicht, was in diesen Briefen gestanden hat, es ist nur eine Mutmaßung gewesen, und nun sehe ich, wie Philemon, einen kalten Whisky in der Hand, vor den Vorhängen steht und starrt.
Ich frage, was Philemon denkt.
Keine Antwort.
Bist du eifersüchtig?
Wieso?
Ich frage.
Es kommt darauf an, meint er, was man unter Eifersucht versteht. Der Gedanke beispielsweise, daß die Frau, die ich liebe, einen kalten Whisky trinkt im warmen Bad mit einem andern Mann – mein Fehler, wenn ich es mir vorstelle, ich weiß! sagt er.
Aber?
Einmal offen gestanden, sagt er, die Vorstellung ist mir unangenehm –
Ich lache.
Er starrt.
Ich frage Philemon, warum er sich Dinge vorstellt, die, wie ich versichere, aus der Luft gegriffen sind, Mutmaßungen, nichts weiter. Oder glaubt er plötzlich, ich sei ein Hellseher, der Briefe durchschauen kann, ohne sie zu lesen? Abgesehen davon, daß uns solche Dinge überhaupt nichts angehen –

Philemon, sage ich, geh arbeiten!
Es ist gut, daß die Briefe jetzt in einer Straßendole sind, ich glaube, jetzt würde er sie tatsächlich lesen, bloß um meine Mutmaßung widerlegt zu sehen.
Philemon, sage ich –
Eintritt Baucis.
Ich frage, was Philemon eigentlich will.
Baucis summt.
Ein kalter Whisky im warmen Bad, ich muß es nochmals sagen, daß es sich um eine blinde Mutmaßung handelt, nichts weiter, ohne ein wirkliches Indiz, eine Mutmaßung bezogen aus dem Arsenal meiner eigenen Geheimnisse, nichts weiter.
Baucis summt.
Warum stellt er sie nicht zur Rede?
Keine Antwort.
Angst?
Ist stelle mir vor: Philemon stellt sie zur Rede, und Baucis hat etwas zu gestehen – Philemon wird nicht brüllen. Ich kenne ihn. Er wird tun, als wäre nichts dabei, und später wird er seine Pfeife wieder anzünden, da sie ihm ausgegangen ist. Also doch! Das ist das einzige, was ihm dazu einfallen wird: Also doch! Es ist wie eine Spritze, die noch nicht wirkt, und kann sogar sein, daß ich lächle, und Baucis kommt sich wie eine Närrin vor, daß sie's nicht schon im Januar gesagt hat. Im Januar? fragt er: im Januar? Aber Daten, so findet sie, erübrigen sich; ihr genügt jetzt die Erleichterung, daß ich die Ruhe wahre. Warum will Philemon jetzt wissen, wie der andere heißt? Vielleicht besteht er nur darauf, weil ihm sonst nichts andres einfällt. Ob er Nils heißt oder Olaf, was kümmert's mich! Aber Philemon will es wissen. Es wäre ihm lieber, wenn ich nicht zugegen wäre. Ich weiß ja schon, daß er es überleben wird. Ob sie den andern wirklich liebe und wie sie sich die Zukunft vorstelle, lauter Fragen, die ich auch schon

gestellt habe, ich kann's nicht hindern, daß Philemon sie trotzdem stellt; aber ohne meine Anteilnahme. Wozu muß ich immer wieder dabei sein? Ich höre die Antworten nicht, sondern gieße mir einen nächsten Kaffee ein und verstehe, daß Baucis, indem sie sich beherrscht, keinen Zucker anbietet; es ist schmerzlicher Takt, der ihr jetzt diese gewohnte Geste verbietet; sie möchte jetzt nicht idyllisieren. Nun wisse er's! sagt sie, während ich Zucker nehme, einen Geschmack auf der Zunge, den ich kenne. Es ist zwei Uhr, eigentlich Zeit, um an die Arbeit zu gehen; Baucis stellt die Tassen zusammen. Warum ohrfeigt er sie nicht? Es verfeinert sich das Vermögen zu unterscheiden zwischen Gefühlen, die man hat, und solchen, die man schon gehabt hat. Das hat nichts mit Reife zu tun. Ich empfinde den Augenblick wie Erinnerung. Das ist alles. Ich erinnere mich, wie ich vor Jahren auch nicht geschrien habe, weil es auch nicht das erste Mal gewesen ist, und das erste Mal, als ich es gehört habe von einer Frau, daß sie bei einem andern gewesen ist, habe ich nur geschrien, weil es sich mit meiner Ahnung so vollkommen gedeckt hat, wie es sich seither deckt mit meiner Erinnerung an das erste Mal...

Also:

Philemon stellt sie nicht zur Rede.

Ich gehe arbeiten.

Eine Woche später, unversehens, bekommt Baucis einen eigenen Wagen, was sie sich schon immer gewünscht hat, ja, einen kleinen Austin-Sport. Wie soll sie es fassen, sie, die keine Ahnung haben kann von der Szene beim schwarzen Kaffee, die nicht stattgefunden hat? Ich sehe sie in dem schicken Austin-Sport, als man ihr die Schaltung erklärt, glückselig über das Geschenk ohne Anlaß, etwas verwirrt allerdings und ohne Ahnung, wie das alles funktioniert –

So weit, so gut.

(. . .)
Und Philemon ist ein Mann, der sich wieder sehen lassen darf, Mann unter Männern, ein Zeitgenosse zwischen Ost und West, ein Staatsbürger, der sich gegen die Atomwaffen ausspricht, wenn auch erfolglos, ein Leser, ein Freund, der hilft, ein Schachspieler, ein Kopf, ein Glied der Gesellschaft, deren Veränderung ihm unerläßlich erscheint, ein Arbeiter von Morgen bis Abend, ein Tätiger, ein Teilnehmer und ein Widersacher, ein Mensch, den die Fragen der Welt beschäftigen, die Not der Völker, die Hoffnung der Völker, die Lügen der Machthaber, die Ideologien, die Technik, die Geschichte und die Zukunft, die Weltraumfahrt – ein Mensch. . . Was ihn fasziniert: der Gedanke, daß das menschliche Leben, wenn in Jahrmillionen unsere Erde erkaltet, während anderseits die Venus sich abkühlt und in Jahrmillionen ihrerseits eine Atmosphäre bekommt, in den Weltraum verpflanzt werden könnte (*Science and Future*).
Ich bin erleichtert.
Was die Briefe mit den dänischen Marken betrifft, so sehe ich in dem Umstand, daß diese Briefe plötzlich ausbleiben, meinerseits keinen Grund zu erneuter Verblödung. Alle Liebesbriefwechsel versanden mit der Zeit. Es ist lediglich sein fades Gewissen, was Philemon dazu treibt, diesem äußerst natürlichen Zustand überhaupt nachzusinnen. Sein Verdacht, geschöpft aus eigner Erfahrung, ist simpel genug: sie haben gemerkt, daß drei Briefe unterschlagen worden sind, und nun schreiben sie einander unter einer Deckadresse. Wenn schon! – Ich sehe keinen Grund, deswegen ihre verschlossene Schublade zu erbrechen mit einem Stemmeisen. Es ist drei Uhr morgens. Ich sage: du bist ja betrunken! Es muß sehr plötzlich gekommen sein; er konnte nicht schlafen, während Baucis schlief, und suchte Schlafpulver. Was hat diese Schublade damit zu tun? Offen ist offen. Und jetzt? Daß sie voller Briefe ist,

wissen wir schon. Was weiter? Fast hofft er, daß Baucis erwacht, jetzt ins Zimmer tritt und ihn an ihrem Schreibtisch ertappt. Was dann? Aber Baucis schläft, der dreifache Stundenschlag des Münsters weckt sie nicht, sie läßt ihn allein in seiner Scham. Er haßt sie. Er schlottert, Philemon im Pyjama und barfuß, aber froh, daß er haßt. Das ist noch einmal wie das erste Gefühl so heiß, so eindeutig. Er haßt sie. Dazu hat sie ihn gebracht. Womit eigentlich? Er haßt sie, und das gibt ihm mehr und mehr das Recht, ihre Schublade zu erbrechen, was aber schon geschehen ist – ich kann Philemon nicht mehr hindern. . . *Liebstes*, dagegen ist nichts einzuwenden, das ist nicht unübertrefflich, *mein Liebstes,* eigentlich will er nur wissen, wie Ihr euch anredet, *Du mein Liebstes*, es braucht kein Geist aus Dänemark zu kommen, um das zu sagen, *meine Lilalil*, auch das ist schon dagewesen, so hat auch Philemon sie schon angeschrieben, und überhaupt scheinen Männer einander ähnlich zu sein, ausgenommen die Handschrift. Es ist sagenhaft, was dieser Herr sich leistet an persönlichen Buchstaben, vieles ist in der Hast des Einbruchs überhaupt nicht zu lesen, und dazu kommt das Herzklopfen, und wo der Blick einmal hangen bleibt, wie ein schleifender Anker plötzlich hangen bleibt, viel erfährt man eigentlich nicht. Chiffren einer Liebe, die unschwer zu enträtseln sind, aber unergiebig, sobald man verweilt und liest; es ist nicht zu fassen, wie wenig in einem echten Liebesbrief steht, beinahe gar nichts, wenn man die Ausrufezeichen nicht als Gefühle zählt, eine einzige Aussage: *Ich warte beim Kiosk*, Zeitangabe rechts oben: *Donnerstagmitternacht nach Deinem Besuch*, das Datum fehlt, ja, alle Lust will Ewigkeit, ich weiß, tiefe, tiefe Ewigkeit, aber damit hat sich's. Vielleicht weiß es der Poststempel, wann das gewesen ist? Aber die Kuverts sind weg, das ist es ja, eine Schublade voll nackter Briefe, und um sich zu setzen, um das Material einmal zu ordnen und wie ein Historiker zu arbeiten, nein, dazu ist Philemon zu betrunken; im Stehen, nur so, im Schlottern und ohne auch nur die Zimmertüre zu schließen, so, als wäre keine Absicht dabei, nur so gestattet er sich das unstatthafte Schnüffeln in Briefen, die so unleserlich sind vor Leidenschaft, wenn auch nichtssagend, so zärtlich, daß er sie nicht als seine eignen erkennt. Ein einziger Brief steckt noch in seinem Kuvert, ein einziger in der ganzen Schublade; aber das ist, wie sich zeigt, ein Brief von ihrem ersten Mann. *Dein alter Svob*, eigentlich ein schöner Brief, sachlich. Der trägt auch sein Datum. Es ist der einzige Brief, den Philemon jetzt auf der Sessellehne hockend, gänzlich zu lesen vermag, bestürzt und beruhigt zugleich. Die Zärtlichkeit, die nicht sich selbst zum Thema nimmt, die nur enthalten ist in der Art, wie über eine Sache geschrieben wird, wie der Schreiber wirklichen Bezug nimmt auf die Empfängerin und weiter nichts, ich finde auch, solche Zärtlichkeit konserviert sich besser als diese Ekstase-Depeschen: BALD STOP ÜBERMORGENABEND STOP NUR NOCH ZWEI TAGE STOP BALD BALD. Nun ja. Warum will Philemon, wenn er schon schnüffelt, nicht das Datum der Depesche sehen? Er hat keine Ruhe, er durstet nach einer Ungeheuerlichkeit, aber was er findet: *Deine Stimme, Deine Stimme gestern am Telefon, Deine ferne Stimme, aber Deine Stimme, plötzlich Deine Stimme*, das ist einfach langweilig, finde ich, Lebenskitsch, aber sowie in diesem Briefen sich eine wirkliche Persönlichkeit meldet, nicht bloß ein Männchen, das balzt mit Kugelschreiber oder Schreibmaschine, eine Persönlichkeit, die ihn an Intelligenz übertrifft, mindestens in seinem betrunkenen Zustand, nein, liest er nicht, Verehrung für seine schlafende Frau, eine einsichtige Huldigung, der er sich anschließen könnte, nein, liest er nicht. Was er sucht, ist solches: *Schreib mir, wohin ich Dir schreiben kann, damit Du keine Schwierigkeiten hast.* Das kommt der Wunde schon näher. *Damit Du keine Schwierigkeiten hast*, Fortsetzung auf dem nächsten Blatt, *wenn Svoboda nicht will, daß wir einander schreiben*. . . Wieso Svoboda? Das würde heißen, daß das seine eignen Briefe sind. Nun ja, sage ich, das merkst du erst jetzt? Es ist seltsam, wie fremd uns bisweilen die eigene Handschrift sein kann, vor allem wenn man nicht drauf gefaßt ist, wenn man eine Schublade aufbricht, um einer schlafenden Frau auf die Schliche zu kommen, und dabei nur sich selbst auf die Schliche kommt. Philemon, sage ich, geh schlafen!

Ein Mann 1960/64

Ein Mann, Botschafter einer Großmacht, ist in der Sommerfrische zusammengebrochen, aber es ist, wie sich herausstellt, kein Herzinfarkt, nur eine Einsicht, was ihn getroffen hat, und da hilft kein Urlaub, um sich davon zu erholen, kein neuer Orden, um sich daran aufzurichten. Er hat eingesehen, daß er gar nicht die Exzellenz ist, für die ihn die Welt, unter Kronleuchtern empfangen, zu halten vorgibt. Kraft des Amtes, das er innehat, muß man ihn ernst nehmen, wenigsten solange er es innehat, solange er im Namen seiner Großmacht und um seines Titels willen sich selbst ernst nehmen muß. Wieso muß? Ein Schreiben an seine Regierung, eigenhändig getippt, damit kein Sekretär davon erfährt, daß er einem falschen Mann gedient hat seit Jahr und Tag, liegt bereit – ein Gesuch um Rücktritt. . . Aber er tritt nicht zurück. Er wählt das Größere: die Rolle. Seine Selbsterkenntnis bleibt sein Geheimnis. Er erfüllt sein Amt. Er läßt sich sogar befördern und erfüllt sein Amt, ohne zu blinzeln. Was er fortan von sich selber hält, geht die Welt nichts an. Er spielt also, versetzt nach Washington oder Peking oder Moskau, weiterhin den Botschafter, wissend, daß er spielt, und den Leuten ringsum, die da glauben, er sei der rechte Mann am rechten Platz, nimmt er nicht ihren Glauben, der nützlich ist. Es genügt, daß er selbst nicht glaubt. Er ist heiter und würdig, und die an ihm zweifeln, verwunden ihn nicht; er braucht sie nicht zu fürchten und nicht zu hassen, nur zu bekämpfen. Und es geschieht, was aussieht wie ein Wunder: indem er eigentlich bloß spielt, leistet er nicht nur Ordentliches wie bisher, sondern Außerordentliches. Sein Name erscheint in den Schlagzeilen der Weltpresse; auch das macht ihn nicht irre. Er meistert seine Rolle, die somit die Rolle eines Hochstaplers ist, kraft des Geheimnisses, das er nicht preisgibt, nie, auch nicht unter vier Augen. Er weiß: jede Selbsterkenntnis, die nicht schweigen kann, macht kleiner und kleiner. Er weiß: wer nicht schweigen kann, will erkannt sein in der Größe seiner Selbsterkenntnis, die keine ist, wenn sie nicht schweigen kann, und man wird empfindlich, man fühlt sich verraten, indem man von Menschen erkannt sein will, man wird lächerlich, ehrgeizig im umgekehrten Grad seiner Selbsterkenntnis. Das ist wichtig: auch nicht unter vier Augen. Gesagt ist gesagt für immer. So tut er, als glaube er an seine eigene Exzellenz, und versagt sich jede Anbiederung mit Leuten, insbesondere mit Freunden, die ihn so einschätzen, wie er sich selbst einschätzt. Kein Geständnis macht ihn hörig. Dank seiner Persönlichkeit, die er spielt, wird eine Stadt vor der Zerstörung durch Bomber gerettet, und sein Name wird eingehen in die Geschichte, er weiß es, ohne zu lächeln, sein Name wird in Marmor geschrieben, wenn er stirbt, als Name einer Straße oder eines Platzes, und eines Tages stirbt er. Man findet kein Tagebuch, keinen Brief und keinen Zettel, der uns verrät, was er all die Jahre gewußt hat, nämlich daß er ein Hochstapler gewesen ist, ein Scharlatan. Er nimmt sein Geheimnis, daß er gewußt hat, ins Grab, dem es an ehrenvollen Schleifen nicht fehlt, an Kränzen groß und Reden lang, die seine Selbsterkenntnis für immer zudecken. Er schielt nicht über sein Grab hinaus; angesichts seiner Totenmaske, die wie manche Totenmasken etwas Lächelndes hat, wundern wir uns: sie hat einen Zug von Größe, unleugbar. Und sogar wir, die wir nie viel gehalten haben von ihm, ändern lautlos unser Urteil, weil er nie danach gefragt hat, angesichts seiner Totenmaske.

HEIMAT/TOD

Jemand erzählt eine Geschichte, die sich in der Nähe von Stuttgart ereignet haben soll: – In einem kleinen Bauernhof lebte eine Frau, deren Mann, damals ein junger Soldat, während des ersten Weltkrieges in russische Gefangenschaft kam. Da sie nach vielen Jahren immer noch mit der Rückkehr ihres Mannes rechnete, galt die Frau als verrückt; die Nachbarn erzählten sich, daß sie sein Bett immer wieder mit frischer Wäsche bezog, und obschon sie durchaus kein Zeichen von ihm hatte, war sie von der Überzeugung, daß er immer noch lebte, nicht abzubringen, zehn Jahre nach dem ersten Weltkrieg, zwanzig Jahre. Dann kam der zweite Weltkrieg. Die Frau überlebte ihn; in allen Dingen, die nicht ihren verschollenen Mann betrafen, wirkte sie durchaus vernünftig. An ihrem stillen, unausgesprochenen, nur durch ihr Verhalten bezeugten Wahn, daß ihr Mann eines schönen Tages zurückkehren würde, änderte auch der zweite Weltkrieg nichts. Wieder gab es Hunderttausende von Frauen, die auf ihre Männer aus Rußland warteten, gläubig oder ungläubig. Unter den ersten, die wirklich wiederkehrten, war ein sehr alter Mann, den die Nachbarn, als er sich bei ihnen meldete, tatsächlich als den Mann jener Verrückten erkannten; er erkundigte sich, ob seine Frau noch lebte, und erfuhr, daß sie nie an seinen Tod geglaubt hätte. Erst nach dieser Kundschaft wagte er es, sich dem Hause zu nähern. Die Nachbarn warteten bis zum anderen Morgen, ehe sie hinübergingen, um zu sehen und zu hören, wie die Frau mit dem unwahrscheinlichen Ereignis fertig würde. Man traf sie gänzlich in Ruhe, unverändert, wobei sich zeigte, daß sie von dem Mann, der gestern gekommen war, überhaupt nichts wußte. Sie glaubte ihren Nachbarn nicht ein Wort, bis die Nachforschungen ergaben, daß die Nachbarn sie nicht zum Narren hielten und daß sie, die achtundzwanzig

Jahre lang an seine Rückkehr geglaubt, sich nicht verstiegen hatte; man fand seine Leiche in der Jauchegrube, die sich beim hinteren Eingang befindet.

Frühling

Nürnberg, März 1947

Kinder an den Bahndämmen, besonders wo die Züge wegen Zerstörungen etwas langsamer fahren; sie warten, daß wir etwas Eßbares hinauswerfen. Das Peinliche, es zu tun, wenn andere es sehen. Warum eigentlich? Auch Frauen, die an einer Barriere stehen oder auf freiem Feld; ohne Gebärde, stumm, graublaß und hager. Die Verlumpung erreicht einen Grad, den ich bisher nur in Serbien gesehen habe. Sechs Schienenarbeiter teilen sich in die Brote, die unsere tschechischen Freunde gestrichen haben. Wir sind froh, nichts mehr zu haben, nicht mehr unterscheiden zu müssen. Krach auf dem Bahnsteig; jemand hat Zigaretten geworfen. Der Jüngling, der sie gewinnt: Schwindsucht, Wehrmachtsmütze, Schwarzhandel, Faustrecht, Syphilis.

Zuhause

Ursel hat große Freude an der tschechischen Puppe, auch an dem Bilderbuch, das wir gebracht haben; daß die Kinder, die man auf den reizenden Bildern sieht, ganz anders reden und daß auch wir nicht lesen können, was geschrieben steht, läßt ihr keine Ruhe; seit zwei Tagen fragt sie immer wieder. Auch Peter, der kleinere, steht ganz unter dem Eindruck der Reise, die er nicht gemacht hat; er ist jetzt im Alter, da die Eisenbahn über alles geht, und kostet die Erfahrung, daß man in der Eisenbahn sogar schlafen kann, daß man sie überhaupt nicht mehr verlassen muß. Das meiste wissen sie schon aus den Briefen, die Constanze ihnen jedesmal zeichnet; nichts steht in diesen Bilderbriefen, was nicht stimmt, und jedesmal, wenn ich sie den Kindern wieder erklären muß, bin ich verblüfft, wieviel Lebenswertes auf unserem Wege war –.

Café de la Terrasse

Was auffällt, wenn man draußen gewesen ist: das Verkrampfte unsrer Landsleute, das Unfreie unseres Umganges, ihre Gesichter voll Fleiß und Unlust; nicht auszuhalten, wenn sie von ihrem bescheidenen Wesen reden; in Wahrheit, sobald gewisse Hemmungen fallen, zeigt sich das Gegenteil; es fehlt nicht an gestautem Ehrgeiz, der auf Weltmeisterschaften lauert, und in besseren Kreisen sind es Pestalozzi, Gotthelf, Burckhardt, Keller und andere Verstorbene, die man sich ins Knopfloch steckt; man erschrickt oft über sich selber, über die fast krankhafte Empfindlichkeit, wenn ein andrer nicht begeistert ist von uns. Irgendwie fehlt uns das natürliche Selbstvertrauen. Immer wieder auffallend ist die Art, wie sie mit ihren einheimischen Künstlern umgehen, wie sie ihnen auf die Schulter klopfen bestenfalls mit dem Ton einer warnenden Anerkennung, eine Aufmunterung, eine wirkliche, eine Erwartung, die nicht unter Bedenken röchelt, kommt meistens von einem Ausländer; zum Glück hatten wir in der Zeit, da wir die Türen schließen mußten, wenigstens die Emigranten im Haus. Dabei wäre die nüchterne Zurückhaltung unsrer Landsleute, wenn sie stimmt, geradezu wunderbar; was sie fragwürdig macht, ist der bedenkenlose Kniefall vor allem Fremden. Der erwähnte Mangel an

Selbstvertrauen, der sich so und so verrät, macht unsere Künstler nicht bescheiden, was jedenfalls ein Gewinn wäre; sondern unsre Landsleute, wenn wir auf sie angewiesen sind, machen uns nur kleinmütig, und die unvermeidliche Kehrseite davon ist das Anmaßende, also wiederum eine Verkrampfung. Anderseits hat es auch wieder seinen Segen, wenn man einem Volk angehört, das seine Künstler niemals durch Verwöhnung verdirbt, und zwar ohne jede Ironie: der deutsche und vielleicht abendländische Irrtum, daß wir Kultur haben, wenn wir Sinfonien haben, ist hierzulande kaum möglich; der Künstler nicht als Statthalter der Kultur; er ist nur ein Glied unter anderen; Kultur als eine Sache des ganzen Volkes; wir erkennen sie nicht allein auf dem Bücherschrank und am Flügel, sondern ebensosehr in der Art, wie man seine Untergebenen behandelt. Sofern man Kultur in diesem Sinne meint, der mir der zukünftige scheint, müßten wir in keiner Weise erschrekken, wenn sie uns gelegentlich einen Anachronismus nennen; ich meine weniger die Verwirklichung, sondern die Idee der Schweiz, die ich vor allem liebe, und wenn ich noch einmal aus freien Stücken wählen könnte, was die Geburt schon entschieden hat, möchte ich trotzdem nichts anderes als ein Schweizer sein; nach der Idee, die unsere eigentliche Heimat ist, sind es natürlich auch einzelne Landschaften, die man liebt, aber erst in zweiter Linie; am wenigsten weiß ich, ob ich unsere Landsleute liebe – sicher nicht mehr als die entsprechenden Gesichter aus anderen Völkern, und es erschiene mir nicht einmal als Ziel, im Gegenteil; Liebe zum Vaterland, so verstanden, wird zum Verrat an der Heimat; unsere Heimat ist der Mensch; ihm vor allem gehört unsere Treue; daß sich Vaterland und Menschheit nicht ausschließen, darin besteht ja das große Glück, Sohn eines kleinen Landes zu sein.

Pfannenstiel

Schon wieder die ersten Knospen! Die langen Weidenzweige hangen wie grüne Perlenschnüre, sie erinnern an die klingelnden Schleier in gewissen Wirtschaften, und allenthalben zwitschern die Vögel, Bläue schwimmt durch das spröde Gezweig, die Sonne scheint überall hin, Büsche und Sträucher sind wie ein Sieb. Irgendwie ist es zuviel, vor allem das Zwitschern der Vögel; wenigstens riecht es nach Jauche, wenn man über die Felder wandert, und in den Gehöften gackert es von weißen Hühnern. Manchmal kommt eine Wolke, und man ist froh um den Mantel, aber herrlich flattert die Wäsche, die draußen über den grünen Wiesen hängt, sie knallt wie eine Peitsche, und es glitzert der Brunnen, sein verwehtes Wasser plätschert über den Trog. Die vertrauten Fassaden unsrer Bauernhäuser, man bemerkt sie stärker als sonst; es blinken ihre niedren Fensterreihen, ihre Scheiben voll kleiner Sprossen, die noch von keinen Blumen umrankt sind, von keinem Weinlaub überschattet; die Spaliere sind nichts als ein Gitter von schlanken und bläulichen Schatten, eine schwebende Arabeske über verblaßtem Vitriol ihrer Mauern. Flieger über sich am Himmel. In den Schulhäusern, wenn man durch die Dörfer geht, singen sie bereits bei offenem Fenster, chorweise, daß es hallt über den öden Platz mit Recken und gestutzten Platanen, und irgendwo aus einem Tobel jault eine Sägerei, daß es durch Mark und Bein geht, und auf den Friedhöfen, wo die ersten Blumen wachsen, verrechen sie den Kies (...)

Wenn es stimmt, daß die Zeit nur scheinbar ist, ein bloßer Behelf für unsere Vorstellung, die in ein Nacheinander zerlegt, was wesentlich eine Allgegenwart ist; wenn alles das stimmt, was mir immer wieder durch den Kopf geht, und wenn es auch nur für das eigene Erleben stimmt:

warum erschrickt man über jedem Sichtbarwerden der Zeit?
Als wäre der Tod eine Sache der Zeit.

Langsam verrutscht alles 1968

Das ist eine Gemeinheit! sagt er ruhig, aber laut, so daß er daran erwacht und gerade noch seine Stimme von außen hört: – Gemeinheit! und jetzt erst italienisch: UNA VERGOGNA! È UNA VERGOGNA! ... Was er in diesem Augenblick weiß von seinem Traum: ein Schlotterich von Bischof, der auf beiden Beinen hinkt, vielleicht ein Komödiant, der einen Bischof spielt, aber ein Krüppel ist, und alles in einer Turnhalle.

...

Zu jener Zeit ist er Landarzt, IL DOTTORE, als kennten sie seinen Namen nicht; alle im Dorf sagen nur: IL DOTTORE, obschon der Name jahrelang im Telefonbuch steht, am Briefkasten usw., IL DOTTORE, wogegen er natürlich ihre Namen zu kennen hat, sogar die Vornamen ihrer Kinder.

...

Die Gemeinheit muß eine andere sein.

...

Nachdem er an der eignen Stimme erwacht ist und als er auf dem Bettrand sitzt, eigentlich erschöpft, aber im Finstern aufgerichtet, damit der Traum sich nicht fortsetze, und als er Licht macht, ist er nicht mehr Landarzt und eine Weile unsicher, ob er je Landarzt gewesen ist; aber kurzdarauf (es dauert jeweils nur wenige Minuten) ist alles wieder im Klaren.

. . .

Gemeinheit im Dorf, man braucht sich nicht darum zu kümmern, es geschieht sozusagen nichts, kein Mord seit Jahrzehnten. Tagsüber erscheinen sie freundlich. Gemeinheit aller gegen alle, das ist es, was sie zusammenhält, abgesehen von der Landschaft, die im Winter nur wenig Sonne bekommt. Aber man braucht sich nicht darum zu kümmern, wenn man nicht hier geboren ist. Übrigens hat das Dorf keine Turnhalle.

...

IL DOTTORE! Es tönt höhnisch-höflich.

...

Er ist ein Trinker, daß weiß er jedesmal, wenn er aufwacht und vergessen hat, was nicht im Klaren ist, und soeben ist es noch klar gewesen, vollkommen klar. Eigentlich ein glücklicher Traum.
Der Schlotterich von Bischof, der gar nichts von ihm will, und die Turnhalle haben nichts zu tun mit ihm, ein Scherz sozusagen, ein Zwischenfall; dieser Schlotterich geht ihn überhaupt nichts an, ein Bischof, der auf beiden Beinen hinkt, es ist schauerlich und lächerlich, eine Störung, insofern eine Gemeinheit.

...

Er ist katholisch-ungläubig.

...

Am Abend davor meint er, daß sie ihn betrogen haben, die Leute vom Dorf, sie haben ihn seit Jahren betrogen, angefangen mit der Wasserrechnung. Er vertraut diesen grünen Scheinen immer aus Bequemlichkeit. Sie sind unverständlich, aber wahrscheinlich gerecht und genau, lochkartengerecht, sie tragen seinen Namen.

...

Sie ist natürlich kein Mädchen mehr. Ihre Backenknochen, ihr strenges Haar wie vor zwanzig Jahren. Sie scheint fröhlich, wie er sie gar nicht kennt, und dann hat sie irgendetwas vor. Sie hat keine Angst. Sie redet, aber man ist nicht allein, eine Unordnung ringsum, wofür er sich entschuldigt; es liegen Kinder herum, viele Kinder, nicht ihre Kinder, nicht seine Kinder.

...

Er hat nur zwei Mal mir ihr geschlafen.

...

Sie scheint zu wissen, was aus ihm geworden ist, ein Landarzt, was aber unwichtig ist. Sie ist sehr zutraulich. Es hat gar nichts mit ihm zu tun, was sie redet. Es ist irgendwo. Er kennt den Ort nicht, die fremde Wohnung. Es ist Unsinn, daß er sich für die Unordnung entschuldigt. Man berührt einander aber nicht.

...

Beim Erwachen hat er Kopfweh.

...

Das Dorf weiß genau, was er in Wirklichkeit tut, Il Dottore. Vielleicht reden sie hintenherum. Was eigentlich. Zum Beispiel setzt er sich dafür ein, daß die Fabrik (Gerberei) endlich eine Kläranlage bauen muß; bisher vergeblich. Es stinkt noch heute. Vielleicht lügen sie, aber er kümmert sich nicht darum. Das ist nicht die große Gemeinheit.

...

Als plötzlich der Schlotterich von Bischof in die Turnhalle hinkt, um sich in einen prunkvollen Sessel zu setzen, ist sie weg. Schade. Er hätte sie etwas fragen wollen, was außer ihr niemand wissen kann und was ihn etwas angeht, ihn ganz allein.

...

Sein Kopfweh kommt wie immer vom Grappa.

...

Er hat sie seit vielen Jahren nicht gesehen und nie an sie gedacht, weiß nur, daß sie in ihrer Ehe einmal ein totes Kind geboren hat. Sonst nichts. Als er sie vor Jahren zufällig an der Bahnhofstraße in Zürich getroffen hat: eine Dame, bürgerlich von Herkunft und nur noch bürgerlich.

...

Sie kommt zum ersten Mal in seinen Traum.

...

Wie meistens wenn er erwacht ist, erinnert er sich nur an die dummen Ränder des Traums; dann ist er eine Weile wie geschlagen. Später geht er an seine Tagesarbeit, IL DOTTORE, der ein Trinker geworden ist, was das Dorf ebenfalls weiß.

...

Wieso ein glücklicher Traum?

...

Tagsüber in der Apotheke, wenn er die dicke Hornbrille auf seinem schmalen Gesicht trägt, erinnert er sich an Wirklichkeiten, die der Traum benutzt hat, aber die nicht gemeint sind. Zum Beispiel die Turnhalle; als Gymnasiasten haben sie einmal Theater gespielt in einer Turnhalle, nichts weiter.

...

Die Wasserrechnung dürfte stimmen.

...

Er ist überhaupt nie Landarzt gewesen in seinem Leben; es beunruhigt ihn, daß er eine Weile nach dem Erwachen hat meinen können, früher sei er Landarzt gewesen. Es stimmt einfach nicht.

...

Hingegen stimmt es, daß er sich seit Jahr und Tag für eine Kläranlage einsetzt, IL DOTTORE; das weiß nicht nur das ganze Dorf, das weiß man auch in Bellinzona – man kennt ihn und sein Ungeschick mit der italienischen Sprache. Er stammt aus Winterthur.

...

Die Gerberei kommt im Traum nicht vor.

...

UNA VERGOGNA! das sagt er erst, als er seine Stimme schon von außen hört; das Dorf spricht nur italienisch.

...

Später erinnert er sich an einen Spaziergang mit Leny, genauer gesagt: er erinnert sich an eine Erinnerung, die er schon erzählt hat: wie eine Frau mit einem wackligen Leiterwagen kam, und im Leiterwagen saß ein verkrüppeltes und schwachsinniges Kind, und die Studentin lachte ihn aus, als er mit ernstem Entsetzen sagte, das sei sein Gesicht oder könnte sein Gesicht sein. Was er nie erzählt: nachher im Wald hat er die Studentin verführt, zum ersten Mal, und es war lächerlich.

...

Tagsüber ist alles wieder selbstverständlich.

...

Es ist ein glücklicher Traum, bis dieser Bischof kommt, der alles verdrängt, dieser violette Schlotterich, dieser alte

Komödiant mit dem Hirtenstab und das Publikum, die Touristen von Locarno, seine Kunden.

...

Dabei weiß er schon längst, daß bei der Gerberei nichts zu erreichen ist, obschon sie den kleinen Fluß versaut; er hat Expertisen verlangt, IL DOTTORE, man weiß es ohne Expertisen; die Kinder baden im Fluß. Was geht's ihn an. Seine Kinder baden nicht im Fluß.

...

Es ist ein sonniger Tag, Winter.

...

Es hat alles einen andern Zusammenhang oder überhaupt keinen; es ist nur klar, solange er träumt, vollkommen klar. Es stimmt nicht, was er sich nach dem Erwachen dazu denkt; alles ist anders und wahrer als alles, was er in seiner Apotheke denkt.

...

Als er den Schlotterich von Bischof sieht, der mit beiden Beinen hinkt, weiß er übrigens schon, daß er nur geträumt hat. Das war die Gemeinheit.

...

Als er nicht mehr daran denkt (er ist inzwischen mit dem Wagen nach Locarno gefahren und hat mit den Angestellten sprechen müssen, vorher das Frühstück mit der Familie, jetzt diktiert er Bestellungen), denkt er plötzlich an E., den er lang nicht mehr gesehen hat. Wahrscheinlich hat es damit angefangen: – E. sitzt auf Asphalt, also öffentlich auf dem Boden, Beine verschränkt wie ein Buddhist, klug und witzig wie immer, aber nackt, viel kleiner als ein wirklicher Mensch und leider ohne Arme. Es ist rührend, nicht entsetzlich: der bekannte Revolutionär, aber lächelnd, ein Krüppelchen.

...

Gegen Mittag verbröckelt alles in Sinn.

...

Als seine Frau ihn fragt, was denn die Gemeinheit in seinem Traum gewesen sei (sie hat seinen lauten Ausspruch gehört), sagt er: Sie sind Gauner, das ganze Dorf, sie sind einfach Gauner.

...

E. glaubt nicht an Reformen. Das ist immer ihr Streit gewesen. Aber wie er auf dem Asphalt sitzt ohne Arme: ohne Rechthaberei, nackt und liebenswert.

Die Mitte im Traum bleibt leer.

...

Sobald die Kinder einmal zur Schule müssen, werden sie das Dorf verlassen, das ist schon seit einiger Zeit fast ein Beschluß, nicht dringlich; trotzdem redet er beim Frühstück davon. Es sei kein Leben hier.

...

Es liebt die Studentin, die eine Dame geworden ist, im Traum zum ersten Mal; sie weiß jetzt alles. Keine Zärtlichkeiten, wie gesagt. Hingegen weiß er im Traum nicht zum ersten Mal von einer heimlichen Liebesgeschichte, die dann jedesmal, wenn er erwacht, nie gewesen ist. Was er sie fragen möchte: ob sie sich daran erinnert. Dann wäre sie's gewesen.

...

IL DOTTORE, so nennen sie hier alle akademischen Berufe; wenn er ein Arzt wäre, so würden sie sagen: IL MEDICO.

...

Langsam verrutscht alles.

...

Zum Beispiel fällt es ihm jetzt ein, wer in der Tat als Gauner zu bezeichnen ist: die Unfallversicherung, die seit Jahr und Tag einfach nicht zahlt. Aber davon hat er nicht geträumt.

...

Es bleibt die Studentin mit den Backenknochen und dem strengen Haar. Ein Mops-Gesicht eigentlich. Sie sitzt an einem langen Tisch (Grotto) in einem braunen Kleid aus Seide, eine Bürgerin, übrigens sonnengebräunt; erst später ist es eine Wohnung mit fremden Kindern auf Kommoden, Unordnung, aber bürgerlich; sie hat nichts mit alledem zu tun. Sie redet nur zu ihm. Es spielt keine Rolle, daß er verheiratet ist. Sie nimmt an, daß es seine Freunde sind, die immer ein und aus gehen und unterbrechen. Es stört sie aber nicht. Es sind wohl seine Freunde, nur kennt er sie nicht. Sie sagt, sie sei jetzt sehr stark, sehr stark.

...

Er meint sich an Korridore zu erinnern.

...

Es war eine verkrampfte Affäre damals.

...

Tiere im Korridor, aber ungenau.

...

Einige Tage zuvor erzählt er in einem Grotto, warum er gegen die Gerberei nichts mehr unternehme, groß geredet: man könne die Welt nicht ändern, er jedenfalls nicht, es sei auch nicht sein Beruf usw., er sei kein Idiot.

...

Meistens träumt er sexuell-anonym. (Er ist Mitte vierzig). Er ist sehr glücklich, als er sie erkennt; ihr Mops-Gesicht hat eine gewisse Ähnlichkeit mit dem Gesicht seiner dänischen Assistentin; aber es ist Leny.

...

Er mag die Dänin übrigens nicht.

...

Auch E. weiß schon alles, und es gibt gar nichts zu sagen. Ein gutes Wiedersehen, ein unverhofftes Wiedersehen. Es scheint dem E. nichts auszumachen, daß er gar keine Arme hat, fast keine Arme. Kein Unfall; nur zum ersten Mal sieht man ihn nackt. Alles ist leicht. Wie er auf dem Asphalt sitzt (sit-in) und grinst, möchte man ihn streicheln. Eigentlich grinst er kaum oder nicht. Er ist kindlich, das ist alles, er ist liebenswert.

...

Vielleicht spielt auch Fernsehen hinein.

...

Es ist nicht so, daß der andere Tag sozusagen unter dem Traum steht; er braucht nichts davon zu vergessen; es kommt gegen den Tag nicht auf (jedenfalls nicht gegen den Tag in der Apotheke) und verliert sich nur ins Privat-Lächerliche: Glück, das dem Tageslicht nicht standhält.

Warum ist er kein Landarzt.

...

Widerlich bleibt nur der Bischof.

...

Manchmal trinkt er gegen Abend (dabei sagt er sich jeden Morgen, das müsse jetzt aufhören) zuerst Wein, dann Grappa, weil er nur weiß, daß es nicht stimmt, was er denkt, was er sagt, was er tut, was er weiß.

VULPERA-TARASP

Was man so in einer Kur alles tut! – seit einer Woche täglich die NZZ (Neue Zürcher Zeitung und schweizerisches Handelsblatt, 190. Jahrgang) gelesen ... Kann man sagen, daß diese Zeitung lügt?

Hotel im guten alten Stil. Nicht großkotzig. Lift zu klein, um auch noch einen Liftboy hineinzustellen; mit hölzernem Scherengitter; wenn man auf den Knopf drückt, so geht's nicht sofort los, und wenn es dann losgeht, so wakkelt's; ein technisches Faktotum, man darf vermuten, daß es schon Hoheiten geliftet hat. Aber Bad und Klo sind modern. Nicht wie Hilton-Hotels für Großverdiener ohne Tradition; diese Hotellerie weiß, wie Aristokraten zu Hause leben – so wie hier: schlicht und zuverlässig und unaufdringlich bedient, eben nicht großkotzig, wenn auch von Kindsbeinen an gewohnt, daß uns jemand die Wagentüre öffnet und abends unser Pyjama aufs Bett legt mit gefalteten Ärmeln, als bete es schon.

Was nicht am ersten Tag zu erraten ist: die Branche. Sofort zu erraten, auch wenn über das Wetter gesprochen wird, über Diät, über einen Schwiegersohn in Lissabon, über Hunde, über Verstorbene usw.: sie sind die Inhaber. Kennzeichen dieses Tons: es ist selbstverständlich, daß sie wählen können, sie fordern ohne Zögern – nichts Ungehöriges, nur Dienstleistungen, die sie angemessen bezahlen, Freundlichkeit macht sie freundlich; ihre Gewißheit, daß sie nur gefragt werden können, was sie wünschen. Ihr Ton des selbstverständlichen Anrechts –

Jugendliche besudeln das Zürcher Obergericht mit roter

Farbe, vorher gelingt ihnen noch eine Verkehrsstörung. (11. 6.) Die Presse sehr ernst; sie mahnt die Behörde. Nur ein entschlossenes Eingreifen der Polizei, sonst ist Volkszorn (gegen die Jugendlichen) nicht aufzuhalten, »Bürgerwehren«. Dabei kein Wort zum Anlaß: daß jugendliche Demonstranten vom Sommer 68 heute vor Gericht stehen, wogegen die Polizei-Täter vom Sommer 68 nicht vor Gericht zu stellen sind; sie können nicht ermittelt werden. Immerhin wird jetzt die Mißhandlung von Verhafteten nicht mehr bestritten, aber davon hat man, laut NZZ, nachgerade genug gehört.

Wanderungen im National-Park.

Man kann nicht sagen, daß ihre Zeitung lügt; sie verhindert nur dreimal täglich die Aufklärung. Ihr Kniff: die Inhaber als die Verantwortungsbewußten. Nicht nur in Wirtschaft und Industrie, auch in der Armee. Die Inhaber sind von der Arbeitskraft abhängig, aber nicht von deren Meinung; hingegen ist die Mehrheit abhängig von der Meinung der Inhaber: Das ergibt das Verantwortungsbewußtsein der Inhaber. Es spricht fast aus jedem NZZ-Artikel, oft zwischen den Zeilen. Man gibt sich in der mise-en-page so langweilig wie möglich, das wirkt seriös. Es überträgt sich auf die Leser; sie kommen sich seriös vor, schon wenn sie die NZZ in der Hand halten. Ihr Mienen, wenn sie lesen: noch seriöser. Und nachher wissen sie's, wie unseriös jeder anderslautende Bericht wäre; daher brauchen sie ihn gar nicht. Ab und zu ein kleiner Rufmord, humorig oder gediegen durch Herablassung; nur wer den Fall genauer kennt, sieht die Gemeinheit. Die besseren Schreiber halten sich streng an die Tatsachen, soweit sie die Meinung des Blattes bestätigen, d. h. sie lassen die Tatsachen sprechen. Vor allem aus dem Ausland. Die schweizerische Neutralität verpflichtet zwar nicht den Staatsbürger in seinem Denken, aber den Staat in seinen Verlautbarungen; daher zu einem gewissen Grad auch dieses Blatt, das die Stimme der Schweiz ist. Die stilistische Neutralität (ein Ulbricht wird in der Berichterstattung nicht anders präsentiert als ein Obrist in Athen, der an der Macht ist; ein Breschnew nie als Person diffamiert; Kiesinger oder Strauß werden ohne Einmischung zitiert; die Probleme der italienischen KP nicht ohne Verständnis berichtet, Nixon für einen kleinen Truppen-Abzug aus Vietnam nicht getadelt usw.) bewirkt immerhin, daß für den Leser gelegentlich das Wesen der Politik durchsichtig wird: Kampf zwischen Macht-Interessen – im Ausland, wogegen es im Inland wesentlich um die offiziöse Moral geht. (»Wehret den Anfängen.«) Da lokale Tatsachen, dem Leser möglicherweise bekannt, sich nicht ohne weiteres eignen für den Informations-Stil, der einfach Tatsachen sprechen läßt, muß das Urteil dann und wann adjektivisch angesteuert werden: »unverantwortlich«, »nach ausländischen Mustern«, »linksintelektuell«, »Drahtzieher«, »Randalierer und deren Hintermänner«, »sogenannt fortschrittlich«, »wer im Hintergrund untergründig die Fäden zieht«, »Unfug«, »Radaubrüder und Gaffer«, »Scharfmacher«, »auf Kosten der Steuerzahler«, »der Verharmlosungsversuch des bekannten Linkssozialisten«, »destruktiv«, »unschweizerisch« usw. Eine Darstellung, die der eigenen Tendenz zuwiderläuft, ist »tendenziös«. Oft auch wieder eine belustigende Lektüre: »Es hat sich in der Tat erwiesen, daß mit Toleranz und Langmut – entgegen ursprünglicher Erwartung – das wünschbare Ziel leider nicht mehr zu erreichen ist.« Hiermit ist nicht nur das Wesen der Toleranz definiert, sondern ich weiß, was einzig und allein wünschbar ist. Die Kunst der feinen Lüge besteht lediglich darin, daß die Meinung, die dreimal täglich die Macht der Inhaber sanktioniert, nicht eine Klassen-Meinung sei, sondern Ethos schlechthin und somit im Interesse der Mehrheit.

National-Park: – obschon die Menschen sich an die ausgepflockten Pfade halten, pfeifen die Murmeltiere und verschwinden, Hirsche bleiben auf der anderen Talseite, die Gemsen in Feldstecher-Ferne.

Daimler-Benz verzeichnet Riesengewinn. Was legal ist: Gratis-Aktien an die Aktionäre; ein Hauptinhaber gewinnt 140 Millionen. Um den Arbeitsfrieden zu erhalten, der diesen Gewinn ermöglicht hat, wird die Belegschaft ebenfalls am Gewinn beteiligt: 320 Mark für jeden Arbeiter einmalig.

Belletristik: Wenn es möglich ist, daß Leute, deren gesellschaftlicher Gegner man ist, sich unumwunden als Verehrer vorstellen.

Wie sich die Griechen den Hades vorgestellt haben: – ein ältliches Paar aus Zollikon, das Mühle spielt, anderswo eine Familie mit keuschen Töchtern, in der Nische ein dikker Finne (liest Malraux) immer allein, andere vereint die Langweile nach unaufdringlicher Verbeugung, dann rükken sie die Sessel zusammen. Was sie reden? Vom Nebentisch höre ich: wo man am besten kauft. Dazu trinken sie Kaffee wie im Leben. Später in der Bar: wo man in Hongkong am besten speist. Aber dann weiß die Dame einen Rabbi-Witz; Lachen wie im Leben. Die Gattinnen erhalten sich besser, ihre Geschlechtlichkeit hat sie auch verlassen, aber sie sprechen mehr und flinker, sitzen ohne Buckel. Einer ohne Stock schlurft langsam Schuh vor Schuh, man hat immer Angst: Und wenn eine Schwelle kommt? Eine Gattin, die ihren Lebensgefährten nach seinem Hirnschlag betreut, trägt Schmuck pfundweise wie Beute, sagt ihm ab und zu, was er früher gewußt hat. Das Ehepaar aus Zollikon, nachdem es einen langsamen Walzer getanzt hat, ist jetzt schlafen gegangen. Kenner am

Nebentisch: sie sammeln also Perser-Teppiche, Werte, die Werte bleiben. Es ist zehn Uhr. Morgen ist auch Tag. Es wird sich nichts verändern.

Wie sie vor dem Essen noch die Nachrichten hören, Herren im dunklen Anzug, die Damen mit Pelzumhang, die nicht zuhören: Breschnew verflucht China, Husak säubert weiter, aber die tschechischen Schriftsteller noch immer standhaft, sogar die tschechischen Arbeiter scheinen für die Freiheit zu sein, Pompidou bildet sein Kabinett, Israel vergilt weiter, Fischsterben im Rhein, der schweizerische Bundesrat wird prüfen, zum Schluß die allgemeine Wetterlage – nicht alles ist erfreulich, aber alles in allem eine Bestätigung: Lauf der Welt. Im Prinzip verläuft sie schon richtig für die Inhaber.

»Der Stadtrat ist nicht bereit, weitere Ausschreitungen zu dulden ... Das Recht der Bevölkerung auf freie Meinungsäußerung und auf Durchführung von Demonstrationen bleibt unangetastet ... Die Polizei ist auf Grund einer Wegleitung des Stadtrates über das einzuschlagende Vorgehen genau instruiert.« Dazu ag-Meldung: »Die motorisierten Wasserwerfer sollen nicht nur mit gewöhnlichem Wasser gefüllt werden, sondern es wird ihnen eine chemische Substanz beigemischt, die das Wasser noch nasser macht. In einer weiteren Alarmstufe werden normale Armeeflammenwerfer zum Einsatz kommen, die von den eingesetzten Polizeimännern am Rücken getragen werden und mit Wasser und flüssigem Tränengas gefüllt sind. Wie von der Polizei zu erfahren war, wurde die chemische Zugabe zum Wasser bereits in Deutschland erprobt.«

Ofenpaß; wo ich 1945 eine Baracke heizen mußte für deutsche Überläufer, ihre Schnauze in der Kapitulation. Bahnhof Schuls: die Waggons mit Geretteten aus Theresienstadt. Überall diese Souvenirs, auch wenn ich sie nicht erwähne.

Mehrheit (nicht erst die Mehrheit bei Wahlen, sondern die öffentliche Meinung auch in Fragen, worüber nie abgestimmt wird), wie entsteht sie? Nicht nur der Briefträger, Angestellter beim Bund, hat eine Familie; auch der Professor, Angestellter beim Bund, hat eine Familie und darüber hinaus eine gesellschaftliche Aufgabe: Forschung, die Kredite braucht. Soll er diese Kredite gefährden durch eine Unterschrift oder Rede? Man kann's nicht verlangen. Duckmäuser? Der Einzelne verhält sich zum gesellschaftlichen Klima, das er vorfindet; es ist zumindest ein Risiko, wenn einer der öffentlichen Meinung widerspricht. Meistens steht es nicht dafür; die Chance, daß ein persönlicher Einsatz mehr verursacht als Repressionen gegen die Person, ist gering. Je mehr Leisetreter in einem Land, um so verwöhnter wird allerdings das Ohr der Macht-Inhaber, um so kränkbarer; ein verfassungsmäßiges Referendum der Studenten gilt bereits als »Zwängerei« (NZZ). Was der herrschenden Meinung widerspricht, ist skandalös. Infolgedessen werde ich vorsichtig. Soll ich mir das Leben denn schwerer machen? Infolgedessen gebe ich dem Sozial-Druck nach; dabei erliegt der einzelne leicht einer Täuschung: ich halte es bei allen andern für Gesinnung, was bei mir nur Vorsicht und Duckmäuserei ist, bestenfalls Meinungslosigkeit. Die Summe aller Duckmäuser, die sich das Leben nicht schwerer machen wollen, ergibt endlich den Popanz der öffentlichen Meinung, die sich die Macht-Inhaber formulieren; dazu haben sie die Mittel: Schule, Presse, Fernsehen, Universität, Kirche. Eben weil sie im Grunde nicht Ausdruck eigenen Bewußtseins ist, sondern entstanden aus Sozial-Druck, reagiert die öffentliche Meinung gereizt auf jedes andere Bewußtsein; die Mehrheit empfindet Bewußtsein schlechthin als subversiv: WEH-

RET DEN ANFÄNGEN. Sehen die Leisetreter sich in der Mehrheit, so brauchen sie aber nicht mehr leisezutreten, sie werden kollektiv-aggressiv: BÜRGERWEHREN. Begreiflicherweise bangen sie um den Lohn ihrer lebenslänglichen Vorsicht. Die öffentliche Meinung als Konsensus aller, die der Sozial-Druck korrumpiert hat, gibt sich immer moralisch; sie muß kompensieren. Das ist in jedem System so. Die Angst vor Repressalien mausert sich zur Gesinnung. Zwar übernimmt diese Mehrheit nicht die Macht, daran hindert sie eben die Gesinnung, ihr Einverständnis mit den Macht-Inhabern; sie nimmt jetzt den Macht-Inhabern lediglich die Repressalie ab. RUHE UND ORDNUNG, dafür tritt der Stammtisch ein; daß ein andersdenkender Lehrer aus der Schule fliegt, dafür müssen die Macht-Inhaber kaum noch sorgen, das besorgt die Mehrheit, die sich die Macht-Inhaber durch Repressalie geschaffen haben, auf demokratische Weise. Man bezeichnet das Volk in der Schweiz gerne als SOUVERÄN: weil ja die Mehrheit entscheide. Wie souverän ist die Mehrheit?

Wanderung durch den National-Park

Viel zum Lachen, wie immer, wenn Friedrich Dürrenmatt das thematische Menü bestimmt ... Neulich gab es Dschingis-Khan, frisch von der Lektüre, üppig garniert mit chinesischen Dynastien, Historie gespickt mit Flunkern, auf Witz gegrillt. Heute gab es DER NACKTE AFFE, ebenfalls köstlich zubereitet: Mensch am Spieß der Zoologie, geröstet auf Fakten (Blutdruck beim Coitus: 200) und gespickt mit Spekulationen aus seinem eignen Garten. Kommt man mit thematischen Wünschen, so ist es schade; es ist immer am köstlichsten, was der Koch sich selber wählt. Unlängst im Spital zu Bern gab es Proust, eingelegt in schlaflosen Essig, dann mit frischem Gedächtnis serviert und am Krankenbett flambiert mit Witz. Das war

Vier-Stern! So etwas kann man nicht nochmals bestellen, um auch seine Frau in den Genuß zu bringen; heute gibt es keinen Proust, nicht einmal kalt. Heute also Berner Platte: DER NACKTE AFFE, verkocht mit Ulk über Ärzte, Innereien aus Konolfingen, schmackhaft durch Dramaturgie, dazu Kalbskopf aus der einschlägigen Literatur-Kritik, gepfeffert mit Zitat. Dazu Veltliner. Nachher gibt er mir das Taschenbuch, dem er seine Kenntnisse verdankt. Ich werde mich hüten das Taschenbuch zu lesen. Erstens ist es immer besser, was er draus gemacht hat, und zweitens fasziniert ihn nicht mehr, was auch der andere kennt. Neulich kam das Gespräch auf einen Godard-Film, den er nicht gesehen hat; er wechselte auf einen andern Film, den er gesehen hat, und als sich zeigte, daß wir den betreffenden Film ebenfalls kennen, unterbrach er das Gespräch: jetzt schilderte er einen japanischen Film, den außer ihm niemand gesehen hat. Er braucht den Vorsprung, dann wird es großartig und gemütlich. Früher war es jahrelang die Astronomie, ich war jedesmal fasziniert von seinen Darstellungen. Ein dickes Buch, das er mir gab, nahm ich nach Korsika ins Zelt als einzige Lektüre für drei Wochen, und als ich ihn das nächste Mal besuchte, wußte ich wenigstens das Einmaleins, meinte besser gerüstet zu sein für die Gespräche über Astronomie; er sagte: Was interessant ist, weißt du, das ist die Biochemie. Er braucht meine Unkenntnisse, und an solchen fehlt es nicht. Mein Interesse an Astronomie hat sich trotzdem erhalten, seines natürlich auch; nur unterhalten wir uns kaum noch darüber. Komme ich zur Super-Nova, so ist er längst bei den Pulsaren. Einmal in Neuenburg gab es sich, daß Teo Otto, der Bühnenbildner, sich ausgiebig für Architektur interessierte; Friedrich Dürrenmatt hörte zwar lange zu, aber es machte ihn trübsinnig; er schlug vor, daß wir Boccia spielen. Er gewann über alle Maße. Am andern Tag, als er wieder ein Boccia vorgeschlagen hatte, schien er weniger

Glück zu haben, und die Partie kam nicht zu Ende, er hatte jetzt Lust auf einen Apéritif, viel zu sagen über Dramaturgie. Er bleibt der Gebende. Auch neulich in Bern, im Spital, gab es einen sehr alten LATOUR-Bordeaux; die Krankenschwester entkorkte für den Besucher, der wie sie den Spital-Ernst wahrte, während Friedrich Dürrenmatt lachte. Zum Beispiel über das Versagen eines Arztes; ohne Beschwerde, er erzählte es ganz als Komödie. Das ist mehr als Humor. Wir kennen uns über zwanzig Jahre. Es stimmt nicht, daß er nicht zuhören könne. Als der Wirt in Schuls sich an unsern Tisch setzt und einiges zu melden hat (wie die Bündner etwa einen Aga Khan ausnehmen) und dann allerdings nur noch quatscht, ist Friedrich Dürrenmatt ein Herkules im Zuhören; es kommt auf den Partner an.

Kabusch 1969/70

Kabusch ist kein Einwandrer, nicht fremdstämmig; daran kann es nicht liegen. Was nehmen sie Kabusch übel? Wenn er gelegenheitshalber eine Krawatte trägt, so ist es nicht ausgeschlossen, daß Kabusch in einer Gesellschaft johlt, die Kunst sammelt und von Löwenjagd in Afrika erzählt; plötzlich johlt er wie ein Senn. Kabusch ist Maler. Wenn von Kabusch die Rede ist, so findet sich kaum jemand, der ihm die Stange hält. Es nützt auch nichts, wenn ich mich als seinen Freund bezeichne. Es überzeugt nicht. Wer sich über Kabusch beiläufig lustig macht, tut es in der leichten Gewißheit, daß nicht widersprochen wird; Kabusch ist bekannt. Wofür? Einmal spielt er Gitarre auf einem Waschbrett und singt Nonsense dazu; man hat sich gekrümmt vor Lachen, nein, das muß man zugeben. Warum zugeben? Manche halten Kabusch für arrogant. Ist jemand dabei, der Kabusch zum erstenmal trifft und von diesem Mann eigentlich entzückt ist, zum Beispiel von seinem Temperament, von seinem uneigennützigen Interesse nach vielen Seiten, von seiner Spontaneität usw., so erfährt er auf dem Heimweg bloß, daß sein Entzücken nicht geteilt wird; es steckt auch niemand an. Eigentlich liegt gegen Kabusch nichts vor. Man kann nur nichts dafür, daß Kabusch nicht überzeugt, Kabusch als Person. Warum malt er? Dabei war Kabusch in seinem früheren Beruf sehr erfolgreich. Warum kümmert sich Kabusch immer wieder um öffentliche Angelegenheiten? Schon sein Name genügt, daß sein Einsatz vergeblich ist. Weiß er das nicht? Manchmal hat er es satt, verzieht sich nach Paris; kein Verlaß auf Kabusch, sagen sie. Immer wenn man einen Kabusch brauchen könnte, sitzt er gerade in Paris. Kommt er ins Land zurück, so finden sie, Kabusch machte sich wichtig. Kabusch ist ein Enthusiast; wenn er eine Sache verficht, so kann er wie Savonarola aussehen, dann wieder wie ein Gärtner, manchmal wie ein Uhu mit Menschenlachen. Er lebt gerne. Er ißt mäßig und trinkt nicht, Asket mit Neigung zum Übermut. Es kommt vor, daß er sagt: Wir sind Könige, wir sind Könige! Kabusch ist naiv, dabei ein Mann um 50, ohne Ironie als Selbstschutz. Was er immer ernst nimmt: die Kunst, die neuesten Erkenntnisse der Wissenschaftler. Er war begeistert vom Pariser Mai. Im Atelier, einer großen Baracke, trägt er Stiefel wie ein Erdarbeiter, die blaue Schürze eines Handwerkers; es besuchen ihn Sammler aus Chicago. Kabusch verkauft, aber auch daran kann es nicht liegen; andere verkaufen auch. Es ist nicht Neid, was Kabusch neuerdings kaltstellt; seine Erfolge in der Welt beglänzen ihn nicht, im Gegenteil, sie machen ihn eher verdächtig. Manchmal sitzt er da und zuckt die Achsel, dann wieder holt ihn sein Humor, aber er weiß, daß Kabusch irgend etwas falsch macht –

...

Sein Vater war Arbeiter, stämmig und immer etwas zu groß für die Demut, die einem Zeugen Jehovas ansteht, wenn er vor die Haustüren tritt und Traktate verteilt. Als er später zu Geld kam, vermachte er seinen Glaubensgenossen einen kleinen Tempel und wurde seiner frommen Ämter enthoben wegen Mangel an Demut.

...

Kabusch hat jemand sein Haus zur Verfügung gestellt, einem jungen Schriftsteller, der Pech hat; zum Beispiel hat er die simple Heizung nicht bedienen können, Röhren sind eingefroren, das Klosett. Das kann es ja geben. So ist er eben ausgezogen, der Pechvogel, um nicht im Haus von Kabusch zu schlottern: ohne Meldung an Kabusch, hingegen mit einer Hinterlassenschaft von beträchtlichen Telefon-Rechnungen. Was macht Kabusch, als er zurückkommt? Er schlottert eine Woche lang, bis die Reparaturen erledigt sind, und spricht nicht davon. Die Anekdote hingegen, die der Beschädiger sich macht, hört man mit Vergnügen; sie ist komisch. Sie paßt zu Kabusch. Auch ein andrer, dem Kabusch einmal nach Paris verholfen hat, weil es ihm dreckig ging, kann leider nicht für Kabusch eintreten; es ging ihm dreckig auch in Paris, ganz dreckig. Wer für Kabusch eintritt, überzeugt nicht. Ich habe es wieder einmal versucht. In einer Gruppe, die noch Genossen braucht, schlage ich unter anderem (so viele gibt es ja nicht am Ort) auch Kabusch vor, und der diesen Vorschlag strikte ablehnt, geradezu wild, ist der junge Beschädiger; er sagt bloß: Kabusch?! Das genügt schon; auch Leute, die Kabusch nicht persönlich kennen, finden Kabusch unmöglich und erheben sofort ihre Hand gegen diesen Antrag. Natürlich weiß Kabusch nichts von dem Vorfall, als der junge Schriftsteller, ein liebenswerter Freund auch er, kurz darauf bei Kabusch auftaucht und sich erkundigt,

ob denn sein Haus nicht wieder einmal für einen Monat frei wäre –
Usw.
Was macht Kabusch falsch?

Kabusch II

Er ist kein Maler, kein Savonarola, kein Uhu mit Menschenlachen usw. Daran kann es nicht liegen. Er johlt nicht in einer besseren Gesellschaft und überhaupt nicht. Er trägt eine randlose Brille. Gitarre spielen auf einem Waschbrett, das kann er lassen. Was macht Kabusch trotzdem verkehrt? Ein belesener Mann, das muß man zugeben, und dabei nicht vorlaut; man muß ihn erst fragen, damit er spricht. Ob es denn auch stimmt, was Kabusch zu diesem oder jenem Thema weiß, bleibt allerdings fraglich, solange nicht irgend jemand dazu nickt, und das ist nicht immer der Fall; nicht immer ist jemand da, der auch einigermaßen Bescheid weiß. Dann läßt man dieses Thema. Er ist Bibliothekar. Neuerdings hat er einen Lehrauftrag an der Universität, was seine Bekannten etwas verwundert, aber man gönnt es ihm; offenbar braucht Kabusch solche Bestätigung.

...

Was Kabusch (wer immer er ist) sich nicht leisten kann: Stolz. Dann wirkt es bloß, als sei er beleidigt, also peinlich.

...

Unter besonderen Umständen vergißt er, daß er Kabusch ist; zum Beispiel hat er einmal eine Totenrede zu halten, da er den Verstorbenen gekannt hat wie kein andrer. Ein jüngerer Kollege sagt ihm nachher, seine Rede sei gar nicht peinlich gewesen, Ehrenwort, nicht im mindesten peinlich. Solcher Zuspruch erschreckt ihn am offenen Grab.

...

Kabusch ist sein Spitzname als Schüler. Das Gerücht, seine Mutter sei beim Zirkus gewesen, ist nicht aus der Klasse zu bringen. Seine Anfälle von Jähzorn deswegen. Meint Kabusch vielleicht, er sei etwas Besonderes, weil seine Mutter beim Zirkus gewesen ist? Er merkt lange nicht, was Kabusch heißt. Zum Beispiel sorgt er für einen Fußball, einen aus Leder, ferner sorgt er für die Erlaubnis, die Wiese benutzen zu dürfen für das Ereignis des Jahres. Will er auch noch für gutes Wetter sorgen? Als die Klasse, der er mit Stolz angehört, die Mannschaft zusammenstellt, scheint es nur Kabusch zu verwundern, daß er weder als Torhüter noch als Stürmer gefragt ist; auch die andern Posten sind schon vergeben worden, während Kabusch, übrigens der einzige mit regelrechten Fußballschuhen, die Strafraumgrenze ausgemessen und mit Sägemehl sorgsam markiert hat. Vielleicht braucht man einen Ersatzmann? Man wird sehen. Wer bestimmt eigentlich? Eigentlich niemand; es ergibt sich so. Kabusch soll sich jetzt nicht wichtig machen, weil er den Fußball geliefert hat; er kann ihn nach dem Spiel wiederhaben. Nichts weiter.

...

Jedermann macht in Gesellschaft einmal einen Witz auf Kosten andrer, die nicht zugegen sind; nur Kabusch kann sich das nicht leisten. Zwar wird gelacht, nur weiß er sofort, daß sein Witz ungerecht ist und erschrickt; Kabusch ist auf Gerechtigkeit angewiesen.

...

Ein andrer, der ungefähr die gleichen Voraussetzungen hat und sich in der gleichen Gesellschaft bewegt, schlägt einfach zurück und wird Großunternehmer, Großwerbefachmann, Großverwaltungsrat usw. Er denkt nicht daran, sein Haus freundschaftlich beschädigen zu lassen oder sich anzuhören, daß seine Rede durchaus nicht peinlich gewesen sei, oder die Rechnung für alle zu bezahlen, bloß weil er empfindlich ist, oder zu verstummen, wenn niemand nickt, oder überhaupt etwas verkehrt zu machen; er denkt ja nicht dran und ist ein Emporkömmling auch, Sohn eines Hauswartes, Rotary-Member, eine frohe und gewinnende Persönlichkeit.

...

Tut Kabusch sich selber leid?

...

Als Lehrling protestiert er gegen Überstunden für außerfachliche Dienstleistungen. Es bekommt ihm nicht, wenn Kabusch protestiert; dann kann es geschehen, daß er stottert. Hingegen gewinnt er den Preis in einem Lehrlingswettbewerb der Stadt; das spricht für seinen Lehrmeister.

...

Es hat nichts mit Herkunft zu tun. Sein Vater ist kein Arbeiter gewesen, seine Mutter nicht einmal gerüchtweise beim Zirkus. Daran kann es nicht liegen. Noch Ende des 19. Jahrhunderts spielte seine Familie eine nationale Rolle. Er fährt einen Volkswagen. Warum keinen Bentley? Das nimmt man Kabusch nicht ab, dies nebenbei. Ein ungeduldiger Schauspieler ruft laut ins Atelier: Wer ist denn hier der Kamera-Mann? Dabei steht er neben der

Kamera, seit einer Stunde bereit. Kabusch kommt nicht an (wie es im Jargon der Schauspieler heißt); zum Beispiel muß er die Arbeiter im Atelier dreimal bitten, wenn Kabusch etwas braucht; brüllt er, so entsteht lediglich der Eindruck, Kabusch sei seiner Sache nicht sicher. Dann macht er's lieber eigenhändig. Werden später die Aufnahmen zur Probe vorgeführt, so entschuldigt er sich: es sei natürlich erst ein Rohschnitt, die Kopie leider zu dunkel usw. Man zeigt Nachsicht: Bitte! Nachher sagt der Schauspieler: Mensch, das ist ja prima! Eines Tages erscheint er mit einer neuen Freundin, die Aufsehen erregt: eine black-beauty. Man macht ihr den Hof, als gehöre Kabusch nicht zu ihr. Man glaubt das einfach nicht. Unser Kamera-Mann soll sich nicht übernehmen. Als sich erwiesen hat, daß diese Frau trotzdem zu Kabusch gehört, behandelt man sie allmählich wie Kabusch. Er kann das nicht verhindern. Believe it or not, das hat nichts mit Rassismus zu tun.

...

Es gibt Kabusche in jedem Beruf. Ich beobachte einen Kellner. Die andern Kellner, die doch die gleichen Speisen aus der gleichen Küche servieren, hören von den Gästen nie eine Beschwerde; nur Kabusch eignet sich dafür. Sogar von Tischen, wo er gar nicht bedient, wird Kabusch gerufen: wegen Durchzug, es fehle noch immer der Senf usw. Er mißversteht das auch nicht; sie mögen Kabusch, das weiß er. Als er Oberkellner wird, ändert sich eigentlich nichts; immer die Flasche, die Kabusch entkorkt, riecht leider etwas nach Korken.

...

Es kann sich auch um eine weibliche Person handeln. Zum Beispiel glaubt man nicht, daß ihre Berufstätigkeit

(Psychiatrie) etwas anderes als Ersatz sei. Was sie so sagt, ist klug. Das muß man zugeben. Wieso zugeben? Übrigens kocht sie auch ausgezeichnet, obschon sie neuerdings an Kongressen spricht. Man rühmt sie für ihre Hilfsbereitschaft, die auch ausgenutzt wird, und umgibt sie mit einer Mischung von Wohlwollen und Mitleid, das sie unsicher macht, manchmal auch steif. Was macht sie verkehrt? Sie hat Kinder. Wenn grad von Kindern die Rede ist, wird es sofort anders; man läßt sie reden, und Lisbeth kann sich entfalten, und es überzeugt, bis sie wissenschaftlich argumentiert. Nichts gegen die Argumente, aber man nimmt ihr den Jargon nicht ab, den man selber spricht, Jargon als eine Ausdrucksweise, die dem Sprechenden selber Eindruck macht. Wie gesagt, sie kocht ganz ausgezeichnet. Natürlich weiß sie in ihrem Fach mehr als die Gäste; das schon. Man hört ja auch zu. Nur ihr Mann zeigt sich dann nervös, hütet sich aber, das Thema zu wechseln. Merkt Lisbeth es nicht? Je länger sie spricht, umso weniger ist sie vorhanden, und es ist nichts zu machen; ihr Wissen, bestätigt durch zwei Diplome, steht ihr nicht. Sie kleidet sich durchaus elegant; dann immer die Frage: Wo haben Sie bloß diesen tollen Mantel her? mit der Versicherung: Das steht Ihnen aber! und mit einer Rückfrage an ihren Mann: Oder finden Sie denn nicht? als sei das von Mal zu Mal verwunderlich, ein Glücksfall, als könne die Psychiaterin keinen eignen Geschmack haben. Irgendwann im Lauf des Abends, spätestens in der Garderobe kann ihr Mann es nicht unterlassen, offensichtlich gegen ihren Wunsch beiläufig zu erwähnen, was sie, als Psychiaterin, alles leistet, zum Beispiel am Institut, ganz zu schweigen von den Konferenzen und Kongressen, ferner schreibe sie ein Buch usw. Wieso ist es ihr peinlich? Dann faltet sich ihre Stirne über dem Ansatz einer schönen Nase; es sei kein Buch, eher eine Broschüre. Es ist peinlich; die Gäste stehen bereits in ihren Mänteln und möchten sich bedanken.

. . .

Irrtum von Kabusch: er meint sich durch Leistung rechtfertigen zu müssen, zu können. Das gerade entwertet seine Leistungen von vornherein. Er geht nicht ohne Erfolge aus; nur geben sie ihm, Kabusch, keinen Glanz.

. . .

Es ist besser, wenn er nicht trinkt wie die andern; dann vergißt er, daß er Kabusch ist, und wird mit Schrecken erwachen am andern Tag.

. . .

Er ist Sprecher beim Fernsehen. Die Nachrichten, die er mit seiner korrekten Aussprache versieht, sind in der Regel so wichtig, daß man sie auch Kabusch abnimmt. Das spürt er, ohne seinerseits das Publikum zu sehen, die Leute in den Stuben und in den Wirtschaften. Was man weniger abnimmt: die bunte Krawatte, Maßanzug, Siegelring (neuerdings verzichtet er auf diesen Siegelring, offenbar hat man es Kabusch gesagt) und seine Frisur, überhaupt die Person. Dabei gibt er sich alle Mühe, nicht persönlich zu erscheinen. Es geht um Staatsbesuche, Katastrophen, Staatsstreiche, Gipfeltreffen, Verbrechen, Reisen des Papstes usw. Er vermeidet jede Miene dazu, die Kabusch sich nicht leisten kann, ausgenommen vielleicht eine unwillkürliche Miene der Erleichterung, wenn er zu den Wetteraussichten kommt. Für Augenblicke verdeckt ihn dann die Wetterkarte mit den vertrauten Landesgrenzen. Als er zum Schluß, wieder allein im Bild und jetzt mit Blick gradaus, wie üblich Gutenacht wünscht, sagt jemand in der Bar: Dir auch! Alle lachen.

…

Es ist nicht leicht für die Kinder, Kabusch als Vater zu haben. Zumindest meint er das; seine Großmütigkeit erscheint wie Werbung, wenn nicht sogar wie eine Art von Wiedergutmachung.

…

Ab und zu bezeichnet er sich als Idiot.

…

Es kommt auch vor, daß er sich stellt, daß er es uns zeigen will: er blickt aus Wahl-Plakaten und wird Bürgermeister. Die Wähler haben Kabusch erkannt; er wird sich Mühe geben, dieser Mann, er wird sie nicht erschrecken, dieser Mann, er wird sich nichts leisten können.

…

Was er sich anrechnet: daß er kein Hochstapler ist. Dabei hat Kabusch diesbezüglich gar keine Chance; es wirkt schon wie Größenwahn, wenn er, Kabusch, sich etwas nicht gefallen läßt.

…

Der Concierge im Hotel, der Kabusch erkannt hat, nickt freundlich, fast familiär; nachdem er allen andern den Schlüssel überreicht hat, fragt er gar: Wie geht's, Herr Doktor, wie geht's? und nachdem er sich mit dem Portier noch unterhalten hat, gibt er Kabusch den Schlüssel.

. . .

Es hilft nichts, daß Kabusch, der Kamera-Mann, in Cannes eine Auszeichnung bekommt; man weiß, wie derlei zustande kommt, und es ist freundlicher, wenn man nicht davon spricht. Er selber spricht auch nicht davon und tut gut daran.

. . .

Wie ehrgeizig ist Kabusch?

. . .

Habe ich ein Argument, das eben noch einigermaßen überzeugt hat, und Kabusch kommt dazu, Kabusch bringt dasselbe Argument (mit seinen Worten), so habe ich fortan ein Argument weniger. Es überträgt sich.

. . .

Manchmal meint er, es würde genügen, daß er, Kabusch, beispielsweise um die nächste Straßenecke geht, dort eine Weile wartet, dann zurückkommt: ohne Kabusch. Wie irgendeiner. Ohne Erinnerung an alles, unbefangen. Nichts weiter. Ohne sich zu entschuldigen, daß er sie eine Weile hat warten lassen, eine Viertelstunde oder ein Vierteljahr. Darauf käme es vermutlich an: ohne sich zu entschuldigen für Kabusch.

. . .

Vielleicht meint ein andrer, es liege daran, daß sein Vater eine bekannte Persönlichkeit am Ort gewesen ist. Noch als Fünfzigjährigen fragt man ihn: Und was machen

Sie? Dann sagt er's. Warum zuckt Kabusch dabei die Achsel? Eine Weile lang ist man aber besonders nett zu ihm.

. . .

Jemand erzählt gerade von einem Mann, der eines Tages alles aufgegeben hat, seine Lehrerstelle, sein Einkommen, seine Ehe. Wer von uns wagt das? Kabusch sitzt schweigsam dabei; er braucht sich nicht zu erwähnen, tut es auch nicht mit einer Miene. Es ist nie dasselbe, wenn Kabusch dasselbe tut.

. . .

Selbstmord würde man Kabusch nicht abnehmen, d. h. den Tatbestand schon; nur fände man es in seinem Fall eher peinlich.

. . .

Ein andrer versucht es mit Auswanderung. Kabusch in Canada. Obschon er gemeint hat, er mache sich keine Illusionen, kommt er ins große Geschäft. Zum Beispiel als Architekt. Sein Sommersitz mit Wäldern, mit einer eigenen Meeresbucht, mit Rindern usw. ist sagenhaft und verwundert ihn mehr als seine Gäste, die derlei gewohnt sind. Eines Tages sagt jemand: Das hätten Sie sich auch nicht träumen lassen, wie? Er erkennt seine Illusion, Kabusch werde in Canada nicht erkannt.

. . .

Hält er sich für ausweglos?

. . .

Ich beobachte es nicht an ihm, aber an den andern: neuerdings fühlen sie sich freier in seiner Gegenwart, ungenötigt, er ist nicht mehr Kabusch. Dabei hat er dieselben Marotten, dieselben Fähigkeiten; er kleidet sich auch nicht anders, und dabei nähme man es ihm sogar ab. Sie wissen nicht, was vorgefallen ist; kaum jemand klopft ihm noch auf die Schulter, oder wenn es aus Gewöhnung nochmals geschieht, so merkt man, daß er sich nicht dafür eignet – er lacht ... Wir müssen uns einen andern Kabusch finden.

Die Leiche in der Limmat 1960/64

Eine Geschichte für Camilla:

(...)

»Ordnung muß sein«, sage ich. »Vor Jahren hatten sie einen Fall, der sie sehr nervös machte. Hier in der Stadt. Plötzlich ein Mensch, der nicht einmal einen Namen hinterlassen wollte, geschweige denn eine Geschichte. Man wußte von diesem Zeitgenossen nur, daß er gelebt haben mußte, das bewies schließlich seine Leiche, die sie eines Morgens in der Limmat fanden – eines sehr schönen Morgens, ich erinnere mich, ich kam grade über die Helmhausbrücke, um dort die Schwäne zu füttern. Damals stand dort eine große Weide, vielleicht heute noch, eine Trauerweide im Gehege für Enten und Schwäne, die ihre langen Zweige in die grüne Limmat hängen ließ, Laub in rieselnden Girlanden, ein Idyll mit Entlein bunt wie aus Glanzpapier, dazu die weiße Würde der Schwäne, drüber das Großmünster, Karl der Große mit Möwen auf der Krone, Elfuhrgeläute ... dort also hatte er sich verfangen. Man hätte ihn noch lang nicht gefunden, vielleicht nie, wären nicht jene Tonnen, die das Entengitter tragen, mit den Jahren gerostet. Eine Sache des Tiefbauamtes, denke ich, oder des Gartenamtes, jedenfalls mußten die verrosteten Tonnen unter dem Schwanenhaus einmal ersetzt werden. Als sie die morschen Bretter abdeckten, um an die verschlammten Tonnen heranzukommen, und die verschlammte Leiche sahen, stellten sie sofort ihre Arbeit ein, unterrichteten die Polizei, die kurz darauf mit einem grünen Weidling anruderte während des Elfuhrgeläutes, das zehn Minuten dauerte – es gehört zu meinen frohesten Erinnerungen, dieses Elfuhrgeläute; am besten, finde ich, tönt es, wenn man über die Helmhausbrücke schlendert, dann mischt es sich von allen Türmen über dem Wasser ... Vielleicht hat sich drum die Leiche gerade dort verfangen. Natürlich blieb ich nicht der einzige, der jetzt sehen wollte, was da los war. Die beiden Polizisten in ihrem grünen Weidling mit dem städtischen Wappen, einer am Stehruder, der andere gerüstet mit einer langen Stange, beide in Uniform und Helm, als hätten sie eine Verhaftung vorzunehmen, erschienen etwas nervös, begafft von so vielen Leuten auf der Brücke, und lange Zeit geschah überhaupt nichts. Elfuhrgeläute. Besserwisser oben am Geländer meinten, die Leiche wäre mit einem herzhaften Zugriff herauszuholen, denn man wußte nun, daß es sich um eine Leiche handelte, und die Öffentlichkeit, so schien es, hatte ein Anrecht zu wissen, wer diese Leiche ist. Die Leiche war aber zwischen den verrosteten Tonnen verklemmt. Je weniger geschah, umso spannender wurde es, inzwischen war das Elfuhrgeläute verklungen, und es mußte endlich etwas geschehen, wenn auch nicht der Leiche wegen, der es auf Stunden nicht mehr ankam. Offenbar gab es kein anderes Verfahren: der Polizist mit der Stange, beraten von dem andern, der vollbeschäftigt gegen die Strömung arbeitete mit seinem langen Ruder, stocherte zwischen den verrosteten und verschlammten Tonnen herum, nicht bedenkend, daß die Leiche, einmal aus ihrer jahrelangen Verklemmung befreit, sofort flußabwärts ziehen würde. Und so geschah's, und die Zuschauer auf der Brücke hatten das Nachsehen. Da schwamm etwas, eine Leiche, langsam, aber als hätte sie noch einen Willen, sogar einen sehr entschiedenen Willen: zu entkommen. Bis der lange Weidling mit tüchtigen Ruderschlägen gedreht war und die Verfolgung aufnehmen konnte, hatte sie schon einen Vorsprung von etlichen Metern. Gesicht nach unten, reglos natürlich, ohne mit den Armen nachzuhelfen, schwamm sie, als hätte sie nur darauf gewartet schon immer, flußabwärts, begleitet jetzt von dem Weidling mit dem städtischen Wappen, der bedenklich schaukelte unter den stämmigen Ruderschlägen. Dabei war es jedem Einheimischen klar, daß die Verfolgung nur bis zur Urania-Brücke möglich sein würde; dort nämlich kommt kein Weidling unten durch. Einige Zuschauer liefen der Limmat entlang, liefen nicht eigentlich, gingen nur so rasch man halt gehen kann. Die meisten jedoch, um die Würde der Stadt zu wahren, unterließen das, sie gingen ihres Weges, als wäre nichts vorgefallen, würdig wie die Schwäne, die ihre Flügel gespreizt hatten, jetzt wieder zusammenfalteten, schwimmend in Gelassenheit. Die Leiche kam indessen nicht weit. Schon bei der Gemüse-Brücke, dieser vielstützigen, verfing sie sich neuerdings, wobei die Strömung sie drehte, Gesicht nach oben. Es war ein Mann. Ein paar Blumenverkäufer, die dort ihre Stände haben, sahen das verweste Gesicht; die Polizei, die dort gerade einen Posten hat, war sofort zur Stelle und zahlreich genug, um die Fußgänger umzuleiten, und wenigstens auf der Brücke war sie Herr der Lage, nicht ohne Aufsehen zu erregen, versteht sich, die Leute hier wußten nicht, was los war, und Fragen wurden nicht beantwortet, und es sah aus, als ginge es um die Blumenstände. Aber den Blumenständen war nichts anzusehen. Es sah aus, als dürften in Zürich plötzlich keine Blumen mehr verkauft werden. Und wieder geschah lange Zeit nichts. Ein Polizei-Inspektor, Leiter der weiteren Aktion, erschien zwar bald, aber die Anordnungen, die er auf Grund eines Augenscheins gab, erforderten Zeit. Er rauchte einen Rössli-Stumpen, wartend, in Zivil. Die Leiche war in einem Zustand, daß sie, wenn man sie an den Gliedmaßen ziehen würde, sich kaum als Ganzes ergeben hätte. Inzwischen war's Mittag geworden, Stoßverkehr, nur die Leiche hatte keine Eile; Gesicht nach oben, taub für den Verkehrslärm, ließ sie die Limmat mit leise gurgelnden Wirbeln an ihren Schlammbärten vorbeiziehen, und es schien, daß sie jeden Gedanken an Flucht aufgegeben hatte. Doch der Polizei-Inspektor, ein umsichtiger Mann, ließ sie trotzdem bewachen, während er seinen Stumpen mehr kaute als rauchte; der Weidling war jetzt an eine Eisenstütze gebunden, gleichfalls von den Wirbeln der Strömung umgurgelt, eine Stangenlänge von der verfangenen Leiche entfernt, und der Polizist hatte ein dienstliches Auge auf sie. Es war ein warmer Mittag. August. Der Kadaver trug einen Wintermantel, Handschuhe, jedoch keine Mütze. Einmal nahm der Polizist seinen Helm ab, wischte den Schweiß aus und setzte den Helm wieder auf, allzeit bereit. Am liebsten, so schien es, wäre der Kadaver einfach gesunken, aber das gelang nur dem Kopf. Es wurde Zeit, daß endlich der schwarze Wagen vorfuhr mit einem Sarg. Nun gab's für die Neugierigen etwas zu sehen trotz Absperrung: ein Sarg, Tannenholzroh. Als es darum ging, diesen Sarg mit Stricken zu versehen, griff der Polizei-Inspektor eigenhändig ein. Der Plan wurde klar: Unterwasser-Einsargung. So verwest mußte die Leiche schon sein, so schlammig, und die beiden Polizisten mit der städtischen Kokarde am Helm, die sie mit dem Sarg sozusagen herausschöpfen sollten, waren um ihre Arbeit nicht zu beneiden. Es dauerte denn auch lang, nachdem der Sarg an vier Stricken heruntergelassen war, und die Neugierigen, in Schranken gehalten, sahen nur den Polizei-Inspektor, wie er vom Geländer herab seine Weisungen gab, als wäre nichts dabei, sachlich und anfangs ohne Aufregung, später mit Kopfschütteln; der Kadaver schien sich nicht an seine Weisungen zu halten. Als die Neugierigen, einige schon gereizt, weil die stumme Polizei nach wie vor keine Fragen beantwortete, endlich einen Schrei hörten, einen kurzen Schrei, wußte niemand, was nun geschehen war; einige hätten vielleicht gelacht. Der Polizei-Inspektor schüttelte nur den Kopf wortlos, und kurz darauf sah man einen leeren Helm die grüne Limmat hinunterschwimmen, gefolgt von dem Sarg mit der Leiche drin, gefolgt von dem Weidling mit dem wackeren Stehruderer allein, während der andere, der ins Wasser gefallen war, in Uniform und Stiefeln gegen die Schipfe hinüber schwamm, ohne sich weiter um die Unternehmung zu kümmern. Der Weidling konnte auch nichts mehr ausrichten; das Geleit, das er dem langsam schwimmenden Sarg noch gab, endete bei der Urania-Brücke, wie erwartet. Danach schwamm der Sarg allein, einmal Füße voran, einmal Kopf voran, als müßte er erproben, was für eine lange Reise bequemer ist. Dabei trieb er rechtsab, so daß er alsbald gegen die Ufermauer kickte und zwar mehrere Male, zu kippen drohte, dies bei der Bahnhofbrücke, wo er nicht sogleich bemerkt wurde. Nicht jedermann, wenn er keine Polizei sieht, schaut übers Geländer hinunter. Während die Abschrankung auf der Gemüse-Brücke, obschon überflüssig, weiterhin gehalten wurde, fehlte hier jegliche Polizei, und der Kadaver hatte eine Rast, zumal die Ufermauer dort ziemlich hoch ist; man konnte ihn sehen, wie er da in dem Sarg schaukelte, aber konnte nicht eingreifen. Nachdem er mehrere Male gegen die Mauer gekickt war, hatte er Schlagseite, der Sarg; ein Arm hing heraus. Auch ein Verkehrspolizist, den man von seiner Kanzel gerufen hatte, konnte da nichts ausrichten; er zog seine weißen Handschuhe aus, offensichtlich selbst gespannt, was er danach tun werde, und dabei blieb es. Viele wandten sich ab. Vor allem die Hand, scheint es, entsetzte sie, weil sie sich im Wasser bewegte, wenn auch spärlich, ab und zu, aber immerhin. Nur der Verkehrspolizist, die weißen Handschuhe in der Faust, wandte sich nicht ab, als schuldete er's seiner Uniform. Sein Beschluß, die Hauptwache anzurufen und Meldung zu erstatten, war der einzig vernünftige; der Kadaver selbst schien darauf zu warten. Kaum aber war der Verkehrspolizist gegangen, um von einer öffentlichen Kabine aus anzurufen, genügte ein Wirbel in der Strömung, und der Sarg kam wieder in Fahrt. Ohne zu kippen. In sanfter Kurve fand er die Öffnung unter der Bahnhofbrücke und kam auf der andern Seite dieser Brücke anstandslos heraus und zwar Kopf voran; jetzt nur noch Kopf voran; er hatte aufgehört sich zu drehen, wirkte entschlossen und schien, dort bei den Amtshäusern, seine Fahrt zu beschleunigen, als wollte er heute noch das Meer erreichen. Ob jemand in den Amtshäusern gerade zum Fenster hinausschaute, weiß ich nicht. Zwar streifte er einen Pfeiler der neuen Walche-Brücke, was ihn aber nicht lang aufhielt; er drehte sich bloß einmal herum, ohne zu kippen, und schwamm, jetzt mit gewechselter Schlagseite, an dem sommergrünen Park des Schweizerischen Landesmuseums vorbei, jetzt wieder Füße voran, schaukelnd, aber unaufhaltsam, und es machte schon den Eindruck, daß Zürich ihn wirklich nicht würde halten können – Zürich, das zur Tagesordnung zurückkehrte: die Schwäne gelassen-weiß unter der Trauerweide beim Helmhaus, hoch oben die Möwen auf der Krone Karls des Großen, statt des Elfuhrgeläutes hörte man jetzt das Zeitzeichen von Beromünster, die Absperrung auf der Gemüse-Brücke war aufgehoben, der Weidling an seine Boje gekettet, der Verkehrspolizist winkte auf seiner Kanzel wieder mit weißen Handschuhen ... Es war eine Mutter mit Kinderwagen, die es später meldete, genötigt von ihrem Mann, der fand, das müsse man melden; sie fanden ihn beim sogenannten Draht-Schmiedli, wo ein

Wehr ist, das ihn überrascht haben mußte: der offene Sarg stand ziemlich senkrecht aus dem gurgelnden Wasser, die Leiche lehnte drin.«

Camilla machte ein Uh-Gesicht.

»Ja«, sage ich, »so war das.«

»Scheußlich!«

»Dabei hätte er's beinah erreicht«, sage ich mit Blick auf meine Fingernägel, die wieder einmal in Ordnung sind, »beinah –«

»Was erreicht?«

»Abzuschwimmen ohne Geschichte.«

Aus Walter Fabers letzten Notizen 1955/57

Verfügung für Todesfall: alle Zeugnisse von mir wie Berichte, Briefe, Ringheftchen, sollen vernichtet werden, es stimmt nichts. Auf der Welt sein: im Licht sein. Irgendwo (wie der Alte neulich in Korinth) Esel treiben: unser Beruf! – aber vor allem: standhalten dem Licht, der Freude (wie unser Kind, als es sang) im Wissen, daß ich erlösche im Licht über Ginster, Asphalt und Meer, standhalten der Zeit, beziehungsweise Ewigkeit im Augenblick. Ewig sein: gewesen sein.

Ein langer leichter Nachmittag 1974/75

Langsam müßte er's wissen: Lynn ist in Florida geboren, nicht in Kalifornien. College in Kalifornien. Die kurze Ehe hat stattgefunden in Sidney – sie wirft Sand, wenn er eine Frage gestellt hat, die er kein zweites Mal hätte stellen dürfen. Wo ihr geschiedener Mann heute lebt, weiß Lynn nicht. Sie wirft immer noch Sand; nicht gegen ihn, sondern einfach so. Ihre Zukunft? Sie wird noch einmal heiraten, meint Lynn, jedoch vorsichtig – und ein Kind vielleicht, eines ... Sie erzählt nicht viel, er ja auch nicht, sie reden:

DO YOU BELIEVE

WHAT DO YOU THINK

zum Beispiel über Richard Nixon. Er müsse vor Gericht gestellt werden, meint Lynn. Es ist windig, und vielleicht liegt es daran, daß sie nie lang bei einem Thema bleiben; der Wind hat ihre beiden Schuhe mit Sand gefüllt. Ich weiß nicht, wie er auf Baudelaire kommt, FLEURS DU MAL, Lynn kennt sie nicht. Um ihre Frage zu beantworten: Ich habe nie Gedichte veröffentlicht. Sie bleiben bei öffentlichen Themen. Drogen? Auch Lynn hat da keine große Erfahrung. Sein Englisch ist bescheiden; ich weiß natürlich, was er jeweils sagen möchte. Kommt es vor, daß er nicht übersetzt, sondern in Englisch aussagt, was man so nicht sagen könnte in Schriftdeutsch oder Mundart, überrascht es mich, was und wie er denkt. Das genieße ich; dann ertappt ihn die Fremdsprache bei seiner wirklichen Meinung. Plötzlich lacht er, worüber er sonst nicht lacht. Lynn findet ihn nicht langweilig, so scheint es. Zum Beispiel sagt er, daß ich in meinem Leben nie in einem Bordell gewesen bin; er fügt hinzu: Deshalb bin ich auch kein politischer Mensch, weil ich alles verinnerliche. Da fehlt ihm allerdings die Vokabel. Verinnerlichen? Das muß er umschreiben, und Lynn sieht den Zusammenhang nicht, aber mich überzeugt er, SEXUALITY, so wie Lynn das ausspricht, ist hier ein öffentliches Thema. Ihre Ansichten dazu; ich wundere mich über seine. Als der Sohn fünfundfünfzig war, sagte meine Mutter nicht ohne Strenge: Du solltest nicht immer über Frauen schreiben, denn du verstehst sie nicht. Das erwähnt er nicht. Lynn kennt die Schweiz nicht. Das erspart ihm Reden, die mich langweilen. Was hält er von Psychiatern? Man kann nicht sagen, er habe C. G. Jung persönlich gekannt; er ist nur in seinen Vorlesungen gewesen. Das muß, wie Lynn sich ausrechnen kann, ziemlich lang her sein. Eigentlich hätte er davon nicht reden sollen. Im College ist Lynn eine preisgekrönte Speerwerferin gewesen, in Sidney ist sie geritten. Seine feste Überzeugung, daß Allende in Chile mit amerikanischer Hilfe gestürzt worden ist, kann er behaupten, nicht beweisen. Kommunismus und Kapitalismus; sein langwieriger Versuch zu erklären, was der Unterschied ist zwischen Sowjetunion und Sozialismus –

Etc.

Vielleicht weil es zwischen Lynn und ihm nur die englische Sprache gibt, so daß er das eine und andere, was er sonst aussprechen würde, aus Faulheit nicht ausspricht, fällt ihm in ihrer Gegenwart mancherlei ein, was ihm sonst, wenn er's aussprechen könnte, gar nicht einfällt; es ist ein Unterschied, ob man in einer Fremdsprache oder in der eigenen Sprache schweigt: schweigend in der Fremdsprache verdränge ich weniger, das Gedächtnis wird durchlässiger ... Zwei Mal bin ich bei einer Geburt dabei gewesen; meine Frau hat es gewünscht. Darüber habe ich nie geschrieben. Meine Frau hat gewünscht, daß nicht darüber geschrieben werde. Auch habe ich nie davon gesprochen, glaube ich. Ich sehe es nur. Es ist lang her.

Was er alles nicht beschrieben hat:

Vier Abtreibungen bei drei Frauen, die ich geliebt habe. Drei Mal ohne Zweifel, daß es richtig ist. Nie ohne Schrekken. Die Rolle des Mannes dabei, der dann den Arzt bezahlt. Ein Mal: weil ich verheiratet bin, und sie möchte meinen Freund heiraten. Ein Mal mit einem andern Grund: es ist zu spät in unsrer Geschichte. Wir sind Freunde geblieben. Ein Mal ist es ein Irrtum gewesen; eine Schuld, so denke ich später, meine Schuld. Ich habe nicht den Mut, das Kind zu verlangen; ich sehe sie so ohne Zögern (wenn auch voller Angst natürlich) und ich bin betroffen. Ich frage nur nochmals: Du willst es wirklich nicht? Sie weiß, daß ich bei ihr bleiben möchte. Als jüngerer Mann habe ich mir Kinder nicht eigentlich gewünscht; die schlichte Nachricht, daß ein Kind gezeugt worden ist, hat mich gefreut: der Frau zuliebe. Später wird es anders, aber ich bin nicht deutlich genug mit meinem Wunsch, ich wage es nicht, da ich die Geliebte so ohne Zögern sehe. Dann stehe ich in einer nächtlichen Straße, nachdem ich noch einmal gefragt habe, und warte in Erbarmen. Alles andere, so meinte ich, wäre Erpressung. Auch das ist lang her. Die Erpressung wäre richtiger gewesen (in diesem Fall). Ein Mal rät der Arzt dazu und gegen unseren Wunsch.

HOW DO YOU KNOW

sagt Lynn, da er behauptet, Wolken dieser Art bedeuten gar nichts und morgen (Sonntag) werde wieder ein blauer Tag sein. Sie liegen in den beiden Sesseln, die sie nicht verschoben haben, Abstand etwas mehr als eine Armlänge. Wer hat sie hierher gestellt, zwei Sessel irgendwo auf einem meilenlang-leeren Strand? Das kann nur einer getan haben: HERMES. Er ist froh, daß Lynn da ist. Es wäre sehr leer ohne die junge Fremde, das Meer und das Gelände mit Dünen und Wind. Er könnte nicht lange hier sitzen, er müßte gehen. Ohne Ziel. Es wäre Sand wie auf Sylt (1949) und Meeresbläue wie bei Sperlonga (1962) und Erinnerung. Auch wenn er Lynn nicht anschaut: sie macht die

Gegenwart, ihr Körper im andern Sessel. Sie weiß nicht, was er denkt; er weiß nicht, was sie denkt. Kein Bedürfnis, ihren Körper zu berühren. Lieber möchte er ihn zeichnen können. (Ich kann ein wenig zeichnen, aber ich habe es lang nicht mehr getan. Es stört mich, daß es dann immer ein Plagiat wird, ein schwaches; indem ich es zeichne, verliere ich, was ich sehe.) Sie hat ihren Kopf zurückgelegt, das Gesicht nach der andern Seite hinüber, ihre Bluse etwas geöffnet, ihre beiden Hände in den Hosenschoß gelegt, die Knie hochgezogen; die Haut ihrer Füße und Waden ist bleich. Sie gibt sich der Sonne. Er sitzt aufrecht, seine Füße im Sand, meistens schaut er auf das nachmittägliche Meer. Ein dumpfes Poltern auf dem Grund, dazwischen hört man es zischen. Sie schläft nicht. Zu viel Wind. Sie hat ihren Kopf aufgerichtet und schaut irgendwohin. Als sie bemerkt, daß er sie anschaut, lacht sie.

MY LIFE AS A MAN:

wenn ich zufällig, in einem Konzert-Foyer zum Beispiel, die Mutter meiner Kinder sehe: ihr Gesicht, scheu mit einem Zug von Harm, der schon immer gewesen ist, ein gutes Gesicht, in den späten Jahren sogar offener, aber für immer ein Gesicht voll betroffener Unschuld – bin ich betroffen: ich sehe sie mit Hochachtung und verwundert, daß ich der Vater ihrer drei Kinder geworden bin.

DENN DU VERSTEHST SIE NICHT

die Mutter, 88, in Rom – sie will noch alles sehen, nämlich sie ist zum ersten Mal in Rom, sie ist unermüdlich. Sie schreibt sich alles auf, was sie von Tag zu Tag gesehen hat; das Heft endet mit dem Satz: ROM, ES WAR EINE GOTTVOLLE ZEIT! in altertümlicher Kalligraphie. Drei Jahre später, in einem städtischen Altersheim, will sie sterben; sie will; sie ist unwirsch, daß die Ärzte mit solchen Spritzen kommen. Im Zimmer liegen noch drei andere Frauen, die manchmal, wenn man eintritt, wie Sterbende aussehen: mit offenem Mund. Ohne Röcheln. Ohne jede Regung überhaupt. Manchmal ist sie wirr (weil ich grad aus Odessa komme, wo sie als junges Mädchen, 1901, Kapern pflückt) und dann wieder klar: Ich sterbe jetzt, sagt sie, ich danke euch. Es dauert aber noch ein halbes Jahr. Der Arzt, dem ich ihren Willen gesagt habe, erklärt es mir, warum es ohne Spritzen qualvoll wäre; ein Erstickungstod. Eines Tages, als ich sie wieder besuche, führt man mich ins Sterbezimmer. Drei Tage und Nächte lang lösen wir uns ab, mein Bruder und meine Schwester, die nicht ihr Kind ist, und ich. Ab und zu kann man mit ihr sprechen. Ihre Sorge: ob jemand darauf achte, daß meine Jacken in Ordnung sind. Ferner beschäftigt es sie, daß wir mit diesen Besuchen viel Zeit verlieren. Ich bin noch nie dabei gewesen, wenn ein Mensch stirbt. Zuweilen sieht es aus, als sei sie tot. Wenn man sie anredet, so wundert sie sich, daß wir noch immer da sind. Ein Pfarrer steht zur Verfügung. Ich weiß, wie sie sich geärgert hat über seine Ansprache zu Weihnachten; er soll gesagt haben: So hoffen wir denn, daß wir alle auch die nächsten Weihnachten zusammen verbringen können. Da es heißt, daß die Leute in ihren letzten Stunden oft anders denken, frage ich sie, ob sie den Pfarrer sehen möchte. Sie ist wach, sie hat die Frage verstanden, sie überlegt, und dann sagt sie: Wozu? Ein Mal, als ich mich wieder verabschiede, sage ich: Du bist eine schöne Frau. Sie findet diese Erklärung nicht unangemessen; sie fragt, warum wir denn nicht eine Fotografie machen. Eine Veränderung ihres Zustandes sieht auch der Arzt nicht, und einmal lasse ich meinen Abendbesuch aus; im Zunfthaus zur Meise (Zürich) liest ein Kollege aus seinem neuen Roman, ich habe die freundliche Einführung zu sprechen. Kein schwieriger Auftritt, aber ich zittere vor Lampenfieber, und die Nacht endet in einem kollegialen Besäufnis; am andern Morgen, als ich das Telegramm lese, erlaubt es mein Zustand nicht, mich einer Toten zu zeigen ...

HAPPY

das ist genau das Wort:

FUN

zu sehen, was grad da ist:

MONTAUK BEACH

Ich habe nie einen ernsthaften Versuch unternommen, meinem Leben ein Ende zu machen; auch keinen unernsthaften. Ich habe nur oft, in jedem Lebensalter, dran gedacht. Wie ein Experte sehe ich da und dort die praktischen Möglichkeiten. Ich sehe einen Balken, der sich eignen würde. In einem Hochhaus kommt fast jedermann auf den Gedanken; hier wäre es ein einfaches und sicheres Unternehmen. Ich habe keinen Revolver im Haus, da ich nicht immer ein besonnener Mensch bin, und Freitod hätte ein besonnener Akt zu sein. Ich habe eine Bergstraße daraufhin besichtigt und kenne mindestens drei Stellen, wo kein Geländer ist, das wider Erwarten vielleicht standhielte, und wo es, vor allem bei Nebel, wie ein Unfall aussehen könnte. Die Bereitschaft dazu ist nicht selten, eine nüchterne Bereitschaft ohne vermeintlichen Anlaß.

Ein Weg ist ein Weg auch in der Nacht 1972/79

Im Morgengrauen, noch vor dem kurzen Kirchgeläute, hat Herr Geiser den gepackten Rucksack genommen, dazu Hut und Regenmantel und Schirm – der Rucksack ist nicht zu schwer, und sowie Herr Geiser in den Wald gekommen ist, hat das Herzklopfen nachgelassen; niemand im Dorf hat ihn gesehen und gefragt, wohin denn Herr Geiser wandern wolle mit seinem Rucksack und bergaufwärts und bei diesem Wetter.

Herr Geiser weiß, was er tut.

Die Paßhöhe liegt 1076 Meter über Meer und wenigstens bis zur Paßhöhe kennt Herr Geiser den Weg aus früheren Jahren, außerdem gibt es die Karte; Herr Geiser weiß, daß man, wo der Weg sich gabelt, sich links halten muß und daß es unterwegs Ställe gibt, wo man im Fall eines schweren Gewitters unterstehen könnte, und auf der Paßhöhe wieder Ställe –

Ein Weg ist ein Weg auch im Nebel.

Wenigstens hat es nicht gedonnert.

Im Anfang ist es kein steiler Weg; der Hang ist steil, aber der Weg beinahe horizontal, teilweise mit Platten belegt, ein sicherer Weg auch bei Nebel, wenn man den Wasserfall nicht sehen kann, dessen Rauschen man hört.

Später wird der Weg steiler.

Ausschau zu halten nach einer Kapelle – wenn die Erinnerung stimmt: unterhalb des Weges rechts – hat Herr

Geiser später aufgegeben; vielleicht hat man sie im Nebel nicht sehen können.

Irgendwann müßte der Wald sich lichten.

Was Herr Geiser nicht mehr weiß: ob der Weg über zwei oder drei Brücken führt, bevor man aus dem Wald kommt. Wo man einen Bach in nächster Nähe hört, müßte eigentlich, auch wenn Herr Geiser den Bach in der Tiefe nicht sehen kann, trotz Nebel plötzlich das Geländer einer Brücke zu sehen sein, oder Herr Geiser ist schon über eine Brücke gegangen, ohne sie beachtet zu haben –

Die hohe Brücke hat Geländer.

(wenn sie nicht weg ist!)

Der Feldstecher, der vor seiner Brust baumelt, ist kein großes Gewicht, nur überflüssig; was im Nebel zu sehen ist: die nächsten Stämme, schon die Wipfel verschwinden im Nebel, Farnkraut, die nächsten paar Meter des Weges, einmal eine rote Bank, Felsen, die eine Schlucht anzeigen, und plötzlich das Geländer.

Die Röhren sind verbogen.

Nach einer Stunde genau, hat Herr Geiser die erste Rast gemacht, ohne den Rucksack abzulegen und ohne sich zu setzen. Natürlich ist das Steigen mühsamer als in früheren Jahren, aber das Herzklopfen hat nachgelassen.

Herr Geiser hat Zeit.

Zum Teil sind es schwere Platten, die den Weg bilden, und bis alle diese Platten gefunden sind, bis sie an Ort und

Stelle geschleppt und verlegt sind und zwar so, daß nicht jedes Unwetter einen solchen Weg zerstört, das muß eine Arbeit gewesen sein, nicht zu vergleichen mit der Mühe, die Herr Geiser hat Schritt um Schritt und dann wieder Stufe um Stufe; manchmal sind die Stufen etwas zu hoch, so daß man außer Atem kommt und den Mut verliert.

Lästig ist das Tragen des Schirms.

Dann und wann gabelt sich der Weg, aber es kann nicht die Gabelung sein, die auf der Karte verzeichnet ist, und Herr Geiser braucht seine Karte nicht hervorzuholen: die entscheidende Gabelung, wo Herr Geiser links gehen soll, befindet sich oberhalb der ersten Ställe, und Ställe hat Herr Geiser bisher nicht gesehen. Eine Weile lang wird man trotzdem unsicher – vielleicht hat Herr Geiser die Ställe nicht sehen können wegen Nebel – bis es sich zeigt, daß es sich bloß um eine Abkürzung gehandelt hat; beide Wege, der steilere und der andere, kommen wieder zusammen, und also hat es sich nicht gelohnt, daß Herr Geiser zurückgegangen ist, um doch den steileren Weg zu wählen.

Noch ist es früh am Tag.

Auch wenn man im Nebel nicht weiß, wo man sich im Augenblick befindet, in jedem Fall geht es aufwärts, Kehre um Kehre; wichtig ist nur, daß man ohne Hast geht, Schritt vor Schritt, regelmäßig und ohne Hast, damit man nie außer Atem kommt.

Endlich die Ställe –

Ein dummer Hund, der kläfft.

Früher als geplant, schon nach einer halben Stunde, hat

Herr Geiser wieder eine kurze Rast gemacht, ohne den Rucksack abzuschnallen; ohne Bedürfnis nach Ovomaltine; immerhin hat er sich auf einen moosigen Fels gesetzt, platschnaß trotz Schirm, dabei zuversichtlich:

Der Plan ist durchführbar.

Bei der Gabelung – der andere Weg führt zu einer Maiensäß, zu einer Gruppe von Häusern auf der anderen Talseite, wo es, laut Karte, nicht weiter geht – ist Herr Geiser richtig gegangen, auch bei einer zweiten Gabelung, die nicht in der Karte verzeichnet ist. Eine Markierung auf Fels, weiß-rot-weiß, hat ihn bestätigt. Später ist der Weg schmaler geworden, ein Pfad ohne Platten.

Zweierlei hat Herr Geiser sich vorgenommen:

1. nie ohne einen Pfad zu gehen,
2. das Unternehmen abzubrechen, wenn sich Herzbeschwerden einstellen, und keinesfalls bis zur Erschöpfung zu gehen.

Einmal ist Herr Geiser über einen Wurzelstock gestolpert; etwas Blut mit Regennässe auf der Haut, eine Schürfung am rechten Arm, der den Schirm hält, hat ihn nicht veranlaßt, seinen Rucksack aufzuschnüren und Verbandstoff hervorzuholen. Ein Wanderstock wäre übrigens nützlicher gewesen als der Schirm, eine Regenhaut besser als der Regenmantel aus Gabardine, der vor Nässe schwer wird.

Der Regen hat nicht nachgelassen.

Ein Bach ohne Brücke, eigentlich kein Bach, sondern ein Gewässer, das es nur nach langen Unwettern gibt und das auf der Karte nicht verzeichnet ist, ein breites Gewässer über Geröll, ein Gesprudel, nirgends so reißend, daß einer mit kniehohen Stiefeln nicht hätte darin stehen können, hat viel Zeit gekostet, da Herr Geiser gewöhnliche Wanderschuhe trägt. Mindestens eine halbe Stunde. Um eine Stelle zu finden, wo zuverlässige Steine, möglichst große, die nicht kippen oder rollen, wenn man den Fuß darauf stellt, ungefähr in Schrittweite auseinander liegen, ist Herr Geiser hinauf und hinunter gegangen. Überall ungefähr das gleiche Gesprudel. Schließlich hat Herr Geiser es einfach wagen müssen. Einer der Steine, denen er nach längerer Betrachtung besonders vertraut hat, ist dann doch gekippt – Herr Geiser ist nicht gestürzt, er hat nur einen Schuh voll Wasser herausgezogen, das ist um neun Uhr morgens gewesen, also noch früh am Tag.

Zur Paßhöhe hin wird es flacher –

Noch vor zehn Jahren (Herr Geiser wird vierundsiebzig) und bei Sonnenschein ist das ein Spaziergang gewesen, ein Ausflug von zweieinhalb Stunden hin und zurück.

Sein Gedächtnis bekommt recht:

eine weitläufige Paßhöhe, Weiden, Trockenmauern im Geviert und Wald mit Lichtungen, hauptsächlich Laubbäume (aber es sind Buchen, nicht Birken) und ein paar verstreute Häuser (keine Ställe, sondern Sommerhäuser, die verlassen sind) und auf der offenen Weide verliert sich der Weg, das ist meistens so.

Eine Rast wäre fällig gewesen.

Die Gewißheit, daß niemand wissen kann, wo Herr Geiser sich in diesem Augenblick befindet, hat Herr Geiser genossen.

Kein Vieh –

Kein Vogel –

Kein Laut –

Bloß um einen Ausblick zu haben und vor der Rast zu wissen, was ihn auf der andern Seite erwartet – nach der Karte gibt es einen Pfad, daneben viel Schraffur, was Fels bedeutet – ist Herr Geiser weiter gegangen. Ohne Pfad. Es gibt aber keinen Ausblick ins andere Tal, nur Wald, der steiler wird, Unterholz zwischen vermoostem Geröll, wo man wieder und wieder stolpert und schließlich nicht mehr weiß, wie man weiterkommt, ohne zu rutschen. Zum Keuchen kommt die Angst, die Hast, der Ärger über sich selbst und der Schweiß, und wo das Dickicht sich lockert, wird der Hang noch steiler; ein aufrechter Gang ist kaum noch möglich. Es wird ein Kraxeln auf allen Vieren, wobei eine Stunde mehr Kräfte kostet als drei Stunden auf einem Pfad, von Wurzelstock zu Wurzelstock, und plötzlich sind Felswände da –

Ein falscher Tritt und es ist aus.

Herr Geiser wäre nicht der erste.

Plötzlich geht es nur noch mit Glück.

Als Herr Geiser, froh, daß niemand ihn gesehen hat, wieder die offene Weide auf der Paßhöhe erreicht hat, ist es Mittag gewesen. Ein grauer Mittag. Unter einer großen Tanne, wo der Boden beinahe trocken ist, aber leider voll Ameisen, hat Herr Geiser sein verschwitztes Hemd gewechselt und gewartet, ob die Zuversicht wiederkomme, das Selbstvertrauen, das Gefühl, nicht verloren zu sein.

Hunger hat er nicht verspürt.

Vor einem Jahr ist ein jüngeres Paar, das auch den Pfad verloren hat, drei Wochen lang nicht gefunden worden, auch nicht von einem Helikopter; gefunden hat man sie erst, als es jemand aufgefallen ist, daß über einem Wald und immer an derselben Stelle viele Vögel kreisen.

Vergessen hat Herr Geiser die Thermos-Flasche.

Die roten Ameisen scheint das Wetter überhaupt nicht zu kümmern; ihre lautlose Emsigkeit in einem Hügel von Tannennadeln –

Ein Mittagsschlaf wäre fällig gewesen.

Wenn man nicht geht, kommt das Frösteln; auch die nassen Socken hat Herr Geiser gewechselt, aber es bleiben die nassen Hosenbeine wie kalte Umschläge.

Nicht vergessen hat Herr Geiser die Landkarte.

Der Pfad, der auf der andern Seite der Paßhöhe siebenhundert Meter hinunterführt, laut Karte rechts von der Schlucht, ist in jedem Fall ein steiler Pfad, und als Herr Geiser wieder aufgestanden ist, um sich den Rucksack anzuschnallen, hat er seine weichen Knie gespürt. Aber inzwischen hat der Regen aufgehört. Eine Weile lang, als er schon auf der offenen Weide geht, hat Herr Geiser nicht gewußt, was er nun beschließen würde.

AURIGENO/VALLE MAGGIA

unweit von der Stelle, wo Herr Geiser vor drei Stunden seinen Irrgang ins Dickicht angetreten hat, ist es mit weißer Farbe auf einen Fels geschrieben, ein Pfeil weist auf den Pfad, der nach rechts führt und durch Buchenwald. Ein schmaler Pfad, dann und wann steinig, dann wieder geht man auf Walderde, was für die weichen Knie angenehmer ist, und wenn man nicht auf Wurzeln tritt, die infolge der Nässe glitschig sind, ein harmloser Pfad. Im Wald sieht man das graue Gewölk nicht, das Buchenlaub ist grün, das Farnkraut grün, und die Umkehr, die Herr Geiser während seiner Rast erwogen hat, wäre dumm gewesen.

Der Plan ist durchführbar.

Alles in allem hat Herr Geiser mit fünf bis sechs Stunden gerechnet (der Schwiegersohn will genau zweieinhalb Stunden gebraucht haben) unter Berücksichtigung seines Jahrgangs.

Eine erste Runse ist harmlos.

Die zweite sieht schlimmer aus, eine steile Rinne voll Geschiebe, Wirrwarr von Felsklötzen und zersplitterten Stämmen, Rinnsale, aber kein tosender Bach, man stapft durch Kies und Schieferschlamm, die Hand an einem morschen Ast oder an einem Stein und nicht ganz ohne Herzklopfen – aber nachher kommt man wieder auf den Pfad. Die Mahnung im Wanderbuch (»Abstieg durch die Valle Lareccio: Vorsicht bei schlechtem Wetter!«) wirkt an Ort und Stelle übertrieben, auch wenn der Hang immer steiler wird. Man braucht nicht in die Schlucht zu schauen. Zickzack mit guten Stufen. Die Schraffur auf der Karte ist nicht übertrieben; auf der andern Seite der Schlucht gibt es Felswände und einen Wasserfall, der sich in Wasserstaub auflöst –

Eine dritte Runse macht keine Sorgen.

Das Haus, das Herr Geiser im Morgengrauen verlassen hat, sein Haus, das jetzt in einem andern Tal steht, gehört kaum noch zur Gegenwart, wenn Herr Geiser daran denkt, daß er vierzehn Jahre dort gelebt hat.

Meistens denkt man im Gehen gar nichts.

Wichtig ist der nächste, der übernächste Tritt, damit man nicht den Fuß verstaucht, damit die Knie nicht knicken, damit man nicht plötzlich ausrutscht. Der Schirm als Wanderstock ist keine Hilfe, oft rutscht er von den Steinen ab und ist keine Stütze, wenn der Tritt nicht sicher ist. Es bleibt ein guter Pfad, nur da und dort im Gestein sind die Stufen zu hoch, wenn einer schon weiche Knie hat.

Manchmal denkt Herr Geiser doch –

Plötzlich sind es die Waden, die streiken; ein Schmerz wie von Nadeln bei jedem Schritt. Zwar ist das Maggia-Tal schon zu sehen, seine grüne Ebene, aber die Häuser darin erscheinen noch klein wie Spielsachen, und es ist besser, Herr Geiser blickt nur auf den Pfad.

Einmal geht es wieder aufwärts –

Eine Kapelle mit Vordach und sogar mit einer Bank unter dem Vordach, wo Herr Geiser sich hat setzen müssen, um den Krampf in den Waden loszuwerden, ist auf der Karte verzeichnet, was immer beruhigend ist: man weiß, wo auf der Karte man sich im Augenblick befindet; in einer knappen Stunde ist Herr Geiser mehr als vierhundert Meter abgestiegen, und jetzt ist es nicht mehr weit:

Höhenunterschied noch 313 Meter.

Die Ameisen im Rucksack haben ihn nicht gestört; hier hat Herr Geiser sich einen Cognac erlaubt, dann einen Blick in die Schlucht, wo voraussichtlich noch nie ein Mensch gewesen ist, und einen Blick hinauf: Grate und Schneisen, Hänge so steil, daß man sich wundert, wie man da herunter gekommen ist. Es ist ein irres Tal.

Es ist ungefähr zwei Uhr gewesen.

Worüber soll man sich Gedanken machen?

– EB : AE = AE : AB

– daß es Gott gibt, wenn es einmal keine Menschen mehr gibt, die sich eine Schöpfung ohne Schöpfer nicht denken können, ist durch die Bibel und das Muttergottes-Fresko nicht bewiesen; die Bibel ist von Menschen verfaßt.

– die Alpen sind durch Faltung entstanden.

– die Ameisen leben in einem Staat.

– das Gewölbe haben die Römer erfunden.

– wenn das Eis der Arktis schmilzt, so ist New York unter Wasser, desgleichen Europa, ausgenommen die Alpen.

– viele Kastanien haben den Krebs.

– Katastrophen kennt allein der Mensch, sofern er sie überlebt; die Natur kennt keine Katastrophen.

– der Mensch erscheint im Holozän.

Es ist ungefähr vier Uhr gewesen, als Herr Geiser erwacht ist. Von einem Gewitter hat er nur noch die letzten ausrollenden Donner gehört, offenbar hat es kurz geregnet. Wolken um die schroffen Berge, aber lose Wolken, Licht in den Wolken, beinahe Sonne. Es fehlt wenig, daß sich ein blauer Himmel zeigt da oder dort. Es tropft noch aus dem Laub, das glitzert, und es zwitschert aus dem glitzernden Laub.

Der Krampf in den Waden hat nachgelassen.

Die Kirche von Aurigeno (wo es einen Post-Bus nach Locarno gibt) ist noch nicht zu sehen, immerhin hat Herr Geiser ihren Stundenschlag gehört und deutlich: ein harter und heiserer Glockenton fast ohne Hall.

Die Ameisen sind verschwunden.

Nachdem er den Cognac ausgetrunken hat (ein kleiner Flachmann) und den Feldstecher in den Rucksack gesteckt und langsam den Rucksack wieder verschnürt hat, ist Herr Geiser noch eine Weile lang sitzen geblieben, ohne sich zu sagen, was er denkt, was in seinem Kopf beschlossen wird. Dann ist Herr Geiser aufgestanden, hat sich den Rucksack wieder angeschnallt und nachgesehen, ob da nicht ein Ovomaltine-Papier auf dem Boden liegt oder auf der Bank vor der Kapelle, die übrigens keine Kapelle ist. Es ist nur ein Muttergottes-Fresko mit Vordach.

Fast hätte Herr Geiser den Schirm vergessen.

Der Anstieg ist mühsam, wie nicht anders erwartet, und Herr Geiser weiß: zur Paßhöhe geht es vierhundert Meter hinauf. Die Gewißheit, daß die drei Runsen nicht unüberwindlich sind, daß es alles in allem ein ordentlicher Pfad ist und gefahrlos, solange man Tageslicht hat, und daß der Zickzack, der bevorsteht, nicht endlos sein wird, hat Herrn Geiser ermutigt, auch wenn ein Pfad, den man vom Abstieg kennt, im Anstieg oft nicht wiederzuerkennen ist. Es sind jetzt nicht die Waden, die streiken, sondern die Oberschenkel. Wann kommt Herr Geiser zu der zweiten Runse, der großen? Es gibt Strecken, an die Herr Geiser sich nicht erinnern kann; trotzdem sind sie einfach da und ziemlich steil, so daß Herr Geiser ab und zu, um eine hohe Stufe zu überwinden, seinen Oberschenkeln helfen muß, indem er die Hand, die rechte, auf das Knie stützt; die linke Hand hält den Schirm als Wanderstock. Immer öfter hat Herr Geiser sich auf die nächste Böschung setzen müssen, um zu verschnaufen, beide Hände auf den Griff seines Schirmes gelegt, das Kinn auf die Hände gestützt.

Was soll Herr Geiser in Basel?

Als er wieder die Paßhöhe erreicht hat, ist es etwa sieben Uhr abends gewesen und dämmerig; auf der Paßhöhe hat es wieder geregnet.

Es ist ein langer Tag geworden.

Wieder die offene Weide, wo der Pfad sich verliert, wo Herr Geiser es am Vormittag genossen hat, daß niemand weiß, wo Herr Geiser sich in diesem Augenblick befindet –

Auch jetzt weiß es niemand.

– und wieder das breite Gewässer ohne Brücke:

das Gesprudel über Geröll ist nicht reißender geworden, nur ist es dunkel geworden, und im Regen leuchtet eine

Taschenlampe, auch die beste, nicht weit. Was sie hauptsächlich zeigt, das sind Glitzerfäden. Wo er dem nächsten Stein in Schrittweite nicht getraut hat, ist Herr Geiser jedesmal umgekehrt. Da und dort hätte vielleicht ein kräftiger Sprung genügt, aber einen solchen Sprung hat Herr Geiser seinen Beinen nicht mehr zugetraut. Wenn niemand von dieser Wanderung erfahren soll, so muß jeder Unfall vermieden werden, und wäre es auch bloß ein Armbruch. Einmal hat er es weiter oben versucht, dann weiter unten. Herr Geiser hat sich Zeit genommen – es ist niemand zuhause, der wartet und die Stunden zählt – und sich jede Hast verboten. Überall dasselbe Gesprudel. Wie schon am Vormittag; nur daß man bei Tageslicht eher hat erraten können, wo das Wasser tief oder untief ist. Der Gedanke daran, daß man jetzt in der Bahn sitzen würde oder in einem Gasthaus, hätte Herr Geiser bei der Muttergottes mit Vordach nicht die Umkehr gewählt, ist auch keine Hilfe, wenn Herr Geiser mitten im Gewässer auf einem Stein steht, umgeben von dem Gesprudel im Schein seiner Taschenlampe, und sogar die Umkehr heikel ist; ein Stein, den er zuletzt betreten hat, scheint sich verschoben zu haben und ist jetzt von Wasser überspült. Was jetzt? Schließlich ist es ihm verleidet; Herr Geiser hat seinen Schirm zugemacht, man braucht zwei bewegliche Arme, um das Gleichgewicht zu wahren. Plötzlich reicht das kalte Wasser bis zum Knie. Schon das Stehen in dem fließenden Wasser ist schwierig geworden, nachdem Herr Geiser den stochernden Schirm verloren hat – aber Herr Geiser ist durchgekommen, ohne die Taschenlampe zu verlieren, und die Taschenlampe ist jetzt wichtiger als ein Schirm.

Ein Weg ist ein Weg auch in der Nacht.

Solange man geht, ist Erschöpfung fast ein Wohlgefühl in den Adern, und Herr Geiser hat gewußt, daß er sich nicht mehr setzen darf; nachher kommt man nicht mehr auf die Beine.

Boden gibt es auch in der Nacht.

Meistens hat es genügt, was im Schein der Taschenlampe zu erkennen ist: Platten, die Weg bedeuten, die nächste Stufe, dann Walderde mit Wurzeln, Stämme links und rechts, aber links oder rechts geht es in die Tiefe, dann wieder Platten zwischen Farnkraut, Geröll mit Disteln, einmal ein toter Wurzelstock und dahinter nichts als die glitzernden Fäden von Regen – Nacht ohne Boden, so daß man nicht weiter geht, sondern zurück, und schon ist der Weg wieder da und die Spitzkehre, die Herr Geiser übersehen hat, deutlich zu erkennen. Manchmal hat Herr Geiser gemeint, jetzt wisse er ungefähr, wo er sich befinde, und jetzt müsse er auf die Weide mit den Ställen kommen. Stattdessen wieder Wald. Vielleicht hat Herr Geiser die erwarteten Ställe nicht gesehen, weil sie nicht in der Reichweite seiner Taschenlampe stehen. Auch wenn es in Strömen regnet, schließlich spürt man es nicht mehr. In den letzten zwei Stunden ist Herr Geiser bloß noch gegangen, ohne wissen zu wollen, wo er sich befindet. Dann und wann ein Knicken der Knie, aber gestürzt ist Herr Geiser nur noch ein Mal. Walderde mit Tannennadeln an den Händen, nichts weiter. Der Weg führt hinunter, das ist die Hauptsache. Die Ställe, die Herr Geiser seit einer Stunde erwartet hat, plötzlich sind sie da. Hier hätte Herr Geiser unterstehen können; aber wozu, wenn man in nassen Kleidern schlottert. Finsterer als bisher kann es nicht werden. Was folgt, hat Herr Geiser gewußt: Zickzack durch Wald, wo man keine Spitzkehre verpassen darf, und später einmal die Brücke mit dem Geländer aus verbogenen Röhren, danach wird der Weg flacher, ein ordentlicher Weg, der nicht zu verfehlen ist, solange die Batterie der Taschenlampe reicht –

Von seinem Ausflug wird niemand erfahren.

Nachwort

Im Frühjahr 1946 begann Max Frisch, im Hauptberuf damals noch Architekt, ein Tagebuch mit der Geschichte von Marion, dem Puppenspieler, dessen jugendlichem Wahrheitseifer jeder Sinn für Dialektik fehlt. Es verwirrt ihn, wenn die Menschen bald so, bald anders reden. Eines von beidem, meint er, müsse Lüge sein. Und als er erkennen muß, daß er selbst nicht besser ist, wird ihm sein Anspruch zum tödlichen Verhängnis.

Die Geschichte wird nüchtern und knapp erzählt, obwohl es an liebevollen Details nicht fehlt. Ihre poetische Gestalt hat etwas Märchenhaftes und, wie Marions Puppen, etwas Handgeschnitztes. Ihre einfache und saubere Form erinnert an die Architektur-Modelle, mit denen dem Publikum oder einer Jury öffentliche Bauprojekte vorgestellt werden. Der Architekt Max Frisch hat damit sozusagen den möglichst einfachen Grundriß der modernen abendländischen Gesellschaft skizziert, in deren Zentrum das Individuum steht: ein »Ich« zwischen Fremdbestimmung und Eigensinn, zwischen Anpassung und Widerstand.

Das »Tagebuch mit Marion« erschien in einer ersten Fassung kurz nach Kriegsende. Und daß der Autor Marions Bedürfnis teilte, »den Menschen zu sagen, was er denkt, so offen wie möglich«, liegt auf der Hand. Nach Jahren war Europa endlich vom Faschismus befreit, aber in Trümmern, und auch für einen, der aus der Schweiz kam, aus dem Verschonten Land, galt es nicht nur, grauenhaft viel zu begreifen, sondern auch, das eine und andere dazu zu sagen, in aller Bescheidenheit, aber so klar wie möglich, wenn es irgend helfen konnte, die Wiederholung einer solchen Katastrophe zu verhindern.

Wie aber kann man sagen, was wahr ist, wenn man zugleich um die Ambivalenz der Sprache weiß? Und hat

sich die je brutaler gezeigt als in der faschistischen Propaganda?
Mit dieser Frage wird Marions Problem zum zentralen des Tagebuchs selbst. Denn bei allem Verlangen nach Aufrichtigkeit konnte ein Wahrheitsbegriff, der den Wahrheitsuchenden direkt in den Tod treibt, unmöglich im Sinn eines Autors sein, dem »das Wahre« und »das Lebendige« in aller Regel ein und dasselbe sind. »Warum ist euer Denken, zu Ende gedacht, immer so tödlich«, hatte bereits 1942 in Frischs zweitem Roman »Die Schwierigen oder J'adore ce qui me brûle« eine Frau den Männern vorgeworfen. Und wie sympathisch uns Marion sonst also sein mag: da, wo der Puppenspieler sein Ende fand, fing es für seinen Autor erst an, interessant zu werden.

1. Das ungewisse Ich: Wahrhaftigkeit

In ihrer Summe umkreisen die Geschichten dieses »Lesebuchs« ein Thema, das Frisch zeitlebens beschäftigt hat: wie der Grundriß der bürgerlichen Gesellschaft durch den Menschen selber geht und sich als »Riß durch die Person« darstellt; wie das Individuum (»das Unteilbare«) von einem Wahrheitskriterium zerrissen wird, das im Keim paradox ist. Man könnte, im Zeitalter der atomaren, vom Problem einer »sozialen Kernspaltung« reden, das Frisch sein ganzes Werk hindurch und oft am Gegenstand der eigenen Person zu ergründen suchte.

Marions Wahrheitsanspruch ist redlich absolut. Doch möchte er damit ja nur dem Ideal der bürgerlichen Gesellschaft genügen, die, wie keine andere, auf das »unabhängige Urteil« und den »freien Willen« der Einzelnen baut. Und Frisch übernimmt diese Idealvorstellung, ohne sie zu denunzieren. Im Gegenteil: er testet ihre Gültigkeit bis zum Limit. Dieses aber zeigt sich nicht etwa in den Grenzbereichen, wo das Ideal vielleicht überstrapaziert wird, sondern die Crux der Idee kommt schon im Kern ihrer Logik zum Vorschein.

So weist denn in der Marion-Geschichte von allen Nebensätzen der unscheinbarste auf den Haken hin, den der Puppenspieler selber nicht erkennt. Wenn er, entsetzt über die Verlogenheit der andern, nicht mehr mitmachen, sondern den Leuten sagen will, was er denkt, »gleichviel, wer am Tische sitzt«, dann treibt exakt dieses unbescholtene Motiv ihn ins Paradox. Sitzen nämlich die Betroffenen *nicht* am Tisch, dann ist, was da geredet wird, keine Wahrheit, nur Klatsch. Das ist es ja gerade, was Marion stört. »Gleichviel, wer am Tische sitzt«, heißt also *nicht* gleichviel. Jede Wahrheit hat ihre Adresse, alles ist wahr nur im Kontext der Gesellschaft, in der Marion zu Wort kommt. Ebenso hat jede Wahrheit ihren Absender mit einer bestimmten und beschränkten Optik. Und genau das Urteil, das nicht bloß Klischee oder Ideologie, sondern »unabhängig« und »individuell« sein will, muß dieser persönlichen Sichtweise gerecht werden. Indem man aber meistens – wenn nicht grundsätzlich stets – »in Gesellschaft« redet und denkt, kann es gar keine *individuelle* Wahrheit geben, die nicht zugleich *gesellschaftlich bedingt* wäre. Nach klassischem Verständnis ist das allerdings ein Widerspruch. Und an diesem Widerspruch bleibt Marion hängen.

Wie sehr also Frisch – hier und später immer wieder – das Individuum ins Zentrum stellt: er sieht es nie isoliert, schon gar nicht unteilbar. Zerrissen zwischen der Idealvorstellung eines »souveränen Ich« und unseren realen Abhängigkeiten, können wir ein »individuelles Urteil« oder einen »freien Willen« bestenfalls anstreben. Gerade weil aber die bürgerliche Gesellschaft beides voraussetzt, als wäre alles andre bloß »selbstverschuldete Unmündigkeit«, tut sie für die wirkliche Emanzipation der Einzelnen wenig. Und wer, wie Marion, aufrecht durchs Leben gehen will, bleibt auf sich allein gestellt, empfindet den Widerspruch stets nur als eigenen, inneren Konflikt.

Der Selbstmord des Puppenspielers, meint am Ende der Geschichte sein Sponsor Cesario, sei bedauerlich, aber keine Tragödie im antiken Sinn. Nicht Schicksal, nur Resultat des Irrtums, »die Wahrheit irgendeines Mannes liege auf seinen Lippen oder in seiner Feder.« Und diese Feststellung relativiert nicht nur, was jemand über sich selber sagen oder denken mag. Sie zeigt auch: der Begriff der Wahrheit an sich ist nicht das Wahre.

Damit treibt Frisch das Problem natürlich auf die Spitze und sich selbst in die Enge. Denn wenn die »Wahrheit eines Mannes«, also auch die des Schreibenden selbst, nicht auf seinen Lippen oder in seiner Feder liegt: warum sollen wir da glauben, was der Tagebuchschreiber in sein Tagebuch schreibt?

Eine Antwort darauf gibt die nachfolgende Eintragung, die von der Begegnung mit dem Kollegen »Kellermüller« berichtet (vgl. S. 44). Auch der glaubt, wie Marion, an *die* Wahrheit. Doch weil er seine Gedanken stets veröffentlicht hat, kann er nicht leugnen, daß er vor Jahren anders dachte als heute. So bleibt ihm nur die Überzeugung, inzwischen klüger geworden zu sein. Frisch indes hält ihm entgegen, daß er sich selbst damit Unrecht tue. »Wir sind das Damals, auch wenn wir es verwerfen, nicht minder als das Heute.« Und aus dieser Sicht erscheint das Tagebuch als der rettende Ausweg. Statt alte und neue Meinungen gegeneinander auszuspielen, können wir, »indem wir den Zickzack unserer Gedanken bezeugen und sichtbar machen, unser Wesen kennenlernen, seine Wirrnis oder seine heimliche Einheit, sein Unentrinnbares, seine Wahrheit, die wir unmittelbar nicht aussagen können, nicht von einem einzelnen Augenblick aus.«

»Wir sind das Damals nicht minder als das Heute.« Das gilt auch für die Gesellschaft als ganze. Und mit Blick auf das kriegszerstörte Europa liest es sich gar als Forderung: erst wer Irrtümer nicht leugnet, sondern annimmt, ist fähig zu Selbsterkenntnis und Lernprozeß. Wesentlicher aber als Marions Wahrheitseifer erscheint dabei das Kriterium der Wahrhaftigkeit. Wahrhaftigkeit als Haltung, die sich der Wahrheit verpflichtet und doch stets im Zufälligen des Augenblicks und des Standorts verhaftet weiß. Mehr oder Höheres steht uns nicht zu. Die Wahrheit ist spontan, also relativ, oder gar nicht.

Diskret wird da auch der Akzent verschoben. Nicht mehr davon, was *wahr* sei, ist die Rede, sondern davon, was *wir* sind. Denn das in Frage gestellte Ich kann seine Souveränität höchstens wiedergewinnen, indem es sich selber bezweifelt und befragt. Ohne Selbstaufklärung ist Aufklärung nicht mehr möglich. Und die Aufklärung aufgeben – das allerdings kam für Frisch nie in Frage, weder damals, nach Kriegsende, noch später jemals bis zu seinem Tod 1991. Ins Zentrum der Aufklärung jedoch rückte die genaue Abklärung dessen, was unser Bewußtsein bedingt und beschränkt.

Fast mehr noch als alles, was er wahrnimmt, interessiert den Autor in der Folge, wie die Wahrnehmung selber funktioniert. Denn sein Tagebuch kann, als Zeugnis seiner Zeit, nur glaubhaft werden, wenn es zugleich Zeugnis über den Verfasser ablegt. Der Autor ist die Linse, durch die die Welt betrachtet wird, der Maßstab, der sie ausmißt. Er soll also, zu Prüfzwecken, in dem, was da gemessen und registriert wird, enthalten sein.

Und umgekehrt. Gerade in der Art, *wie* er die Welt sieht, erkennt der Autor sich selbst. Wie schon der 21-jährige, den die sokratische Frage nach sich selbst bei seiner ersten Stellensuche begleitet hatte (vgl. S. 22: »Lappalien«), blickt auch der Tagebuchschreiber von 1946 gewissermaßen ins Schaufenster der Welt, um sein eigenes Spiegelbild darin zu entdecken. Denn da, in den Umrissen seiner Gedanken zu dem, was ihm begegnet, wird sich zeigen, ob eine »heimliche Einheit« daraus zutage tritt, die der eigenen Person näher kommen könnte als jedes »unreflektierte« Selbst-Bildnis.

Die »heimliche Einheit« der Person allerdings wird als Arbeitshypothese vorausgesetzt. »Man ist, was man ist«, notierte Frisch. »Man hält die Feder hin, wie eine Nadel in der Erdbebenwarte, und eigentlich sind nicht wir es, die schreiben; sondern wir werden geschrieben.« Und er fuhr fort: »Schreiben heißt: sich selber lesen.«

Dieser Satz ist zentral. Um ihn kommt kein »Lesebuch« herum, das mit einer Auswahl von 500 aus den nahezu 5000 Seiten der Gesammelten Werke von Frisch selber so etwas präsentieren möchte wie einen Grundriß dieses Werks. Auch dann nicht, wenn es sich – so wollte es der Auftrag des Verlags – auf »Geschichten« beschränken soll, von vornherein also vieles weglassen muß, von den Tagebucheintragungen im engeren Sinn über Reiseberichte, Reden und Essays bis hin zum gesamten Bühnenwerk.

So genau allerdings läßt sich dies gerade bei Frisch nicht trennen. In den Tagebüchern von 1946-49 und 1966-71 liefert manche Notiz zu einem faktischen Ereignis den Hintergrund für eine erfundene Geschichte und geht fließend in diese über. Prosaskizzen erscheinen als erste Fassung späterer Theaterstücke. Da sind Selbstbefragungen in Dialogform geschrieben (vgl. S. 350), während umgekehrt die späte Erzählung Blaubart (1982) einen inneren Monolog mit verteilten Stimmen darstellt. Im zweiten Tagebuch führen die *Fragebogen* den »Dialog« sogar über den Buchseitenrand hinaus, ebenso wie – in umgekehrter Richtung – der Aufsatz *Ich schreibe für Leser* (1964) Antworten gibt auf Fragen, die nicht im Buch stehen, sondern

bloß vorgestellt sind. Am freien Spiel mit Formen war Frisch mehr gelegen als an säuberlicher Trennung. Die wurde also auch in diesem »Lesebuch« nicht allzu streng beachtet.
Entscheidender ist, daß sich auf der Suche nach der »heimlichen Einheit« seines literarischen Werks jener Satz aus dem Tagebuch als Kristallisationskern anbietet. Er diente bei der Auswahl der vorliegenden Texte als Ausgangs- und Leitmotiv. Denn bei aller formalen und inhaltlichen Vielfalt erscheint Frischs Schreiben doch weit über die Tagebücher hinaus als ein fortgesetzter Versuch, sich selber zu lesen und lesbar zu machen.

2. *Vorstellungskraft, Verrat: die unsichtbare Mitte*

Max Frisch war 35 und hatte nebst kleineren Arbeiten schon drei Romane, zwei Theaterstücke, eine Erzählung und ein Tagebuch als Grenzschutz-Soldat (vgl. S. 48) veröffentlicht, als er in der Marion-Geschichte erstmals eine Form fand – eine Methode, sich selber zu lesen –, die sich von allen früheren Arbeiten unterscheidet. Die Szene, mit der diese Geschichte beginnt, stellt diese Arbeitsweise bildhaft dar. Der Erzähler, »unterwegs ins Büro«, begegnet nämlich nicht jenem Straßenkünstler, den wir auf den folgenden Seiten dann als »Marion« wiederfinden. Sondern er begegnet »einem Andrang von Menschen, die bereits über den Randstein hinaus stehen, alle mit gestreckten Hälsen; manchmal ein Lachen aus der unsichtbaren Mitte.« Und genau um diese »unsichtbare Mitte« ging es Frisch.
»Was wichtig ist: das Unsagbare, das Weiße zwischen den Worten«, heißt es dreißig Seiten später in einer Eintragung »Zur Schriftstellerei«. So, wie Michelangelo einmal feststellte, im Marmor, den der Bildhauer bearbeite, sei die Figur bereits enthalten, so daß er sie bloß freizulegen brau-

che, meint Frisch: »Unser Streben geht vermutlich dahin, alles auszusprechen, was sagbar ist; die Sprache ist wie ein Meißel, der alles weghaut, was nicht Geheimnis ist, und [...] indem sie die Leere, das Sagbare, vortreibt gegen das Geheimnis, gegen das Lebendige [...] besteht die Gefahr, daß man das Geheimnis zerschlägt, und ebenso die andere Gefahr, daß man vorzeitig aufhört, daß man [...] nicht vordringt zu seiner letzten Oberfläche. Diese Oberfläche alles letztlich Sagbaren, die eins sein müßte mit der Oberfläche des Geheimnisses [...], vielleicht ist es das, was man die Form nennt.«

Das Geheimnis, das Unsagbare, die unsichtbare Mitte: alles Synonyme für eine Wahrheit, die nur zum Vorschein kommt, indem man sie ausspart. Diese Wahrheit, die wir nicht sagen oder schreiben können: wir können sie bestenfalls leben. Ihre Gestalt ist im Stoff, im Material des Lebens. Die Form aber, die sie allein hervorholen kann, ist im Geist, in der Sprache, im Willen. Und klar, daß jede voreilige Hast sie zerschlagen kann, aber ebenso, daß es ohne Entschlossenheit nicht geht. Kein Zufall also, daß wir zu Beginn der Marion-Geschichte in jener Menschenmenge den Puppenspieler schließlich nur deshalb zu Gesicht bekommen, weil ein Gendarm erscheint, der findet, »das geht nicht, hier nicht«, und der sich »nicht barsch, aber von Amtes wegen entschieden« in den Haufen keilt. »Nicht barsch, aber von Amtes wegen entschieden« muß auch der Schriftsteller ans Werk gehen, der zum Kern einer Sache vordringen will.

Beiläufig zeigt dieses Beispiel auch, wie bei Frisch stets nur das Ganze einer Geschichte das Wahre ist. Noch die unscheinbarste, selbst die unsympathischste aller Figuren verkörpert einen wahren Kern der Geschichte. Präzis das Umgekehrte gilt für die Hauptfiguren. Sie scheinen sich zum Verfasser nicht selten so zu verhalten, wie sich Marions Heimat »Andorra« zur Schweiz verhält. Wie in dem gleichnamigen Theaterstück nämlich, das aus der Tagebuchnotiz zum andorranischen Juden entstand (vgl. S. 110), ist auch mit dem »Andorra« aus dem Tagebuch nicht der wirkliche Kleinstaat dieses Namens gemeint. »Andorra«, erklärte Frisch 1974 in seiner Rede zur Verleihung des Schillerpreises, sei jedoch auch nicht die Schweiz, nur »das Modell einer Angst, es könnte die Schweiz sein.« Und ebenso hat man den Eindruck, auch die Hauptfiguren dieses Autors seien Modelle seiner Angst, sie könnten ihm allzu verwandt sein.

Wer aber ist er, der Autor selbst? Wie kann einer schreibend, sich selber lesend, vordringen zur »unsichtbaren Mitte« der eigenen Person?

Frischs methodischer Zugriff legt nahe, daß auch die Frage nach sich selbst nur durch Aussparung zu beantworten ist. Einer – Marion – sucht seine Wahrheit, und man kann nicht sagen, wie er sie findet, bloß, wie er sie verfehlt. Und daß dieser Marion eine erfundene Gestalt ist, erleichtert die Sache. Der Autor denunziert damit keine Menschenseele, nur seine eigene Fiktion. Die Frage aber, ob er mit dieser Fiktion auch eine Seite seines Selbstbildes beschrieben habe, braucht er nicht zu beantworten.

»Ich möchte nicht das Ich sein, das meine Geschichten erlebt«, ließ Frisch 1964 den Erzähler seines Romans *Mein Name sei Gantenbein* sagen (vgl. S. 286). Daß das in hohem Maß auch für ihn selbst galt, kann man nur vermuten. Es zeigt sich beispielsweise in der Art, wie er sich zusehends jenen Zeitgenossen vom Leib rückt, der erstmals in der *Burleske* des Tagebuchs auftaucht (vgl. S. 114: »Und am Morgen, siehe da«). Das vertraute »Du« jener Tagebucheintragung scheint dem Autor noch recht nahe. Schon vier Jahre später schrieb Frisch eine Hörspiel-Fassung dieser Geschichte, in der er als »der Verfasser« seinem »Herrn Biedermann« sehr distanziert gegenübertritt, um ihn vor versammelter Zuhörerschaft zu interviewen. Und 1957, in der Bühnenfassung von »Biedermann und die Brandstifter« (vgl. Max Frisch, Gesammelte Werke Bd. IV,) hat sich die Gestalt vollends zum Prototyp jenes Spießers entwikkelt, der, um seine Verlogenheit nicht einsehen zu müssen, blind ist für die dreisten Lügen seiner Brandstifter-Gäste. Herrn Biedermann mit dem Autor zu verwechseln, könnte niemandem einfallen. Im Falle von Marion ist das nicht so sicher. Und nur mit Seitenblick auf Frischs methodische Überlegungen darf man annehmen, daß den Autor mit all seinen Figuren eine gewisse Verwandtschaft verband, die ihn zugleich von ihnen trennte.

Beschreiben, wer man *nicht* ist: in Frischs Hauptwerk *Stiller* von 1954 kennzeichnet das nicht nur die Methode des Schreibens, sondern zugleich die Tragik des Titelhelden. Dieser sitzt im Gefängnis, nennt sich James White und möchte im übrigen offenlassen, wer er ist. Die Frage nach Herkunft und Identität beantwortet er, wie sein Verteidiger findet, mit lauter Märchen. Sicher ist nur, daß er bestreitet, jener verschollene Bildhauer Stiller zu sein, für den alle ihn halten.

Der erste Satz des Romans aber läßt sich als Doppelspiel lesen. »Ich bin nicht Stiller!« sagt der Erzähler (vgl. S. 156), der schließlich doch als der Geleugnete identifiziert wird. Doch könnte das genauso der Autor sagen, der seinen Stiller, bei aller Sympathie, erfunden hat, um sich kritisch von ihm zu distanzieren.

Im *Homo faber*, drei Jahre später erschienen, passiert dann das Umgekehrte: die kritisch-ironische Distanz des Autors zu seinem Helden könnte kaum deutlicher sein. Und dennoch hat Walter Faber, Prototyp des Technikers aus den fünfziger Jahren, mit dem Autor Max Frisch wohl mehr gemeinsam, als man auf den ersten Blick vermuten möchte. Frisch selber sah diesen Roman als Gegenbuch zum *Stiller*. Denn Faber lebt gerade dadurch an sich selbst vorbei, daß er allzu präzis zu wissen meint, wer er ist – bis sein Nicht-Wissen, daß er Vater einer erwachsenen Tochter ist (vgl. S. *), für diese Tochter und also für ihn selbst zur Tragödie wird. Und wenn es stimmt, was ein Biograph vermerkte, daß Frisch in den beiden Figuren »Stiller« und »Faber« zwei Seiten der eigenen Person dargestellt habe – »die musische und die mathematische Begabung« –, so erinnert dieses Verfahren selber an Mathematik. Frischs literarische Methode gleicht dann dem Versuch eines Mathematikers, einen nie genau zu ermittelnden Wert zu interpolieren durch schrittweise Annäherung von allen Seiten her. Man könnte vom Verfahren einer »poetischen Interpolation« sprechen. Entwürfe von Nicht-Ich-Figuren grenzen dabei zusehends den Raum ein, in dem sich das Selbst des Autors vermuten läßt.

Auf *Stiller* und *Homo faber* folgte 1964 *Mein Name sei Gantenbein*. Darin hält Frisch den beiden vorausgegangenen eine dritte, eher positive Hauptfigur entgegen. Während Stiller sich selbst verleugnet, um so dem Bild zu entfliehen, das sich alle anderen von ihm machen, und Faber, indem er ein fixes Bild von sich selber hat, blind bleibt für die Realität, spielt Gantenbein gerade den Blinden, um damit allen anderen die Freiheit zu geben, sich wenigstens vor ihm nicht verstellen zu müssen. In einer Gesellschaft, in der niemand sich selber sein kann, weil alle irgendeinem Image genügen wollen, behauptet sich Gantenbein, indem er spielt, was er keinesfalls wirklich sein möchte: blind. Und dabei wird nie ganz klar, wer eigentlich der ist, der da sagt: *»Mein Name sei Gantenbein«*.

Seine Absicht, schrieb Frisch später, sei es gewesen, in diesem Roman »eine Person zu spiegeln in ihren Fiktionen.« Der Erzähler umgibt sich mit Spielfiguren, die sein *mögliches* Ich darstellen. Dieses Verfahren erinnert an die Tagebücher insofern, als Frisch auch da das Faktische oft durch Fiktionales ergänzte, Information durch Imagination rundete. Und rechnet man hinzu, daß die Grenze des Faktischen nochmals verfließt, wo Gegenwart in offene Zukunft mündet, so läßt sich angesichts dieser doppelten Unschärfe Frischs literarisches Programm schon präziser umschreiben: sich selber lesen, heißt, das eigene Ich in den Umrissen seiner Fiktionen spiegeln, um es so, Schritt für Schritt, poetisch einzukreisen.

Damit präsentiert sich Frischs Werk als Umkehrung jenes Anfangsbildes der Marion-Geschichte. Der Autor umstellt die »unsichtbare Mitte« seiner eigenen Person mit Spielfiguren, die ihm verwandt und eben dadurch fremd sind. Er versteckt und zeigt sich zugleich im Raum, den diese Gestalten zwischen sich aussparen. Sie bergen in ihrer Mitte wie man in sich ein Geheimnis, wie man einen Schatz aus der Tiefe birgt. Und wie der Gantenbein-Erzähler sagt, »Ich probiere Geschichten an wie Kleider« (vgl. S. 405), so hat in gewisser Weise auch Max Frisch seine eigene Person in den Kostümen seiner Figuren bloßgelegt. Wobei ihn stets die Angst wachhielt und bisweilen – wie in der autobiographischen Erzählung *Montauk* von 1974 – gar als Gewißheit überfiel: »Ich habe mich selbst nie beschrieben. Ich habe mich nur verraten.«

Sich selber verraten – sich selbst erraten: die Spanne ist klein. Dazwischen liegt ein schmaler Pfad, auf dem sich auch immer wieder die Frage stellt: Wozu überhaupt die Schriftstellerei?

3. Intellekt und Intuition: die Summe der Wachheit

Das Erforschen der eigenen Person ist zentral – aber vordergründig. Letztlich ging es Frisch um die Möglichkeit, Leben zu realisieren im doppelten Sinn: es zu erkennen und zu verwirklichen.

»Wir leben wie die Ameisen, drüben im Abendland«, erklärt der Ich-Erzähler, der mit Bin nach Peking unterwegs ist, seinen chinesischen Gastgebern (vgl. S. 146). Und auch das Drama des Grafen von Öderland – aus der Tagebucheintragung von 1946 entstand zehn Jahre später Frischs gleichnamiges Bühnenstück – spielt sich ab vor dem Hintergrund eines »babylonischen Unterfangens, das wir Zivilisation nennen« und das einzig den Zweck hat, »der Lebensangst beizukommen durch pausenlose Beschäftigung« (vgl. S. 65).

Das Öderland-Drama entstand aufgrund einer Zeitungsmeldung, die Frisch im Tagebuch ebenfalls notierte, um durchsichtig zu machen, wie aus der Anverwandlung von Realität Imagination entsteht. Ziel dieser Imagination aber wäre es, zurückzuwirken, ihrerseits die Realität zu verwandeln. Und die Sorge, daß wir statt dessen das Leben nur vertun durch blinde Geschäftigkeit – oder noch blindere Geschäftemacherei –, zieht sich durch Frischs gesamtes Lebenswerk. Im *Homo faber*-Roman (dem die Ausschnitte S. 262–275 und 357–371 sowie S. 503 entnommen sind) ist es der Künstler Marcel, der die westliche Zivilisation anklagt, Lebenssinn durch Lebensstandard ersetzen zu wollen. Und je genauer Frisch im Lauf der Zeit die Gefahr solcher Verunstaltung des Daseins beim Namen nannte, desto größer wurde auch sein Zorn auf eine Gesellschaft, die dieser Gefahr immer weniger Beachtung schenkte.

Andrerseits kann man sein Leben aber genauso vertun durch Träumerei. Das amerikanische Märchen vom Jäger-Faulpelz Rip van Winkle, der lieber Geschichten erzählt und von Heldentaten träumt, als auf die Jagd zu gehen, berichtet davon (vgl. S. 186). In einem frühen Aufsatz von 1936 erwähnte Frisch dieses Märchen zum erstenmal. Bei der Feststellung, daß sich der 25-jährige immer noch an Ideale erinnerte, die seine Altersgenossen längst verleugneteten, sei er sich wie Rip van Winkle vorgekommen, schreibt Frisch: einer, der nach einem langen Traum plötzlich erwacht in einer Welt, in der er nicht mehr zu Hause ist, heimatlos im eigenen Dorf. Fortan beschäftigte das Motiv ihn immer wieder, und auch im Tagebuch von 1971 taucht es in ähnlicher Deutung auf. Nach einer Rückkehr aus Amerika in die Schweiz notierte Frisch zu Rip van Winkles Erwachen: »Hier also ist er zuhaus [...] Er wundert sich, wenn sie ihn grüßen, als wäre nichts geschehen. Alle andern, sein braves Weib und die Nachbarn, die Kunden, die Kumpane, die über sein berühmtes Märchen lachen, glauben es, daß das sein Leben ist –«. In beiden Fällen erscheint Rip van Winkle als Name für den Traum von einem anderen, besseren Leben. Daneben jedoch gibt es auch den Rip van Winkle, von dem Stiller im Gefängnis erzählt, und dieser verpaßt, vor lauter Träumerei vom besseren, sein eigenes, sein wirkliches Leben.

Das Leben vertun durch Träumerei oder aber durch freiwillige Industrie-Sklaverei: diese doppelte Gefahr spiegelt auch den Zwiespalt zwischen Stiller und Faber wider, zwischen »Künstler« und »Techniker«, Fabulierer und Realist. Frisch mochte sich weder für den einen noch gegen den andern entscheiden. Auch wenn die Träumerei nie eindeutig bloß als Laster erscheint, spitzt sich deren Ambivalenz in der Öderland-Geschichte zu, wo der Traum vom besseren Leben in offenen Terror mündet. Und während die Tagebuchfassung von 1946 damit endet, geht das spätere Bühnendrama noch einen Schritt weiter. Nachdem der Staatsanwalt träumt, daß er sich als Graf von Öderland mit der Axt in der Hand freie Bahn verschafft hat in der Welt, erwacht er, und siehe da, sein Traum erweist sich als Wirklichkeit. Er hat geträumt, aber dabei doch gehandelt, schlafwandlerisch und »traumleicht für ihn, blutig nur für die andern«. Er hat also wohl durchaus wach gehandelt, aber ohne sich der Realität seiner Handlungen bewußt zu werden. Wie der Techniker Walter Faber wird auch Graf Öderland von seinen eigenen Projektionen geblendet. Und seine Phantasien werden Wirklichkeit, aber hinter seinem Rücken. Er verträumt die Wirklichkeit, statt sie zu gestalten. Denn dazu müßte er sie ja als Wirklichkeit erst erkennen und annehmen, seine Wirklichkeit *realisieren*, und genau darum geht es.

1956 stellte Frisch im Aufsatz *Vom Umgang mit dem Einfall* die Frage, »was wir von der Kunst erhoffen: Ersatz des Lebens oder Durchsicht des Lebens.« Er entschied sich eindeutig für das letztere. Schreiben heißt, über die Bücher gehen, das Leben durchsehen, um es durchsichtig zu machen. Und nur wer nicht davor zurückscheut, auch sich selbst zu durchschauen, kann den Willen, mit dem er die Wirklichkeit gestalten will, von den Zwängen des Unbewußten befreien.
Unvoreingenommene Durchsicht gelingt aber nur dem, der offen bleibt, der »das Lebendige in uns« nicht erstarren läßt im Rahmen eines fertigen Bildes, in das er sich selbst oder die anderen zwingt. Und vor dem Hintergrund dieser Forderung erscheint es geradezu paradox, daß Frischs Fabeln ihrerseits einer Logik gehorchen, deren strenge Geschlossenheit kaum zu überbieten ist.
Im Bühnenwerk noch deutlicher als in der Prosa treten sich da Figuren gegenüber, die, wie auf dem Reißbrett eines Architekten entworfen, zwingend aus dem Kontext der Hauptfigur heraus entwickelt werden, und nicht selten als rein logische Spielerei. So entstand etwa »Marion und die Marionetten« nach Frischs eigenem Zeugnis aus dem wortspielerischen Einfall dieses Titels. Und auch die frühere Erzählung »Bin oder Die Reise nach Peking« verdankt ihre Entstehung einer Spielerei mit dem Namen »Bin«, der einerseits an Albin Zollinger erinnert (vgl. S. 135), den verehrten Zürcher Schriftsteller-Kollegen,

und der andrerseits Frisch, sozusagen durch die »Konjugation des Seins«, zum Gedanken anregte, daß der Mensch nur wirklich dasein und sich selbst sein kann, wenn das »Ich« von einem »Bin« begleitet wird. Auch aus dem Paradox des »Individuums« geht ja hervor, daß dieses – als Fiktion der bürgerlichen Gesellschaft – an sich noch nirgends gegenwärtig ist. Es ist eine Wunschvorstellung. Und genau um diese Kluft zwischen Wunsch und Wirklichkeit geht es anschaulich auch in der Episode, in der der Ich-Erzähler mit Bin vor dem Fenster draußen steht und auf sich selber wartet, während er zugleich drinnen im Haus sitzt und nicht loskommt von der Gesellschaft, wie sehr sie ihm auch am Nerv zieht (vgl. S. 139).

Exempel derart verspielter »Logik«, mit der Frisch durch sein ganzes Werk hindurch ein Gespinst aus Wörtern spannte, die es im Innern zusammenhalten, ließen sich zahllos nennen. So ist, nach den Überlegungen im ersten Tagebuch zum biblischen Gebot »Du sollst dir kein *Bildnis* machen« (vgl. S. 112), zwanzig Jahre später nicht von Gantenbeins Blindheit die Rede, sondern von dessen *Blindnis*. Und diese Wortspielereien und Wortspiegelungen erinnern an einen Ausdruck, den der Staatsanwalt im *Stiller* gebraucht, wenn er die Flausen und Flunkereien seines Freundes, den er vor Gericht anzuklagen hat, als »Eulenspiegelei« bezeichnet. Die Eulenspiegeleien des Autors Max Frisch tragen nicht wenig dazu bei, daß sein Werk, oberflächlich betrachtet, oft nur allzu durchsichtig erscheint.

Und auch die »Durchsichtigkeit« der Erzähl-Konstruktionen mutet seltsam an bei einem Autor, der so großen Wert auf das »Geheimnis« legte. Zum einen aber ließ sich Frisch auch hier von der Architektur inspirieren, deren funktionalistischem Credo um die Jahrhundertmitte die »Sichtbauweise« entsprach: statt moderne Tragkonstruktionen aus Beton und Stahl verschämt in schnörkelhaftem Ornament zu verkleiden – wie noch zur Zeit des Jugendstils –, wurden diese sichtbar gemacht, auch Wasserleitungen oder elektrische Installationen offen verlegt. Diese Ästhetik entsprach dem Anspruch der Moderne, das strukturierende und konstruierende Bewußtsein in der Welt zu betonen. Und Frisch, als »Klassiker der Moderne«, hat dieses Prinzip detailgetreu ins Narrative und Dramatische übertragen. So sehr es ihm also letztlich auf das Geheimnis ankam: es mußte das wirklich Verborgene, wirklich Unsagbare sein. Alles andere wäre bloß Geheimniskrämerei.

Zum andern betont der sichtbare Modellcharakter seiner Fabeln gerade ihre Differenz zur Wirklichkeit. Leben und Literatur sollen nicht miteinander verwechselt werden, sondern in respektvoller Distanz aufeinander verweisen. Die Literatur kann das Leben nicht ersetzen, nur deuten. Die Träumerei soll die wirkliche Welt nicht verpassen, sondern verbessern.

Im *Stiller*-Roman wird dieses Verhältnis von Fiktion und Realität selber thematisiert. Mit den Geschichten, die Stiller im Gefängnis daherfabuliert, stellt sich im Roman so etwas her wie ein Goldener Schnitt des Erzählens. »Fiktion« und »Realität« im Roman verhalten sich zueinander so, wie sich der Roman zur Wirklichkeit außerhalb des Buches verhält. So wie Stiller seine Geschichten, erzählt uns Frisch die Stiller-Geschichte. Und immer liefern diese Geschichten Modelle für eine Wirklichkeit, für die der Erzähler keine Sprache hat (vgl. S. 202), jeder Versuch, anders als in Gleichnissen darüber zu reden, würde der Wirklichkeit Zwang antun und ihr Geheimnis »verraten«.

»Man kann die Wahrheit nicht erzählen«, schrieb Frisch auch im Aufsatz über *Unsere Gier nach Geschichten*: »Das ist's. Die Wahrheit ist keine Geschichte, sie hat nicht Anfang und Ende, sie ist einfach da oder nicht, sie ist ein Riß durch die Welt unseres Wahns, eine Erfindung, aber keine Geschichte. Alle Geschichten sind erfunden, Spiele

der Einbildung, Entwürfe der Erfahrung, Bilder, wahr nur als Bilder. Jeder Mensch, nicht nur der Dichter, erfindet seine Geschichten – nur daß er sie, im Gegensatz zum Dichter, für sein Leben hält – anders bekommen wir unsere Erlebnismuster, unsere Ich-Erfahrung nicht zu Gesicht.« Damit erweist sich Frischs literarische Modellschreinerei als das ästhetische Äquivalent seines inhaltlichen Bestrebens. Sie macht die Erfindung als Erfindung sichtbar. Und gerade darin zeigt sich ihr realer Gehalt. Die Erfindung bietet nicht Wirklichkeit, sondern Lesarten für Wirklichkeit. Die Geschichte, das Modell, zeigt eine von vielen möglichen »Ansichten« – Aufriß, Grundriß oder Seitenriß – des voluminösen Körpers der erfahrbaren Welt. Und dem entspricht, daß auch jedes »Ich«, das durch seine gesellschaftliche Rolle geprägt ist, nur einen Riß darstellt durch den virtuellen Körper der wirklichen Person. Denn die »wirkliche« Person: das wäre die Fülle ihrer Möglichkeiten! Der Umstand aber, daß wir stets von einem zufälligen Standort und einem einzelnen Augenblick aus die Welt wahrnehmen und uns in ihr darstellen, reduziert die Fülle unserer möglichen Wirklichkeiten und damit uns selbst. Jedes Ich stellt einen Schnitt dar durch das raum-zeitliche Ganze des Menschen.
Die Realität, meint Frisch, erfahren wir stets – bewußt oder unbewußt – nur durch den Schleier unserer Einbildung. Dieser allerdings kann sich öffnen, jäh, im Riß einer spontanen Einsicht, die den Blick freigibt auf eine darunterliegende Wahrheit. Die Möglichkeit solcher Offenbarung ist für Frisch immer gegeben, solange wir nur unser »spontanes Verhältnis zur Welt« nicht verlieren. Doch erst das Zusammenspiel von Intuition und Intelligenz, erst diese »Summe unserer Wachheit« ermöglicht Wahrhaftigkeit. Und genau dieser Balance verdankt Frischs Literatur unter anderem, daß der Modellcharakter seiner Geschichten und Theaterstücke niemals auf Kosten der dargestell-

ten Menschen geht, für die fast immer gilt, was Hermann Hesse einst von Stiller sagte: »Er ist keine Romanfigur, sondern ein Individuum, ein in jedem Zug erlebter und überzeugender Charakter.«

4. Chaos und Form: ein Liebespiel

So sehr Frisch Schreiben und Lesen nicht als Lebensersatz verstanden haben wollte, wußte er doch genau, wie groß unser Bedürfnis ist, in den Geschichten immer wieder Helden zu begegnen, die realisieren, was wir selber nie leben können.

Dem traditionellen Helden allerdings hatte er schon früh eine Absage erteilt. So etwa im Theaterstück »Die chinesische Mauer« von 1946, in dem ein »Heutiger« dem Kaiser von China und Napoleon zu erklären versucht, daß sich die Welt im Atomzeitalter Helden ihrer Art schlicht nicht mehr leisten könne. Kolumbus tritt in dieser historischen Farce als Melancholiker auf. Hatte er nicht ganz andere Kontinente zu entdecken gehofft als jenen, den sie jetzt »Amerika« nennen?

Auch Frischs spätere Helden – Graf Öderland, Stiller oder Homo faber – so sehr sie in der Welt herumkommen, erforschen sie doch letztlich nur den Kontinent der eigenen Seele.

Ihren zwiespältigen Eigenschaften allerdings steht eine Tugend gegenüber, der Frisch in einer Szene aus dem Tagebuch von 1947 begegnet (vgl. S. 380: »Der Todesgang der Camilla Mayer«). »Alles Leben erwächst aus der Gefährdung«, heißt es zuvor im Tagebuch. Und vorausgesetzt, diese Prämisse stimmt, stellt sich die Frage, wer dieses gefährdete Leben sinnvoller einsetzt: Soldaten, die für Freiheit und Vaterland sterben, oder die Artistin Camilla Mayer, die über den Trümmern der zerbombten Stadt ihr

Hochseil spannt, um die Menschen mit ihrer Kunst zu begeistern. Die Frage mag sich der schwarze amerikanische Soldat stellen, der, wie der Tagebuchautor selbst, das Schauspiel der Seiltanz-Truppe verfolgt und danach noch lange nachdenklich in den Nachthimmel blickt.

Das Leben aufs Spiel setzen, mit dem Leben spielen: das erinnert an Gantenbein. Auch er spielt. Er spielt sein Leben, sein Ich, um es nicht im Dienst irgendeiner todernsten Sache zu *ver*spielen. Und auch hier ist die Spanne dünn, ein schmaler Grat, ein Balanceakt auf dem Hochseil. Doch Gantenbein findet seine Identität gerade dadurch, daß er sie aufs Spiel setzt. Er spielt, was er unter allen Umständen vermeiden will: seine eigene Blindheit gegenüber der Realität. Und er hofft, damit sich und seine Umgebung aus dem Gefängnis unserer Einbildungen zu befreien, aus der Hölle der Spiegelbilder, die wir einander vorhalten in Ewigkeit, aus dem Labyrinth der Projektionen, in dem Stiller und Julika, Faber und Hanna, Biedermann und seine Brandstifter und der andorranische Jude mit all seinen Freunden und Feinden gefangen sind.

Frischs Freiheitsheld, dem es gelingt, sich selbst und ein eigenes Leben zu verwirklichen: am ehesten ist er das exakte Gegenteil des Homo faber, ein Homo ludens, ein spielender Mensch. Und nicht zufällig ist es im »Todesgang der Camilla Mayer«, eine Heldin, die diese Rolle spielt. Eine junge Frau von der wir weiter nichts erfahren, als daß sie für ihre artistische Freiheit das Leben ließ.

Nicht immer stehen Frauen bei Frisch so deutlich als Verkörperung der Freiheit da. Weder Stillers Julika (vgl. S. 162) noch die Hanna im *Homo faber*, weder Fabers Tochter (vgl. S. 262) noch Gantenbeins Lila sind frei von fixen Ideen, die sie am Leben hindern. Trotzdem erscheint die Frau oft als das schlechthin Andere des Mannes, das rätselhafte Gegenüber, Spiegel seiner eigenen »unsichtbaren Mitte« – weshalb sich Frisch gelegentlich den Vorwurf gefallen lassen mußte, er habe die Frau idealisiert. Sie erscheint als Trägerin des Geheimnisses, das wir nur dann nicht verraten, wenn wir lieben – so zumindest hoffte der junge Max Frisch (vgl. S. 112). In seinem Frühwerk erscheint die Liebe als der Polarstern, der allem andern heimleuchtet: dem Ich mit seinem ganzen Wissen, dem Willen, dem Geist, der Sprache. Und noch wenn das Schreiben als Ariadne-Faden erscheint, von dem der Autor nur hoffen kann, daß er ihn durch das Labyrinth des Unberechenbaren leite: nur Liebe kann diesen Faden spinnen, spannen, festhalten.

Der Enthusiasmus des jungen Frisch allerdings, der Liebe und Sehnsucht noch als absoluten Maßstab setzte, wich in der Realität des Nachkriegs rasch einem wachsenden Skeptizismus, der zunehmend in politischen Unwillen umschlug und sich im Alter immer radikaler äußerte. Denn die Industriegesellschaft, statt ihr Wissen und ihren Wohlstand zur Realisierung eines »wirklicheren« Lebens einzusetzen, tendierte immer deutlicher zu Menschenverachtung und Selbstzerstörung. So weit wie die Denker der Postmoderne, die gerade im Gestaltungswillen der Aufklärung, also im unbeirrbaren Hoffen selber die Wurzel aller Übel sahen, ging Frisch nicht. Doch seine wachsende Skepsis gegenüber dem Ich, der souveränen Vernunft und ihrer politischen Implikationen steht jener der Postmoderne in nichts nach.

Gerade aus der Perspektive seiner Enttäuschungen allerdings erscheint es sinnvoll, daran zu erinnern, was der junge Frisch über die Sehnsucht schrieb: »Es ist albern, wenn man den Gläubigen darüber verhöhnt, daß unsere Erde, die wirkliche, ganz anders als himmlisch aussehe; es ist ja nicht der Sinn einer Sehnsucht, daß sie sich erfülle; das Ewige, das unser letztes Verlangen ist, liegt im Unerfüllbaren. Sehnsucht macht uns der Flamme verwandt, die allerenden, wie immer der Wind sie auch peitscht, aufwärts mündet. Wozu sollte der Himmel herabfallen?«

Bei aller Liebe zur Geometrie, zur Form, mit der Frisch stets die Notwendigkeit des bewußten Gestaltens betonte, die Notwendigkeit der Aufklärung: man hat seine Forderung stets vor dem Hintergrund der Prämisse zu lesen, daß alles Leben sich über dem Abgrund des Todes abspielt, daß es lebendig bleibt nur als Spiel, als Balanceakt über dem Trümmerhaufen der Vergangenheit, über dem Schutt und der Asche unserer Erfahrungen. Und man darf sich an Marion erinnern, von dem es heißt, daß viele ihn einen Ästheten nannten, weil er so sehr des Spiels, der Form bedurfte. Form und Spiel, für Marion ein und dasselbe. Aber nur deshalb war er so sehr darauf angewiesen, weil er so nahe am Chaos wohnte, weil er es aushalten wollte dort, wo das Leben wirklich, wo es lebendig ist.

Dort also, wo es ist, ohne gedacht zu sein. Roh und in jeder Sekunde aufs Neue. In der Welt vor der Schöpfung, im Anfang *vor* dem Wort, denkbar nur im Paradox, mit dem etwa Frischs späte Erzählung »Der Mensch erscheint im Holozän« (vgl. S. 11) beginnt, die von den letzten Tagen vor einem Weltuntergang berichtet: »Es müßte möglich sein« – so denkt sich der Erzähler, müßte sich der alte Herr Geiser denken –, »eine Pagode zu türmen aus Knäckebrot, nichts zu denken dabei und keinen Donner zu hören ...« Denn die Wahrheit irgendeines Mannes, sie liegt nicht auf seinen Lippen oder in seiner Feder, sondern im namenlosen Werk des gelebten Lebens. Nur dort ist das Ich, wo es *nicht* denkt, *nicht* redet oder schreibt, dort war es, ist es gewesen.

Rolf Niederhauser

Quellenverzeichnis

Die Titel in den Klammern geben das Werk an, aus dem der für dieses Lesebuch ausgewählte Text stammt. Die römischen Ziffern bezeichnen die Bandnummer der »Gesammelten Werke in zeitlicher Reihenfolge« (Suhrkamp 1976/86), die arabischen Ziffern die Seitenangaben in diesen Bänden.

LEBEN/LESEN

Nacht (Der Mensch erscheint im Holozän) VII 207; *Eine Notiz (Montauk)* VI 631; *Vom Glück der Sprache (Jürg Reinhart)* I 227-236; *Lappalien (Was bin ich)* I 10-15; *Der Auftrag (Die Schwierigen oder J'adore ce qui me brûle)* I 449-455; *Der Puppenspieler (Tagebuch)* II 351-359; *Kellermüller und die Zeit (Tagebuch)* II 360-363; *Nur jetzt keine Redensarten! (Blätter aus dem Brotsack)* I 113-119, 123-124; *Geboren 1911 in Zürich (Tagebuch)* II 583-589; *Die Bilder von Bikini (Tagebuch)* II 400-401; *Aufbruch, oderländisch (Tagebuch)* II 403-444; *Ostersamstag (Tagebuch)* II 367-369; *Unsereiner (Tagebuch)* II 372-374; *Mai 1946 (Tagebuch)* II 374-375; *Und am Morgen, siehe da (Tagebuch)* II 556-561.

ROLLE/RISS

Fallobst (Notizen über Geträumtes) II 291; *Hafner (Die Schwierigen oder J'adore ce qui me brûle)* I 574-584; *Ein Rumpelstilz (Tagebuch)* II 496-499; *Der Engel (Tagebuch)* II 500-501; *Unterwegs nach Peking (Bin oder die Reise nach Peking)* I 634-649; *In der Zelle (Stiller)* III 361-362, 373-383, 388-391, 385-386, 401-404, 407-412, 416-419, 421-436; *Adam (Mein Name sei Gantenbein)* V 12-18; *Genua (Stiller)* III 551-566; *Die schlafende Erinnye (Homo faber)* IV 107-120; *Jenseits der Zeit (Mein Name sei Gantenbein)* V 48-49, 49-52, 61-72.

FREMDE/FREIHEIT

März 1946 (Tagebuch) II 364; *Isidor (Stiller)* III 393-397; *Die Fähre am Tajo (Stiller)* III 602-617; *Florenze (Stiller)* III 535-544; *Der Neger und der Major (Tagebuch)* II 535 *Im Weißen Haus (Tagebuch)* VI 271-285; *Eine Rußlandreise (Tagebuch)* VI 146-148, 151, 153-154; *Heimatgefühle (Tagebuch)* VI 324-331; *In Habana (Homo faber)* IV 172-182; *Auf Akrokorinth (Homo faber)* IV 150-152.

SPIEGEL/SPIEL

Von Molchen und Göttern (Tagebuch) II 647-648; *Männer (Kleine Prosaschriften – Splitter)* I 108-109; *Hartlack (Tagebuch)* VI 42-44;

Der Todesgang der Camilla Mayer (Tagebuch) II 566-570; *Ein Nachtrag zu Marion (Tagebuch)* II 500; *Anmerkungen zur Hölle (Mein Name sei Gantenbein)* V 120-130; *Das Leben geht weiter (Mein Name sei Gantenbein)* V 248-255; *Ein Anfang (Mein Name sei Gantenbein)* V 20-21, 22, 25-29; *Das Paar (Mein Name sei Gantenbein)* V 244-245; *Eine Geschichte für Camilla (Mein Name sei Gantenbein)* V 161-163; *Gantenbeins Alltage (Mein Name sei Gantenbein)* V 81-84, 85-88, 91-101, 103-104, 107-110; *Erinnerung (Tagebuch)* II 716-719; *Philemon und Baucis (Mein Name sei Gantenbein)* V 174-184, 188-191; *Ein Mann (Mein Name sei Gantenbein)* V 118-120.

HEIMAT/TOD

Der Heimkehrer (Tagebuch) II 645-646; *Frühling (Tagebuch)* II 490-493; *Langsam verrutscht alles (Tagebuch)* VI 185-194; *Wanderungen im Nationalpark (Tagebuch)* VI 225-233; *Kabusch (Tagebuch)* VI 258-260, 263-271; *Die Leiche in der Limmat (Mein Name sei Gantenbein)* V 314-319; *Aus Walter Fabers letzten Notizen (Homo faber)* IV 199; *Ein langer leichter Nachmittag (Montauk)* VI 687-692; *Ein Weg ist ein Weg auch in der Nacht (Der Mensch erscheint im Holozän)* VII 262-274.

Inhalt

FREMDE/FREIHEIT

SPIEGEL/SPIEL

HEIMAT/TOD